Georges Duby
Krieger und Bauern

Mit diesem Werk über die Welt des frühen Mittelalters soll ein im französischen und angelsächsischen Sprachraum seit langem anerkannter Sozialhistoriker und zugleich eine hierzulande bisher kaum beachtete Richtung der französischen Geschichtswissenschaft vorgestellt werden. Man hat diese Art der Geschichtsschreibung die »neue Geschichte« genannt; sie könnte auch die »stille« heißen: denn ihr geht es – und das bezeichnet auch den Springpunkt der Arbeit Georges Dubys – um die langfristigen ökonomischen, sozialen und demographischen Veränderungen, um die Rekonstruktion des Alltags und der Geisteshaltungen jener Überzahl von Menschen, deren Stimme sich in den überlieferten Dokumenten nicht erhalten hat.

Georges Duby
Krieger und Bauern

Die Entwicklung von Wirtschaft und Gesellschaft
im frühen Mittelalter

Aus dem Französischen von Grete Osterwald

Syndikat

Titel der Originalausgabe: Guerriers et paysans, VII–XIIe siècle. Premier essor de l'economie européenne. © Weidenfeld & Nicholson, London 1973

CIP-Kurztitelaufnahme der Deutschen Bibliothek

Duby, Georges:
Krieger und Bauern : d. Entwicklung von Wirtschaft
u. Gesellschaft im frühen Mittelalter / Georges
Duby. Aus d. Franz. von Grete Osterwald. – 2.
Aufl. – Frankfurt am Main : Syndikat, 1981. –
  Einheitssacht.: Guerriers et paysans, septièma à
  douzième siècle ⟨dt.⟩
  ISBN 3-8108-0178-X

© der deutschen Ausgabe
Syndikat Autoren- und Verlagsgesellschaft, Frankfurt am Main 1977
2. Auflage 1981
Alle Rechte vorbehalten
Umschlag nach Entwürfen von Rambow, Lienemeyer und van de Sand
Motiv: Spielkarten aus dem Tarot de Marseille, Photo: Michael van de Sand
Produktion: Klaus Langhoff, Friedrichsdorf
Gesamtherstellung: Beltz Offsetdruck, Hemsbach
Printed in Germany
ISBN 3-8108-0178-X

Inhaltsverzeichnis

Vorbemerkung 7

Erster Teil
Die Grundlagen. 7. und 8. Jahrhundert 9

I. Die Produktivkräfte 13
Die Natur 13
Die Bevölkerung 18
Das Werkzeug 20
Die Landschaft 24

II. Die Sozialstruktur 36
Die Sklaven 36
Die freien Bauern 38
Die Herren 41

III. Die Geisteshaltungen 52
Nehmen, Geben, Opfern 52
Der Zauber der antiken Modelle 60

Zweiter Teil
Die Kriegsgewinne. Vom 9. bis zur Mitte des 11. Jahrhunderts . . . 77

I. Die Karolingerzeit 81
Demographische Tendenzen 81
Die große Domäne 86
Der Handel 100

II. Die letzten Angriffe 116
Die Feldzüge 116
Die Folgen 119
Die Schwerpunkte der Entwicklung 125
    Das unzivilisierte Europa 125
    Die Nordseegebiete 133
    Das südliche Europa 143

Dritter Teil
Die Eroberungen der Bauern. Von der Mitte des 11. bis zum Ende des 12. Jahrhunderts 159

I. Die Feudalzeit 161
Die ersten Anzeichen der Expansion 161
Die Feudalordnung 165
    Die drei Stände 168
    Die Grundherrlichkeit 172
Die Triebfedern des Wachstums 181

II. Die Bauern 185
Die Zahl der Arbeiter 185
Der technische Faktor 190
Die Urbarmachung 204

III. Die Herren 216
Das Beispiel der Klöster 218
Nutzung und Ausbeutung 226
    Die Grundrente 226
    Die direkte Nutzung 229
    Die Ausbeutung der Menschen 232
Ausgeben und Verschwenden 237

Vierter Teil
Anbruch einer neuen Zeit 263

Bibliographische Hinweise 279
Register 285

Vorbemerkung

Dieses Buch erhebt nicht den Anspruch auf eine zusammenfassende Darstellung der Wirtschaftsgeschichte. Es ist nur ein Essay, eine Folge von Überlegungen zu einer langwierigen Evolution, deren ungewisses und komplexes Spiel ich zu erfassen und zu entwirren versucht habe. Die Schwächen der Dokumentation und die unzulänglichen Fortschritte der historischen Forschung erklären, weshalb den Hypothesen in einer solchen Konstruktion außerordentlich viel Raum gelassen wird. Mein wesentliches Ziel bestand darin, durch das Aussprechen solcher Hypothesen Fragen aufzuwerfen und Überlegungen anzustellen, von denen die gewagtesten durchaus die fruchtbarsten sein können. Zum anderen aber war es angesichts einer so weiten und vielgestaltigen geographischen Zone wie dem europäischen Raum der damaligen Zeit und angesichts einer derart langen Periode unbedingt notwendig, daß ich mich ausschließlich auf dem Terrain bewegte, auf dem ich mich am sichersten fühle. Deshalb möchte ich darauf hinweisen, daß sich die Geschichte, die mir am vertrautesten ist, auf die ländlichen Gegenden, insbesondere die ländlichen Gegenden Frankreichs, bezieht. Dies im voraus, damit der Leser sich weniger über eine bestimmte Auswahl, bestimmte Perspektiven und all die Lücken wundert, die er in diesem Werk entdecken wird.

Beaurecueil, September 1969

Erster Teil
Die Grundlagen

7. und 8. Jahrhundert

Am Ende des 6. Jahrhunderts, als die Langobarden sich in Italien niedergelassen und die Basken Aquitanien erreicht hatten, war im Westen die Epoche der großen Völkerwanderungen nahezu abgeschlossen. Das Europa, von dem in diesem Buch die Rede sein wird – das Gebiet, in dem sich der römisch-christliche Glaube bis zum Ende des 12. Jahrhunderts allmählich ausbreitete – war ein völlig wildes, unzivilisiertes Land. Aus diesem Grunde entzieht es sich weitgehend historischen Erkenntnissen. In Gegenden, wo einst die Schrift in großem Umfang praktiziert worden war, ging damals die Gewohnheit des Schreibens immer mehr verloren. An anderen Orten setzte sich die Schrift ausgesprochen langsam durch, so daß uns nur sehr wenige Texte überliefert sind. Die informativsten Angaben stammen aus der Protohistorie, vorwiegend aus archäologischen Funden. Aber auch dieses dokumentarische Material ist seinerseits mangelhaft; die Überreste der materiellen Zivilisation können größtenteils nur sehr ungenau datiert werden. Außerdem sind sie an zufällige Funde gebunden, und ihr sporadisches, äußerst fragmentarisches Vorkommen macht jede Gesamtinterpretation zu einem gewagten Unternehmen. Wir möchten deshalb von vornherein betonen, daß die Grenzen des historischen Wissens eng sind und das Feld der Mutmaßungen unverhältnismäßig weit. Im übrigen liegen die Dinge für den Wirtschaftshistoriker gewiß noch schwieriger als für alle anderen. Ihm fehlen nämlich alle numerischen und quantitativen Angaben, um zählen oder messen zu können. Bei seinen Versuchen, die Wachstumsbewegungen, in deren Gefolge sich diese äußerst primitive Welt zwischen dem 7. und dem 12. Jahrhundert nach und nach aus ihrer Unzivilisiertheit herausentwickelte, zu beobachten, muß er sich besonders hüten, die Modelle der modernen Wirtschaftswissenschaft mißverständlich zu verwenden. Heute wird allmählich klar, daß die Pioniere der mittelalterlichen Wirtschaftsgeschichte oft unfreiwillig dazu neigten, die Bedeutung von Handel und Münzgeld zu überschätzen. Die wichtigste und zweifellos schwierigste Aufgabe besteht darin, die wirklichen Grundlagen und treibenden Kräfte dieser Zivilisation zu definieren. Dazu können die Überlegungen der modernen Wirtschaftswissenschaftler in der Tat weniger beitragen als die der Ethnologen.

Innerhalb des damals allgemein verbreiteten kulturellen Tiefstands gab es deutliche Niveauunterschiede. Im Süden beispielsweise traf das römische Christentum auf Landstriche, die seiner Entwicklung weit voraus waren. In den von Byzanz und bald danach vom Islam beherrschten Gebieten hatte sich ein vom antiken Rom übernommenes Wirtschaftssystem erhalten, konkreter gesagt, Städte, von denen aus die umliegenden Ländereien bewirtschaftet wurden, alltäglicher Geldverkehr, Händler und Werkstätten, die prachtvolle Gegenstände für die Reichen erzeugten. Von diesen Regionen des Wohlstands war Europa nie vollständig abgetrennt; im Gegenteil, es unterlag ständig ihrem Einfluß und ihrer Faszination. Andererseits begegneten sich innerhalb Europas zwei verschiedene Arten von Kulturlosigkeit. Die eine bezieht sich auf den germanisch-slawischen Raum der »Barbaren«, wie die Römer zu sagen pflegten. Er war jugendlich und unreif, befand sich auf dem Weg zu höheren

Zivilisationsformen und repräsentierte den Schauplatz kontinuierlichen Wachstums. Die andere dagegen erschien als Sinnbild des Niedergangs. Hier gingen die Überreste der römischen Zivilisation ihrem endgültigen Verfall entgegen. Die verschiedenen Elemente einer einst komplexen und blühenden Organisation – wie Münzgeld, Straßen, Centurialverwaltung, große Landdomänen und Städte – waren nahezu, aber noch nicht ganz abgestorben. Einige sollten später einmal wiederentstehen; doch zu jener Zeit schwanden sie unmerklich dahin. Zwischen diesen beiden gegensätzlichen Strömungen, von denen die eine nach Norden und Osten, die andere zum Mittelmeer hin verlief, breitete sich vom Ärmelkanal über das Pariser Becken, Burgund, Alamannien und Bayern ein umfangreicher Korridor aus, in dem sich ein außergewöhnlich lebhafter, in keiner anderen Gegend anzutreffender Kontakt zwischen den jugendlich anmutenden Kräften der Barbaren und den verfallenen Überresten der römischen Kultur entwickelte. Hier kam es zu fruchtbaren wechselseitigen Einflüssen und Begegnungen. Es ist wichtig, diese geographische Vielfalt im Auge zu behalten. Sie ist von fundamentaler Bedeutung und in vielen Aspekten maßgebend für die ersten Stufen des Wachstums.

I. Die Produktivkräfte

Die Natur

Während der gesamten Periode, die in diesem Buch behandelt wird, blieb das Niveau der materiellen Zivilisation so niedrig, daß das Wirtschaftsleben sich im wesentlichen auf den Überlebenskampf des Menschen gegen die Natur beschränkte. Dieser Kampf war schwierig, denn die Menschen führten ihn mit unzulänglichen Waffen und waren der Naturgewalt unterlegen. Die erste Sorge des Historikers muß daher einer genauen Einschätzung dieser Gewalt gelten und folglich dem Versuch, das Aussehen der natürlichen Umgebung zu rekonstruieren. Diese Aufgabe ist nicht leicht. Sie verlangt eine minutiöse Untersuchung des Bodens nach Spuren der antiken Landschaft; Spuren, die in den heutigen Landschaften als Flurnamen, in der Anordnung der Wege, in den Gebietsabgrenzungen und den pflanzlichen Formationen auszumachen sind. Die Untersuchung dieser Elemente ist noch lange nicht abgeschlossen. In vielen Gegenden Europas wurde sie kaum in Angriff genommen, so daß wir insgesamt nur ein verschwommenes Bild erhalten.

In Westeuropa ragte die Steppe bis nach Pannonien im mittleren Donaubecken vor. Möglicherweise drang sie an manchen Stellen noch weiter ins Inland ein, bis hin zu bestimmten lehmigen Plateaus des Pariser Beckens. Ganz allgemein kann jedenfalls gesagt werden, daß die klimatischen Bedingungen das Entstehen von Wäldern begünstigten. In der Zeit, die uns hier beschäftigen soll, scheint der Wald die gesamte natürliche Landschaft bedeckt zu haben. Zu Beginn des 9. Jahrhunderts etwa umfaßte der Grundbesitz der Pariser Abtei von Saint-Germain-des-Prés ein Gebiet, in dem die landwirtschaftlichen Bemühungen mit Sicherheit weiter gediehen waren als irgendwo anders; trotzdem waren zwei Fünftel dieses Patrimoniums mit Wald bedeckt. Bis zum Ende des 12. Jahrhunderts spiegelt sich die Nähe weitläufiger Waldgebiete in allen Aspekten der Zivilisation. Ihre Spuren treten in der Thematik höfischer Romane ebenso hervor wie in der Formgebung der gotischen Bildhauer. Für die Menschen jener Zeit war der Baum der sinnfälligste Ausdruck der pflanzlichen Welt.

In diesem Zusammenhang sind zwei Bemerkungen wichtig. Zum ersten sind die Böden in diesem Teil der Welt außergewöhnlich vielfältig. Ihre Beschaffenheit ändert sich über kurze Entfernungen oft sehr stark. Die Bauern waren schon immer so weise, zwischen »warmer Erde« und »kalter Erde« zu unterscheiden, zwischen leichtem Boden, wo das Wasser schnell einsickert, wo die Luft zirkuliert und der sich leichter bearbeiten läßt, und schwerem, fettem Boden, in den die Feuchtigkeit schlecht eindringt und der sich den Geräten widersetzt. Die Gelände, wo der Waldwuchs nicht so undurchdringlich war und der Mensch weniger Mühe hatte, die Pflanzenwelt für seinen Nahrungsbedarf zu verändern, befanden sich folglich an den Talhängen oder auf Hochplateaus. Im 7.

- Hauptsächliche Waldgebiete
- Gebiete mit einer Bewaldung von ungewisser Dichte und Ausdehnung
- ..... Grenzen des Untersuchungsbereichs

Abb. 1: Waldgebiete im frühen Mittelalter

Jahrhundert scheint der europäische Wald von zahllosen Lichtungen durchsetzt gewesen zu sein. Einige waren noch frisch und klein wie etwa die, von denen die ersten Mönche des Klosters Saint-Bavon in Gent ihre Nahrung bezogen. Andere dehnten sich weitläufig aus, in der Picardie beispielsweise, wo sich seit Jahrhunderten Felder und Gebüsch auf lehmigen Plateaus vermischten. Zum anderen muß festgestellt werden, daß der Wald rund um das Mittelmeer außerordentlich gefährdet war; gefährdet durch die sommerliche Trockenheit, durch heftige Regenfälle, krasse Oberflächenunterschiede und eine gewaltige Erosion, die die Erde aus den Hängen der Täler riß und weiter unten unfruchtbare Ablagerungen anschwemmte. Er war bedroht von den Feuern, die Bauern und Hirten anzündeten, wuchs nur langsam nach und degenerierte schließlich zu Gestrüpp. Im Süden wurde der Kampf um die lebenserhaltende Produktion weniger gegen den Baum als vielmehr gegen das Wasser geführt. Es mußte unter Kontrolle gebracht werden, um den Boden der Abhänge zu schützen, um die Sümpfe im Flachland trockenzulegen und die übermäßige Trockenheit des Sommers durch Bewässerung auszugleichen.

Hier wird die entscheidende Rolle der Klimaunterschiede deutlich. Mit der Temperatur und mehr noch mit der Feuchtigkeit, der Regenmenge je nach Jahreszeit, hingen der mehr oder minder dichte Waldwuchs, die Bodenbeschaffenheit und nicht zuletzt Erfolg oder Mißerfolg des Menschen bei seinen Versuchen zusammen, das bebaubare Land weiter auszudehnen. Nun kann man heute nicht mehr davon ausgehen, daß das Klima in Europa während der historischen Zeiten unverändert stabil blieb. Der Forscher, der sich mit einer so primitiven Wirtschaft wie der des frühen Mittelalters beschäftigt, muß folglich die Schwankungen berücksichtigen, die, wenn auch sehr geringfügig, die Bedingungen des Kampfes zwischen Mensch und Natur verändert haben. Das Problem besteht darin, sie zu datieren und ihren Umfang zu bestimmen; denn die mittelalterlichen Texte liefern in dieser Hinsicht kaum brauchbare Angaben. Gewiß, die Chronisten jener Zeit zeigten sich im allgemeinen sehr aufgeschlossen gegenüber Witterungserscheinungen. Sie notierten im Verlauf der Jahre unter all den Katastrophen, mit denen der göttliche Zorn die Menschheit bestrafte, auch Zeiten strenger Kälte und Überschwemmungen; doch ihre Beobachtungen sind völlig subjektiv, ungenau und zufällig. Die hier angestrebte Untersuchung indes verlangt fortlaufende Serien von meßbaren Daten. Solche könnte man von der Dendrologie (Baumkunde) erwarten, von der genauen Analyse der Baumstämme, deren unterschiedlich dicke konzentrische Jahresringe Aufschluß über das mehr oder weniger große Wachstum der Pflanze geben, das heißt, über ihre Reaktion auf klimatische Einflüsse. Aber die europäischen Baumarten sind nicht langlebig genug, um Indizien über das frühe Mittelalter liefern zu können. Die brauchbarsten Angaben verdankt der Mediävist in Europa immer noch dem Studium der Größenveränderungen bei den Alpengletschern. Das Torfmoor von Fernau in Tirol, in der Nähe einer Gletscherfront gelegen, war im Lauf der Geschichte wiederholt von Eismassen bedeckt. Das führte zu Unterbrechungen der Pflanzenablagerungen, und so kann man heute im Torfquerschnitt verschieden dicke Sandschichten zwischen den Lagen von kompostierten Pflanzen ausmachen. Die Sandschichten entsprechen der Ausdehnung der vorgeschobenen Gletscher. Auf diese Weise ist es möglich, eine wenn auch nur annähernde Chronologie des Vordringens und Zurückweichens der Gletscher und somit der Klimaschwankungen zu erstellen, denn die Gletscherbewegungen werden unmittelbar von den Temperaturschwankungen und der Regenmenge ausgelöst. Diesen Überlegungen zufolge ist während des Mittelalters in den Alpen ein erstes Anwachsen der Gletscher eingetreten, das sich ungefähr auf die Zeit zwischen dem Anfang des 5. und der Mitte des 8. Jahrhunderts datieren läßt. Dieser Phase folgte ein Rückzug, der etwa bis 1150 dauerte und anscheinend viel stärker ausgeprägt war als der Gletscherrückgang im 20. Jahrhundert. Daraus läßt sich schließen, daß in Westeuropa während der erwähnten Periode ein milderes Klima herrschte als heute. Sicher war es auch weniger feucht, denn im Boden der Torfmoore finden sich auffälligerweise keine Sumpfmoose. Nach der Mitte des 12. Jahrhunderts nahmen die Gletscher wieder zu, und zwar ziemlich schnell. Der Aletsch-Gletscher beispielsweise zog sich damals über einen ganzen Wald von Nadelhölzern, deren versteinerte Stämme im Verlauf des gegenwärtigen Rückzugs wieder zum Vorschein kamen. Diese zweite aktive Phase ging ungefähr in den Jahren 1300–1350 zu Ende. Im Zusammenhang mit ihr erklären sich auch der Rückgang der Durchschnittstemperaturen, der allerdings gering war und sich nach Schätzungen von Experten auf weniger als 1°C belief, sowie der Anstieg der Regenmenge, dessen Spuren in anderen Gegenden zutage treten; in einem provenzalischen Dorf etwa, wo einige natürliche Höhlen um die Mitte des 12. Jahrhunderts verlassen werden mußten, weil auf Grund verstärkter Regenfälle und der durch die allgemeine Abkühlung bedingten nachlassenden Verdunstung zu viel Wasser in sie eindrang.

Die Bestimmungen, die sich aus der Untersuchung der Alpengletscher ergeben, können mit andersartigen Phänomenen anderer Gegenden verglichen werden. Es wäre vielleicht etwas gewagt, eine direkte Beziehung zwischen den Klimaschwankungen und der Meeresüberschwemmung herzustellen, die, wie man gerade entdeckt hat, um das Jahr 1000 die menschlichen Behausungen an den flämischen Küsten in Mitleidenschaft gezogen hat. Doch auf jeden Fall bestehen interessante Zusammenhänge zwischen dem wechselnden Zu- und Abnehmen der Gletscher und den Veränderungen des Pflanzengürtels, die bei einer Untersuchung der in den Torfmooren konservierten Pollen erkennbar werden. Das Studium dieser Pflanzenrückstände ermöglicht es uns in erster Linie, eine – wenn auch wiederum nur annähernde – Chronologie der Ausdehnung und Rückbildung der Wälder in der Nähe von Torfakkumulationen zu entwerfen. Eines der ersten Pollendiagramme verweist auf einen zunehmenden Rückgang des Waldes auf den Hochebenen Mittelgermaniens zwischen dem 7. und der Mitte des 11. Jahrhunderts, dem im 13. und 14. Jahrhundert die langsame Rückeroberung des Raumes durch den Baum folgte. In jüngster Zeit haben gleichartige Untersuchungen in den Ardennen eine dreimalige, von rückläufigen Phasen unterbrochene Zunahme von Buchen ans Licht gebracht, die jeweils in den Jahren 200, 700 und 1200 stattgefunden haben muß. Damit bestätigen sich die auf Gletscherbeobachtungen gegründeten Annahmen über langfristige Schwankungen im europäischen Klima. Wenn auch noch ungenau, weisen all diese Indizien in die gleiche Richtung. Sie erlauben die Hypothese – und deshalb sind sie für uns von besonderem Interesse –, daß sich in

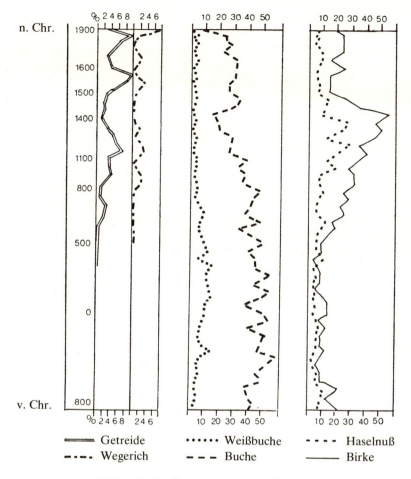

Abb. 2: Pollendiagramm aus dem Roten Moor

Westeuropa zwischen dem 8. und der zweiten Hälfte des 12. Jahrhunderts, genau zu dem Zeitpunkt, als sich vor allem in der Landwirtschaft erste Ansätze eines wirtschaftlichen Wachstums bemerkbar machten, ein weniger feuchtes und zugleich wärmeres Klima ausgebreitet hat.

Es wäre gewagt zu behaupten, es handele sich hierbei um eine enge Wechselwirkung zwischen den beiden genannten Phänomenen und nicht um ein zufälliges Zusammentreffen. Die Auswirkungen der klimatischen Bedingungen auf die menschlichen Aktivitäten sind keineswegs leicht festzustellen. Außerdem muß berücksichtigt werden, daß die Schwankungen sicher nur gering waren, zu gering jedenfalls, um durch den Temperaturanstieg und die verminderte Regenmenge in der Pflanzenwelt Artveränderungen hervorzurufen. Aber selbst wenn der Anstieg der durchschnittlichen Jahrestemperatur weniger als 1° C betrug, wie man nach vorsichtiger Schätzung annehmen kann, war er, gemessen am Stand der damaligen Landwirtschaftstechnik, nicht ohne Einfluß auf die Beschaffenheit des Kulturbodens. Vielleicht wird die Bedeutung dieser Differenz klarer, wenn man hinzufügt, daß ihr im heutigen Frankreich der Klimaunterschied zwischen Dünkirchen und Rennes oder zwischen Belfort und Lyon entspricht. Außerdem deutet alles darauf hin, daß der Temperaturanstieg von einer relativen Trockenheit begleitet wurde. Dies ist das eigentlich wichtige Faktum. Untersuchungen, die anhand von englischen Dokumenten vorgenommen wurden und eine etwas spätere als die in dieser Studie behandelte Zeit betreffen, haben ergeben, daß die Getreideernte in den von Meeresklima beherrschten europäischen Landstrichen damals kaum von Wärmeschwankungen beeinflußt war. Sie gedieh um so besser, je trockener Sommer und Herbst ausfielen und war nur durch übermäßige Regenfälle bedroht, besonders wenn diese im Herbst niedergingen.[1] Man darf diesen von der noch jungen Klimageschichte entdeckten Tatbestand nicht übergehen. Allem Anschein nach wurden die Wetterbedingungen in Westeuropa, das sich zu Beginn des 7. Jahrhunderts noch in einer langen unwirtlichen Periode feuchter Kälte befand, später allmählich günstiger für die Bodenbearbeitung und den Anbau von Nahrungsmitteln. Von dieser leichten Verbesserung profitierten vor allem die Gegenden im Norden. In der südlichen Zone dagegen machte die verstärkte Trockenheit wahrscheinlich die Walddecke brüchiger und den Boden folglich anfälliger für die zerstörerische Wirkung der Erosion.

Die Bevölkerung

Jeder Versuch, sich ein Bild von der menschlichen Besiedelung an der Schwelle der hier untersuchten Epoche zu machen, trifft auf nahezu unüberwindliche Schwierigkeiten. Die schriftlichen Dokumente liefern fast keine Angaben. Die ersten für den Demographen brauchbaren Zählungen stammen aus den Inventarien einiger großer karolingischer Domänen zu Beginn des 9. Jahrhunderts. Sie beziehen sich samt und sonders auf begrenzte Gebiete, in deren Verwaltung sich damals der Schriftgebrauch verbreitete, nämlich auf die Landstriche zwischen Loire und Rhein einerseits und auf Norditalien andererseits. Außerdem behandeln sie nur sehr kleine besiedelte Flecken. Die Archäologie könnte zahlenmäßig mehr und räumlich gleichmäßiger verteilte Indizien liefern, doch sind die Ausgrabungen bis heute noch sehr unvollständig. Sie bringen Spuren von Bewohnung ans Licht, aber deren demographische Interpretation ist äußerst heikel. Aus der Untersuchung der Grabstätten und der

---

[1] J. Titow, »Evidence of Weather in the Account Rolls of the Bishopric of Winchester, 1209–1350«, in: *Economic History Review*, 2nd series, XII (1959–1960), S. 360–407.

menschlichen Überreste können Rückschlüsse auf Geschlecht, Alter und manchmal auf die biologische Konstitution der Verstorbenen gezogen werden. Auf Grund dieser Angaben kann man es wagen, Sterblichkeitstabellen aufzustellen. Zu diesem Zwecke muß man aber den gesamten Friedhof inventarisieren, man muß sicher sein, daß alle Einwohner des Ortes hier begraben wurden und daß keine Trennung nach sozialer oder ethnischer Zugehörigkeit stattgefunden hat. Schließlich muß man die Zeit eingrenzen, in der die Totenstätte benutzt wurde, d.h. die Gräber müssen datiert werden. Sofern sie Grabbeigaben enthalten, ist eine annähernde Zeitbestimmung möglich. Aber mit dem Fortschritt der Christianisierung und den damit zusammenhängenden Veränderungen beim Totenkult verschwinden im Laufe der Zeit alle Anhaltspunkte für eine Datierung. Eine ganze Menge technischer Probleme also, die nicht leicht zu lösen sind, und die die Auslegung der Funde stark beeinträchtigen. Äußerst hypothetisch sind auch jene Forschungsergebnisse, die versuchen, eine örtliche Bestimmung der damals besiedelten Gebiete mit Hilfe von Analysen der Landschaft, des Bodens und der pflanzlichen Rückstände vorzunehmen. Kurz gesagt, alle demographischen Mutmaßungen über diese Zeit stehen auf schwachen Füßen.

Der Gesamteindruck ist jedenfalls der, daß sich die europäische Bevölkerungsgeschichte im 7. Jahrhundert am Ende einer langen rückläufigen Phase befand, was zweifellos mit den klimatischen Veränderungen zusammenhing. Wahrscheinlich begann für die römische Welt im 2. Jahrhundert der christlichen Zeitrechnung eine Entwicklung des demographischen Niedergangs. Der langsame Schwund scheint im 6. Jahrhundert durch den Ausbruch einer Pestepidemie plötzlich beschleunigt worden zu sein. Nach dem byzantinischen Historiker Procopius, dem besten Zeugen jener unheilvollen Zeiten, verbreitete sich die Krankheit in den Jahren 543–546 in Italien und Spanien, erreichte einen großen Teil Galliens und drang bis zu den Ufern des Ober- und Mittelrheins vor. Der Beschreibung von Gregor von Tours zufolge handelte es sich um die Beulenpest. Sie kam auf in der Folge von katastrophalen Überschwemmungen, befiel die ganze Bevölkerung, vor allem die Kinder, und führte sofort zum Tod. Ebenso wie nach dem zweiten Ausbruch der Seuche, von dem Europa in der Mitte des 14. Jahrhunderts heimgesucht wurde, hielt sich die Krankheit auch beim ersten Mal über ein halbes Jahrhundert, lebte todbringend hier und dort immer wieder auf. Die Texte melden ein derartiges Aufflackern in den Jahren 563 in der Auvergne, 570 in Norditalien, Gallien und Spanien und 580 in Südgallien. In Tours und in Nantes wütete die Pest im Jahr 592. Zwischen 587 und 618 verheerte sie Italien und die Provence. Es gibt keine Zahlenangabe, um die Sterblichkeitsrate auch nur annähernd zu schätzen. In Italien kamen weitere Todesfälle durch den Krieg und die langobardische Invasion hinzu. Archäologische Beobachtungen lassen jedenfalls einen deutlichen Bevölkerungsrückgang erkennen, der sich nicht nur auf diejenigen Gebiete erstreckt, die den Texten zufolge von der Pestepidemie befallen waren. Besonders auffällig ist der Bevölkerungsschwund in Deutschland, und zwar im Südwesten und an den

Küsten der Nordsee. Dazu ein Beispiel: Die Siedlung Mahndorf, südöstlich von Bremen, war in den Jahren 250–500 von achtzig Bauern bewohnt. Zwischen 500 und 700 ging ihre Anzahl auf höchstens zwanzig zurück. Das um das Jahr 400 noch bevölkerte Küstengebiet scheint später völlig unbewohnt gewesen zu sein.

Für das 6. Jahrhundert hat man Schätzungen der europäischen Gesamtbevölkerung gewagt. Sie vermuten eine Bevölkerungsdichte von 5,5 pro Quadratkilometer in Gallien, von 2 in England – was einer Gesamtbevölkerung von weniger als einer halben Million Einwohnern entspräche – und von 2,2 in Germanien, wo der Kulturboden in den am stärksten besiedelten Gebieten höchstens 3,5 bis 4 % der Gesamtfläche ausgemacht haben soll. In bezug auf diese Zahlen empfiehlt sich allerdings die größte Vorsicht. Für uns liegt ihr einziger Wert darin, daß sie ein anschauliches Bild davon vermitteln, wie wenig Menschen es in Europa zu Beginn der wirtschaftlichen Wachstumsperiode gab, die hier untersucht werden soll. Das ganze waldbewachsene Land war praktisch menschenleer. Seine wenigen Einwohner befanden sich darüber hinaus in einem Zustand völliger Unterernährung. Die Knochengerüste und Gebisse, die man in den Gräbern gefunden hat, lassen Anzeichen einer äußerst mangelhaften Ernährung erkennen. So erklärt sich auch die Anfälligkeit der Bevölkerung für Krankheiten. Nicht näher bezeichnete Epidemien werden noch im Jahre 664 in England, um 680 in Italien und 694 in der Provinz von Narbonne gemeldet. Eine neuerliche Pestwelle verbreitete sich zwischen 742 und 743. Die Entvölkerung und Aufgabe von versumpfenden Gebieten führte dazu, daß sich in den Mittelmeer-Ebenen die Malaria einnistete und hartnäckig hielt. Bei dieser Menschenleere gab es Raum im Überfluß. Deshalb war damals die eigentliche Grundlage von Wohlstand und Reichtum nicht der Landbesitz, sondern die Macht über die, wenn auch noch so elenden, Menschen und ihre erbärmlichen Werkzeuge.

Das Werkzeug

Von den frühmittelalterlichen Werkzeugen wissen wir so gut wie nichts. Sie sind uns mit Sicherheit weniger bekannt als etwa die Geräte der Bauern aus der jüngeren Steinzeit. Die wenigen zeitgenössischen Texte geben in diesem Zusammenhang keinerlei Aufschluß. In ihnen finden sich nur Wörter, obendrein lateinische Wörter, die die Umgangssprache ungeschickt wiedergeben, die veraltet und ungeeignet sind, ein Bild von der täglichen Realität zu vermitteln. Wie soll man hinter diesen Vokabeln den Gegenstand, seine Form, sein Material und somit seine mehr oder weniger große Wirksamkeit ausmachen? Was kann man aus Wörtern wie *aratrum* oder *carruca* lernen, die ab und zu in den allzu einsilbigen schriftlichen Dokumenten erwähnt werden, die die Feldarbeit jener Jahrhunderte zu beschreiben versuchen? Diese beiden, sicherlich austauschbaren Begriffe – von denen der erste von den gebildeten Schreibern bevorzugt wurde, weil er aus dem klassischen Vokabular hervorgegangen war, während der zweite sich enger an die Umgangssprache anlehnte – erwecken lediglich die Vorstellung eines von einem Gespann gezogenen Geräts für die Feldarbeit. Dem Wort *carruca* könnte man noch entnehmen, daß es Räder hatte. Doch nicht eine einzige Bemerkung gibt uns Hinweise, wie seine Pflugschar funktionierte und ob es zur Erweiterung der Aktionsbreite mit einem Streichbrett versehen war: ob der Ackermann also über einen wirklichen Pflug verfügte, der die Erde wenden und bis in die Tiefe durchlüften konnte, oder ob es sich nur um einen einfachen Pflug handelte, dessen symmetrische Schar lediglich eine Furche öffnete, ohne gleichzeitig die Erde zu wenden. Archäologische Funde haben kaum zur Erhellung der Geschichte der bäuerlichen Technologie in dieser Zeit beigetragen. Auch von der Ikonographie ist nicht viel zu erwarten. Sie ist sehr lückenhaft, und darüber hinaus sind wir kaum in der Lage zu beurteilen, ob ein bestimmtes Bild auch wirklich das zeitgenössische Leben wiedergibt oder ob es nach antiken oder exotischen Vorlagen ohne jede realistische Absicht bloß symbolische Formen darstellt, die nichts mit dem Alltagsleben zu tun haben. Der Mangel an gesicherten Informationen über die bäuerliche Ausrüstung ist ein besonders ärgerliches Phänomen. Wie soll man sich überhaupt eine Vorstellung von den Produktivkräften machen, solange man nichts über das Werkzeug weiß?

Da in dieser Hinsicht absolute Finsternis herrscht, muß man notwendigerweise auf jüngere Dokumente zurückgreifen, die nach der Wiederbelebung der Schrift unter der karolingischen Verwaltung im späten 8. Jahrhundert entstanden sind. Dabei sollte von vornherein klargestellt werden, daß diese Schriften sich ausschließlich auf die größten und besonders sorgfältig verwalteten Domänen beziehen, das heißt auf die fortschrittlichsten Bereiche landwirtschaftlicher Technik. Die Berichterstatter, die damals den Auftrag erhielten, eine Bestandsaufnahme dieser großen Güter zu erstellen, sollten in allen Domänenzentren die verfügbaren Werkzeuge zählen und dabei die wertvolleren Metallgeräte besonders berücksichtigen. Wir wollen hier einen dieser Berichte, der aus einem Manuskript vom ersten Drittel des 9. Jahrhunderts stammt und sich auf eine große königliche Domäne an der Grenze zwischen Flandern und dem Artois bezieht, zitieren.

»Werkzeuge: zwei Kupferbecken, zwei Trinkgefäße, zwei Kupferkessel und einer aus Eisen; eine Pfanne, ein Kesselhaken, ein Feuerbock, ein Leuchter, zwei Äxte, ein Daubenreißer, zwei große Bohrer, ein Beil, ein Kratzeisen, ein Hobel, ein Schlichtmesser, zwei Sensen, zwei Sicheln und zwei eisenverstärkte Schaufeln. Holzwerkzeuge in ausreichender Menge.«[2]

Aus dieser Aufzählung ergibt sich eindeutig, daß die wegen ihres Wertes sorgfältig inventarisierten Gegenstände in erster Linie Koch- und Feuerungsgeräte sowie bestimmte Werkzeuge für die Holzbearbeitung waren. Auf dem riesigen Gut, wo damals fast zweihundert Rinder gezüchtet wurden, dienten die

---

[2] *Monumenta Germaniae Historica, Leges.* Capitularia Regum Francorum, Bd. 1, Hannover 1883, S. 254.

einzigen in der Landwirtschaft benutzten Metallinstrumente entweder zum Schneiden von Gras und Getreide oder zum manuellen Wenden der Erde. Auch von diesen besaß der Grundherr recht wenige; wahrscheinlich deshalb, weil die Landarbeiter von außerhalb kamen und ihre eigenen Geräte mitbrachten. Kein einziges Instrument zum Pflügen wird erwähnt. Der Eisenanteil muß demnach in der landwirtschaftlichen Ausrüstung äußerst gering gewesen sein; auch andere Texte bestätigen die Seltenheit des Metalls. Das Salische Gesetz z.B., dessen erste lateinische Fassung aus den Jahren 507–511 stammt, das aber im Lauf des 7. und 8. Jahrhunderts fortlaufend ergänzt und verändert wurde, bestrafte den Diebstahl eines Messers mit einer schweren Buße. Und das *Capitulare de Villis*, eine Anleitung für die Verwalter königlicher Domänen aus der Zeit um 800, empfahl diesen, eine sorgfältige Bestandsaufnahme der Schmiede, den *ministeriales ferrarii*, vorzunehmen. Bei ihrem Besuch in Annappes notierten die Berichterstatter, daß es auf der Domäne keinen Schmied gab. In dem außergewöhnlich großen Kloster von Corbie in der Picardie, dessen wirtschaftliche Verhältnisse uns durch die 822 von Abt Adalard erlassenen Statuten recht gut vertraut sind, existierte nur eine einzige Werkstatt, für die regelmäßig Eisen gekauft wurde. Dort wurde auch das Werkzeug der umliegenden Landdomänen repariert. Die Pflüge für den Gemüsegarten der Abtei allerdings wurden nicht dort hergestellt, sondern von den Bauern geliefert, die sie eigenhändig anfertigten und reparierten, vermutlich also kein Metall verwendeten. Man muß folglich annehmen, daß der Pflug, das wichtigste Gerät für den Getreideanbau, auf den großen landwirtschaftlichen Gütern, über die die Manuskripte der karolingischen Zeit Aufschluß geben, ausschließlich aus Holz bestand und deshalb von den Berichterstattern vernachlässigt wurde, die sich mit der Bemerkung begnügten, Pflüge seien »in ausreichender Menge« vorhanden. Eine Ausnahme stellen in diesem Zusammenhang vielleicht einige in der Lombardei verfaßte Texte dar, die häufiger von Schmieden sprechen und in denen Pächter erwähnt werden, die ihre Abgaben in Form von eisernen Pflugscharen entrichten mußten. Im allgemeinen wurde der Pflug nicht von Spezialisten hergestellt, die ihn hätten verbessern und verstärken können, sondern in den Häusern der Bauern. Es ist anzunehmen, daß die allenfalls mit einer dünnen Metallkappe verkleidete, ansonsten aus feuergehärtetem Holz bestehende Pflugschar kaum in der Lage war, schwere Böden zu bearbeiten, auch wenn sie schwer war, Räder hatte und von sechs oder acht Ochsen gezogen wurde. Nicht einmal leichte Erde konnte tief genug aufgewühlt werden, um ihre Fruchtbarkeit kräftig zu regenerieren. Im Kampf gegen die natürliche Vegetation war dieser Pflug eine lächerliche Waffe.

Genau genommen ist es gar nicht sicher, ob die Landarbeiter der großen Domänen, die in den Verzeichnissen aus dem 9. Jahrhundert beschrieben werden, ebenso gut ausgerüstet waren wie die Bauern in den weniger zivilisierten Gegenden. Die Domänen gehörten nämlich fast alle Mönchen, das heißt Gelehrten, die von den klassischen Modellen der römischen Landwirtschaft fasziniert waren und versuchten, deren Methoden auf die Nutzung ihres

Bodens zu übertragen. Da aber die römische Zivilisation vom Mittelmeer geprägt und das Mittelmeergebiet arm an Metallen war, da der dortige Kulturboden sich als anfällig erwies und die Erde beim Ackerbau nicht gewendet, sondern nur in ihrer oberen Kruste aufgerissen wurde, um so das Unkraut zu vernichten, hatte man sich auch kaum um eine Perfektionierung der Pflugtechnik bemüht. Zu Beginn des hier zur Diskussion stehenden Zeitalters hatten die Römer zwar staunend entdeckt, daß die »Barbaren« entwickeltere landwirtschaftliche Geräte benutzten als sie selbst, sie hatten sie aber nicht zum eigenen Gebrauch übernommen. Im frühen Mittelalter weisen verschiedene Indizien auf eine gewisse technische Überlegenheit der weniger »zivilisierten« Gebiete im Vergleich zur Ile-de-France hin. Aus dem Studium der slawischen Sprachen ergibt sich beispielsweise, daß der echte Pflug im Unterschied zum einfachen, räderlosen Pflug vor der Zeit der ungarischen Invasionen, die Nord- und Südslawen voneinander trennen sollten, also vor dem 10. Jahrhundert, in Mitteleuropa so verbreitet war, daß er einen eigenen Namen erhielt. In Mähren und in den Niederlanden haben Archäologen Gegenstände aus Eisen entdeckt, die möglicherweise Pflugschare waren. Illustrationen eines englischen Manuskripts aus dem 10. Jahrhundert zeigen ein mit einem Streichbrett ausgerüstetes Ackerbaugerät bei der Arbeit. Im 9. Jahrhundert erwähnt der Dichter Ermoldus Nigellus diese Pflugschare im Zusammenhang mit Austrasien, der »barbarischsten« Provinz Galliens. Und wenn auch der Angelsachse Aelfric Grammaticus in seinem *Colloquium*, dessen überlieferte lateinische Fassung ungefähr aus dem Jahr 1000 stammt, den *lignarius*, den Holzhandwerker, sagen läßt: »ich mache die Werkzeuge«, so überläßt er doch dem Schmied die wichtigste Rolle bei der Herstellung des Pflugs; ihm verdankt das Gerät seine wirksamsten und kraftvollsten Teile.

Derartige verstreute Hinweise sollte man nicht übersehen. Sie lassen vermuten, daß die eisenverarbeitenden Völker des primitiven Germanien in der zweiten Hälfte des 1. Jahrtausends, einer Zeit also, deren technischer Entwicklungsstand noch völlig im Dunkel der Geschichte liegt, bei der Herstellung landwirtschaftlicher Geräte in zunehmendem Maße Metall verwendeten.

Als Gesamteindruck kann man das Bild einer sehr unzulänglich ausgerüsteten Agrargesellschaft festhalten, die der Natur fast mit bloßen Händen ihren Lebensunterhalt abtrotzen mußte. Die äußerst dünne Besiedelung im 7. Jahrhundert hat genau so viel mit dieser rückständigen Ausrüstung zu tun wie mit dem allgemeinen Bevölkerungsschwund. Ständig kultivierte Landstriche waren selten und auf diejenigen Gebiete beschränkt, wo der Boden sich am einfachsten bearbeiten ließ. Von diesen Feldern bezogen die Menschen einen Teil ihrer Nahrung, wohlgemerkt, nur einen Teil. Netze, Reusen und andere Fanggeräte sollten noch lange Zeit die wichtigste Waffe im Überlebenskampf des Menschen gegen die Natur darstellen; denn die eigentliche, die reichliche Nahrung fanden sie in Sümpfen, Flüssen, im Brachland und im Wald, die ihnen das Sammeln wilder Früchte, das Fischen und Jagen und das Betreiben intensiver Viehzucht erlaubten.

Die Landschaft

Das Landschaftsbild spiegelt nicht nur die Bevölkerungsdichte und den Stand der Ausrüstung wider, sondern auch das Bebauungssystem, das seinerseits von den Ernährungsgewohnheiten bestimmt wird. Man darf sich nicht dem Trugschluß hingeben, eine menschliche Gesellschaft ernähre sich von dem, was auf dem Boden, auf dem sie lebt, am besten gedeiht. Sie ist vielmehr in ihren Gewohnheiten gefangen, Gewohnheiten, die sich von Generation zu Generation vererben und nur schwer zu verändern sind. Sie nimmt gewöhnlich jede Anstrengung, die Widerstände von Boden und Klima zu überwinden, in Kauf, um sich so zu ernähren, wie ihre Bräuche und Riten es vorschreiben. Mit ihnen muß sich folglich der Historiker zuallererst befassen, wenn er sich eine Vorstellung von vergangenen Landwirtschaftspraktiken verschaffen will.

Es ist anzunehmen, daß die Begegnung und zunehmende Verschmelzung der römischen mit der germanischen Zivilisation, die sich während des frühen Mittelalters auf dem Schauplatz Westeuropas abspielte, unter anderem auch ein Zusammentreffen sehr unterschiedlicher Nahrungsgewohnheiten begünstigte. Erinnern wir uns an den Abscheu, den der Galloromane Sidonius Apollinarius angesichts der Kost der Barbaren empfand, deren Nachbarschaft er ertragen mußte. Ihr mit Butter und Zwiebeln gekochtes Essen war ihm widerwärtig. In der Tat begegneten sich im 7. und 8. Jahrhundert zwei völlig verschiedene Arten der Nutzung von Naturgegebenheiten, die zwei ebenso verschiedene Landschaftstypen zur Folge hatten. Einerseits den im Niedergang befindlichen römischen Typ, andererseits den germanischen Typ auf dem Wege des Fortschritts. Beide befanden sich in einem Prozeß allmählicher Verschmelzung.

Einige Texte aus dieser Zeit informieren über die von Rom tradierten Ernährungsgewohnheiten. Man weiß z. B., daß 765 die von den Armenhäusern in Lucca unterhaltenen Bedürftigen täglich ein Brot, zwei Maß Wein und einen Napf voll in Fett und Öl gekochtem Gemüse erhielten. Die zuverlässigsten Hinweise finden wir in den Kapiteln 39 und 40 der gegen Ende des 6. Jahrhunderts von St. Benedikt von Nursia aufgestellten Vorschrift für die mittelitalienischen Klostergemeinschaften. Diese Regeln schreiben die Zahl der Mahlzeiten sowie Art und Menge der Nahrung vor, die zu den verschiedenen Anlässen des liturgischen Kalenders eingenommen werden durften. Hier soll nur kurz erwähnt werden, daß St. Benedikt dem Refektorium Mahlzeiten empfahl, die, wie in der Frühzeit des Mönchstums, aus »Kräutern«, »Wurzeln« und Gemüsen bestanden. Hinzu kamen beträchtliche Mengen Brot und Wein, so daß die oben genannten Nahrungsmittel, die entweder roh oder gekocht gegessen wurden, kaum mehr als eine Ergänzung, eine Beigabe zum Brot (*companagium*) gewesen sein dürften. Es muß allerdings gesagt werden, daß es sich hier um eine sehr spezielle Diät für Männer handelte, die sich zur Abstinenz verpflichtet hatten und sich, außer bei Krankheit und körperlicher Gebrechlichkeit, insbesondere den Genuß von Vierfüßlerfleisch versagten. Da dieser Verzicht als besonders hart und besonders gottgefällig hingestellt wird, muß man

annehmen, daß Fleischgerichte in dieser Gegend durchaus zur üblichen Nahrung gehörten. Trotzdem wichen St. Benedikt und seine vom Geist der Mäßigung beseelten Lehrmeister mit ihren Eßvorschriften kaum von den zeitgenössischen Bräuchen der ländlichen Gebiete ab. In direkter Verlängerung der römischen Tradition verlangte diese mediterrane Gesellschaft dem Boden vor allem Brotgetreide und Wein ab, außerdem Bohnen und Erbsen, die im Garten gezogenen »Kräuter und Wurzeln« und schließlich Öl.
Diese Ernährungsweise hatte den Vorteil, daß sie sich den bis hin in die Bretagne und zu den Ufern des Rheins verbreiteten Lebensformen anpaßte, die sich schon früh mit der römischen Kolonisation besonders in städtischen Umgebungen durchgesetzt hatten; Lebensformen, die die Germanen sich anzueignen versuchten, weil sie in ihren Augen die zivilisierte Elite einer glücklichen Welt charakterisierten, zu der sie sich mit Gewalt Zutritt verschafft hatten. Durch ihr Ansehen als Ausdruck der klassischen Zivilisation drängten sich die beschriebenen Eßgewohnheiten als Vorbild auf. Brot zu essen und Wein zu trinken, das heißt sich von dem zu ernähren, was die maßgeblichen Riten des Christentums für *das* Symbol der menschlichen Nahrung schlechthin hielten, galt als wesentliches Zeichen des kulturellen Fortschritts. Im 7. Jahrhundert erreichte die Verbreitung dieser »zivilisierten« Ernährungsweise ihren Höhepunkt – nicht zuletzt durch die Ansiedlung neuer Klostergemeinschaften in den barbarischen Gebieten des Nordens und Ostens, deren Mitglieder gehalten waren, sich so wie die italienischen Bauern zur Zeit des Benedikt von Nursia nach genauen Vorschriften zu verköstigen. Aber die Aneignung dieser Sitte verlangte entweder die Einfuhr von Nahrungsmitteln – wie sie etwa von den Mönchen von Corbie in der Picardie praktiziert wurde, die ihr Öl im provenzalischen Hafen Fos holten, wo es als Schiffsfracht aus noch ferneren Ländern angeliefert wurde – oder aber die Inangriffnahme eines entsprechenden Anbausystems zur Getreide- und Weinproduktion. Die Grundlagen und Anleitungen für ein solches System fanden sich in den Schriften lateinischer Agronomen, die ebenso verehrt wurden wie alle anderen Spuren der klassischen Literatur und genau wie diese eifrig in den Schreibstuben der Kloster kopiert wurden. Das älteste überlieferte Manuskript der *gromatici* stammt aus der italienischen Abtei von Bobbio und wird auf das 7. Jahrhundert datiert. Obwohl das Klima in weiten Teilen Westeuropas vor allem wegen der starken Feuchtigkeit für den Getreideanbau ungünstig und für Weinkulturen geradezu feindlich war, konnte das System sich weitgehend durchsetzen und ständig neuen Raum gewinnen. Es liegt nahe, anzunehmen, daß die allmähliche Veränderung von Temperatur und Niederschlag diese Verbreitung förderte. Die Angehörigen des Adels und vor allem die Bischöfe, die eine wesentliche Rolle bei der Erhaltung der höheren Formen antiker Zivilisation spielten, hatten in der Nähe ihrer Wohnsitze Weinberge angelegt und die Ausdehnung des Ackerbaus unterstützt. Auf diese Weise entfaltete sich in großer Entfernung von seinem Ursprungsland ein bestimmter Landschaftstyp, dessen Hauptmerkmal das ständig kultivierte Feld war. Ursprünglich war diese Landschaft im Zusammenhang mit einer Landwirtschaft

auf offener Ebene entstanden, die in den Mittelmeerländern eine gemeinschaftliche Organisation der Bewässerung voraussetzte. In denjenigen Provinzen, die den Einflüssen Roms am stärksten ausgesetzt waren, hatte sich diese Organisation im streng orthogonalen, staatlich vorgeschriebenen Rahmen der Centuriation entwickelt. Luftaufnahmen von Nordafrika, Italien und dem unteren Rhônetal lassen hinter der heutigen Flureinteilung noch deutliche Spuren davon erkennen. Die weiten Flächen mit Getreideanbau und Wein- oder Olivenpflanzungen waren in große, kompakte quadratische Einheiten unterteilt. Mit zunehmender Entfernung vom Mittelmeer wurden die Felder und Weinberge immer weniger homogen und die Gebiete, die sich zur Anlage landwirtschaftlicher Lichtungen rund um die einsamen *villae* eigneten, immer seltener und verstreuter. Die Getreideproduktion dieses Systems beruhte auf dem Prinzip der Zweifelderwirtschaft. Der Boden, der im ersten Jahr Frucht getragen hatte, ruhte im folgenden Jahr. Auf dem Brachland wurde lediglich etwas Gemüse gezogen. Diese Bedingungen ebenso wie das Vorhandensein der Weinbaugebiete brachten eine klare Trennung zwischen Ackerbau und Viehzucht mit sich. Vom *ager* auf der einen Seite hob sich deutlich der *saltus* ab, die für das Vieh reservierte Zone. Als Beispiel dient uns die Auvergne, diese Insel romanischer Kultur im Herzen Galliens. Einige verstreute Bemerkungen im Werk des Gregor von Tours, der hier zu Hause war, vermitteln eine Vorstellung von dieser ländlichen Gegend. Auffällig ist der starke Kontrast zwischen der Limagne – »die von Feldern bedeckt ist und keine Wälder hat«, wo man in Ermangelung von Holz Stroh verbrennen mußte und wo die ebenen Felder ständig von Überschwemmungen und neuerlicher Versumpfung bedroht waren, – und den umgebenden Bergen, den *saltus montenses* und der *silva*, dem Reich der zum Hof gehörigen Jäger, die die Adelssitze mit Wild versorgten; der Heimat der Einsiedler, die der Welt entfliehen wollten. Nicht zuletzt boten die Berge den Hirten weiträumige Gebiete, die sie mit ihren Schafen durchziehen konnten. Große Teile davon gehörten dem Staat, dem die Schafzüchter eine Weidepacht bezahlen mußten.

Von diesem Kontrast wurden auch die verschiedenen Siedlungsformen bestimmt. Im *saltus* blieben primitivere Siedlungsformen aus der Zeit vor der römischen Eroberung erhalten, wie beispielsweise die Bergweiler an den Kreuzungen uralter Wege, deren sternförmiges, hier und da noch heute in der Topographie sichtbares Netz sich erheblich von dem in jüngerer Zeit in Anlehnung an die Centuriation eingerichteten regelmäßig-orthogonalen Wegesystem unterschied. Diesen *castella*, um mit den Worten von Sidonius Apollinarius zu sprechen, standen die im *ager* verstreuten *villae* gegenüber. Die Schriftsteller des 7. Jahrhunderts unterschieden zwischen den Herrensitzen (*domus*) einerseits und den Häusern der Bauern (*casae*) andererseits. Die ersteren lagen im Mittelpunkt großer Domänen, umgeben von Wirtschaftsgebäuden und Hütten, in denen das Hausgesinde wohnte. Jeder *domus* bildete ein wichtiges Siedlungszentrum. Auch die *casae* lagen zwischen den Feldern. Eine schützende Hecke umschloß neben mehreren Hauptgebäuden auch noch einige notdürftige Verschläge mit Behältern für Nahrungsreserven und andere Vorräte. Hin und wieder tauchte ein *vicus* auf, ein kleines von Bauern bewohntes Städtchen, von denen in der unteren Auvergne dreizehn und in der Diözese von Le Mans ungefähr neunzig entdeckt wurden. Diese zur damaligen Zeit schutz- und trutzlosen Ansiedlungen erwiesen sich nach dem 6. Jahrhundert als bevorzugte Stätten der ersten Landpfarreien. Die in der Nähe liegenden *villae* wurden zumindest in religiöser Hinsicht als ihnen zugehörig betrachtet. In Wirklichkeit aber waren diese Strukturen nur Spuren einer dem Untergang geweihten Vergangenheit, die den gleichen Weg des Verfalls gehen sollten, wie alle anderen Erscheinungen der römischen Zivilisation. Ein Grund für ihre fortschreitende Degeneration lag in der langsamen Veränderung der Eßgewohnheiten. In Gallien zum Beispiel kam es zu einer Auflösung der Handelsbeziehungen, so daß man von dem leben mußte, was man hatte; das lichtspendende und wohlschmeckende Öl wurde mit der Zeit durch Speck, Fett und Wachs ersetzt. In Italien vollzog sich der gleiche Wandel unter dem Einfluß der von den germanischen Eindringlingen importierten Sitten, die auf Grund des hohen Ansehens der siegreichen Krieger attraktiv erschienen. Nach überlieferten Anweisungen aus der Zeit um 650 bestand in Italien die Tagesration der *maestri comacini*, spezialisierter Handwerker, zum großen Teil aus Schweinefleisch. In den Häusern der Reichen gewöhnte man sich mehr und mehr an den Genuß von Wildbret. Das bedeutet, daß die Produkte des *saltus*, der wilden Natur also, eine zunehmende Rolle bei der menschlichen Ernährung spielten. Zur gleichen Zeit machten sich auch in der romanisch geprägten Landschaftsgestaltung Verfallserscheinungen bemerkbar. Wir haben schon weiter oben darauf hingewiesen, daß die Landwirtschaft auf offener Ebene besonders anfällig war. Sie litt unter der ständigen Gefahr der Invasion und wurde nach und nach von Plünderern zerstört, denen die zerrüttete öffentliche Ordnung keinen Einhalt gebot, Plünderern, die sich Stellen aussuchten, wo sie leicht zugängliche Reichtümer fanden. Hinzu kam, daß die gemeinschaftliche Organisation der Drainage vernachlässigt wurde, bis der wilde Lauf des Wassers schließlich nicht mehr reguliert werden konnte. Unmerklich entvölkerten sich die Zonen des *ager* im Flachland und gingen in Verwahrlosung über. Im Laufe des 7. Jahrhunderts wurden zahllose *villae* verlassen. Ihre Standorte konnten später von Archäologen inmitten der Felder ausgemacht werden. Auch die *vici* verloren an Substanz und degenerierten zu einfachen *villae*. All diese Phänomene entsprechen dem allgemeinen Bevölkerungsrückgang. Es ist allerdings auch möglich, daß zu dieser Zeit in bestimmten Teilen Südeuropas, wie etwa in Mittelitalien, veränderte Siedlungsformen entstanden; beispielsweise kam es zu einem Rückzug in höher gelegene Orte, wo die primitiveren Wohnformen der Ureinwohner wiederauflebten. Dieser Rückgriff auf Dorfformen und Kultursysteme, die nicht auf dem *ager*, sondern vorher schon auf Grund der Lebensbedingungen im *saltus* und im Zuge einer weitergehenden Nutzung der wilden Natur entstanden waren, also eine ähnliche Entwicklung aufwiesen, wie die der Germanen, ist ein weiterer Beweis für die Dekadenz Roms.

Landschaften des germanischen Typs finden wir in ihrem Urzustand in Gegenden, die, wie Sachsen, gar nicht mit der römischen Zivilisation in Berührung gekommen waren, oder, wie England, nur einen geringen Einfluß erlebt hatten. Im nördlichen Teil Europas war die menschliche Besiedlung äußerst spärlich. Gallien etwa konnte, wie wir gesehen haben, um diese Zeit eine dreimal größere Bevölkerungsdichte aufweisen. Im Norden waren die Klima- und Bodenbedingungen so beschaffen, daß die Erde vor der Getreideeinsaat tief umgegraben werden mußte; dies geschah entweder mit einem von Tieren gezogenen Gerät oder aber, unter Zuhilfenahme einer Hacke oder eines Spatens, mit der Hand, wobei letztere Methode sicherlich die wirksamere war. Die technischen Voraussetzungen und der Mangel an Arbeitskräften geboten eine enge Beschränkung der Felder auf solche Böden, die sich für eine derartige Bearbeitung am besten eigneten. In Germanien waren das die Lößebenen, in England das Schwemmland der Flüsse. Allem Anschein nach nahmen die bebaubaren Lichtungen in diesen wilden Regionen seit dem 7. Jahrhundert allmählich zu. Auf jeden Fall wurden von diesem Zeitpunkt an die schweren Böden der Middlands schrittweise landwirtschaftlich kultiviert, eine Entwicklung, die möglicherweise mit verstärkter Sklaverei und einer intensiveren Ausbeutung der unfreien Arbeiter bei der Feldarbeit einherging. In Germanien dagegen lebte die Landbevölkerung jener Zeit gemeinhin auf winzig kleinen, verstreut liegenden Weilern. So schätzen die Archäologen beispielsweise, daß an einem bestimmten Fundort Südwestdeutschlands in der Nähe von Tübingen trotz eines außergewöhnlich fruchtbaren und leicht zu bestellenden Bodens zu Beginn des 6. Jahrhunderts nur zwei oder drei Höfe standen, die nicht mehr als zwanzig Personen ernährten. In den wiederentdeckten Siedlungen des Lippetals waren selten mehr als drei Familien zu Hause. Man kann sich den rund um diese besiedelten Punkte kultivierten Raum wie eine kleine Insel vorstellen, die auf höchstens zehn Hektar begrenzt war. In diesen *in-fields* von kümmerlichen Ausmaßen lagen die Gärten als Wichtigstes direkt neben den Häusern. Sie wurden fleißig bearbeitet, mit Haushaltsabfällen und Mist aus den Wirtschaftshöfen angereichert und stellten den bei weitem produktivsten Teil der bearbeiteten Ländereien dar. Es gab einige, wenn auch seltene Obstbäume. Bestimmte Artikel des Salischen Gesetzes belegen Obstdiebe mit schweren Strafen. Was die Felder betrifft, ist wohl kaum anzunehmen, daß sie den Rest der kleinen Lichtung vollständig bedeckten. Wie nämlich Tacitus schon in seiner berühmten Formulierung bemerkte: *Arva per annos mutant et superest ager*, praktizierten die Germanen einen periodischen Wechsel der Getreidekulturen, und zwar in einem weniger strengen Rhythmus als die romanischen Länder. Sie ließen die Parzellen, deren Fruchtbarkeit erschöpft war, mehrere Jahre brachliegen, benutzten sie als Viehweide und begannen an anderer Stelle den Boden, der eine gewisse Zeit geruht und sich regeneriert hatte, zu bearbeiten. Hinter dem lebenswichtigen Garten, wo auf Grund der Düngung und manueller Bearbeitung eine Dauerkultur möglich war, dehnte sich also eine Zone aus, in der sich *rothum*, d. h. zeitweilig brachliegende Felder, und *nova*, d. h. nach einer

Ruhepause wieder bebaute Felder, abwechselten. Die Bezeichnungen gehen zurück auf die ersten schriftlichen Urkunden über Landbesitz in Germanien, die relativ spät entstanden; die älteste stammt aus dem Jahr 704. Sobald die Saat auf den *nova* aufging, wurden »Zeichen« aufgestellt, die das Betreten untersagten. Das Gesetz bestrafte jeden, der diese Verbote mißachtete. Das Gelände, das in wechselnder Folge Früchte trug und auf dem außerdem recht viele Bäume standen, war von Hecken eingegrenzt, deren juristische Bedeutung in allen Gesetzen der germanischen Völker hervorgehoben wird. Diese Einfriedungen schützten das bestellte Land vor Wildschäden. Hauptsächlich aber sollten sie darauf verweisen, daß der Boden von den Bewohnern des Weilers in Besitz genommen war. Außerhalb dieser Grenzen dehnte sich ein weites, umfangreiches Gebiet aus, das von der gesamten Dorfbevölkerung gemeinsam genutzt wurde. Dort weideten vom Frühling bis zum Herbst die Viehherden, dort wurden Tiere gejagt, Beeren gelesen und Holz für den Bau der Häuser, für Zäune, Werkzeug und Hausbrand gesammelt. Durch die vielfältige Nutzung war der Wald dieser Zone stark beansprucht; in etwas weiterer Entfernung dagegen konnte er sich ungestört entwickeln und bedeckte riesige Flächen.

Die englische Landschaft unterschied sich zu jener Zeit nur geringfügig von der germanischen. Allerdings waren die Lichtungen in einigen Teilen des Landes, besonders im Südosten, etwas geräumiger, und die Weiler lagen dichter beisammen. An manchen Stellen schlossen die kultivierten Ländereien unmittelbar aneinander an, so daß zusammenhängende Flächen von offenen Feldern entstanden. Um die eingesäten Äcker erhoben sich schützende Zäune, die nach jeder Ernte abgeschlagen und erst bei der nächsten Aussaat wieder neu gesetzt wurden. Einige Texte, vor allem die Gesetzesbestimmungen von König Ine aus dem 7. Jahrhundert, beweisen die Existenz von gemeinschaftlichem Weideland in unmittelbarer Nähe jener Ackerbauparzellen, die den einzelnen Familien gehörten. Darüber hinaus gab es große Waldgebiete, die hier und da aufgelockert wurden von Inseln mit bebautem Land und großen Weideflächen, den *wealds*, die mehreren Dörfern gemeinsam gehörten. Während also der gesamte unkultivierte Raum in den Quellen des 10. Jahrhunderts als klar begrenzt, aufgeteilt und den einzelnen Weilern zugeordnet erscheint, beweisen die ersten schriftlichen Urkunden, die 300 Jahre früher entstanden, daß die Zonen mit natürlicher Vegetation damals noch ungeteilt von den Bauerngemeinden genutzt wurden, die vorwiegend an den Wasserläufen angesiedelt waren.

Die wenigen überlieferten Hinweise auf die menschliche Ernährung in diesem »barbarischen« Teil Europas deuten darauf hin, daß auch hier überall Korn verbraucht wurde. Zur Zeit des Königs Ine lieferten die für Nahrungsbeschaffung zuständigen Untertanen dem Königshaus Brote und Bier. Archäologen, die den Umfang der ausgegrabenen Ställe in den alten Siedlungen an der deutschen Nordseeküste vermessen haben, kamen zu dem Ergebnis, daß die Versorgung der Bewohner nur zur Hälfte durch Produkte aus der Viehzucht gesichert werden konnte. Es steht jedoch fest, daß der Anteil des Getreides insgesamt hier

29

weitaus geringer war als in den romanisierten Ländern. Die englischen Bauern lieferten ihren Herren unter anderem beträchtliche Mengen Käse, Butter, Fleisch, Fisch und Honig. W. Abel gelangte mit Hilfe von Berechnungen auf der Grundlage archäologischer Funde zu der Einsicht, daß die Ackerbauflächen um die mitteldeutschen Weiler zu klein waren, um mehr als ein Drittel der für die Landarbeiter notwendigen Kalorien abzuwerfen. Sie mußten folglich den größten Teil ihrer Nahrung aus dem Garten, aus dem Wald – durch Beerensammeln, Fischen und Jagen – und aus der Viehhaltung beziehen. Die Strukturen der frühmittelalterlichen Landschaft Europas entsprechen einem Produktionssystem, in dem vorrangig Viehzucht und weniger Ackerbau betrieben wurde. Wie wir wissen, war die Viehzucht gemischt; der Anteil der verschiedenen Tierarten richtete sich nach den natürlichen Gegebenheiten. In Gegenden, wo vorwiegend Gras wuchs, waren auch die Ochsen und Kühe zahlreicher. Am Fundort eines kleinen, zwischen dem 6. und dem 10. Jahrhundert bewohnten Weilers an der Nordseeküste Germaniens verteilten sich die Knochen der verschiedenen Tierarten folgendermaßen: 65% Rinder, 25% Schafe und 10% Schweine. Insgesamt allerdings war die Schweinezucht Hauptlieferant für fleischliche Nahrung, da die Landschaft fast überall von Eichen- und Buchenwäldern beherrscht war. Im zweiten Teil des Salischen Gesetzes wird der Schweinediebstahl in nicht weniger als 16 Artikeln mit genauesten Angaben über die Entschädigungen je nach Alter und Geschlecht des Tieres behandelt. Darüber hinaus waren die englischen Wälder mit *denns*, das heißt mit Anlagen zur Schweinemast, geradezu übersät.

Die oben beschriebene Verbindung von Ackerbau und Viehzucht, diese Verschmelzung von Feld und Wald, Weide- und Grasland unterscheidet das »barbarische« Agrarsystem am deutlichsten vom romanischen, das *ager* und *saltus* trennte. Doch werden die Unterschiede zwischen beiden Systemen im frühen Mittelalter zunehmend abgebaut; denn einerseits fiel die römische Welt insgesamt in die Barbarei zurück, während andererseits die barbarische Welt immer zivilisierter wurde; das Eindringen des Christentums zerstörte allmählich die heidnischen Tabus, die die Urbarmachung der Wälder behinderten, und die »Wilden« gewöhnten sich nach und nach an den Genuß von Brot und Wein. Untersuchungen der Pollen im Torfmoor deutscher Wälder bezeugen trotz wiederholter, mit hoher Sterblichkeit verbundener Pestepidemien einen langsamen, aber stetigen Zuwachs an Getreide auf Kosten der Bäume und Sträucher. Tacitus hatte sich seinerzeit noch darüber gewundert, daß die Germanen »der Erde nur Kornernten abverlangten« und keine Weinstöcke pflanzten. Im Salischen Gesetz ist der Weinstock dann schon Gegenstand besonderen Schutzes durch Strafandrohung. Unter den germanischen Großgrundbesitzern des 8. Jahrhunderts war es üblich, daß sie immer dann, wenn sie ihren Besitz gegen eine Leibrente in Form von Nahrungsmitteln veräußerten, von dem jeweiligen Pfründner große Weinlieferungen erwarteten.

Aus eben dieser Verschmelzung der beiden genannten Produktionssysteme gingen schließlich die für den mittelalterlichen Westen charakteristischen Formen hervor. Die Entwicklung ging dort am schnellsten und fruchtbarsten vonstatten, wo die beiden Zivilisationen unmittelbar in Kontakt miteinander kamen, das heißt mitten im fränkischen Gallien, im Pariser Becken. Hier gab es noch weitläufige Waldreserven. Aus den Testamenten der Bischöfe von Le Mans des 6. und 7. Jahrhunderts geht hervor, daß die großen Domänen damals in erster Linie von Wäldern und Brachland bedeckt waren. Doch diese Gebiete mit natürlicher Vegetation und germanischen Landwirtschaftsmethoden grenzten ihrerseits an »Ebenen«, wo bedeutende, schon vor langer Zeit erschlossene Zonen nach dem romanischen Agrarsystem bewirtschaftet wurden. Die ersten wirklich aufschlußreichen Dokumente, die über die Methoden der Landbewirtschaftung Auskunft geben, nämlich die Verwaltungsbücher und domanialen Inventarien, die auf Befehl der karolingischen Herrscher am Ende des 8. und zu Beginn des 9. Jahrhunderts erstellt wurden, beschäftigen sich gerade mit diesen Grenzgebieten, in denen zwei Systeme aufeinandertreffen. Sie machen uns darauf aufmerksam, daß es an diesem Angelpunkt zwischen einem unreifen, primitiven Bauernstand und den in Verfall begriffenen südlichen Landstrichen in einer vom Klima und der Bodenqualität relativ begünstigten Region Produktionsbetriebe gab, die von Verwaltern des Königs oder großer Klöster mit besonderer Sorgfalt geleitet wurden und eine Art Modellwirtschaft betrieben. Wenn man sich ein Bild machen will, wie die landwirtschaftliche Produktivität der damaligen Zeit unter optimalen Bedingungen aussah, kann man sich auf die Aussagen dieser Texte stützen.

Die spärlichen Dokumente, die sich nicht auf die Besitztümer der Klöster beziehen, anders gesagt, auf Domänen, wo religiöser Nahrungsvorschriften wegen vorwiegend Brotgetreide und Wein angebaut werden mußte, weisen auf die wichtige Rolle des *saltus* für die landwirtschaftliche Produktion hin. Das *Capitulare de Villis*, das sich auf die königlichen Domänen bezieht, fordert die Gutsverwalter viel nachdrücklicher zur Pflege der Tiere und zum Schutz der von Plünderern und Rodern bedrohten Wälder auf als zur Sorge um die kultivierten Felder. Als die Berichterstatter gegen Ende des 8. Jahrhunderts den Königssitz von Annappes besuchten, um die Nahrungsvorräte in Keller und Scheunen zu schätzen, fanden sie relativ wenig Getreide, aber um so größere Mengen Käse und geräucherte Schweineseiten. Das von ihnen angefertigte Inventar zeigt jedoch auch, daß die Mühlen und Brauereien, die der Grundherr für seinen eigenen Bedarf errichtet hatte, die er aber gegen eine der Nutzung entsprechende Gebühr den Bauern der Nachbarschaft zur Verfügung stellte, regelmäßig und massenhaft Produkte aus verarbeitetem Getreide abwarfen. Das beweist, daß die Felderwirtschaft selbst in dieser an Weideland reichen Gegend und sogar bei den Kleinbauern weitgehend in das Produktionssystem integriert war.

Damit die Äcker genügend Nahrung hervorbringen konnten, war es wichtig, ihre Fruchtbarkeit zu erhalten, sie periodisch ruhen zu lassen, ihnen Dünger zuzuführen und sie umzupflügen. Die Wirksamkeit dieser drei zusammenhängenden Arbeitsgänge bestimmte den Ertrag der Getreidekultur. Die Wirksamkeit selbst hing jedoch ihrerseits von der Qualität der Viehzucht ab, denn die Felder konnten häufiger und tiefer umgepflügt werden, wenn die vor den Pflug gespannten Tiere zahlreich und kräftig waren. Je größer die Herde, die das Brachland abweidete, um so gründlicher wurde seine Fruchtbarkeit durch natürliche Düngung erneuert. Die Qualität des Mistes wiederum, der auf die Felder gestreut wurde, bemaß sich an der Zahl der Rinder und Schafe, die im Stall überwinterten. Diese Wechselbeziehung zwischen Ackerbau und Viehzucht bildet die Grundlage des traditionellen europäischen Bewirtschaftungssystems.

Die Dokumente aus dem 8. Jahrhundert enthalten kaum Hinweise auf das Vieh. Die wenigen Auskünfte erwecken den Eindruck, daß es um den Viehbestand in den Ställen der großen Domänen schlecht bestellt war. Wahrscheinlich halfen die Tiere, die auf den abhängigen Höfen gezüchtet wurden, das Herrenland zu regenerieren; sie wurden auf seinem Brachland geweidet und als Gegenleistung zum Umpflügen seiner Felder herangezogen. Trotzdem bleibt der Eindruck eines ausgesprochen unzureichenden Viehbestandes, für den es allerdings auch eine Erklärung gibt. In dieser rückständigen Zivilisation mangelte es an Lebensmitteln, so daß die Menschen in den Haustieren eine Konkurrenz sahen, die ihnen die Nahrung streitig machte. Sie verkannten, daß die Seltenheit und Schwäche der Tiere in Wirklichkeit Ursache für den Mangel an Agrarprodukten und somit für die Lebensmittelknappheit waren. Sie konnten sich nicht entschließen, der Aufzucht von Arbeitstieren einen angemessenen Platz einzuräumen. Folglich wurde der Boden schlecht durchgearbeitet. Die Inventarien der großen karolingischen Domänen bestätigen dies durch ihre Aussagen über die Frondienste, die auf dem Herrenland geleistet wurden. Im Herbst wurde die Aussaat von Weizen, Roggen und Spelz durch zweimaliges Pflügen vorbereitet. Ein drittes Umpflügen ging der Frühjahrssaat des Hafers voraus. Das war jedoch zu wenig für eine gründliche Bodenvorbereitung, zumal die Pflüge primitiv waren und von kraftlosen Ochsen gezogen wurden. Die Leistung der Pflüge reichte nicht aus. Ganze Arbeitertrupps mußten in regelrechter Gartenarbeit nachhelfen. So kamen beispielsweise die Untertanen der Abtei von Werden einmal im Jahr und gruben mit dem Spaten einen Teil des Herrenlands um, ehe die Pflüge eingesetzt wurden. Die große Bedeutung manueller Feldarbeit bei den Frondiensten, die den von großen Domänen abhängigen Pächtern auferlegt waren, kann als Ergänzung für die unzureichende Effektivität des Pflügens verstanden werden. Aber auch um die Anzahl der Menschen war es schlecht bestellt. Der Mangel an Arbeitskräften und die Unzulänglichkeit der technischen Ausrüstung machten es unmöglich, die Fruchtbarkeit des Bodens im notwendigen Umfang zu erneuern.

Aus diesem Grunde war es wichtig, das Land nicht zu überfordern, es lange ruhen zu lassen und jedes Jahr nur einen begrenzten Teil zu bebauen. Die Beobachtungen der Berichterstatter, die den Zustand der Landgüter ermitteln sollten, sagen kaum etwas über den Rhythmus der wechselnden Bebauung aus.

Es ist nahezu sicher, daß auf den Feldern der großen Domänen des Pariser Beckens im 9. Jahrhundert Frühjahrsgetreide ausgesät und zusätzliche Gemüsesorten angepflanzt wurden, wenn sie im Vorjahr Wintergetreide getragen hatten. Die Ländereien der Abtei St. Amand waren diesem Prinzip folgend in drei gleiche Abschnitte aufgeteilt. Jedes Jahr wurde nur ein Drittel des Kulturlandes brach liegen gelassen und, wie es scheint, vom Vieh abgeweidet. Eine solche Dreifelderwirtschaft praktizierte man allem Anschein nach auch auf dem Herrenland der Klöster in der Nähe von Paris. Da jedoch die Viehherden, die zwischen den abschirmenden Zäunen um die eingesäten Parzellen auf den brachliegenden Feldern weideten, viel zu wenig Tiere zählten, um die Erde mit ihrem Dung wirklich befruchten zu können, ist anzunehmen, daß die Ernte des Frühjahrsgetreides im allgemeinen weitaus geringer ausfiel als die des Wintergetreides und daß die Felder oft über mehrere Jahre hinweg unbebaut blieben. Die Äcker der flämischen Abtei Saint-Pierre-au-Mont-Blandin beispielsweise trugen nur alle drei Jahre Frucht. Die Unzulänglichkeiten des Werkzeugs und der Viehzucht machten es daher notwendig, den landwirtschaftlich genutzten Raum übermäßig auszudehnen.

Schließlich scheint auch die Versorgung mit tierischem Dünger äußerst knapp gewesen zu sein. Die Mönche der Abtei von Staffelsee in Bayern zwangen ihre Untertanen, regelmäßig Mist auf den Feldern des Klosters zu verteilen; aber die Mengen waren geradezu lächerlich: jedes Jahr profitierte nur 0,5% des Herrenlandes von diesem Zusatz. In den detaillierten Angaben anderer Inventarien über bäuerliche Verpflichtungen wird ein derartiger Frondienst nicht einmal erwähnt. Man darf also annehmen, daß die Düngung in der damaligen Landschaft so gut wie keine Rolle spielte. Das bißchen Mist, das in den schwach bestückten Ställen anfiel, wurde wahrscheinlich für den anspruchsvollen Boden der Gärten und Weinpflanzungen bewahrt. In manchen Gegenden griff man allerdings auch auf Pflanzenkompost zurück. Die Archäologie hat in den Niederlanden und in Westfalen alte Ländereien entdeckt, deren Boden durch den jahrhundertelangen, schon im frühen Mittelalter begonnenen Zusatz von Heideerde und Humusschollen aus den angrenzenden Wäldern völlig verändert und erheblich verbessert erschien. Aber nichts beweist, daß solche Maßnahmen zur Bodenverbesserung auch anderswo im gleichen Umfang erfolgten. Auf Grund der ungenügenden Pflugwirkung und der mangelhaften Düngung scheinen die Methoden zur Regeneration des Ackerlandes insgesamt trotz langfristigen Brachliegens von geringer Wirkung gewesen zu sein. Allem Anschein nach, und zwar aus dem gleichen Grunde, war der Ertrag selbst im 9. Jahrhundert, als die Landwirtschaft schon bedeutende Fortschritte gemacht hatte, auch in außergewöhnlich entwickelten Provinzen wie der Ile-de-France immer noch sehr gering.

Tatsächlich ist es äußerst schwierig, das Ertragsniveau genau einzuschätzen. Zahlenangaben darüber finden sich nämlich nur in einem einzigen Dokument, Brot ernährten. Gregor von Tours beschreibt Menschen im zivilisierten Teil Galliens, die verzweifelt versuchten, aus irgendwelchen Mitteln Brot zu backen:

Kornmenge geschätzt wird, die sich zum Zeitpunkt der Untersuchung – nämlich im Winter, zwischen Herbst- und Frühjahrsaussaat – in den Speichern befindet, und andererseits die bereits eingesäte Kornmenge. Ein Vergleich der beiden Zahlenreihen ergibt, daß auf der Hauptdomäne 54 % der vorangegangenen Spelzernte, 60 % der Weizenernte, 62 % der Gersteernte sowie die gesamte Roggenernte für die neue Aussaat verwendet werden mußte. Das bedeutet, daß die Erträge dieser vier Getreidesorten in dem besagten Jahr bei 1,8 zu 1, 1,7 zu 1, 1,6 zu 1 und schließlich bei 1 zu 1, das heißt bei Null gelegen haben. Viele Historiker wollten gar nicht glauben, daß diese niedrigen Raten der Realität entsprechen. Man muß jedoch zunächst einmal berücksichtigen, daß die Ernte im Jahr der Schätzung schlecht, oder zumindest geringer ausgefallen sein muß als die des Vorjahres, da aus dieser noch große Reserven an Gerste und Spelz vorhanden waren. Außerdem lag die Produktivität der abhängigen Höfe anscheinend leicht über der der Hauptdomäne; hier erreichte der Gersteertrag immerhin eine Rate von 2,2 zu 1. Im großen und ganzen scheint ein Ertragsniveau zwischen 1,6 und 2,2 in der frühen Landwirtschaft durchaus nicht ungewöhnlich gewesen zu sein. Ein ähnlich niedriges findet man noch im 14. Jahrhundert auf polnischen Ländereien und sogar in manchen Gebieten der Normandie, die keineswegs besonders unfruchtbar waren. Andere verstreute Hinweise in den schriftlichen Quellen der Karolingerzeit vermitteln den Eindruck, daß die damaligen Großgrundbesitzer von ihren Ländereien gar keine höhere Durchschnittsproduktion erwarteten. In dem lombardischen Kloster Santa Giulia in Brescia, wo jährlich 6000 Maß Korn verbraucht wurden, säte man 9000 Maß aus, um den Bedarf decken zu können; das heißt, es wurde gewöhnlich mit einem Ertrag von 1,7 zu 1 gerechnet. Auf einer Domäne der Pariser Abtei Saint-Germain-des-Prés, wo 650 Maß Korn auf dem Herrenland ausgesät wurden, waren die den abhängigen Bauern auferlegten Frondienste des Dreschens so bemessen, daß sie eine Ernte von 400 Maß bewältigen konnten. Also lag auch hier der vorausberechnete Ertrag bei 1,6 zu 1. Uns bleibt folglich das ungewisse, aber wahrscheinlich richtige Bild einer zwar überall verbreiteten, aber ausgesprochen extensiven Getreidekultur, die zahlreiche manuelle Arbeitskräfte erforderte und dennoch wenig Nährwert produzierte. Da sie gezwungen waren, etwa die Hälfte der Ernte für künftige Aussaaten zurückzulegen, und da ihnen die andere Hälfte, von der sie sich ernähren sollten, im Laufe des Jahres von Nagetieren streitig gemacht oder von der Fäulnis verdorben wurde, da der sowieso schon geringe Überschuß dauernd bedroht war, bei feuchtem Wetter im Herbst oder Frühjahr noch geringer auszufallen, lebten die Menschen Europas damals in ständiger Angst vor dem Hunger. Die kümmerliche Produktivität der Landwirtschaft erklärt die Hungersnöte, die trotz dauernder Ausbeutung der unkultivierten Natur und trotz erheblicher Beiträge aus der Viehzucht und dem Gartenbau immer wieder um sich griffen. Besonders schlimm stand es in jenen Provinzen, wo die Einwohner sich vorwiegend von Brot ernährten. Gregor von Tours beschreibt Menschen im zivilisierten Teil Galliens, die verzweifelt versuchten, aus irgendwelchen Mitteln Brot zu backen:

»aus Traubenkernen, aus Haselnußblüten und sogar aus Farnwurzeln«; er beschreibt Menschen, deren Bäuche unnatürlich aufgebläht waren, weil sie Gras hatten essen müssen. Daß die Lebenskraft der Menschen bei der damals doch geringen Bevölkerungsdichte dennoch äußerst schwach war, liegt an den niedrigen Getreideerträgen. Die Grabstätten bieten einen klaren Beweis für die biologischen Mangelerscheinungen der damaligen Bevölkerung. Die in dieser Hinsicht bisher aufschlußreichsten Beobachtungen stammen aus den Untersuchungen ungarischer Friedhöfe des 10. und 11. Jahrhunderts.[3] Mit einiger Wahrscheinlichkeit kann man davon ausgehen, daß die Lebensbedingungen im 7. und 8. Jahrhundert in den meisten weiter westlich gelegenen Regionen Europas nicht besser waren. Auffallend an den ungarischen Untersuchungen ist die hohe Kindersterblichkeit, die 40 % aller Sterbefälle ausmacht. Von fünf Verstorbenen war einer jünger als ein Jahr, zwei jünger als vierzehn Jahre. Unter den Erwachsenen erwies sich die Sterblichkeit bei den noch jugendlichen Müttern als besonders hoch, so daß die Fruchtbarkeitsrate der vor ihrem 20. Lebensjahr verstorbenen Frauen bei 0,22 lag. Bei den im Alter zwischen zwanzig und dreißig Verstorbenen betrug sie 1, und bei Frauen, die bis zum Ende ihrer Fortpflanzungsfähigkeit lebten, 2,8. Daran läßt sich ermessen, wie begrenzt die Wachstumsrate der Bevölkerung in derartigen Gesellschaften war. Auf den ungarischen Friedhöfen wurden allerdings auch Grabstätten entdeckt, in denen der Anteil der Kinderskelette geringer war. Es handelte sich um die Gräber der Reichen. Gewiß, im 7. Jahrhundert lebten an den äußersten Grenzen Ost-, Nord- und Westeuropas auch noch einige Volksgruppen von Jägern und Fischern, denen ökonomische Unterschiede innerhalb ihres eigenen Stammes fremd waren. Man darf jedoch annehmen, daß sie damals nur noch Überreste darstellten, die schon bald der übrigen Gesellschaft angeglichen werden sollten. Und in dieser Gesellschaft, das heißt in allen anderen Gebieten, gab es eine Herrenklasse, die die Bauern ausbeutete, die sie durch ihr bloßes Vorhandensein zwang, den für alle primitiven Wirtschaftsformen kennzeichnenden Überfluß an Freizeit einzuschränken, noch hartnäckiger gegen die Natur zu kämpfen und trotz ihrer völligen Mittellosigkeit einen Mehrwert für das Haus des Herrn zu produzieren; genau das war die wichtigste Triebfeder des Wachstums.

---

[3] G. Acsádi, »A középkori magyar halandóságra vonatkozó paleo-demográfiai kutatások eredménye« (Ergebnisse paläodemographischer Untersuchungen zur Sterblichkeit in Ungarn im Mittelalter), in: *Történeti statisztikai évkönyv*, 4 (1963–64), S. 3–34. J. Nemeskéri u. A. Karlovánszky, »Székesfehérvár becsült népessége a x.–xi. században« (Schätzung der Bevölkerung von Székesfehérvár im 10. und 11. Jahrhundert), in: *Székesfehérvár évszazadai*, 1 (1967), S. 125–140.

II. Die Sozialstruktur

Weder in der römischen noch in der germanischen Gesellschaft waren alle Menschen gleichberechtigt. Die eine wie die andere erkannte die Vorherrschaft einer Aristokratie an, die im Römischen Imperium aus der Senatorenklasse bestand und bei den Barbarenvölkern von den Verwandten und Waffenkameraden der Kriegsherren gebildet wurde, deren Nachkommen zumindest bei manchen Stämmen auf Grund ihrer Blutsverwandtschaft rechtliche und magische Privilegien genossen. Beide Gesellschaften betrieben Sklaverei, und der permanente Krieg sorgte für die Erhaltung der geknechteten Klasse, die jeden Sommer im Zuge der Raubüberfälle auf Nachbarvölker regeneriert wurde. Mit den Völkerwanderungen, der Ausbreitung der römischen Aristokratie auf dem Lande und ihrer Vermischung mit dem Adelsstand der Barbaren hatten sich die Ungleichheiten noch vertieft. Im gleichen Zusammenhang vergrößerte sich auch das Feld der kriegerischen Auseinandersetzungen, so daß die Sklaverei einen zusätzlichen Aufschwung erfuhr; sie belebte sich bei jeder Begegnung verfeindeter Stämme, die ihre Kämpfe vorwiegend in den Grenzgebieten und den von Kriegswirren beherrschten Randzonen der christianisierten Welt austrugen. Auf diese Weise entstanden im sozialen Gefüge drei von Grund auf verschiedene ökonomische Gruppen. Die der völlig entrechteten Sklaven, die der freien Bauern und schließlich die Gruppe der »Großen«, der Herren über die Arbeitskraft der anderen und ihre Früchte. Die gesamte Wirtschaftsbewegung, Produktion, Verbrauch, Verteilung und Umverteilung der Reichtümer, wurde von dieser Konstellation bestimmt.

Die Sklaven

Alle überlieferten Texte aus dem Europa des 7. und 8. Jahrhunderts bestätigen, daß es eine sehr große Anzahl von Frauen und Männern gab, die das lateinische Vokabular als *servus* und *ancilla* bezeichnete oder gar mit dem sächlichen Substantiv *mancipium* belegte, was ihren Objektstatus noch deutlicher zum Ausdruck bringt. Tatsächlich waren sie von ihrer Geburt bis zu ihrem Tod Eigentum des jeweiligen Herren; die Kinder, die eine Sklavin zur Welt brachte, gingen ebenfalls in dessen Besitz über und mußten in der gleichen Abhängigkeit leben wie ihre Mutter. Sie selbst besaßen nichts. Sie waren Instrumente, lebendige Werkzeuge, die von ihrem Eigentümer nach Lust und Laune benutzt und, solange es ihm gefiel, ernährt wurden, für die er vor den Gerichten verantwortlich war, die er strafte, kaufte, verkaufte oder verschenkte, wie und wann er wollte. In gutem Zustand waren sie sogar wertvolle Werkzeuge, scheinen aber in manchen Gegenden ziemlich billig gewesen zu sein. Im Jahre

775 konnte man zum Beispiel in Mailand einen fränkischen Jungen für zwölf *solidi* erwerben; ein gutes Pferd dagegen kostete fünfzehn. Nicht selten, vor allem aber in Gebieten, die in der Nähe unruhiger Kriegsschauplätze lagen, besaßen auch die einfachen Bauern solche »Werkzeuge für alles«; wie etwa im 9. Jahrhundert der Verwalter einer zur flämischen Abtei St. Bertin gehörigen Domäne, der über einen eigenen Besitz von 25 Hektar verfügte und sich für deren Bewirtschaftung mehr als ein Dutzend Sklaven hielt; oder wie die Kleinbauern der Domäne des austrasischen Klosters von Prüm, die die ihnen auferlegten Frondienste bei der Heu- und Getreideernte von ihren eigenen *mancipia* erledigen ließen. In keinem einzigen vornehmen Haus, weder in einem weltlichen noch in einem geistlichen, fehlte das unfreie Gesinde für die Hausarbeit. In der *villa*, die ein Bischof aus Le Mans im Jahre 572 seiner Kirche vermachte, bestand es beispielsweise aus zehn Personen, einem Ehepaar mit Kind, vier Dienern, zwei Dienerinnen und einem Jungen, der im Wald die Pferde hüten mußte. Drei Jahrhunderte später weist die kleine Domäne eines weltlichen Herrn in Franken eine ähnliche Besetzung auf: ein Sklave mit Frau und Kindern, sein unverheirateter Bruder, ein weiterer Sklave mit seiner Schwester, ein Junge und ein Mädchen. Die Namen dieser Menschen lassen vermuten, daß es sich um Nachkommen von Gefangenen handelte, die mehr als drei Generationen zuvor, während der fränkischen Kriege gegen die Sachsen und die Slawen verkauft worden waren.

Diese Beispiele zeigen, daß die Sklavenbevölkerung sowohl durch natürliche Vermehrung als auch durch Krieg und Handel ständig erneuert und vermehrt wurde. Darüber hinaus sahen die Gesetze vor, daß ein freier Mann unter dem Zwang der Umstände seine eigene Person verkaufen oder zur Strafe für bestimmte Missetaten zur Sklaverei verurteilt werden konnte. Das Christentum verurteilte die Sklavenhaltung nicht und stellte ihr kaum Hindernisse in den Weg. Es untersagte lediglich, getaufte Personen zu Sklaven zu machen, ein Verbot, das wahrscheinlich genau so wenig befolgt wurde wie viele andere. Ansonsten erklärte es die Freilassung von Sklaven zur frommen Tat, um die sich unter anderen viele merowingische Bischöfe bemühten. Die deutlichste Auswirkung des christlichen Einflusses zeigte sich in der Tendenz, den Unfreien Familienrechte zuzugestehen. In Italien setzte sich im Laufe des 7. Jahrhunderts in zunehmendem Maße die Auffassung durch, daß Sklaven eine legale Ehe schließen konnten. Nachdem die Verbindung zwischen einem Sklaven und einer freien Frau lange unter Verbot gestanden hatte, wurde sie später toleriert und schließlich gesetzlich geregelt. Solche Mischehen, die für den allmählichen Abbau der Segregation ebenso bezeichnend waren wie die Praxis der Sklavenfreilassung, brachten juristische Übergangskategorien zwischen vollständiger Freiheit und totaler Unfreiheit hervor. Das damalige Recht war bemüht, den Wert der einzelnen Personen genau zu bestimmen, damit die im Angriffsfall zu zahlenden Entschädigungen von vornherein eindeutig feststanden. Die verschiedenen Bevölkerungsschichten waren also innerhalb der Rechtshierarchie genauestens eingestuft. Das Edikt des Langobardenkönigs Rothari aus dem Jahr

643 beispielsweise nennt zwischen den Freien und den Sklaven die Befreiten und die Halbfreien. Aber selbst wenn sie die äußeren Fesseln der Sklaverei abgeschüttelt hatten, verblieben die ehemaligen Unfreien in unmittelbarer Abhängigkeit von einem Herrn, der sich anmaßte, nach Belieben über ihre Arbeitskraft und ihren Besitz zu verfügen. Die gesellschaftliche Existenz zahlreicher Individuen, die zum *servicium*, das heißt zu kostenloser, unbeschränkter Arbeitsleistung gezwungen waren, und deren Nachkommen und Ersparnisse auch weiterhin der Willkür anderer ausgeliefert blieben, gab den Wirtschaftsstrukturen jener Zeit ihre charakteristische Prägung. Daran änderte sich auch durch die Tatsache nichts, daß behutsam sich entwickelnde, tiefgreifende Bewegungen schon damals, allerdings auf sehr lange Sicht, die Integration der Sklavenbevölkerung in den freien Bauernstand und damit eine grundlegende Umwälzung der ökonomischen Bedeutung der Sklaverei vorbereiteten.

Die freien Bauern

Die Rechtsvorschriften, die den Individuen ihren Status zuwiesen, hielten die bestehende Schranke zwischen Knechtschaft und Freiheit aufrecht. Unter Freiheit verstand man nicht persönliche Unabhängigkeit, sondern die Tatsache, dem »Volk«, das heißt der öffentlichen Ordnung, anzugehören. In den unzivilisiertesten Gebieten wurde diese Unterscheidung freimütig und offen gehandhabt. Die germanischen Gesellschaften beruhten unmittelbar auf dem Stand der Freien. Wesentliches Kriterium für die Freiheit war das Recht, Waffen zu tragen, dem Kriegsherrn bei seinen Frühjahrsfeldzügen zu folgen und am möglichen Gewinn dieser Angriffe teilzuhaben. Außerdem umfaßte sie die Verpflichtung, sich in regelmäßigen Abständen zu versammeln, um Recht und Gerechtigkeit zu sprechen. Schließlich ermächtigte sie die freien Männer, die nicht kultivierten Teile der Gemarkung gemeinsam zu nutzen und darüber zu entscheiden, ob Neuankömmlinge in die »nachbarschaftliche« Gemeinde aufgenommen wurden oder ob ihnen der Beitritt versagt blieb.
In den romanisierten Provinzen wurde die Freiheit der Bauern viel stärker vernachlässigt, so daß ihre Unterwerfung unter krasse Formen ökonomischer Ausbeutung nicht selten war. Nur in Verbindung mit Landbesitz genossen sie uneingeschränkte Freiheit. Viele Bauern, wenn nicht sogar die meisten, lebten als sogenannte »Kolonen«, die den Boden anderer bestellten. Sie galten zwar als Freie, waren aber faktisch in einem ganzen Netz von Dienstleistungen gefangen, die ihre Unabhängigkeit beträchtlich einschränkten. Darüber hinaus hatte sich der Militärdienst der Landbewohner in die Pflicht verwandelt, zum Unterhalt der Berufsarmeen beizutragen. Somit waren die Grenzen zwischen der Freiheit und den milderen Formen der Sklaverei bis zur Unkenntlichkeit verwischt und die Bedingungen für das allmähliche Verschwinden der Freiheit gegeben.

Dennoch kann man nicht von einem totalen Abbau der Freiheit sprechen. Es gab, insbesondere in Gallien, immer noch wirklich freie Bauern, jene nämlich, die in den *vici* lebten und das Nutzungsrecht für die Gemeinschaftsfelder besaßen, die übrigens noch in den burgundischen Texten des 10. und 11. Jahrhunderts *terra francorum* genannt wurden.

In Hinsicht auf diese tragende Schicht der ländlichen Gesellschaft erweisen sich die verschiedenen historischen Quellen als ausgesprochen einsilbig. Fast alle diese Dokumente beschäftigen sich mit der Grundherrschaft, und je unabhängiger die Menschen von ihr sind, desto weniger Aufmerksamkeit wird ihnen geschenkt. Aber gerade sie, die durch Blutsverwandtschaft verbundenen Sippschaften, die den von ihren Vorfahren ererbten Boden mit Hingabe bestellten, bildeten die Urzelle der landwirtschaftlichen Produktion. Die Strukturen der bäuerlichen Familie sind schwer auszumachen. Die aufschlußreichsten Hinweise stammen noch aus der Karolingerzeit. In den Inventarien der großen Domänen werden häufig und mit großer Sorgfalt alle diejenigen Personen aufgezählt, die auf den abhängigen kleinen Höfen lebten. Sie vermitteln das Bild von Familien, die sich jeweils auf Vater, Mutter und Kinder beschränkten. Manchmal gehörten auch unverheiratete Brüder oder Schwestern dazu, aber nur selten entferntere Verwandte. Die verheirateten Söhne gründeten wahrscheinlich meistens ein eigenes Heim. Ob die Familienstruktur dort, wo die Bauernhöfe nicht in das Domänenwesen eingegliedert waren, ähnlich aussah, kann nicht mit Sicherheit gesagt werden. Bekannt sind uns nur einige Fälle, wo die Höfe gerade in das Patrimonium eines Klosters übernommen worden waren und daher in dessen Inventar Erwähnung finden. In diesen landwirtschaftlichen Keimzellen lebten manchmal mehrere Ehepaare mit ihren Nachkommen, das heißt über 20 Personen. Außerdem gab es, wie schon gesagt, auch in den bäuerlichen Haushalten Sklaven für die Hausarbeit, die die Anzahl der vorhandenen Personen vermehrten. Dennoch scheint es ausgeschlossen, für diese Zeit die Existenz zahlenmäßig großer, nach patriarchalischem Muster organisierter Familienverbände anzunehmen. In ihrer Größe unterschieden sich die damaligen Bauernhaushalte wahrscheinlich kaum von denen, die heutzutage in Europa überall dort zu finden sind, wo sich die traditionellen ländlichen Strukturen erhalten haben. Ein Kapitular Karls des Großen aus dem Jahr 789 gibt ungefähr zu erkennen, wie die Aufgaben und Pflichten unter den einzelnen Familienmitgliedern verteilt waren. Die Frauen waren für alle Textilarbeiten zuständig; sie mußten die Kleidung zuschneiden, nähen und waschen, die Wolle kämmen, das Leinen brechen und die Schafe scheren. Die Männer erledigten neben den anfallenden Waffen- und Rechtsprechungsdiensten die Arbeit auf den Feldern, Wiesen und Weinbergen; sie jagten, pflügten, rodeten, schnitten Steine zu, bauten Häuser und Einfriedungen.

Eine klarere Vorstellung vermitteln die Quellen über die Art und Weise, wie die Familiengemeinschaft im heimatlichen Grund und Boden verwurzelt war, über das Gesamtsystem der Grundrechte, kurz, alles, was mit dem Land zu tun hat, dem ihre Mühen galten und aus dem sie ihren Unterhalt bezog. Allerdings wird uns das Bauernland auch in diesem Zusammenhang aus der Sicht der Grundherren vorgestellt, aus der Sicht der »Großen«, die es von außen betrachteten und für die es nur als Grundlage ihrer Macht zur wirtschaftlichen Ausbeutung relevant war: als Grundlage, die konkret, solide und viel beständiger erschien als die Menschen, die damals durch zufällig sich ergebende Eheverbindungen, durch Abwanderung oder Flucht ständig in Bewegung waren. In dieser Gesellschaft gewann das organische Band, das die Familie zu einer Einheit zusammenschloß und sie mit ihrem festen Wohnsitz, wo sich ihre Mitglieder um den Herd versammelten und wo die Nahrungsvorräte gehortet wurden, ebenso verband, wie mit den *appendicia*, den verschiedenen im Umkreis liegenden Parzellen, die dem Haushalt Nahrung lieferten, außerordentliche Bedeutung. Diese elementare Basis, diesen Ort stärkster Verwurzelung der Bauernbevölkerung im nährenden Boden, nannte man in England *hide* und in Germanien *huba* [Hufe]. In der lateinischen Übersetzung von Beda Venerabilis wurde der Ausdruck *hide* zu *terra unius familiae*, »Land einer Familie«. Der Begriff *mansus* tauchte in diesem Sinne zum ersten Mal in lateinischen Texten auf, die zwischen 639 und 657 im Zentrum des Pariser Beckens entstanden. Er verbreitete sich zwar allmählich in Burgund, den Moselländern, Flandern und Anjou, blieb aber bis zur Mitte des 8. Jahrhunderts relativ selten. Das Wort *mansus* stellt den Wohnsitz in den Mittelpunkt. Es bezieht sich eigentlich unmittelbar auf die streng abgegrenzte, mit einem Gatter umfriedete Parzelle, den unverletzbaren Raum, in dem die Familie mit ihrem Vieh und ihren Vorräten zu Hause ist, wird aber schließlich, genau wie *hide* und *huba*, als Bezeichnung für den gesamten Grundbesitz verwendet, in dessen Mittelpunkt die bewohnte Parzelle steht. Zum *mansus* gehörte alles, was an verstreuten Gärten und ständig kultivierten Feldern, gewohnheitsrechtlich genutzten Weiden und Brachland vorhanden war. Man ging sogar dazu über, diesem Begriff einen Gewohnheitswert beizumessen, ihn als Größenmaßstab für die zur Ernährung eines Haushalts notwendige Landfläche zu benutzen. In diesem Sinne sprach man auch von *hide* oder *huba* als vom »Pflugland«, zu verstehen als Anbaufläche, die ein Gespann durchschnittlich in einem Jahr umzupflügen vermag; nämlich einhundertzwanzig Morgen oder einhundertzwanzig »Tagwerke«, das heißt einhundertzwanzig Tage Pflugarbeit verteilt auf die drei Jahreszeiten der Ackerbestellung.

Je nach der Art der Besiedlung veränderte sich auch das Nutzungssystem, von dem die Bauernfamilie lebte. In offenen Gegenden, wo die Dörfer relativ dicht bevölkert waren, lagen ihre Felder weiter verstreut und vermischten sich mit den Randgebieten anderer *mansi*. In den kleineren, mitten im *saltus* gelegenen Rodungslichtungen hingegen bildeten die Felder einen flächenmäßig zusammenhängenden Block. Auf jeden Fall aber war ihr Vorhandensein stets an die bewohnten Siedlungsflecken gebunden, aus denen die befruchtende Arbeit kam und denen umgekehrt alle erzeugten Produkte zugeführt wurden; Siedlungsflecken, die die Aristokratie fester unter ihre Kontrolle zu bekommen suchte, gleichgültig, ob ihre Bewohner frei oder unfrei waren.

Die Herren

Es gab *mansi*, die ihrer Struktur nach ähnlich wie die der Bauern, aber unvergleichlich größer und besser gebaut waren. Sie verfügten über zahllose Sklaven und Herden, und ihre *appendicia* breiteten sich in weitem Umkreis aus. In denjenigen Regionen, wo sich das klassische Vokabular erhalten hatte, bezeichnete man sie als *villae*; tatsächlich waren sie dort häufig auf den Fundamenten einer alten römischen *villa* erbaut. Sie gehörten den »Großen«, den Oberhäuptern des Volkes und den kirchlichen Niederlassungen.

Die politischen Strukturen, die nach den Völkerwanderungen der Barbaren entstanden waren, verliehen dem König eine außerordentliche Machtposition. Er, der Herr und Gebieter, durfte die Armee in den Krieg führen und unter dem Volk Gerechtigkeit walten lassen. All diese Macht verdankte er seiner Abstammung von königlichem Blut; insgesamt kann man sagen, daß dieser dynastische Charakter weitgehend die ökonomische Position des königlichen Geschlechts bestimmte. Die Erblichkeit begünstigte die Akkumulation von Reichtümern in seinen Händen. Da aber in der königlichen Familie die Regeln der Erbteilung genau so gehandhabt wurden wie in allen anderen und da die Verbreitung germanischer Bräuche überall dem Prinzip einer gleichmäßigen Aufteilung des Patrimoniums unter den Erbberechtigten zum Siege verholfen hatte, war dieses Vermögen, wie alle anderen weltlichen Vermögen, von Generation zu Generation mit immer neuer Zersplitterung bedroht. Dennoch war und blieb es bei weitem das gewaltigste; die Auswirkungen der Erbteilung wurden mit den verschiedensten Machenschaften ständig unterlaufen. Aus diesen beiden Gründen blieb die königliche Person stets Mittelpunkt eines ungewöhnlich großen »Hauses«, das all die Menschen versammelte, die durch häusliche Beziehungen mit dem Herrscher verbunden waren; dieses Haus wurde mit dem aus dem spätrömischen Reich überlieferten Wort »Palast« (*palatium*) bezeichnet. Seine Dimensionen übertrafen bei weitem die aller anderen »Familien« des Königreichs. Hier lebte nämlich neben den Verwandten und der Dienerschaft eine große Anzahl junger Leute aus der Aristokratie, die ihre Erziehung beim König vervollkommnen wollten und einige Jahre im Palast »verköstigt« wurden. Darüber hinaus umgab den Herrscher ein Gefolge von »Freunden«, von »Ergebenen«, die ihm in besonderer Treue verbunden waren, was ihnen wiederum einen außerordentlichen individuellen »Wert« verlieh. Alle barbarischen Gesetze schätzen den Rang ihres Blutes bedeutend höher ein als den der einfachen freien Männer. Einige dieser Verwandten oder Getreuen wurden als Gesandte des Hofes in weit entfernte Gegenden geschickt, um dort die königliche Autorität zu vertreten. Mit der Zerstreuung eines Teils der Hausgemeinschaft über das ganze Land, der gegenläufigen Bewegung, die zeitweise große Scharen der aristokratischen Jugendlichen im Haus des Herrn versammelte, und schließlich dem Wechselspiel der Eheverbindungen, das den Palast mit einem dichten Netz von Verwandtschaftsbeziehungen umspannte, bildete sich ein enger Zusammenhang zwischen der Umgebung des Herrschers, wo ständig mehrere hundert Menschen vertreten waren, und allen anderen Vornehmen des Königreichs, die das Edikt von Rothari »adelingi« nennt. Diese Aristokratie, die aus immer inniger verschmelzenden Elementen bestand und in der sich die Nachkommen besiegter Stammesoberhäupter mit den Resten der römischen Senatorenklasse vermischten, erscheint als die Emanation des Königtums. Ihm verdankte sie ihren Reichtum, konkreter gesagt, den Geschenken, die der Herrscher verteilte, dem Anteil an der Beute, der für die Freunde des Königs besonders groß ausfiel, den Machtbefugnissen, die er seinen »Grafen«, seinen *ealdormen* und denen übertrug, die in seinem Namen die Provinzen befehligten, und schließlich den hohen kirchlichen Funktionen, die er verlieh.

Ganz im Stil der damaligen Zeit und eingebettet in weltliche Macht, die ihr, der Dienerin Gottes, von jedermann zugebilligt wurde, hatte die christliche Kirche einen Platz unter den Großen eingenommen; sie war fest und sicher verwurzelt. Rund um die Kathedralen und in den Klöstern lebten vielköpfige »Familien«, die gemeinsam über ein riesiges, stabiles Vermögen verfügten. Die kirchlichen Patrimonien wurden durch den lebhaften Zustrom frommer Gaben ständig reicher. Dank solcher Schenkungen entstand beispielsweise in weniger als einem dreiviertel Jahrhundert der enorme Grundbesitz der 645 in der Normandie gegründeten Abtei von Fontenelle. Die Almosen stammten in erster Linie von Königen und Adeligen, kamen aber auch in winzigen Beiträgen von den kleinen Leuten. Aufschluß darüber geben die Aufzeichnungen in den *libri traditionum*; diese Bücher, in denen die Neuerwerbungen der Klöster des südlichen Germaniens eingetragen wurden, legen ein beredtes Zeugnis von dem unerschütterlichen Fortbestand des bäuerlichen Besitztums im 8. Jahrhundert ab. Das stete Wachstum der kirchlichen Reichtümer ist ein wirtschaftliches Phänomen von erstrangiger Bedeutung, das in den schriftlichen Quellen besonders ausführlich behandelt wird.

Mit ihrer Macht über Grund und Boden lastete die Aristokratie auf der gesamten Wirtschaft. Diese ihre Macht erscheint allerdings in den Quellen, die immer nur dann von den Armen sprechen, wenn sie auf irgendeine Weise unter der Herrschaft der Reichen stehen, noch größer als sie in Wirklichkeit war. Doch damit sind ihre gewaltigen Ausmaße keineswegs in Frage gestellt. Was die Zeit vor dem Ende des 8. Jahrhunderts, also vor der Renaissance der Schrift in der Karolingerzeit, betrifft, lassen sich die Umrisse der großen Patrimonien nur schwer nachzeichnen. Man muß sich mit den spärlichen Hinweisen zufrieden geben, die ab und zu in bestimmten Gesetzen vorkommen, in den äußerst seltenen Testamenten, die allesamt von Bischöfen stammen, oder auch in den archivierten Urkunden einiger kirchlicher Einrichtungen, die allerdings weltliche Besitztümer immer erst dann erwähnen, wenn sie in das Kirchenvermögen übergegangen waren. Im übrigen erwiesen sich die Grenzen dieser Patrimonien als äußerst unbeständig. Durch das Wechselspiel von Almosen, Gunstbeweisen des Königs oder der Kirche, Bestrafungen und widerrechtlichen Besitzergreifungen, Heiraten und Erbteilungen, deren Regeln je nach den Sitten der verschiedenen Völker variierten, wurde der weltliche Grundbesitz dauernd aufgesplittert und wieder zusammengefügt. Weitere Ursachen für die ständige Größenveränderung des aristokratischen Vermögens waren der Fortschritt der Zivilisation, die Christianisierung heidnischer Regionen und der allmähliche Produktionsanstieg in den unzivilisiertesten Gegenden, der es ermöglichte, daß mit der Zeit auch die primitivsten Stämme die Last einer Aristokratie tragen konnten. Wenn die Grenzen der Patrimonien auf Grund ihrer Instabilität schon nicht erfaßt werden können, so läßt sich die innere Struktur noch schlechter ausmachen. Wir können uns kaum eine Vorstellung davon verschaffen, auf welche Art und Weise sich die Großen ihre Rechte über den Boden zunutze machten.

Im 7. Jahrhundert gab es nachweislich in allen Provinzen, die nicht auf Grund fehlender Dokumente völlig im Dunkeln liegen, große Domänen. In Gallien beziehen wir die entsprechenden Informationen aus den testamentarischen Schenkungen der merowingischen Bischöfe; in England aus den Gesetzesartikeln des Königs Ine, die die Beziehungen zwischen Herren und Pächtern der königlichen Kontrolle unterstellen; in Germanien aus den Gesetzen der Alamannen und Bayern zur Regelung der Abgabepflichten abhängiger Bauern; und im langobardischen Italien aus der unterschiedlichen Einstufung der Landarbeiter großer Domänen, die das Edikt von König Rothari festlegt. In den romanisierten Ländern wurden verschiedene Wörter zur Bezeichnung des Großgrundbesitzes verwendet; man nannte ihn *fundus*, *praedium*, am häufigsten aber *villa*. Manche der großen Domänen bedeckten ein homogenes, mehrere tausend Hektar großes Land, wie etwa die *villa* von Treson in Maine, deren Grenzen im Testament des Bischofs Domnolus genau verzeichnet sind. Die meisten jedoch waren viel kleiner und wurden in den lateinischen Texten mit Diminutiven als *locellum*, *mansionile* oder *villare* bezeichnet. Viele von ihnen waren durch Schenkungen und Erbteilungen zerstückelt und erschienen in fragmentarischer Form als »Stücke« oder »Teile«. Andere bestanden aus zahlreichen Inselchen, die verstreut zwischen anderen Ländereien oder an den besiedelten Rändern des Kulturlandes lagen. Gemeinsam ist ihnen, daß sie alle nur partiell bewirtschaftet wurden. Die Ursache ihrer verschiedenartigen Zergliederung muß teilweise in ihrer Geschichte gesucht werden. In Gallien zum Beispiel scheinen die großen kompakten Domänen, die zum Besitz der Könige oder alteingesessener Adelsfamilien zählten, häufig aus den *latifundia* des antiken Rom hervorgegangen zu sein. Zum anderen Teil geht die Gliederung des Landes auf die natürliche Beschaffenheit der Landschaft zurück. Im Gebiet des heutigen Belgien etwa entstanden die weitläufigsten *villae* dort, wo der Boden besonders fruchtbar und schon in der römischen Zeit über große Strecken urbar gemacht worden war, während sich in den weniger begünstigten Regionen mit Sandboden die auf Grund der schwierigen Bearbeitung und dünnen Besiedlung vergleichsweise kleinen domanialen Einheiten auf viel engerem Raum drängten.

Die riesigen Landflächen wurden meist in direkter Nutzung vom Herrenhof aus bewirtschaftet. Die Domanialverwaltung beruhte in erster Linie auf dem Einsatz der Sklavenschaft, die von Zeit zu Zeit, je nach Bedarf, von Hilfsarbeitskräften unterstützt wurde. Eine Beschreibung des Gregor von Tours beispielsweise zeigt solche Hilfskräfte auf den Feldern eines Adeligen in der Auvergne bei der Erntearbeit. Die Quellen nennen kein einziges Gut, ohne nicht auch gleichzeitig die Anwesenheit einer unfreien Dienerschaft zu erwähnen. Oft sind die im Herrenhaus unterhaltenen Sklaven die einzigen Arbeiter, die sichtbar in Erscheinung treten. Man kann allerdings auch zur damaligen Zeit schon *villae* entdecken, deren Land nicht im vollen Umfang von der unfreien Dienerschaft bearbeitet wurde; solche Fälle häufen sich vor allem in den besser entwickelten Regionen. Dort wurde ein Teil der Ländereien als Leiheland, als abhängiges Gehöft an Bauernfamilien übertragen. So gab es beispielsweise in der Nähe der *villa* von Treson, die nur mit Sklaven ausgestattet war, eine andere Domäne, die zwar ebenfalls über eine Sklavenschaft verfügte, daneben aber zu ihrem landwirtschaftlichen Personal zehn Bauern zählte, die *coloni* genannt wurden.
Dieser Ausdruck stammt aus dem Vokabular der römischen Grundherrlichkeit; er bezeichnet Männer, die zwar nicht Herren des Landes sind, das sie kultivieren, die aber rechtlich, das heißt vor den öffentlichen Gerichten, ihre Freiheit bewahren. Der Gebrauch, den die Dokumente jener Zeit von dem Wort *colonica* machten, um das zur *villa* gehörige Leiheland einzuordnen, deutet auf einen ursprünglichen Zusammenhang dieses Systems mit dem Kolonenwesen des spätrömischen Reiches hin. Doch diese *mansi*, wie man sie seit dem 7. Jahrhundert in der Pariser Gegend zu nennen beginnt, wurden nicht ausschließlich von Freien bewohnt. In manchen lebten Sklaven, die das Edikt von Rothari als *servi massarii* bezeichnet, das heißt als Sklaven, die auf einem abhängigen Hof angesiedelt worden waren. Schon im Jahre 581 findet man unter den Legaten eines Bischofs von Le Mans eine *colonica*, ein Kolonenlehen, das mitsamt »den beiden dort ansässigen Sklaven, Waldard, seiner Frau und ihren Kindern« verschenkt wurde. Das Entstehen und die Vermehrung von bäuerlichem Leiheland hängen folglich auch mit einer bedeutsamen Neuerung zusammen, einer neuen Art nämlich, die Arbeitskraft der Sklaven zu nutzen. Anscheinend hatten die Großgrundbesitzer jener Zeit entdeckt, daß es vorteilhafter für sie war, einige Sklaven zu verheiraten, sie in *mansi* unterzubringen und ihnen die Bewirtschaftung der umliegenden Felder und damit auch die Ernährung ihrer eigenen Familie anheimzustellen. Dieses Verfahren entlastete den Herren, da es die Unterhaltskosten im Haus reduzierte. Außerdem reizte es den Arbeitseifer der Sklaven, es vergrößerte ihre Produktivität und sicherte ihren Fortbestand, da dem Sklavenehepaar die Sorge um die Kinderaufzucht selbst überlassen blieb, bis diese in das arbeitsfähige Alter kamen. Der zuletzt genannte Vorteil wurde mit der Zeit zweifellos der wichtigste. Es scheint nämlich, daß die Sklaven im Laufe der merowingischen und der karolingischen Zeit auf den meisten Märkten Westeuropas immer seltener wurden. Diese Verknappung hat mögli-

cherweise mit einer zunehmenden Strenge der religiösen Moral in Hinblick auf die Versklavung von Christen zu tun. Mit ziemlicher Sicherheit resultiert sie jedoch aus dem Aufschwung des auf die südlichen Mittelmeerländer und den Orient ausgerichteten Handels. Die meisten Sklaven, die im Krieg gefangen genommen wurden, fanden außerhalb der römischen Welt Absatz. So wurden sie im Inland immer teurer, bis die Eigentümer es schließlich für günstiger hielten, ihre Sklaven selbst aufzuziehen. Es erschien ihnen am sichersten, diese Aufgabe den Eltern zu überantworten, sie aus der häuslichen Promiskuität zu entfernen und in einem eigenen Heim anzusiedeln. Im Zentrum der *villa* nahm die Sklavenschaft folglich ab; zugleich verringerte sich der Umfang der Felder mit direkter Nutzung, während die Zahl der Hintersassen und unter diesen wiederum die Zahl der Sklaven ständig wuchs. Damit kam eine langsame Veränderung der Sklaverei in Gang, in deren Verlauf sich die Lebensbedingungen der Sklaven denen der freien Hintersassen annäherten. Dieser Wandel ist eines der wichtigsten Ereignisse in der Geschichte der Arbeit und gewiß auch ein entscheidender Faktor bei der wirtschaftlichen Entwicklung. Seit dem Ende des 6. Jahrhunderts bewirkte er die Verbreitung einer neuen Domanialstruktur, die auf dem Nebeneinander von Herrenland und Leiheland sowie auf der Beteiligung der Hintersassen an der Bewirtschaftung des Herrenlandes beruhte.

In Wirklichkeit wissen wir nur wenig über die Pflichten der abhängigen Bauern gegenüber ihrem Grundherrn. Die Gewohnheit, Abgaben und Leistungsforderungen schriftlich festzuhalten, konnte sich wahrscheinlich nur in den Gegenden dauerhaft erhalten, wo die Grundlagen der antiken Kultur vergleichsweise wenig verfallen waren, mit anderen Worten, in Mittelitalien. Von hier stammen einige überlieferte Manuskriptfragmente, in denen die Belastungen der Hintersassen verzeichnet sind. In den am stärksten romanisierten Provinzen wurde möglicherweise auch der Brauch bewahrt, vertragliche Regelungen über eine zeitlich begrenzte Vergabe von Boden im Tausch gegen Naturalien zu treffen. Noch im 9. Jahrhundert wurden von den Hintersassen der Auvergne, auch wenn sie, wie die meisten von ihnen, Sklaven waren, nichts anderes verlangt, als einen bestimmten Teil ihrer Ernte in der *villa* abzuliefern. Sie waren fast von jedem Arbeitsdienst befreit. Weiter im Norden dagegen scheint die Landleihe den freien Bauern nicht nur zur Abgabe von Korn, Vieh und Wein zu zwingen, sondern auch dazu, seine eigene Kraft und seine Zugtiere für bestimmte Aufgaben in den Dienst der Domäne zu stellen. Er mußte die herrschaftlichen Häuser reparieren, Zäune bauen, die Ernte einfahren, Botschaften überbringen und manchmal einen Teil des Herrenlandes bestellen. In den Kapiteln 64 bis 66 der Gesetze von König Ine geht es um einen Bauern, dem ein *yard* Land zur Bearbeitung überlassen worden war. Er verliert zwar seine Freiheit nicht, muß aber einen regelmäßigen Zins in Form von Naturalien und einen Arbeitsbeitrag leisten; der Umfang dieser Leistungen ist in einem Vertrag mit dem Grundbesitzer schriftlich festgehalten. Hat er von diesem ein Haus und die erste Aussaat bekommen, darf er das Land nicht verlassen, ohne vollständig auf die Ernte zu verzichten. Das zwischen 744 und 748 niedergeschriebene Gesetz der Bayern präzisiert die Leistungen eines der Kirche verpflichteten Kolonen folgendermaßen:

»Das *agrarium* [d. h. der Pachtzins für den Boden] richtet sich nach der Einschätzung des Verwalters. Dieser möge darüber wachen, daß die Abgaben des Kolonen gemäß seinem Besitz erfolgen. Von dreißig Maß Korn soll er drei Maß abgeben und das Weiderecht entsprechend dem Brauch des Landes bezahlen. Er soll die *andecingae* [d. h. ein festgelegtes Stück des Herrenlandes] in vorschriftsmäßiger Größe pflügen, einsäen und umzäunen, ihre Ernte bestellen und den Ertrag einfahren. Er soll einen Morgen herrschaftlicher Wiese umzäunen, das Gras mähen, das Heu wenden und wegtransportieren; für die Frühjahrsgetreidesaat soll er bis zu zwei Maß Samenkorn beiseite legen, säen, ernten und einbringen. Weiterhin sollen die Kolonen jeden zweiten Ballen Leinen, jeden zehnten Topf Honig, vier Hühner und zwanzig Eier liefern. Sie sollen die Postpferde stellen oder aber selbst dorthin gehen, wohin man sie schickt. Sie sollen mit ihrem Karren Transportdienste in einem Umkreis von fünfzig Wegestunden übernehmen, zu weiteren Entfernungen allerdings sollten sie nicht gezwungen werden. Es werden ihnen angemessene Aufgaben bei der Reparatur der Herrenhäuser, des Heubodens, der Speicher und der Hecke übertragen ...«[4]

Neben dem Anspruch auf einen zehnten Teil der Produkte ihres Hofes forderte der Grundherr also von seinen freien Hintersassen eine regelmäßige und erhebliche Unterstützung der Domänensklaven bei ihrer Arbeit. Was er von jenen Sklaven verlangte, die er auf Leiheland angesiedelt hatte, war noch mehr, und es war vor allem weniger klar definiert. In diesem Zusammenhang soll das zwischen 717 und 719 verfaßte Gesetz der Alamannen zitiert werden, dessen Text übrigens dem bayerischen sehr ähnlich ist.

»Die Sklaven der Kirche sollen ihren Tribut gemäß den gesetzlichen Vorschriften leisten: fünfzehn Maß Gerstenbier, ein Schwein im Wert von $^1/_3$ *solidus*, zwei Maß Brot [zu bemerken ist, daß die Lieferungen von Bier und Brot eine Getreideverarbeitung im Haus der Sklaven schon voraussetzten], fünf Hühner und zwanzig Eier. Die weiblichen Sklaven sollen alle Aufgaben, die ihnen aufgetragen werden, gewissenhaft erledigen. Die männlichen Sklaven sollen die Hälfte der Pflugarbeit auf ihrem eigenen, die andere Hälfte auf dem Herrenland verrichten; bleibt ihnen dann noch Zeit, sollen sie es wie die Kirchensklaven handhaben: drei Tage zu Hause und drei Tage auf dem Herrenland ...«[5]

Hier wird klar ersichtlich, daß die unfreien Hintersassen nur für die Hälfte ihrer Zeit aus der Dienstbarkeit der Großen entlassen worden waren.

Riesige Teile des Nährbodens und die meisten Sklaven befanden sich im Besitz der »Großen«. Zahllose Bauern schuldeten ihnen den kleinen eingefriedeten Hof, den sie bewohnten, sowie die Felder, die sie bestellten, und das Nutzrecht für Wälder und Brachland. Diese Situation erlaubte der Aristokratie, der hungernden Bevölkerung einen großen Teil ihrer schwachen Kraft zu entziehen und die kümmerlichen Überschüsse der kleinen Höfe für eigene Zwecke zu

---

[4] *Monumenta Germaniae Historica, Leges,* sectio I, Bd. 5, Teil 2, Hannover 1926, S. 286–289.
[5] *Monumenta Germaniae Historica, Leges,* sectio I, Bd. 5, Teil 1, Hannover 1888, S. 82f.

verwenden. Dank ihrer Rechte über Grund und Boden häuften die Könige, ihre Freunde, die Adeligen und die Geistlichkeit der Kathedralen und der Klöster in ihren Speichern, Weinkellern und Speisekammern einen beträchtlichen Teil dessen an, was das wilde, unfruchtbare Land und der verarmte, wehrlose Bauernstand produzierten. Außerdem verfügte die Aristokratie über eine Autorität, die ihre ökonomische Macht noch bedeutend verstärkte und ihr bis weit über die Grenzen ihres eigenen Grundbesitzes hinaus Gültigkeit verlieh. Rechtmäßig gehörte diese Autorität allein dem König. Er verdankte sie seiner militärischen Funktion und der magischen Kraft, die seine Vorfahren ihm vererbt hatten; dennoch betrachtete er sie als seinen privaten Besitz, als Bestandteil seines Patrimoniums, das er mit der gleichen Freizügigkeit wie sein Land nach Belieben ausnutzen konnte. Als Kriegsherr teilte er in erster Linie die während der Plünderungszüge gemachte Beute auf. Als Friedensfürst verstand er sich als Quelle der Gerechtigkeit; die freien Männer – und nur sie, denn alle Sklaven wurden von ihrem eigenen Herrn bestraft –, die den öffentlichen Frieden durch irgendeine Untat gestört hatten, mußten den Schaden, der dem Herrscher durch sie entstanden war, wiedergutmachen; sie mußten seine Milde erkaufen und entsprechend den in den Barbarengesetzen genauestens vorgeschriebenen Tarifen eine Buße entrichten. War das Vergehen besonders schwerwiegend, mußten sie dem König ihr gesamtes Vermögen oder gar ihre eigene Person aushändigen. Darüber hinaus war der gesamte Flächenraum des Königreichs persönlicher Besitz des Königs, mit anderen Worten, alles Niemandsland war sein Eigentum, so daß jeder, der herrenlose Flächen bebauen wollte, grundsätzlich in seine Schuld kam. Einige Elemente des alten Steuerwesens aus dem Römischen Reich, die die Barbarenführer übernommen hatten, waren auch damals noch vorhanden; insbesondere hatte sich ein Abgabesystem für den Verkehr von Handelswaren in Form von Zöllen erhalten, die an den Stadttoren und Flußläufen erhoben wurden. Zu den Hauptversammlungen des Hofes erschienen die Großen nie ohne Geschenke. Umgekehrt sorgte das Volk für den Unterhalt des Königs und seines Gefolges, wenn der Hofstaat sich auf Reisen begab. So schlossen sich zum Beispiel die freien Angelsachsen, die *ceorls*, in Dorfgruppen zusammen, um die sogenannte *feorm*, die vierundzwanzigstündige Versorgung des Herrschers und seiner Eskorte sicherzustellen. Außerdem war das, was die lateinischen Texte in bestimmten Regionen *bannum*, den »Bann«, nennen – nämlich der Auftrag, für Recht und Ordnung zu sorgen, zu befehlen und zu strafen –, Ursache für umfangreiche Besitzverschiebungen und legitimierte neuerliche Übergriffe auf die Einnahmen des Bauernstandes. Da das Königtum seinem Wesen nach verschwenderisch war und da der König einen großen Teil seiner Vorrechte denen überließ, die ihm dienten, die er liebte oder fürchtete, da der Herrscher in einem von so vielen natürlichen Hindernissen und von der extremen Bevölkerungsstreuung zerrissenen Land die meiste Zeit sehr fern und außerstande war, seine Vollmachten selbst auszunutzen, kamen gewöhnlich seine örtlichen Vertreter in ihren Genuß; ihre Speicher füllten sich, während um sie herum allgemeines Elend herrschte. Von einer Eskorte bewaffneter Dienstmannen unterstützt, setzten sie ihre Macht äußerst wirksam ein und profitierten davon. Die langfristige Tendenz dieser dunklen Epoche scheint in der Tat auf eine Stärkung der Aristokratie hinauszulaufen, gestützt auf das Heranreifen einer Grundherrschaft, die den maßgeblichen Rahmen der mittelalterlichen Wirtschaft abgeben sollte.

In der Tat wurde der Einfluß der Großen immer belastender. Die fortschrittlichsten Gegenden bekamen dies wahrscheinlich am frühesten zu spüren. Seit dem 7. und 8. Jahrhundert erscheint die Unabhängigkeit der Bauern nur mehr als Residualstruktur, als übrig gebliebenes Erbe eines gesellschaftlichen Standes, auf den sich einst die politischen Institutionen der klassischen Antike gestützt hatten und der noch lange Zeit bei den primitivsten Barbarenstämmen in Kraft geblieben, nun aber überall vom Fortschritt bedroht war.
Im primitiven Germanien war der freie Mann in erster Linie ein Krieger, der in der warmen Jahreszeit zu Feldzügen in der näheren Umgebung herangezogen wurde. Diese hauptsächlich mit der Absicht zu plündern durchgeführten Expeditionen gehörten zu jenen Unternehmungen, von denen die Versorgung der Gruppe normalerweise abhing; wie das Beerensammeln und die Jagd lieferten sie zusätzliche Nahrung. In einer Sklavengesellschaft mit wandernden Landarbeitern, wo sich die landwirtschaftliche Arbeit im eigentlichen Sinne in engen Grenzen hielt, waren die Nachteile dieser saisonbedingten Mobilisierung sehr gering. Sie wurde erst zu jener Zeit belastend, als die ständig kultivierten Felder an Bedeutung gewannen, als die Stämme in einem größeren politischen Gebilde aufgegangen waren und die Reichweite der militärischen Operationen zwangsläufig zunahm, als die Militärtechniken Verbesserungen erfuhren, so daß wirksame Kriege eine entwickeltere Ausrüstung verlangten. Von nun an wurde das Kämpfen zur erdrückenden Fron, die sich für die Mehrzahl der Bauern besonders zu dem Zeitpunkt des Jahres als unzumutbar erwies, wo der kultivierte Boden die intensivste Pflege brauchte. Um des Überlebens willen mußten sie auf das wesentlichste Freiheitsmerkmal, die Funktion als Krieger, verzichten. Wie schon vor ihnen die Landarbeiter des römischen Staates wurden sie zu Waffenlosen, *inermes*, und sie wurden zu dem erniedrigt, was die karolingischen Quellen als »Arme«, *pauperes*, bezeichneten. Zwar ging man auch weiterhin davon aus, daß sie an der militärischen Aktion teilhaben müßten, doch nahm ihr Beitrag die entwürdigende Form einer »Dienstleistung« an. Sie mußten die Verpflegung der Truppen liefern. Für die abhängigen Kolonen des Klosters Saint-Germanin-des-Prés gab es beispielsweise zu Beginn des 9. Jahrhunderts keinen Unterschied mehr zwischen dem *hostilicium*, der ehemaligen Pflicht des Kämpfens, und den übrigen Abgaben und Frondiensten eines *mansus*. Diese Entwicklung führte zur Aufhebung einer klaren Trennungslinie zwischen den freien Bauern und den Unfreien sowie zur Abgabenerhebung auf die Ernten und Arbeitskräfte der kleinen Höfe, die noch keiner Domäne untergeordnet waren. Der letztere Anspruch war um so folgenreicher, als der am

Ort ansässige Großgrundbesitzer gewöhnlich mit der Kontrolle über die Ausführung dieser Leistungen beauftragt wurde.
Unter der Last dieser Pflichten, die den täglichen Kampf gegen die feindliche Natur noch erschwerten, flüchteten sich zahlreiche »Arme« unter die Schutzherrschaft eines Mächtigen, der sie beschützen oder wenigstens ernähren konnte. Die Texte merowingischer Schriftstücke sind in diesem Zusammenhang besonders aufschlußreich:

»Da ich, wie jedermann bekannt ist, nicht mehr weiß, wovon ich mich ernähren und kleiden soll, habe ich Euer Mitgefühl angerufen, und Euer Wille hat mir gestattet, mich Eurem Schutz auszuliefern oder anzuvertrauen. Dies geschehe unter folgenden Bedingungen: Entsprechend meinen Diensten und Verdiensten um Euch seid Ihr verpflichtet, mir zu helfen und mich mit Nahrung und Kleidung zu versorgen. Ich schulde Euch bis an mein Lebensende Dienstbarkeit und Gehorsam, sofern sie mit der Freiheit vereinbar sind; bis an mein Lebensende werde ich mich Eurer Macht oder Eurem Schutz nicht entziehen können.«[6]

Auf diesem Wege schloß sich ein neuer Abhängiger mit allem, was er an Land besitzen mochte, und selbstverständlich mit seiner ganzen Familie der großen Domäne an. Manchmal fühlten sich die kleinen Leute auch durch Frömmigkeit und den Wunsch, sich Heil und Schutz für das Leben nach dem Tod zu sichern, veranlaßt, ihre Unabhängigkeit aufzugeben und sich der *familia*, der Schutzherrschaft einer religiösen Einrichtung, anzuvertrauen. Häufiger aber war es die nackte Not, die Hoffnung, der Last des Staates zu entgehen, dem Abgabeneintreiber oder auch dem Druck des örtlichen Machthabers besser widerstehen zu können, die im Gallien des 7. Jahrhunderts aus so manchem *vicus*, in dem freie Menschen lebten, eine *villa* mit Pächtern machte.
Hinzu kam, daß die Könige wohl oder übel mit wachsender Ausdehnung ihres Herrschaftsbereiches, aber auch recht bereitwillig, ihre eigenen Vollmachten an die Großen abtreten mußten. Die Kirche erpreßte sie mit dem Versprechen der himmlischen Gnade, um in den Genuß dieser Vorteile zu kommen. Der weltliche Adel zwang sie zum Nachgeben; indem er ständig mit Unruhen drohte und sich nur durch materielle Werte besänftigen ließ. Seit dem 7. Jahrhundert übertrugen die angelsächsischen Könige den Äbten die *feorm*, das Gastrecht und die Inanspruchnahme der Arbeitsdienste im Bauwesen, zu denen die *ceorls* des gesamten zugehörigen Gebietes verpflichtet waren. Ähnliche Konzessionen an weltliche Herren tauchen in den schriftlichen Quellen zwar erst etwas später auf, es ist jedoch sicher, daß ihnen die Gunstbeweise des Königs noch viel früher und in größerem Umfang zuteil wurden als den Geistlichen. Auf diese Weise wurden die königlichen Rechte Bestandteil der privaten Patrimonien, und die Abgaben, zu denen sie berechtigten, vermischten sich mit den Leistungen, die die Hintersassen im Rahmen des Domänenwesens aufzubringen hatten. Die

---

[6] »Formulae Turonenses, 43«, in: *Monumenta Germaniae Historica, Leges*, sectio V, Bd. 1, Teil 1, Hannover 1886, S. 158 (aus dem zweiten Viertel des 8. Jahrhunderts).

Gewohnheiten auf den Domänen erlaubten eine rasche Verquickung, so daß bald die Belastungen öffentlichen Ursprungs und die mit dem Leiheland verbundenen Pflichten nicht mehr auseinandergehalten werden konnten. In England zum Beispiel wurden die Lebensmittelabgaben, zu deren Eintreibung die *feorm* berechtigte, sehr schnell durch Arbeitsdienste ersetzt. Unter den Begriffen *servicium* und *obsequium*, die einst die spezifischen Verpflichtungen der Sklaven und Befreiten gegenüber ihrem Herren meinten, wurde nun alles zusammengefaßt. Man kann sagen, daß damals die gesamte Landbevölkerung in einem unmerklichen Prozeß in die Knechtschaft geführt wurde. Allmählich breitete sich in ganz Europa ein recht unkompliziertes System wirtschaftlicher Unterdrückung aus, ein System, das schlicht und einfach alle »Kleinen« den »Großen« und alle »Armen« den »Mächtigen« unterwarf, ein Ausbeutungsmechanismus, der fortan alles beherrschen sollte und dessen Auswüchse kein König, auch wenn er sich seines Auftrags bewußt war, zu unterbinden vermochte. Jeglicher von den Feldarbeitern geschaffene Mehrertrag floß unaufhaltsam in die »Häuser« ihrer Herren.

Die Verteilung der Macht über Land und Leute brachte ein Verkehrsproblem mit sich; die Verbindung zwischen den Wohnstätten der Aristokratie und den zahllosen Lichtungen, wo die einfachen Bauern sich plagten, um dem Boden das Notwendigste zum Überleben und zur Befriedigung der herrschaftlichen Ansprüche abzuringen, war nur schwerlich aufrechtzuerhalten. Diese Situation erwies sich als um so bedrohlicher, als die Besiedlung sehr dünn und verstreut und der Grundbesitz der Aristokratie genau wie der der Herrscher, der Kirche und der großen Familien auf breitem Raum verteilt war. In Italien wohnten die Könige und wahrscheinlich die meisten langobardischen Adeligen getreu der römischen Tradition noch in den Städten. Hier lebten auch die Bischöfe, und die Mehrzahl der Klöster lag in ihrer unmittelbaren Nachbarschaft. Die Hauptpaläste der Merowingerkönige waren ebenfalls Stadtresidenzen, doch sie selbst hielten sich lange und oft auf ihren Landdomänen auf, wie etwa in Compiègne oder in Crécy-en-Ponthieu. Im Laufe des 8. Jahrhunderts zeigten die fränkischen Herrscher dann kaum noch Interesse, die *civitates* zu besuchen. Auch die Reiserouten der angelsächsischen Könige führten nur durch Dörfer.
Ganz sicher war mit dem periodischen Ortswechsel der Großen und der Herren die Absicht verbunden, sich die Einkünfte aus den verschiedenen Teilen ihres Besitzes zu sichern. Außerdem lag ihnen daran, hier und dort ihre Anwesenheit zu beweisen, und sei es nur, um zu verhindern, daß ihre Autorität völlig abstrakt und somit nichtig wurde. Auf allen Domänenzentren erwarteten den Herrn und sein Gefolge große Vorratsmengen. Man darf sich allerdings nicht vorstellen, daß sie wie die Nomaden ständig unterwegs waren. Einige Herren, insbesondere die allerreichsten, zu denen sämtliche Vorsteher von Klostergemeinschaften zählten, waren sogar gezwungen, immer an einem Ort zu bleiben. Die anderen ließen sich jeweils für einige Zeit in den am besten ausgestatteten ihrer Häuser nieder, besuchten aber nicht alljährlich alle ihre auswärtigen Domänen.

Die ökonomische Macht der Aristokratie und die Verstreutheit ihres Grundbesitzes führten zu indirekten Verwaltungsmethoden. An die Spitze jedes Domänenzentrums wurde ein Verantwortlicher gestellt, der den Auftrag hatte, es während der Abwesenheit des Herren instandzuhalten, seine Bewirtschaftung zu leiten, die Autorität über Gesinde, Hintersassen und Abhängige auszuüben, die Abgaben einzutreiben und anfallende Produktionsüberschüsse dem Haus des Herren zuzuführen. Die Autoritäts- und Eigentumsstrukturen machten es notwendig, Zwischenträger der ökonomischen Macht einzusetzen. Unter diese Kategorie fallen all die mangelhaft überwachten Verwalter, die niemand so recht unter Kontrolle hatte, etwa die *villici*, die Adressaten der gesammelten Anweisungen des *Capitulare de Villis*. Zwischen die Arbeiter und die Herren schoben sich Männer, die, obwohl ihrem Status nach selbst oft Sklaven, versuchten, den größtmöglichen Profit aus ihrer Funktion zu schlagen. So kam es, daß die großen Domänen eine ganze Reihe Schmarotzer unterhielten.

Daneben war die ökonomische Position der Aristokratie auch noch Ursache für einen Verlust anderer Art. Sie machte nämlich ständige Werttransfers notwendig. Diese Tatsache erklärt das ungeheure Gewicht der Botendienste und Fuhraufträge unter den Fronarbeiten der abhängigen Bauern. Ein großer Teil der Arbeitskräfte war ständig auf Wegen und Wasserläufen mit Transportaufgaben oder Botendiensten beschäftigt, so daß sich die in dieser dünn besiedelten und schlecht für die Produktion ausgestatteten Welt verfügbaren Kräfte für die Landbestellung noch einmal erheblich verringerten. Diese Situation und der gleichzeitige Wunsch, die Verschwendung in tragbaren Grenzen zu halten, regten, wo immer es möglich war, den Rückgriff auf den Tauschhandel an. Wo immer eine Gelegenheit sich bot, wurde an Ort und Stelle gegen Geld verkauft, um anderswo zu kaufen. Der Umgang mit Geld galt in der Verwaltung der damaligen Zeit als selbstverständlich. Die Vorschriften der Benediktiner etwa sahen einen unbeschränkten Gebrauch dieses Zahlungsmittels vor. In den Klöstern wurde ein besonders Amt, das Amt des Kämmerers, eingerichtet, dem die Geldverwaltung oblag und der über die Verbindung der Hauswirtschaft zur Außenwelt und zum Handel entscheiden mußte. Das *Capitulare de Villis* legte den Verwaltern nahe, einen Teil der Produktion aus den königlichen Domänen zu verkaufen. Ein weiteres Beispiel sind die Abteien der Po-Ebene, die im oberitalienischen Seengebiet Ölbaumpflanzungen und in den Lagunen von Comacchio Salinen betrieben und darüber hinaus zu Beginn des 8. Jahrhunderts auch Warenlager in Pavia, am Lauf des Ticino und an seiner Mündung in den Po besaßen, wo die Überschüsse aus der Domänenproduktion an die Flußhändler verkauft wurden. Schon durch die Tatsache, daß die landwirtschaftliche Produktion dem Einfluß der Aristokratie unterlag, und weil Verbraucher und Produzenten im Rahmen des Großgrundbesitzes oft sehr weit voneinander entfernt waren, gelangten die Früchte der bäuerlichen Arbeit wie von selbst als tragende Elemente in eine Art Handelsverkehr.

III. Die Geisteshaltungen

Um die Stellung des Handels in der damaligen Wirtschaft genau zu bestimmen und um die tiefliegenden Triebfedern der Waren- und Wertbewegungen aufdecken zu können, müssen wir uns zunächst eine Vorstellung von den Geisteshaltungen jener Zeit verschaffen. Sie sind nämlich ebenso determinierend wie die Produktionsfaktoren oder das Kräfteverhältnis zwischen den einzelnen Gesellschaftsschichten. Zwei dominierende Verhaltensorientierungen sollen von vornherein klargestellt werden. Erstens wurde jene unzivilisierte Welt vollständig von der Gewohnheit und der Notwendigkeit beherrscht, einerseits zu plündern und andererseits Opfer zu bringen. Rauben und Schenken waren zwei sich ergänzende Handlungen, die den Austausch von Gütern weitgehend bestimmten. Das gesamte Sozialgefüge war durch und durch von einer intensiven Zirkulation der Geschenke und Gegengeschenke, der zeremoniellen und sakralen Gaben geprägt. Mit all diesen Opfern und Freigebigkeiten wurden die Früchte der Arbeit zwar teilweise wieder zerstört, andererseits aber garantierten sie eine gewisse Umverteilung des Reichtums, und vor allem verhalfen sie den Menschen zu den Vorzügen, die ihnen am wertvollsten erschienen, nämlich in die Gunst der geheimen Kräfte zu kommen, die das Universum regierten. Zweitens war das Europa des 7. und 8. Jahrhunderts von der Erinnerung an die antike Zivilisation fasziniert, deren materielle Formen nicht vollständig zerstört waren, und deren Überreste man, so gut es ging, wieder zu verwenden suchte.

Nehmen, Geben, Opfern

Wie wir schon wiederholt gesehen haben, war die aus den Völkerwanderungen hervorgegangene Zivilisation von Krieg und Aggression bestimmt. Der Status der persönlichen Freiheit definierte sich primär als die Fähigkeit, an den militärischen Expeditionen teilzunehmen, und der wichtigste weltliche Auftrag des Königs war die Führung der Armee und somit des ganzen Volkes, das zum Angriff versammelt war. Zwischen kriegerischer Aktion, die all das umfaßte, was wir Politik nennen, und Plünderung gab es keine Grenze. In diesem Zusammenhang macht Ph. Grierson auf die Gesetzesbestimmungen des Königs Ine von Wessex aufmerksam, die in bezug auf mögliche Angreifer folgende Unterscheidungen treffen: Sind es weniger als sieben, handelt es sich um einfache Diebe; treten sie zahlreicher auf, bilden sie eine Räuberbande; sind es aber mehr als fünfunddreißig, haben wir es fraglos mit einem militärischen Angriff zu tun.[7]

---

[7] Ph. Grierson, »Commerce in the Dark Ages, a Critique of the Evidences«, in: *Transactions of the Royal Historical Society*, 5. Serie, IX (1959), S. 123–140.

Fremde wurden in der Tat als Beute betrachtet. Jenseits der natürlichen Grenzen, die durch Sumpf, Wald und Wildnis gesetzt waren, galt jedes von Fremden bewohnte Gebiet als Jagdgrund. Jahr für Jahr brachen ganze Scharen junger Männer auf, um es unter Führung ihrer Oberhäupter zu durchstreifen und den Feind auszurauben. Sie versuchten, alles, was sie auf seinem Boden fanden, alles, was sich irgendwie mitnehmen ließ, an sich zu reißen, Schmuck, Waffen, Vieh und, wenn es ging, auch Männer, Kinder und Frauen. Die Gefangenen konnten von ihrem Stamm gegen ein Lösegeld zurückgekauft werden, andernfalls blieben sie Eigentum ihrer Entführer. Der Krieg wurde so zur Quelle der Sklaverei. Er bildete sowohl auf Grund der Gewinne, die er einbrachte, als auch auf Grund der Schäden, die er in den ländlichen Gemeinden anrichtete, die Grundlage regelmäßiger wirtschaftlicher Aktivitäten von erheblicher Bedeutung. So erklären sich auch die Waffenbeigaben in den Gräbern der Bauern, das Ansehen der Krieger und ihre uneingeschränkte gesellschaftliche Überlegenheit.

Die natürliche Feindschaft zwischen den Volksstämmen indes wurde nicht nur in Raubzügen freigesetzt. Sie hatte auch einen regelmäßigen und friedlichen Transfer von Reichtümern zur Folge. Der jährliche Tribut war nämlich nichts anderes, als das gesetzlich geregelte Beutemachen zugunsten eines Volksstammes, der seinen Nachbarn so bedrohlich erschien, daß sie es in ihrem eigenen Interesse für besser hielten, ihn zu diesem Preis von Plünderungen abzuhalten. Byzanz etwa verfuhr lange Zeit nach diesem Prinzip und erkaufte die Ruhe in seinen weit entfernten Provinzen mit üppigen Geschenken an die Barbarenkönige. Auf diese Weise bezogen manche Völker feste Einkünfte aus ihrer militärischen Macht, Einkünfte, die ihrem Wesen nach den Abgaben nicht unähnlich waren, mit denen die Herren der großen *villae* die Landwirte belasteten, die sich aus reiner Schwäche mit ihrer Schutzherrschaft abfinden mußten. Je größer die militärische Überlegenheit, um so höher waren die Forderungen. Zu Ende des 7. Jahrhunderts erhielt das fränkische Volk vom langobardischen Volk einen Tribut von 12 000 Goldsolidi. Und von den Ungarn des 9. Jahrhunderts konnte der arabische Schriftsteller Ibn Rusta berichten: »Sie beherrschen alle ihnen benachbarten Slawen und fordern von ihnen einen hohen Tribut. Die Slawen sind ihnen wie Gefangene ausgeliefert.«[8] Wenn schließlich einmal zwischen zwei gleich starken Stämmen Frieden geschlossen wurde, war es ratsam, ihn mit gegenseitigen Gaben als Garantie für seine Dauerhaftigkeit sorgfältig zu pflegen. Was bedeutet Friede für den Autor des *Beowulf* anderes als daß den Völkern die Möglichkeit gegeben ist, untereinander Geschenke auszutauschen? Das Wagnis wechselnder Angriffe wurde von einem geregelten Kreislauf gegenseitiger Gaben abgelöst.

Innerhalb der Strukturen jener Zeit stellte das Geben in der Tat ein notwendiges Gegengewicht zum Nehmen dar. Kein Kriegsführer behielt nach Beendigung eines erfolgreichen Feldzuges die Beute für sich. Er verteilte sie nicht allein

---

[8] Ibn Rustah, *Les atours précieux*, Übers. G. Wiet, Kairo 1955, S. 160.

unter seinen Waffengefährten, sondern schuldete auch den unsichtbaren Mächten einen Anteil. Auf diese Weise kamen beispielsweise viele englische Kirchen in den Genuß von Schätzen, die Karl der Große und die fränkische Armee von ihrem Feldzug gegen die Awaren mitgebracht hatten. Die Freizügigkeit im Verteilen von Geschenken und die Huldigungen waren die eigentliche Bedingung der Macht, der Macht, die der Kriegsherr über seine Waffengefährten ausübte, der Macht, die die Götter ihm verliehen. Sie waren gleichzeitig die Voraussetzung für eine Reinigung, eine periodische Verjüngung der sozialen Gruppe. Im gleichen Maße, wie sie sich gegen Angreifer verteidigten, wie sie dienten und produzierten, bemühten sich diese Menschen, trotz ihrer unsicheren Lage, zu schenken und zu opfern. Ihrer Auffassung nach hing ihr Überleben nicht zuletzt auch von diesen Handlungen ab. In allen damaligen Gesellschaften waren eine Vielzahl von Bedürfnissen, die das Wirtschaftsleben bestimmten, geistiger und nicht materieller Art. Sie rührten von der strengen Einhaltung bestimmter Riten her, die nicht nur den gewinnbringenden Verbrauch, sondern auch die scheinbar sinnlose Zerstörung von Reichtümern implizierten. Viele Wirtschaftshistoriker haben die Bedeutung einer solchen Einstellung verkannt; um so dringlicher ist es, sie hier zu betonen und ihr durch ein Zitat des großen Ethnologen Marcel Mauss Nachdruck zu verleihen:

»In den Wirtschafts- und Rechtsordnungen, die den unseren vorausgegangen sind, begegnet man fast niemals dem einfachen Austausch von Gütern, Reichtümern und Produkten im Rahmen eines zwischen Individuen abgeschlossenen Handels. Zunächst einmal sind es nicht Individuen, sondern Kollektive, die sich gegenseitig verpflichten, die austauschen und kontrahieren ... Zum anderen handelt es sich bei dem, was ausgetauscht wird, nicht ausschließlich um Güter und Reichtümer, bewegliche und unbewegliche Habe, wirtschaftlich nützliche Dinge. Es sind vor allem Höflichkeiten, Festessen, Rituale, Militärdienste, Frauen, Kinder, Tanz, Feste, Märkte, bei denen der Handel nur ein Moment ... eines weit allgemeineren und weit beständigeren Vertrags ist. Schließlich vollziehen sich diese Leistungen und Gegenleistungen in einer eher freiwilligen Form, durch Geschenke und Gaben, obwohl sie im Grunde streng obligatorisch sind, bei Strafe des privaten oder öffentlichen Kriegs.«[9]

Folglich ging ein erheblicher Teil der Produktion in die umfassende Zirkulation notwendiger Geschenke ein. Viele der Abgaben und Leistungen, die von den Bauern zwangsweise in das Haus ihres Herren gebracht wurden, bezeichnete man in der damaligen Umgangssprache noch lange als Geschenke, *eulogiae*. Allem Anschein nach wurden sie von beiden Beteiligten auch als solche betrachtet. Das gilt jedenfalls für die Zahlung des »Blutgeldes«, mit dessen Hilfe nach einem Mord der Friede zwischen der Familie des Opfers und der des Täters wiederhergestellt wurde; es gilt für die »widerrufliche« Pacht, die praktisch unentgeltliche Bodenkonzession, die die Kirchen oft gegen ihren eigenen Willen

---

[9] Marcel Mauss, »Die Gabe. Form und Funktion des Austauschs in archaischen Gesellschaften«, in: M. M., *Soziologie und Anthropologie*, Bd. 2, München 1975, S. 15f.

den benachbarten Großen zukommen ließen; und es gilt für die ungeheuren Wertübertragungen, zu denen jede Hochzeit Anlaß gab. Als etwa der Frankenkönig Chilperich im Jahre 584 seine Tochter einem Botschafter des Gotenkönigs übergab, damit dieser seinem Herrn die künftige Gemahlin zuführe, trug die Königin Fredegunde »eine riesige Menge Gold, Silber und Kleider« herbei; auch die fränkischen Adeligen schenkten Gold, Silber, Pferde und Geschmeide.[10] Die Großen des Königreichs mußten stets mit vollen Händen an den Hof kommen. Ihre regelmäßigen Geschenke waren nicht nur ein offenes Zurschaustellen ihrer Freundschaft und Ergebenheit, ein ähnliches Friedenspfand, wie jene Gaben, die für die Sicherheit zwischen den Völkern bürgten; sie bedeuteten mehr. Denn als Geschenke des Königs, den alle für den natürlichen Fürsprecher des gesamten Volkes bei den jenseitigen Mächten hielten, garantierten sie auch Wohlstand für jedermann, sie versprachen fruchtbaren Boden, reiche Ernten und das Ende der Pestausbrüche.

Für alle diese Gaben indes mußte die Freizügigkeit jener, die sie empfingen, einen Ausgleich schaffen. Kein einziger Reicher konnte den Bittstellern seine Tür verschließen, keiner die Hungrigen fortschicken, die vor seinen Speichern um Almosen bettelten, keiner konnte sich weigern, die Unglücklichen, die ihre Dienste anboten, unter seine Schutzherrschaft zu nehmen und ihnen Kleidung und Nahrung zu geben. Auf diese Weise wurde ein großer Teil der Güter, die dank des Grundbesitzes und dank der Autorität über die kleinen Leute in den Herrenhäusern zusammenflossen, notwendigerweise wieder unter jenen verteilt, die sie gebracht hatten. Über den Umweg der herrschaftlichen Munifizenz verwirklichte diese Gesellschaft eine Art Gerechtigkeit und hob die nackte Not durch gemeinsame Armut auf.

Nicht nur die Klöster organisierten einen »Pfortendienst« mit der Aufgabe, für die Umverteilung und Wiederverteilung an die Armen zu sorgen. Auch das Ansehen der Fürsten hing unmittelbar mit ihrer Großzügigkeit zusammen; sie raubten nur – und dies mit einer Gier, die unersättlich schien –, um noch freigebiger schenken zu können. Tatsächlich verköstigten sie nicht nur die Söhne ihrer Freunde in ihrem Haus, sie teilten nicht nur alle Gewinne aus Plünderungen und Tributen mit ihren Waffengefährten, sondern anläßlich der Hauptversammlungen traten sie auch noch in eine Art Wettbewerb der Freigebigkeit mit den Großen, die an ihren Hof kamen: Wer machte die schönsten Geschenke? So erscheint jede Zusammenkunft im Hause eines Herrschers als Höhepunkt eines geordneten freien Tauschsystems, das sich im ganzen Sozialgefüge verzweigte und den König zur eigentlich regulativen Kraft der gesamten Wirtschaft machte. Gleichzeitig häufte der König aber auch den meisten Reichtum an, denn er brauchte eine Reserve, aus der er schöpfen konnte.

Der Schatz des Königs, der durch die vielen Geschenke an Kirchen, an seine Getreuen aus der Aristokratie oder an seine Rivalen, die anderen Könige, ständig schrumpfte und zugleich durch Gaben und Plünderungen immer wieder

---

[10] Gregor von Tours, *Histoire des Francs*, Buch VI, 45, hrsg. v. Latouche, Bd. 2, Paris 1965, S. 69.

aufgefüllt wurde, bildete die Grundlage der königlichen Macht. Er vereinte das Kostbarste, was die materielle Welt barg, nämlich Silber und vor allem Gold und Edelsteine. Als greifbarer Ausdruck ihres Ruhms mußten die Könige von Herrlichkeiten umgeben sein. Der Schatz durfte nicht bloß aus einem Haufen wertvoller Rohstoffe bestehen; er mußte ansehnlich erscheinen und bei den großen Zeremonien gezeigt werden können, so daß die Herrscher ihre Person von allen Seiten mit Schmuckstücken umgeben konnten wie mit einem Strahlenkranz. Diese Gegenstände waren ihr ganzer Stolz. Nachdem Chilperich Gregor von Tours die Medaillen vorgeführt hatte, die ihm als Geschenk von Kaiser Tiberius II. dargeboten worden waren, zeigte er ihm noch eine große, mit kostbaren Steinen verzierte Goldplatte und fügte hinzu: »Ich habe sie gemacht, damit die fränkische Nation in ihrem vollen Glanz erstrahle... So Gott mir ein langes Leben schenkt, werde ich noch weitere machen.«

Letzten Endes bezog das ganze Volk seinen Ruhm aus den Reichtümern, die sich um den König sammelten; vorausgesetzt natürlich, sie waren so verarbeitet, daß sie das Auge erfreuten, denn der Schatz war eine Zierde. So war es denn auch eine Selbstverständlichkeit, daß Werkstätten mit den besten Handwerkern zu der königlichen Schatzkammer gehörten. Diese waren damit beschäftigt, aus den verschiedenartigen Objekten, die als Gaben aus allen Himmelsrichtungen zum Hof gelangten, eine einheitliche Sammlung zu machen. Es waren vor allem Goldschmiede, wie etwa jener berühmte Sankt Eligius, der in den Diensten Dagoberts stand. Sie bereicherten das Rohmaterial um den unendlichen, unschätzbaren Wert ihrer Arbeit. Die Höfe waren folglich auch Brennpunkte der feinsten Handwerkertechnik. Als solche haben sich besonders die von Paris und Soissons zur Zeit der ersten Merowinger, der Hof von Toledo im 7. Jahrhundert und der von Pavia unter der Herrschaft des Langobardenkönigs Liutprand hervorgetan. Sie waren großzügig angelegte Stätten künstlerischen Schaffens, deren Glanz um so lebhafter erstrahlte, je mehr Macht der Fürst besaß; ihre Produkte wurden durch die Freigebigkeit des Königs, die Quelle seines Ansehens, in aller Welt verbreitet. Das, was für die Bewohner des Westens damals den glanzvollen Ruhm von Byzanz ausmachte, beruhte weitgehend auf der großartigen Qualität der in der kaiserlichen Manufaktur angefertigten Objekte, die der Basileus unter den Barbarenführern verteilte, damit sie einen Eindruck von dem Ausmaß seiner Überlegenheit bekämen. Aber auch die westlichen Herrscher schenkten reichlich und vom Schönsten. In ihrem Wert und ihrer vollendeten Gestaltung stand all diese Pracht in krassem Gegensatz zum Elend eines ausgehungerten, unterdrückten, niedergehaltenen Bauernstandes, dessen Arbeit wie aus weiter Ferne letzten Endes den Luxus an den Höfen ermöglichte.

Man darf indes nicht glauben, der Luxus wäre allein den Königen und ihren Getreuen, den Großen, vorbehalten gewesen. In jener Welt der Armut waren selbst den bescheidensten Arbeitern Feste nicht unbekannt, Feste, bei denen regelmäßig zu bestimmten Zeiten das Gefühl der Verbundenheit belebt und das Wohlwollen der unsichtbaren Kräfte durch eine gemeinsame, kurzlebige und fröhliche Zerstörung von Gütern inmitten eines Reiches von Entbehrungen erzwungen werden sollte. So gab es die *potationes*, die rituellen Trinkgelage mit alkoholischen Getränken, die mit der Absicht verbunden waren, die Pforten zum Unbekannten wenigstens einen Spalt zu öffnen und den Zusammenhalt der Gruppe für eine gegenseitige Verteidigung zu untermauern. Auch Zierat war ihnen nicht fremd. Selbst in den ärmsten Gräbern wurden Gegenstände entdeckt, traurige Nachahmungen derer, mit denen sich die Leichen der Könige schmückten. Im Germanien des 7. Jahrhunderts produzierten wandernde Goldschmiede und Schmelzer für die ländliche Kundschaft Spangen und Gürtelschließen aus geprägter Bronze, deren Dekor die künstlerischen Motive der Königs- und Aristokratenschätze unters Volk brachte. Schließlich spielten in der ganzen Gesellschaft, von ihren oberen bis in ihre unteren Regionen und bis hinab in ihre geheimnisvollsten Tiefen, der Aberglaube und die Furcht vor dem Unsichtbaren eine wichtige Rolle. Den überall lauernden Fallen der übernatürlichen Kräfte begegnete man einerseits durch Verbote und andererseits durch weihevolle Handlungen und Opfergaben, deren Einfluß auf die Wirtschaftsbewegungen wir keinesfalls unterschätzen dürfen. Es ist möglich, daß die Verehrung von Bäumen und Wäldern starke Tabus errichtete, die die Rodenden davon abhielten, den Nährboden über den Saum der Lichtungen auszudehnen, obwohl es weder an Arbeitskräften noch an hungrigen Bäuchen mangelte. Die Verkündigung des Christentums brauchte sehr lange, um diese Tradition auszurotten. So fordert ein ganzer Abschnitt der kanonischen Bestimmungen des Konzils von Leptines, das 743 im fränkischen Gallien abgehalten wurde, solche Tabus zu bekämpfen; und noch im 11. Jahrhundert verurteilte Bischof Burchard von Worms ihr hartnäckiges Fortbestehen. Auf jeden Fall zwangen auch die religiösen Vorstellungen zu Opfergaben, ja sogar zu den wertvollsten und notwendigsten, da sie unerbittlichen Kräften dargebracht wurden, deren Grenzen niemand kannte.

Darüber hinaus verursachten die frommen Schenkungen im Gegensatz zu den weltlichen einen entscheidenden Verlust, der auf Kosten der Produktion und des Verbrauchs ging, da sie nicht, wie etwa die Geschenke an Herren und Könige, durch die Erlangung greifbarer Vorteile ausgeglichen wurden. Sie stellten echte Opfer dar, Opfer von Vieh, Pferden und sogar Menschenopfer, die jüngeren Ausgrabungen zufolge an den äußersten Grenzen der christianisierten Provinzen noch im 10. Jahrhundert zur üblichen Praxis gehörten. Gemäß den heidnischen Riten wurde eine große Anzahl dieser Opfergaben den Toten dargebracht, die man folglich, zumal in einem Wirtschaftssystem, das weit in das Übernatürliche hineinreichte, als wichtige Verbrauchergruppe betrachten muß. Der Verstorbene hatte das Recht, neben den Nahrungsvorräten alles in sein Grab mitzunehmen, was zu seinem persönlichen Eigentum zählte, seinen Schmuck, seine Rüstung, seine Werkzeuge, kurz, eine ganze Ausstattung, um die der Haushalt der Überlebenden mit einem Schlag beraubt wurde. Zu diesen Beigaben kamen noch die Geschenke der nächsten Angehörigen hinzu. Obwohl uns nur zufällige Ausgrabungen aus vergleichsweise wenigen Gräbern vorliegen,

bezeugt die Üppigkeit der archäologischen Funde, wie einschneidend sich diese Übergriffe auf den Besitz der Lebenden über viele Generationen hinweg auswirkten. Gewiß, der Aderlaß bezog sich vorwiegend auf Luxusgegenstände, auf den persönlichen Schatz, den jedes auch noch so arme menschliche Wesen mit ins Grab nahm. Aber auch Geräte, vor allem Metallgeräte, mit denen die Bevölkerung jener Zeit nur äußerst mangelhaft versehen war, blieben nicht unverschont. Insgesamt hatten die Grabbeigaben einen so verführerischen Wert, daß manch einer nicht zögerte, die furchtbare Rache der verstorbenen Seelen herauszufordern und sich der Schätze wieder zu bemächtigen. Der beste Beweis dafür ist die Härte der Strafen, die den Grabschändern drohten. Die Anzahl solcher Grabräuber allerdings blieb immer verhältnismäßig gering, so daß der größte Teil der den Toten geweihten Geschenke nicht wieder in Umlauf kam. Keine Investition könnte unproduktiver sein als diese; und dennoch war sie die einzige, die diese unendlich arme Gesellschaft in großem Umfang betrieb.
Die Fortschritte der Christianisierung ließen die Gräber allmählich leerer werden. Darin ist möglicherweise der unmittelbarste und wichtigste Beitrag des Christentums zur ökonomischen Entwicklung zu sehen. Der ganze Prozeß ging allerdings nur sehr langsam vonstatten; noch die karolingischen Kapitularien setzten den Kampf gegen die Totengaben fort. Doch die von den allgemeinen Versammlungen des Kaiserreiches erlassenen Verbote konnten nicht einmal Karl den Großen davon abhalten, sich mit herrlichem Goldgepränge ins Grab senken zu lassen. Außerdem wurden die heidnischen Gepflogenheiten von anderen, ebenso aufwendigen, ersetzt. Nun war es nämlich die Kirche, die den »Totenanteil« forderte, die all das in Anspruch nahm, was ihm die Erben für sein Leben nach dem Tode überlassen hatten. Wurden die Schätze früher in den Gräbern gehortet, so geschah dies nun in den heiligen Stätten des Christentums, wo die geweihten Kostbarkeiten gesammelt wurden; eine schlichte Verschiebung also. Reiche wie Arme vermachten ihren Zierat der Kirche, damit er zum Schmuck des Gottesdienstes beitrug. So verteilte etwa Karl der Große seine Kleinodien unter den erzbischöflichen Kirchen des Kaiserreichs. Langsam bildeten sich um die Altäre und die Heiligenreliquien regelrechte Schätze, deren schönste Stücke aus der königlichen Schatzkammer stammten. Ihr Reichtum vermehrte sich von Tag zu Tag. Außer im Zusammenhang mit nicht kontrollierbaren Ereignissen wurden sie nie angerührt. Tabus schützten sie vor Plünderungen. Die Überlieferungen vermitteln uns einen Eindruck von dem langanhaltenden Echo des heiligen Entsetzens, das die Christenheit ergriff, als die noch heidnischen Wikinger diese Tabus verletzten und über das Gold und Silber herfielen, das aus Furcht vor dem Jenseits in den Klostersakristeien angehäuft worden war. Die Tabus erwiesen sich als derart wirksam, daß viele Opfergaben noch heute an genau derselben Stelle zu finden sind, wo sie damals niedergelegt wurden. Alles, was an Goldgeschmeide aus jener Zeit erhalten ist und nicht in Gräbern gefunden wurde, stammt aus diesen Schätzen, die den Gottesdienst in den mit kostbaren Stoffen ausgestatteten Kirchen oft prunkvoller gestalteten, als die Könige es sich leisten konnten. Immerhin, die von den Toten vermachten

Edelmetalle wurden nun nicht mehr, wie einst, in der Erde vergraben und infolgedessen auf immer dem Gebrauch der Lebenden entzogen. Es sollte die Zeit kommen, in der man es im Dienste und zur Ehre Gottes für nützlicher hielt, die Schätze anders zu verwenden, eine Zeit, in der man aus den Gold- und Silberreserven schöpfte, um Kirchen wiederaufzubauen oder den Armen zu helfen. Die Christianisierung Europas schaffte nicht den Totenkult des Hortens an sich ab, sie veränderte nur radikal seinen Charakter. Was vorher endgültig verloren und folglich unfruchtbar war, wurde nun zeitgebunden und somit fruchtbar. Die Christenheit sammelte im Laufe dieser in Dunkelheit gehüllten Jahrhunderte jene Vorräte an Edelmetallen, die nach dem Jahr 1000 ein Wiederauferstehen der Geldwirtschaft ermöglichten.

Der Reichtum der Kirche aber erschöpfte sich nicht in den gehorteten Schätzen. In die christlichen Bräuche schlich sich auch der alte Aberglaube wieder ein, der die Opferung irdischer Güter zum sichersten Mittel erklärte, um die göttliche Gunst zu erwerben und sich von seinen Sünden zu reinigen. Mit Opfergaben erkaufte man sich Gottes Vergebung, wie man sich gewöhnlich mit Bußgeldern den Frieden der Könige erkaufte. Auch das Ritual, dem Herrgott die ersten Ernten und jede zehnte Garbe beim Getreideschnitt darzubieten, stellte ein Sühneopfer dar. In diesem Zusammenhang vollzog sich eine weitere Veränderung von großer Tragweite. Die geopferten Güter wurden nämlich nicht mehr auf Opferaltären zerstört, verbrannt oder vernichtet. Sie wurden Männern überlassen, die ein besonderes Amt innehatten, das Amt des Fürbeters. So bildete sich mit der Verbreitung des Christentums innerhalb der Gesellschaft eine zahlenmäßig große Gruppe von Spezialisten heraus, die sich weder an der Landarbeit noch an den militärischen Plünderungsunternehmungen beteiligten und doch einen der wichtigsten Bereiche des Wirtschaftssystems darstellten. Sie produzierten nichts. Sie lebten von den Abgaben der Arbeit anderer. Im Austausch für diese Leistungen lieferten sie Gebete und andere heilige Handlungen zum Wohl der Volksgemeinschaft. Genau genommen befand sich nicht die gesamte Kirche in einer derartigen wirtschaftlichen Lage. Die niederen Landgeistlichen bewirtschafteten eigene Lehen, sie pflügten und hielten Weinlese, so daß sie sich kaum von den Bauern unterschieden. Dennoch bezogen selbst die einfachsten Priester ein regelmäßiges Einkommen, das zumindest einen Teil ihres Besitzes ausmachte. Was dagegen die Mönche und die Geistlichen angeht, die den Bischöfen beim Gottesdienst der Kathedralen assistierten, so hatten sie eine geradezu herrschaftliche Position als gut versorgte Müßiggänger. Der universelle Brauch der rituellen Gaben und Opfer zur Ehre der göttlichen Macht vermehrte ihren Grundbesitz laufend. Wie wir bereits festgestellt haben, bildete die Flut von Landschenkungen zugunsten der Kirche einen der breitesten und zuverlässigsten Wirtschaftsstränge jener Zeit.

Nun wird allmählich klar, wie falsch es ist, diese Wirtschaft für ein abgeschlossenes System zu halten. Ganz offensichtlich – dies ist unbestritten – bemühten sich alle damaligen Haushalte, die der Könige und der Mönche ebenso wie die der ärmsten Bauern, sich selbst zu versorgen und die wesentlichen Konsumgüter aus dem eigenen Land zu gewinnen. Diese Neigung zur Autarkie, dieser Wunsch, von eigenen Mitteln zu leben und so wenig wie möglich auf die Außenwelt angewiesen zu sein, veranlaßte beispielsweise die Klöster, die in Gegenden angesiedelt waren, wo der Weinbau hoffnungslos erschien, ihrem Patrimonium klimatisch mildere, aber gelegentlich weit entfernte Weinbauländereien anzugliedern. Gleichzeitig war die gesamte Gesellschaft von einem unendlich verzweigten und verflochtenen Netz zirkulierender Güter und Dienstleistungen durchzogen, eine Folgeerscheinung der bereits erwähnten notwendigen Freigebigkeit: der Freigebigkeit, wie sie sie die Abhängigen ihren Schutzherren erwiesen, die Eltern der Braut, die Freunde dem Gastgeber eines Festes, die Großen dem König und umgekehrt, der Freigebigkeit aller Reichen gegenüber den Armen, schließlich der aller Menschen gegenüber den Toten und gegenüber Gott. Hierbei handelt es sich sehr wohl um eine unendliche Zahl von Tauschakten, aber es ist noch lange kein Handel im eigentlichen Sinne.

Nehmen wir beispielsweise den Bleiverkehr im Gallien des 9. Jahrhunderts, das selbst kein Blei produzierte und es daher von den Britischen Inseln einführen mußte. Um das Dach einer Abtei in Seligenstadt zu decken, mußte Einhard Blei kaufen und eine große Summe Münzgeld dafür bezahlen. Lupus dagegen, der Abt von Ferrières in der Nähe von Orléans, verschaffte sich das notwendige Metall, indem er den König von Mercia schriftlich um eine entsprechende Lieferung bat und als Gegenleistung versprach, für den König zu beten. Papst Hadrian bekam sogar dank der Großmut Karls des Großen tausend Pfund Blei geschenkt, das die höfischen Offiziere mit ihrem Gepäck in Kisten von je hundert Pfund bis nach Rom transportierten. Hier war weder ein Kaufmann beteiligt, noch gab es eine Bezahlung. Trotzdem zirkulierte dieses seltene Produkt und sogar über sehr große Entfernungen. Ähnlich verhielt es sich mit den Gewürzen, die römische Freunde dem heiligen Bonifazius im Austausch gegen entsprechende großzügige Geschenke schickten.

Da sie kaum Spuren eines Handels im eigentlichen Sinne entdecken konnten, haben viele Wirtschaftshistoriker dem Europa der *dark ages* eine Selbstbeschränktheit zugeschrieben, die den Tatsachen nicht im entferntesten gerecht wird; andere wiederum hielten Tauschgeschäfte für kommerziell, die es gar nicht waren. In Wirklichkeit bedeutet die Expansion des Handels im mittelalterlichen Europa, dessen Entwicklung in diesem Buch verfolgt werden soll, nur die allmählich fortschreitende und immer unvollständig bleibende Eingliederung einer auf Plünderung, Schenkung und Freigebigkeit beruhenden Wirtschaft in den Rahmen der Geldzirkulation. Dieser Rahmen war bereits vorhanden. Er war das Erbe Roms.

Der Zauber der antiken Modelle

Der Wunsch aller Barbaren, wie die Römer zu leben, war ein weiterer grundlegender Charakterzug ihrer damaligen Geisteshaltung. Rom hatte sie mit unwiderstehlichen Genüssen wie Brot, Wein, Öl, Marmor und Gold vertraut gemacht. Neben den Trümmern der römischen Zivilisation waren prächtige Häuser, Städte, Straßen, Kaufleute und Geld erhalten geblieben. Die Anführer der Eroberer hatten sich in den Städten niedergelassen und bewohnten die Paläste. Sie hatten sich daran gewöhnt, die Thermen, die Amphitheater und das Forum zu besuchen. Bei allem Luxus galt ihr besonderer Stolz dem vergänglichen Glanz des Römertums. Auf diese Weise blieb die Lebenskraft der Städte erhalten. Das galt besonders für Orte wie Verona, Pavia, Piacenza, Lucca, Toledo, nicht zuletzt aber auch für die Ruinen von Köln oder der bretonischen *chesters*. Die eigentlich ökonomischen Aktivitäten innerhalb des Stadtlebens gingen allerdings erheblich zurück. Die Städte nahmen ländlichen Charakter an. Man pflanzte Weinstöcke und ließ Herden zwischen den Ruinen antiker Bauten weiden. Die Läden leerten sich. Erzeugnisse aus fernen Ländern wurden immer seltener, verschwanden jedoch nicht gänzlich. Auf jeden Fall blieb die Stadt das Zentrum des öffentlichen Lebens, denn sie beherbergte den Palast des Herrschers oder seines Stellvertreters, den Wohnsitz des Bischofs und die *xenodochia*, wo die Reisenden Unterkunft fanden. Um alle gallischen Städte hatte sich seit dem 6. Jahrhundert in einiger Entfernung vom befestigten Stadtkern ein Kranz von Klöstern angesiedelt, wie zum Beispiel Saint-Vincent und Saint-Germain-des-Prés in Paris, Saint-Médard in Soissons, Sainte-Radegonde in Poitiers und Saint-Remi in Reims. Außerhalb der Befestigungsanlagen von Le Mans befanden sich im 7. Jahrhundert acht Klöster und Hospize. Das Gefolge der politischen Führer und die Bediensteten der Kirche bildeten eine große Gruppe ständiger Stadtbewohner mit relativ hohem Lebensstandard. Ihre bloße Anwesenheit bewirkte einen regelmäßigen Zufluß von Versorgungsgütern und verschaffte den spezialisierten Handwerkern immer neue Arbeit. Die Nachfolger der römischen Stadtbewohner erhoben nämlich den Anspruch, den gleichen Lebensstil zu pflegen wie ihre Vorgänger. Sie bemühten sich, den äußeren Rahmen, den jene hinterlassen hatten, möglichst instandzuhalten. Mit besonderem Eifer widmeten sie sich der Baukunst. Gegen Ende des 6. Jahrhunderts lobte der Dichter Fortunatus den Herzog Leunebold wegen eines Kirchenbaus: Als Mann der »barbarischen« Rasse habe er ein Werk geschaffen, das kein Römer auszuführen gewagt hätte.

Die gleiche Sorge um die Erhaltung des traditionellen luxuriösen und aufwendigen Lebensstils machte sich auch in den ländlichen *villae* bemerkbar, in denen weiterhin die besonders begüterten und kultivierten Grundbesitzer lebten. Der soeben zitierte Fortunatus verfaßte um 585 die Schilderung einer Residenz in der Nähe von Koblenz, in der der aus Aquitanien stammende Bischof von Trier, Nicetius, sich mit Vorliebe aufhielt:

»Eine von dreißig Türmen gekrönte Befestigung umschließt den Berg; an einer ehemals bewaldeten Stelle erhebt sich ein Gebäude; die Mauerflügel dehnen sich bis zur Talsohle hin aus und erreichen schließlich die Mosel, deren Flußbett an dieser Stelle die Domäne abschließt. Auf dem Felsgipfel wurde ein herrlicher Palast errichtet, der wie ein zweiter Berg auf dem ersten nistet. Seine Mauern umgeben ein weitläufiges Gelände, und das

Haus selbst stellt eine regelrechte Festung dar. Marmorsäulen tragen die eindrucksvolle Konstruktion. An Sommertagen sieht man von ihrem Dach aus die Boote den Fluß entlanggleiten. Das Bauwerk hat drei Stockwerke; ganz oben hat man den Eindruck, daß es die Felder zu seinen Füßen überschattet. Der Zugbrückenturm enthält die den Heiligen geweihte Kapelle und die Waffen der Krieger. Außerdem steht dort eine Kriegsmaschine, deren Geschoß todbringend ins Weite zielt. Das Wasser wird durch Leitungen herangeführt, die der Gestalt des Berges folgen. Es treibt eine Mühle an, die das Korn für den Verbrauch der Landbewohner mahlt. An den einst unfruchtbaren Abhängen hat Nicetius saftige Rebstöcke angepflanzt, die den Felsen, auf dem früher nur Gebüsch wuchs, mit grünendem Weinlaub überziehen. In den Gärten wachsen hier und da Obstbäume und erfüllen die Luft mit ihrem Blütenduft.«

Zieht man von dieser Beschreibung den rhetorischen Überschwang ab, erhält man ein beeindruckendes Bild; das Bild einer von enger Verschmelzung der religiösen, militärischen und rustikalen Elemente geprägten aristokratischen Lebensführung einerseits und andererseits das einer durch Steingebäude, Weinberge und Mühlen symbolisierten Wirtschaft kolonialen Typs, die sich auf Betreiben einer der klassischen Tradition verpflichteten Elite inmitten der Wälder Germaniens herausgebildet hatte. Als Vertreter der römischen Modelle spielten die Bischöfe und Mönche eine wichtige Rolle. Allein in Gallien wurden im 7. Jahrhundert mehr als zweihundert Klöster auf den Fundamenten ehemaliger römischer *villae* gegründet. Ihre Bauten bedeckten eine Oberfläche, die zwanzig bis dreißig mal größer war als der Grundriß des antiken Lutetia. Schon die Errichtung dieser Riesengebäude erforderte den Transport und die Verarbeitung ungeheurer Materialmengen. Manche Baustoffe kamen von sehr weit her. So mußte etwa der Marmor, der zum Schmuck der Klosterkapellen in der Pariser Gegend verwendet wurde, aus den Steinbrüchen der Pyrenäen beschafft werden.

Die Verpflanzung der römischen Lebensbedingungen in den primitiven Norden bedeutete aber nicht nur eine Wiederbelebung aller vorhandenen Spuren der antiken Kolonisation und eine Veränderung der Landschaft zugunsten des Weinbaus. Es mußten auch die Verbindungen mit den Herkunftsländern exotischer Erzeugnisse, wie Öl, Papyrus oder Gewürzen, aufrechterhalten werden. Diese Verbindungen indes waren durch den zunehmenden Verfall des Kommunikationssystems, das Rom errichtet hatte, äußerst bedroht. Der Bericht, den Richer, ein Mönch aus Saint-Remi in Reims über seine Reiseunternehmung nach Chartres hinterließ, bezieht sich zwar auf eine etwas spätere Zeit, etwa das Jahr 991, aber er macht dennoch augenfällig, wie verwahrlost das Straßennetz damals war.

»Als ich mich mit meinen beiden Gefährten auf die Irrwege des Waldes begeben hatte, wurden wir das Opfer aller nur möglichen Mißgeschicke. Durch die Abzweigung zweier Straßen irregeführt, legten wir sechs Meilen mehr zurück als nötig gewesen wäre.« Sechs Meilen vor Meaux verendet das Saumpferd. »Ich ließ den Diener mit dem Gepäck zurück, nachdem ich ihm genauestens eingeschärft hatte, was er den Vorbeikommenden antworten sollte ... Schließlich erreichte ich Meaux. Das Licht des anbrechenden Tages erlaubte kaum, die Brücke zu sehen, auf der ich mich bewegte; und als ich sie aufmerksamer betrachtete, erkannte ich, daß neues Unheil drohte. Mein Gefährte, der überall nach einem Boot gesucht und keines gefunden hatte, kam auf dem gefährlichen Weg über die Brücke zurück, und der Himmel war ihm gnädig, daß die Pferde sie ohne Unfall überqueren konnten. An den eingebrochenen Stellen legte er mal sein Schild unter ihre Füße, mal schob er die auseinandergerutschten Planken wieder zusammen. Bald gebückt, bald aufrecht, bald vorwärts und bald rückwärts gelang es ihm glücklicherweise, mit den Pferden das andere Ufer zu erreichen, und ich folgte ihm.«

Trotzdem wurden die Überlandtransporte mit Karren nicht eingestellt. In einem vor dem Jahr 732 in Saint-Denis verfaßten Text galt diese Methode noch als allgemein üblich. Es handelt sich um einen königlichen Beschluß, der eine religiöse Einrichtung von Warenzöllen entband:

»Wir haben ihm [dem Bischof] die Gunst bewilligt, daß seine Gesandten, die Handel treiben oder aus anderen Gründen unterwegs sind, unserem Fiskus auf eine bestimmte Anzahl Karren im Jahr weder Zoll noch irgendwelche anderen Abgaben zahlen, wenn sie sich nach Marseille oder in andere Häfen unseres Königreichs begeben, um das Notwendige für die Beleuchtung [also Öl] einzukaufen. Folglich dürft ihr in Marseille, Toulon, Fos, Arles, Avignon, Valence, Vienne, Lyon, Chalon und anderen Städten, wo immer in unserem Königreich sich Zollstellen befinden mögen, von diesem Bischof auf eine bestimmte Anzahl Karren keinen Zoll verlangen oder fordern, gleichgültig, ob es sich um Transportzölle für Schiffe oder Karren, um Straßen- oder Brückenzölle oder um Abgaben für den aufgewirbelten Staub, den Geleitschutz oder das verfütterte Gras handelt.«[11]

An erster Stelle nennt dieses Dokument allerdings die Schiffe, und die Strecke, die es anhand der einzelnen Etappen beschreibt, ist in der Tat die Schiffahrtsroute. Die Wasserläufe entwickelten sich allmählich zu den Hauptverkehrslinien, wodurch die in Flußnähe gelegenen Ortschaften in eine vergleichsweise begünstigte Lage kamen. Schließlich enthält die benannte Urkunde auch klare Hinweise auf Käufe, auf Zollstationen, die von den *mercatores*, den Händlern, passiert werden mußten.

Der Warenverkehr mit fremdländischen Erzeugnissen wurde demnach nicht allein durch den Austausch von Geschenken angeregt. Ohne Zweifel traten auch Handelsspezialisten auf den Plan. Wie die oben zitierte Urkunde erkennen läßt, handelte es sich dabei manchmal um Diener, die von ihrem Herrn in die Ferne gesandt wurden, um dort in seinem Namen Geschäfte auszuhandeln. Doch gab es mit Sicherheit auch richtige Händler. Allerdings ist schwer auszumachen, ob die in den Dokumenten erwähnten *negociatores* als Unabhängige oder als Diener eines Herren auftraten. Wahrscheinlich hatten die Großen schon seit dem spätrömischen Reich die Gewohnheit angenommen, Handelsagenten, die mit den Geschäftspraktiken besser vertraut waren, in ihre Dienste zu nehmen. Diese berufsmäßigen Händler zogen aus ihrer zeitweiligen Zugehörigkeit zum Haushalt eines mächtigen Herrn persönlichen Nutzen. Dank seiner kamen sie

---

[11] A. Uddholm (Hrsg.), *Marculfi Formularum Libri Duo*, Uppsala 1962, S. 332, 334.

nämlich in den Genuß von Geleitbriefen und Privilegien, die ihre eigenen Transaktionen erleichterten. Auf jeden Fall gab es Händler, die zumindest teilweise selbständig waren und von ihrer Vermittlerfunktion lebten.

Rom hatte in den Städten Überreste von Kolonien orientalischer Händler, der *Syri*, hinterlassen, die in den gallischen Quellen des 6. Jahrhunderts häufig erwähnt werden und deren Geschäftsverbindungen später von israelischen Kaufleuten übernommen wurden. Auch unter denen, die Dagobert seine »Händler« nennt, befanden sich Juden. Diese hatten bei der Führung von Geschäftsunternehmungen den Vorteil einer auf diese Tätigkeit zugeschnittenen Bildung; außerdem verfügten sie über enge Beziehungen zu den zahlreichen jüdischen Gemeinden in der Diaspora, die über das ganze Gebiet des früheren Imperiums verstreut waren. Auf Grund ihrer Situation als Außenseiter des Volkes und der Christenheit eigneten sie sich besonders für die Erfüllung ökonomischer Funktionen. Die Gesellschaften nämlich, die den Handel als Randerscheinung ihrer auf Geschenken beruhenden Wirtschaft betrachteten und genau wie die christliche Kirche der damaligen Zeit für eine zwielichtige Sache hielten, überließen seine Ausübung nur allzu gern den Fremden. Es gab jedoch mit Sicherheit auch Christen unter den berufsmäßigen Händlern. Solche einheimischen Geschäftsleute waren in jenen Gegenden besonders zahlreich, wo die römische Tradition stärker fortwirkte. Kaum hatte sich Italien von den unheilvollen dunklen Zeiten des 7. Jahrhunderts erholt, erwachte bei den Langobardenkönigen ein reges Interesse an den einheimischen Händlern. Die Gesetze des Liutprand aus dem Jahre 720 sahen besondere Bestimmungen für jene freien Männer vor, die ihrem Wohnsitz wegen Handelsangelegenheiten oder der Ausübung eines speziellen Handwerks zu lange fernblieben. Als Aistulf im Jahre 750 eine Neuordnung der Abgaben und Dienstleistungen, die ihm die einzelnen Mitglieder des Volkes schuldeten, erließ, unterschied er zwischen den *possessores*, deren Reichtum auf Landbesitz beruhte, einerseits und den *negociatores* andererseits. Die letzteren bildeten eine so große und vielfältige Klasse, daß das Gesetz sie gemäß dem jeweiligen Vermögen in drei Gruppen unterteilte. Die reichsten Kaufleute mußten zu Pferde und mit einer vollständigen Ausrüstung dienen. Im Unterschied zu den reichsten Grundbesitzern aber hatten sie die Möglichkeit, sich durch Geldzahlungen an die königliche Schatzkammer von ihren Verpflichtungen freizukaufen. Ihr Reichtum bestand nämlich zum größten Teil aus Münzgeld.

Für alle Volksstämme Westeuropas galten Silber und vor allem Gold als die höchsten materiellen Werte überhaupt. Aber die Edelmetalle nahmen nur in geringem Ausmaß und meistens vorübergehend die Form von Geldstücken an. In ihrer großen Masse dienten sie dazu, die Götter, die Person des Königs, die Kriegsherren, die Reichen und die Totenstätten mit einem Nimbus von Pracht und Herrlichkeit zu umgeben. Bei den Plünderungen, den Tributzahlungen und Schenkungen zirkulierten sie gewöhnlich in Form von Geschmeide. Handwerker, die sich übrigens des größten Ansehens erfreuten, hatten den Auftrag, sie so zu gestalten, daß sie den Ruhm ihres Besitzers zum Ausdruck brachten. Trotzdem waren überall, selbst in den primitivsten Gegenden, Geldstücke in Umlauf. Es ist eine schwierige, für den Wirtschaftshistoriker vielleicht sogar die schwierigste Aufgabe überhaupt, genau zu bestimmen, welche Rolle sie in den Gesellschaften jener Zeit gespielt haben.

Die Probleme ergeben sich zunächst einmal aus der Tatsache, daß die Informationsquellen in dieser Hinsicht besonders enttäuschend sind. Die einzigen Hinweise, die ein eindeutiges Urteil ermöglichen könnten, liefern die Geldstücke selbst. Man hat zwar viele von ihnen gefunden, aber immer nur auf Grund zufälliger archäologischer Entdeckungen. Die meisten stammen aus Gräbern und vor allem aus gehorteten Schätzen, die von ihren Besitzern – aus Gründen, die sich unserer genauen Erkenntnis entziehen, wahrscheinlich aber in der Hoffnung, diese Machtreserven vorübergehend einer Gefahr zu entziehen – erst vergraben wurden und dann nicht mehr ausgegraben werden konnten. Wir verdanken alle numismatischen Dokumente einer Folge unberechenbarer Zufälle: Bestimmte Münzarten wurden in einem Versteck verborgen, sie blieben dort liegen und werden schließlich von den Archäologen ans Licht befördert. Dieser zufällige Charakter schränkt ihren Erkenntniswert erheblich ein. Das zweite und vielleicht wichtigere Problem liegt in der Schwierigkeit, von den Denkgewohnheiten der modernen Welt Abstand zu nehmen, wo das gesamte Wirtschaftsleben nur in Funktion von Geldwerten abläuft, und sich, um zu einem angemesseneren Urteil zu kommen, in ein grundlegend anderes psychologisches Universum zu versetzen.

Im 7. und 8. Jahrhundert war das Geld zwar überall verbreitet, aber es wurde bei weitem nicht überall geprägt. Östlich des Rheins gab es vor dem 10. Jahrhundert keine einzige Münzprägestätte. In England dürften die ersten ganz zu Anfang des 7. Jahrhunderts in Gang gekommen sein, doch arbeiteten sie lange Zeit nur in sehr begrenztem Umfang. Der Schatz von Sutton-Hoo beispielsweise, der nach Ansicht der Archäologen entweder um 625 oder um 655 vergraben wurde, enthielt nicht mehr als siebenunddreißig Geldstücke, die alle aus dem fränkischen Reich stammten. Seit 680 erlebte die Prägung einen regen Aufschwung, blieb aber bis zum 9. Jahrhundert ausschließlich auf den Südosten der Insel beschränkt. Dabei müssen wir festhalten, daß keinerlei Hinweise etwa zu der Annahme berechtigen, in diesem Teil Englands habe um 680 irgendeine ökonomische Wandlung stattgefunden. Es wäre gewagt, das Entstehen einer Münzprägestätte zu eng mit einem Wachstumsprozeß zu verbinden. Eher sollten wir die Einführung der Münzprägung in den »barbarischen« Ländern als Anleihe aus einer überlegenen und faszinierenden Kultur verstehen. Münzgeld war in diesem Zusammenhang nicht mehr als einer unter vielen anderen Überresten der römischen Strukturen. Genau wie das Brotbacken, das Weintrinken, das Bädernehmen oder die Bekehrung zum Christentum bedeutete die Herstellung von Münzen nicht zwangsläufig einen ökonomischen Fortschritt. Sie kann entweder das Anzeichen einer »Renaissance« oder das einer Akkulturation sein.

In der Tat, zu Beginn des 7. Jahrhunderts wurde in all den Provinzen Geld geprägt, die den Traditionen der Antike treu geblieben waren. Es fragt sich nur, welchen Gebrauch man daselbst von den Münzen machte und welche Bedeutung sie wirklich hatten. Als Beispiel soll uns das Gallien des 7. Jahrhunderts dienen. Im Süden, bis hinauf zur Seine, wurde in Währungseinheiten gezählt und gerechnet. Der Preis einer Sache drückte sich in einer bestimmten Geldmenge aus. Das bedeutet, daß man dem Gewicht und Feingehalt der Münzen vertraute. Innerhalb der üblichen Umgangsformen waren sie als Maß, als Wertsymbol, als Bewertungseinheiten anerkannt. Je weiter man aber nördlich der Seine in die Barbarei vordringt, desto verschwommener erscheint diese Auffassung vom Geld. Dort wurden die Münzen allem Anschein nach gewogen und geprüft. Man hielt sie also für unsicher und unterschiedlich. Der Grund dafür war ganz offensichtlich, daß die Versorgung mit Zahlungsmitteln unzuverlässig erfolgte, daß die Münzprägestätten weit entfernt und zahlreich waren und eine in ihrer Qualität schwankende Produktion ausgaben. Vor allem aber waren die Volksstämme jener Regionen es nicht gewohnt, die Münzgelder als abstrakte Werte aufzufassen; für sie stellten die Münzen Metallstücke dar, die Stück um Stück geschätzt werden mußten.

Man muß hinzufügen, daß das Geld zwar überall vorhanden war, aber nirgendwo ausreichte. Die schriftlichen Dokumente beweisen dies. Sie beschreiben ausgesprochen reiche Leute, die im Bedarfsfall nicht in der Lage waren, eine bestimmte Geldmenge aufzubringen. So verhielt es sich etwa im Falle eines Großen aus Neustrien, der sich der königlichen Armee verweigert hatte und gegen Ende des 7. Jahrhunderts als Strafe für seine Kriegsdienstverweigerung zu der schweren Buße von 600 *solidi* verurteilt wurde. Er mußte sich an den Abt von Saint-Denis wenden und diesem als Pfand für die erforderliche Menge Goldstücke eine große Domäne im Beauvais überlassen. Er starb, noch ehe er seine Schulden abtragen konnte, und sein Sohn mußte dem Kloster die vollen Besitzrechte über das Pfand abtreten. In den Kaufverträgen der damaligen Zeit wurde der Preis zwar in Geldwert angegeben, aber meistens läßt sich feststellen, daß die Käufer aller Gesellschaftsschichten wenigstens zum Teil mit Gegenständen aus ihrem Besitz bezahlten, die der Käufer begehrte. »Der Preis wird auf 53 *librae* in Gold, Silber oder Pferden festgelegt« – diese Formel von 739 aus dem nordöstlichen Gallien ist bezeichnend. Noch erstaunlicher mutet die Geschichte eines italienischen Grundbesitzers an, der im Jahre 760 ein Stückchen Land im Wert von einem *solidus* verkaufte und für die eine Hälfte des Preises eine Speckseite, für die andere Hälfte sechs *modii* Hirsegras erhielt; oder die aus Lucca, wo ein Münzmeister, ein Mann also, der sich leichter als jeder andere Geldstücke verschaffen konnte und der insgesamt 28 *solidi* Schulden hatte, 13 *solidi* mit einem Pferd begleichen mußte.

Noch charakteristischer für die beschränkte Rolle, die das Münzgeld für die Tauschbewegungen spielte, ist die Tatsache, daß es nicht einmal in den fortschrittlichsten Gesellschaften jener Zeit Kleingeld für bescheidenere Geschäfte gab. In der Antike hatte man Wechselgeld aus Bronze geprägt. Nach dem 6. Jahrhundert aber tauchten in Italien und Gallien keine kleinen Münzen mehr auf. Es waren nur noch Gold- und Silberstücke in Umlauf, die einen sehr hohen Tauschwert hatten. Das aus dem Jahre 794 stammende Kapitular von Frankfurt enthält die Anweisung, im Austausch für einen einzigen Silber*denarius* zwölf zweipfündige Weizenbrote oder fünfzehn Roggenbrote oder zwanzig Gerstenbrote zu geben. Wie aber bezahlte man ein einzelnes Brot, die Tagesration eines Menschen? Und wozu konnten die Goldstücke im Alltagsleben gut sein? Goldstücke, die mindestens zwölfmal so viel wert waren wie die Silber*denarii* Karls des Großen und dennoch die einzigen, die zwischen 550 und 650 in Gallien geprägt wurden? Den Historikern fällt es nicht leicht, sich mit dem Nichtvorhandensein von Wechselgeld abzufinden; sie haben sich natürlich gefragt, ob sie nicht mangels Beweisen einem Trugschluß aufgesessen seien. Daß unter den Schätzen kein Kleingeld zu finden war, beweist ihrer Ansicht nach gar nichts; angeblich war es sowieso nicht wertvoll genug, um gehortet zu werden. Aber dieses Argument steht auf schwachen Füßen, denn bis zum 6. Jahrhundert enthielten die Schätze auch Bronzemünzen. Andere Historiker haben die Hypothese aufgestellt, daß damals immer noch das alte römische Kleingeld benutzt wurde. Es ist jedoch bewiesen, daß sich die Münzen aus jener Zeit schnell abnutzten und bei ständigem Umlauf in weniger als einem Jahrhundert vollends verschwanden. Folglich haben wir keine Wahl, wir müssen uns den Tatsachen stellen: Die zu jener Zeit gebräuchlichen Münzen waren allesamt äußerst schwer. Nach Ansicht der Ethnologen können primitive Gesellschaften denn auch sehr wohl ohne Kleingeld auskommen und dennoch mit Tauschgeschäften, ja sogar mit rein kommerziellen Tauschgeschäften vertraut sein. Wie wir schon gesehen haben, wurde im Europa des 7. Jahrhunderts der Tausch tatsächlich in großem Umfang praktiziert. Zwischen reichen und armen Haushalten hatten sich vielfältige Wechselbeziehungen von Abgaben eingespielt, die den regelrechten Kauf als ungewöhnliches, auf jeden Fall seltenes Vorgehen erscheinen ließen. Für diese letzten Endes noch sehr offene Wirtschaft waren leichte Münzen nicht unentbehrlich. Die eigentliche und tiefe Ursache für ihr Verschwinden liegt darin, daß die Herrscher kein Interesse an der Prägung wertloser Münzen hatten, weil sie nichts zu ihrem Ruhm beitragen konnten. Sie bewahrten lediglich die majestätischen Elemente des römischen Systems. Goldmünzen ließen sie prägen, weil sie in erster Linie den Wunsch hatten, den Imperator zu imitieren.

Es soll noch einmal wiederholt werden, daß die Währungsphänomene der hier behandelten Epoche weniger mit der Wirtschaftsgeschichte zu tun hatten als mit der Geschichte der Kultur oder der politischen Strukturen. Eine Erklärung für die allmähliche Verbreitung des Münzgeldes und die Fluktuation der verschiedenen Münzarten muß zunächst in der kulturellen und politischen Entwicklung gesucht werden. Geldproduktion und -verteilung ist nämlich eine rein staatliche Angelegenheit. Ein solcher Akt erfordert ein Minimum an politischer Organisation, ohne das die regelmäßige Herstellung identischer Stücke wie Münzen unter dem Schutz einer anerkannten Autorität gar nicht möglich wäre. Er setzt vor allem einen ausgereiften Herrschaftsbegriff und eine ebensolche Vorstellung vom Fürsten als Hüter der Ordnung und des Maßes voraus. Es muß allgemein gebilligt sein, daß ihm das Recht zusteht, dem Volk ein einheitliches Maß vorzuschreiben, wie es im Sinne einer geregelten Abwicklung der Geschäfte erforderlich ist. Genau wie die Justiz ist die Münzprägung eine Einrichtung des öffentlichen Friedens, eine Emanation der Person, die auf Grund ihrer erhabenen Amtswürde den Auftrag hat, die sichtbare Welt in einer harmonischen und heilbringenden Wechselbeziehung mit Gottes Vorsehung in Einklang zu bringen. Diese oberste Mission, die Sorge für Frieden und Gerechtigkeit, oblag dem Kaiser. Lange Zeit wurde überhaupt nur der Kaiser für fähig gehalten, sie zu erfüllen. In den Anfängen des frühen Mittelalters wurden deshalb in Europa ausschließlich solche Münzen benutzt, die auf der einen Seite das Bildnis Caesars trugen. Der zunehmende Rückgang dieser Geldstücke und das Neuaufkommen solcher, die im Namen der »Barbarenkönige« ausgegeben wurden, ging mit dem allgemeinen Akkulturationsprozeß einher, der die Barbarei unmerklich in die vom Römertum ererbten politischen Strukturen einfügte.

Die spätesten byzantinischen Goldstücke, die jenseits der Alpen im Westen gefunden wurden, stammen aus Schätzen, die zwischen 625 und 635 in Friesland vergraben worden sind. Allerdings gaben die kaiserlichen Münzprägestätten auch weiterhin noch Goldstücke aus, nämlich *solidi* und vor allem *triens* im Werte von je ein Drittel *solidus*. In Italien, das länger unter der politischen Vormundschaft von Byzanz blieb, setzten sie ihre Tätigkeit im Namen des Kaisers fort; so etwa in Ravenna bis zur Eroberung durch die Langobarden im Jahre 751; in Rom, bis die byzantinische Autorität um das Jahr 770 endgültig durch die päpstliche abgelöst wurde; und in Syrakus bis zur Mitte des 9. Jahrhunderts, also bis zur Eroberung durch die Araber. In anderen Gegenden indes, in den Königreichen der Barbaren, hatten die dortigen Herrscher die Prägestätten an sich gerissen. Dennoch wagten sie es über eine lange Zeit hinweg nicht, sich die Herstellung des Geldes wirklich anzueignen, und ließen weiterhin Geldstücke mit dem Kopf des Imperators in Umlauf. Um den Mut aufzubringen, ihn durch ihr eigenes Bildnis zu ersetzen, mußten sie erst einmal die Überzeugung gewinnen, tatsächlich nicht mehr als Delegierte der kaiserlichen Macht zu fungieren, sondern als ihre eigenen Gebieter und als eigentlich Verantwortliche der öffentlichen Ordnung. Die ersten, die diesen Schritt wagten, waren die fränkischen Könige um 540. Als nächste folgten ihnen die Langobardenkönige. In Spanien ging eine entsprechende Initiative von König Leovigild (575–585) aus. Hier stand sie in unmittelbarem Zusammenhang mit einem allgemeinen Bemühen um die Reorganisierung des Staates, die Wiederbelebung der Gesetzestradition und die Restauration der römischen Herrschaftssymbole. Auch das beweist, daß die Wiedereinführung des Geldverkehrs in erster Linie mit einer Renaissance des Begriffs der Majestät zu tun hatte. Im gleichen Sinne drücken die ersten Goldmünzen aus Kent, die zu Beginn des 7. Jahrhunderts in Umlauf gebracht wurden, einen Fortschritt der politischen

Institutionen aus, der in den Gesetzen von Aethelbert seinen Niederschlag findet. Auffällig an den Entscheidungen der Barbarenkönige ist auch die Ehrfurcht, die sie hinsichtlich der antiken Tradition des Geldprägens bewiesen; eine Treue zur Tradition, die natürlich in der Lombardei, wo die Erinnerung an Rom besonders hartnäckig nachwirkte, ausgeprägter war als anderswo. In Anlehnung an Byzanz gründete König Rothari wieder Münzmeisterkollegien, deren auf ihr erbliches Amt vereidigte Mitglieder die Wirtschaft der langobardischen Städte bis ins 12. Jahrhundert beherrschen sollten. Er bestätigte das Monopol der Ausgabe von Münzen als ein ursprüngliches Herrschaftsattribut. Das gesamte gelbe Metall, das die Goldwäscher aus den Flüssen bargen, war allein dem Monarchen vorbehalten. Jedem, der es versuchen sollte, Goldstücke zu fälschen, drohte er mit der byzantinischen Strafe des Handabhackens. Die Münzprägung konzentrierte sich auf die Städte Pavia, Mailand, Lucca und Treviso. Um keinen Zweifel an dem öffentlichen Charakter der Prägestätten aufkommen zu lassen, durfte der Name der Münzmeister nicht auf den Geldstücken erscheinen.

Das königliche Geld hatte allem Anschein nach eine dreifache Funktion. Zum einen sollte es das Ansehen des Monarchen unterstreichen. Zum anderen war es ein Symbol der Ordnung, der stabilen und gewissermaßen göttlichen Werte, die alle Transaktionen, ja sogar jene unzähligen, die ohne Verwendung von Geld zustande kamen, bestimmen sollten. Schließlich darf man wohl ganz konkret annehmen, daß seine damalige Hauptaufgabe darin bestand, die Tauschgeschäfte, die um die königliche Person abliefen, zu kanalisieren. Ähnlich wie das Geschmeide, das die Goldschmiede der königlichen Schatzkammer (die oft gleichzeitig für die Münzprägung zuständig waren) herstellten, waren die Geldmünzen schöne Stücke aus äußerst wertvollem Material. Dienten sie nicht in erster Linie als Vehikel für die Gunstbeweise, die vom Palast ausgingen? Führten sie nicht umgekehrt dem König wieder zu, was seine Bediensteten als Zoll auf Warentransporte an den Straßen und Flußläufen kassierten, was die unterworfenen Völker an Tributen zahlten und was die von den öffentlichen Gerichten verhängten Bußen einbrachten? Wird nicht gerade in den Bußgeldbestimmungen der Barbarengesetze am häufigsten auf Geldwerte Bezug genommen? Unter den zahllosen Besitzübertragungen gab es manche, bei denen die Verwendung des Geldmittels unerläßlich war; diejenigen nämlich, die mit irgendeiner Art von Steuer zusammenhingen. Hier war der Warentausch fehl am Platz. Der erwähnte neustrische Adelige, der zur Zahlung von 600 *solidi* an die königliche Schatzkammer verurteilt war, mußte trotz aller Schwierigkeiten wohl oder übel mit Münzen bezahlen.

Unter dem Zeichen seiner Munifizenz verteilte der König Goldstücke, die den Stempel seiner persönlichen Macht trugen. Sie kamen alle auf dem Wege der Steuern zu ihm zurück. So entstand ein begrenzter, fast vollständig in sich geschlossener Kreislauf, dessen Drehpunkt der Palast war. Alles spricht dafür, daß genau darin denn auch die Hauptrolle jener schweren Währung bestand, deren unpraktische Beschaffenheit auf der Ebene des rein kommerziellen

Tausches jedem Wirtschaftswissenschaftler ins Auge springt. Wir dürfen nicht vergessen, das Geld gehörte Cäsar und mußte ihm zurückgegeben werden. Die Münzen waren aber nicht nur Mittel der Steuererhebung, sondern ihrerseits auch wieder Instrument. Der Herrscher erhob nämlich den rechtmäßigen Anspruch auf seinen Anteil auch in Hinsicht auf das Edelmetall, das zur Münzverarbeitung in die Prägestätten gebracht wurde. Und dieser Profit, der in letzter Konsequenz oft denjenigen überlassen wurde, die zum Geldprägen berechtigt waren, reizte die Münzmeister, die Entwicklung der Geldzirkulation, soweit es in ihrem Vermögen stand, zu begünstigen.

Da das Geld als Zahlungsmittel primär eine politische Institution darstellt, spiegeln sich in seiner Geschichte alle Umschwünge des Staates. In diesem Zusammenhang ist das Beispiel des fränkischen Galliens äußerst aufschlußreich. Hier gab es im Gegensatz zu Italien eine geringere Machtkonzentration, und die römischen Vorbilder waren stärker verblaßt, so daß sich die Geldherstellung auf zahlreiche Münzprägestätten verteilte. Ihre geographische Anordnung beweist, daß die Hauptverkehrsadern, auf denen mit Geld zu bezahlende Zölle erhoben wurden und auf denen die Händler verkehrten – denn das Geld diente natürlich auch zu Handelszwecken –, alle auf das Mittelmeer ausgerichtet waren. Die Münzprägung von Marseille war daher lange Zeit die aktivste. Um das Jahr 600 erfuhr sie einen beträchtlichen Aufschwung und erreichte in der Mitte des 7. Jahrhunderts ihren Höhepunkt, als die Hauptverkehrswege für den Import orientalischer Waren im Zuge der langobardischen Invasion Italiens, das von den Kriegen Justinians ruiniert war, in das Rhônetal verlagert wurden. In Nordgallien begann die Münzprägung um 650. Auch hier entstanden die Werkstätten am Rande der belebtesten Verkehrswege, in Huy und Maastricht an der Maas und in Quentowic, dem Zentrum des Handels mit Großbritannien.

Das Wichtigste in diesem Zusammenhang ist die zunehmende Streuung der Münzprägestätten. Im Burgund des 8. Jahrhunderts befanden sich die größten in den alten römischen Städten Chalon, Sens, Autan, Auxerre und Mâcon am Handelsweg von der Saône nach Neustrien; es wurden aber darüber hinaus noch neun weitere entdeckt. In ganz Gallien gab es mehr als tausend. Viele lagen in so winzigen Orten, daß 20 % derer, die im Westen des Landes angesiedelt waren, gar nicht lokalisiert sind. Im Norden war die Streuung sogar noch größer, obwohl die kommerziellen Aktivitäten im eigentlichen Sinne dort offensichtlich weniger Gewicht hatten. Die Verbreitung von Münzprägestätten war folglich nicht Ausdruck des Verbraucherbedarfs, sondern ein Zeichen für den Verfall der königlichen Autorität.

Unter dem Druck der ständig wachsenden Macht der Aristokratie mußte das fränkische Königtum sein Monopol aus der Hand geben. Zugleich mit anderen Zugeständnissen trat es den Kirchen das Münzrecht ab. Es mußte zusehen, wie die immer zahlreicher werdenden Münzmeister, von denen uns mehr als eintausendfünfhundert – darunter einige wandernde – bekannt sind, sich immer mehr Selbständigkeit verschafften und sich nicht einmal scheuten, diese zum Ausdruck zu bringen, indem sie ihren eigenen Namen an die Stelle des

Königsnamens setzten. Der erste Namenszug eines Münzmeisters taucht auf einem Geldstück aus dem Jahr 585 auf, und schon zu Beginn des 8. Jahrhunderts ist der königliche Name vollends verdrängt. Dieser ganze Prozeß hängt mit dem Zerfall der hoheitlichen Autorität zusammen. Im Endeffekt führte er zu uneinheitlicher Prägung und einer Verschlechterung der Münzen, deren Gewicht und Feingehalt nach und nach immer geringer wurden.

Man ist geradezu versucht, diese Entwicklung, die in Wirklichkeit eine Folgeerscheinung des politischen Bankrotts darstellt, mit dem wichtigsten Währungsphänomen jener Zeit zu verbinden, mit dem allmählichen, aber totalen Sieg der Silberwährung über die Goldwährung. Genau zu dem Zeitpunkt, als im Langobardenstaat mit der Erstarkung des königlichen Ansehens die Goldprägung ausgebaut und die Silberprägung eingestellt wurde, um 650, begannen die gallischen Münzprägestätten von Clermont, Lyon und Orléans, deren öffentlicher Charakter fast vollständig verschwunden war, mit dem Vertrieb des *denarius*, einer Silbermünze. Sein Gewicht schwankte zwischen 1,13 und 1,28 Gramm und lag damit deutlich über dem des *triens*, der knapp 1 Gramm wog. Bis zum Ende des 8. Jahrhunderts blieb der *denarius* stabil. Die Goldmünzen verschwanden mit der Zeit. In Marseille wurde ihre Prägung um 680 eingestellt. Die friesischen Schätze, die nach dem letzten Drittel des 7. Jahrhunderts vergraben wurden, enthalten keinerlei Goldmünzen mehr. Innerhalb von drei Jahrzehnten etablierte sich ein neues Währungssystem. Von der anderen Seite des Ärmelkanals kam eine unmittelbare Antwort auf diese Entwicklung. Als nämlich die Münzprägung um das Jahr 660 im Südosten Englands wieder aufgenommen wurde, gaben die Prägewerkstätten jene Silberstücke heraus, die die Numismatiker *sceattas* nennen. Diese Münzen verbreiteten sich in allen Himmelsrichtungen. Sie wurden sogar in einem vergrabenen Schatz in Cimiez, in der Nähe von Nizza, gefunden. Das System der Silberwährung siegte auf der ganzen Linie. Zu Ende des 8. Jahrhunderts war die Goldprägung nur noch ein Residuum. Die karolingischen Eroberer hatten sie zunächst aus dem langobardischen Königreich, und dann, zur Zeit des Papstes Hadrian, auch aus Rom verbannt. Sie war zurückgedrängt auf eine schmale Zone am Rande des Abendlandes, in der Byzanz noch immer gegenwärtig blieb. Ich will mich hier nicht auf die ausgedehnten Kontroversen einlassen, die die Historiker in bezug auf diese Veränderung geführt haben. Es soll lediglich festgehalten werden, daß Westeuropa nicht über eigene Goldquellen verfügt. Wie viel von dem gelben Metall konnten denn die Goldwäscher schon aus den Strömen des Langobardenreiches bergen? Der Westen mußte also entweder von seinen schwindenden Reserven leben oder sich außerhalb versorgen. Es steht fest, daß die Zulieferungen von außen genau zu dem Zeitpunkt versiegten, als auch die Goldprägung nachließ. Und dennoch geschah dies keineswegs aus wirtschaftlichen Gründen. Im 6. Jahrhundert und auch noch zu Beginn des 7. Jahrhunderts war Byzanz der wichtigste Goldlieferant des Westens gewesen: nicht etwa auf Grund seiner Handelsaktivitäten – den Kaufleuten war es streng verboten, Goldstücke aus dem Kaiserreich auszuführen –, sondern auf Grund seiner politischen Akte, auf Grund der Geschenke, die es den Herrschern der Barbaren darbot, auf Grund der Löhne, die es an seine Söldner zahlte, und der Tribute, die es aus Stolz in großzügige Freundschaftsgeschenke einkleidete. So ließ zum Beispiel der Exarch von Ravenna zu Ende des 6. Jahrhunderts den Langobardenkönigen jährlich dreihundert Pfund Gold überbringen. Mit der zunehmenden politischen Isolation des Ostreiches ließ die Üppigkeit dieser Lieferungen allmählich nach; bald wurden sie ganz eingestellt. Es blieben die Reserven, beträchtliche Reserven. In den Schriften aus der Merowingerzeit ist das Gold sozusagen allgegenwärtig, und die fränkische und sächsische Goldschmiedekunst war wohl zu keiner Zeit aktiver als in der zweiten Hälfte des 7. Jahrhunderts, genau in dem Augenblick also, in dem der *denarius* schnell an Boden gewann. Aber gerade darin lag das Problem. Das Gold drohte nämlich auf immer in den Schätzen der Herrscher, der Kirchen und der Toten zu erstarren. Das Silber dagegen war ein einheimisches Produkt. Schon Tacitus hatte erstaunt festgestellt, daß die Germanen es dem Gold vorzogen. Die privaten Herren, die die gallische Münzprägung in der Hand hatten und sich nicht in dem Maße wie die Könige um das Majestätische scherten, betrachteten das Silber als einen bequemen Rohstoff. Im gleichen Maße, wie die direkten Handelsverbindungen zur byzantinischen Welt auf Grund einer langsamen Gewichtsverschiebung abnahmen und der Austausch mit den germanischen und Nordseevölkern, wie auch der Handel mit der islamischen Welt, deren Währung, der *dirham*, eine Silberwährung war, an Intensität gewann, wuchs auch das Interesse am *denarius* bei all denen, die das Münzgeld für Fernhandelszwecke verwendeten. Und schließlich darf man wohl annehmen, daß einer Gesellschaft, die sich durch immer selbstverständlicher werdende Geschäftstätigkeiten an den Geldgebrauch gewöhnte, die Silberstücke mit ihrem niedrigen Wert praktischer erschienen als schwere Goldstücke.

Demnach wäre das Verschwinden der Goldwährung nicht, wie allzu oft behauptet wurde, das Anzeichen einer wirtschaftlichen Schrumpfung, sondern, ganz im Gegenteil, der Beweis für eine langsame Öffnung zum kommerziellen Austausch. Daß die Wirkung dieses Phänomens auf das damalige Wirtschaftsleben dennoch nicht sehr einschneidend gewesen zu sein scheint, steht nicht in Widerspruch zu unserer These. Zum einen blieb nämlich die Geldmenge, gleich welcher Währung, weiterhin extrem gering. Als Alkuin etwa seinen englischen Freunden mit dem Geschenk seltener Gegenstände schmeicheln wollte, schickte er ihnen Gewürze und Öl, aber auch Silbermünzen. In England, wo König Offa lediglich in Canterbury Geldprägung betrieb, wurden die Silberstücke, genau wie in Germanien, erst nach dem 10. Jahrhundert allgemein gebräuchlich. Zum anderen aber war offensichtlich auch der *denarius* kein Wechselgeld, das sich für alltägliche Geschäfte eignete. Seine Verbreitung beweist vor allem eine gewandelte Auffassung von der tieferen Bedeutung des Geldes. Sein Prestigewert nahm im gleichen Maße ab, wie der Zauber der byzantinischen Welt dahinschwand. In der Folgezeit wurde das Silbergeld eher zu einem praktischen Werkzeug.

Damit wäre wohl die Rolle des Münzgeldes, wie sie sich zur Zeit der ersten Veränderungen, die die Entwicklung der europäischen Wirtschaft nach dem 7. Jahrhundert vorantreiben sollten, darstellt, einigermaßen genau beschrieben. Das Geld ist ein Erbe, das Erbe weitaus fortschrittlicherer Wirtschaftsstrukturen, die sich in der Antike rund um das Mittelmeer ausgebildet hatten. Doch der roh und bäurisch gewordene Westen hat dieses Vermächtnis lange Zeit vernachlässigt, so daß die Münzen im Laufe der Zeit eine ihrer Hauptfunktionen verloren. Man betrachtete die Geldstücke nicht mehr als Besitzreserven; vielmehr wurden die Edelmetalle in Form von Geschmeide akkumuliert. So blieb die zweite Funktion, die symbolische Funktion als Maß für den Wert der Dinge, deren Bedeutung jedoch durch die Abnahme des Handelsverkehrs erhebliche Einbußen erlitten hat. Das Ende dieses Bedeutungsverfalls, in dessen Verlauf die Rolle des Münzgeldes immer stärker eingeschränkt wurde, zeichnet sich im Laufe des 7. Jahrhunderts ab. Seit dieser Zeit scheint die Entwicklung unter entgegengesetzten Vorzeichen zu verlaufen. Sobald die politischen Strukturen eines Volksstammes genügend Reife aufwiesen, um eine regelmäßige Münzprägung zu erlauben, setzte sich auf Grund zweier zusammenwirkender Faktoren die natürliche Tendenz durch, die Geldherstellung in größerem Ausmaß zu betreiben. Der erste dieser beiden Faktoren bestimmt sich durch die unbestrittenen Vorteile, die der Gebrauch von Geld jedem bietet, der Güter tauschen will; und der zweite, der entscheidendere, durch den Wunsch der Machthabenden, aus der Münzprägung größeren Profit zu schlagen. Erst mit dem Wachstum der staatlichen und institutionellen Strukturen verankerte sich die Gewohnheit der Münzgeldverwendung innerhalb des allgemeinen Fortschritts der mittelalterlichen Zivilisation. Unter diesem Gesichtspunkt markiert der Aufstieg der Karolingerherrschaft eine entscheidende Phase in der europäischen Wirtschaftsgeschichte. Seit dem 8. Jahrhundert wurde der *denarius* zuerst von den romanisierten Provinzen des Westens und dann schrittweise auch von allen anderen als das am besten geeignete Mittel für den Transfer von Werten akzeptiert, ganz gleich, ob es sich dabei um eine Schenkung, die Abtragung einer Schuld oder einer Steuer oder um einen Verkauf handelte. Erst jetzt wurde die Verwendung von Münzgeld gang und gäbe. Ihre erst langsame, dann immer schneller werdende Verbreitung kannte keine Grenzen, und das gehortete Silber geriet immer mehr in Bewegung. Damit kam eine folgenreiche Entwicklung in Gang. Es ist ein wesentliches Anliegen dieses Buches, ihre Fortschritte und Auswirkungen auf das Wirtschaftswachstum des Westens genauestens zu verfolgen.

Die Richtungen dieses Wachstums wurden anfänglich weitgehend von gewissen Ungleichgewichtigkeiten bestimmt, die unsere summarische Einführung Zug um Zug aufgedeckt hat. In erster Linie meine ich die ungleiche Entwicklung der verschiedenen Bereiche des europäischen Raums. Die Völkerwanderungen und die langsame Verbreitung von erhalten gebliebenen Formen der römischen Kultur, zu deren sichtbarsten Aspekten die Verkündigung des Christentums und die Gewöhnung an die Verwendung von Münzgeld gehören, drängten auf eine Annäherung. Die fernen, noch in der Vorgeschichte steckenden Gebiete des Nordens und des Ostens sollten sich mit den Häfen des antiken Mittelmeeres, wo man im Umkreis der immer noch im Gebrauch befindlichen Amphitheater Griechisch oder Hebräisch sprechen hörte, wo mitten im 8. Jahrhundert ganze Schiffsladungen mit Datteln und Papyrus einliefen, zu einem einheitlichen Ganzen vereinen. Zwischen Rom und England, zwischen Narbonne, Verdun und den Randzonen der slawischen Welt bildeten sich auf der gemeinsamen Grundlage bäuerlicher Mühsal die verschiedenen Ebenen einer fortschreitenden Akkulturation heraus, während sich der Handelsverkehr nach Süden hin entwickelte.

Diese Tendenzen, wie auch der Akkulturationsprozeß selbst, wurden von andersartigen Ungleichheiten, von dem großen, breit gefächerten Ungleichgewicht in Hinsicht auf Besitz und sozialen Status weiter vorangetrieben. Für die wenigen Reichen, die unbeschränkt über die Arbeitskraft von Hunderten von Bauern und Hirten verfügten, die die mageren Überschüsse von Hunderten von Bauernhöfen skrupellos abschöpften, waren die faszinierenden Beispiele römischer Lebensart nämlich keineswegs unerreichbar. So bildeten sich schließlich auf der Ebene der Geisteshaltungen Gegensätze zwischen dem Staatsgedanken aus der Tradition des römischen Reiches und dem Begriff der Grundherrschaft heraus, dessen Ursprünge auf die Restbestände des Stammeswesens und der *latifundia* zurückgehen, Gegensätze zwischen dem Friedensideal als Sinnbild der göttlichen Gerechtigkeit und den tief verwurzelten Gewohnheiten kriegerischer Aggression. All diese ineinander verschachtelten Widersprüche verleihen dem wirtschaftlichen Entwicklungsmodell eine äußerst komplexe Gestalt.

Auf jeden Fall aber muß der Versuch einer Schematisierung dieses Modells von dem demographischen Aufschwung als Zentrum ausgehen. Allerdings ist es fast unmöglich, dessen Ausmaße genau einzuschätzen, und zwar nicht nur, weil vor dem ersten Licht, das die Inventarien aus der Karolingerzeit in das Dunkel bringen, alle Grundlagen für eine quantitative Schätzung fehlen, sondern auch, weil hinsichtlich der Familienstrukturen völlige Ungewißheit herrscht. Es ist schon klar geworden, wie schwach die Regenerationsfähigkeit dieser Bevölkerung gewesen sein muß, die gleichermaßen von der Unzulänglichkeit der Produktionstechniken und dem aktiven Fortbestand der Sklaverei gehemmt wurde. Dennoch war sie nicht gleich Null. Die Untersuchung ungarischer Friedhöfe aus dem 10. Jahrhundert erlaubt die Hypothese über eine natürliche Wachstumsrate von annähernd $4^0/_{00}$, nach der sich die Menschheit in acht Generationen, das heißt in kaum mehr als zwei Jahrhunderten, verdoppelt hätte. Die von den Katastrophen des 6. Jahrhunderts aufgerissenen Lücken bildeten einen Anreiz für die Rückeroberung durch den Menschen. Verlassene, leicht zu bearbeitende Ländereien, aus denen man bessere Nahrung für die Kinder beziehen konnte, boten sich geradezu an. Dieser Anreiz setzte denn auch die ersten Völkerwanderungen in Bewegung; vor allem bewirkte er eine langsame

Verschiebung der slawischen Volksstämme nach Westen. Gegen Anfang des 7. Jahrhunderts drangen die Abodriten nach Ostholstein vor, um dort an den Ufern von Seen und Flüssen ihre kleinen runden Weiler zu errichten. Zur gleichen Zeit begann die slawische Kolonisierung in Thüringen und auf den bewaldeten Bergen an den nordöstlichen Flanken Bayerns. Doch nicht nur hier, auch überall sonst war nach den Pestepidemien der gleiche Appell, der gleiche Sturm nach vorn zu spüren. Genau in dem Augenblick, als die Besitzer der Sklaven dazu übergingen, diese in der Hoffnung auf stärkere Vermehrung in eigenen Heimen unterzubringen, scheint eine Expansionsbewegung in Gang gekommen zu sein, die sich nicht nur auf die Wiederbevölkerung der verlassenen Gebiete beschränkte. Die Ortsnamen aus dem Gallien des 7. Jahrhunderts stärken die Vermutung, daß hier und da an den Rändern alter Lichtungen neue Siedlungen entstanden. Auch die Gegebenheiten auf den Hochebenen der Picardie, die natürlich den Vorteil außergewöhnlich guter Bodenbedingungen boten und frei waren von der Behinderung durch zu dichten Waldwuchs, ermutigen uns in der Annahme, daß zu dieser Zeit ein tiefgreifender Aufschwung begann, der neue Landstriche erschloß. In der besagten Provinz tragen nämlich mehr als die Hälfte der bewohnten Ortschaften Namen, die aus dieser Zeit stammen sollen. Das heißt doch wohl, daß hier im 7. und in der ersten Hälfte des 8. Jahrhunderts eine entscheidende Besiedlungsphase stattgefunden hat. Unser Beispiel ist vielleicht außergewöhnlich, aber sicher kein Einzelfall. Der ursprüngliche Impuls des gesamten künftigen Fortschritts, jener Impuls, der den Aufschwung der Landwirtschaftsproduktion bewirkte und technologische Neuerungen auslöste, setzte im Westen ganz offensichtlich schon ein, bevor das dokumentarische Material reichhaltiger wird und die Wirtschaftsgeschichte in ein helleres Licht rückt. Das im *Domesday Book* beschriebene England ist ein »altes Land«. Das gleiche gilt schon, wenn auch in geringerem Maße, zweieinhalb Jahrhunderte früher für die Ile de France der karolingischen Polyptychen.

Im Zusammenhang mit dem wirtschaftlichen Entwicklungsmodell müssen außerdem zwei Faktoren politischer Natur berücksichtigt werden, durch deren Einwirkung der Wachstumsprozeß in zwei große Phasen zerfällt. In der ersten, die noch über das Jahr 1000 hinausreicht, sind die augenfälligsten Antriebskräfte der Entwicklung Phänomene militärischer Art, nämlich Angriff und Eroberung. Sie erhalten die Vitalität wesentlicher Wirtschaftsstrukturen, wie etwa die der Sklaverei und der regelmäßigen Beutezüge. Man kann sagen, daß die ersten Stufen der Expansion vor allem die einer Kriegswirtschaft waren. Jedoch schon bald trachteten die Eroberer nach der Wiedererrichtung eines Staates nach dem Vorbild Roms, eines Staates, in dem Frieden herrschen sollte. Einer nach dem anderen versuchten sie, eine »Renaissance« einzuleiten, wie es den Karolingern vorübergehend gelungen war. Im Laufe des 10. Jahrhunderts setzte sich nach und nach eine neue Ordnung durch, die sich als dauerhafter erwies, weil sie den fundamentalen Gegebenheiten einer ländlich gewordenen Zivilisation besser entsprach als die römische Ordnung. Von nun an wurde die abendländische Christenheit vor Invasionen bewahrt; die Kriegswirren verlagerten sich mehr und mehr in die Randgebiete und fanden schließlich jenseits der Grenzen statt. Damals begann die Entwicklung einer zweiten Wachstumsphase im Rahmen dessen, was man gewöhnlich Feudalismus nennt. Im Gegensatz zur ersten wurde sie durch die landwirtschaftliche Expansion innerhalb einer Wirtschaft des relativen Friedens ausgelöst.

Zweiter Teil
Die Kriegsgewinne

Vom 9. bis zur Mitte des 11. Jahrhunderts

Einer der schärfsten Gegensätze, der die römisch geprägten Provinzen noch im 8. Jahrhundert von denen unterschied, in denen der barbarische Einfluß überwog, liegt auf der Ebene der militärischen Aktivitäten. Zweifelsohne hatte sich die Hochachtung vor kriegerischen Tugenden im Zuge der germanischen Invasionen in der aristokratischen Mentalität festgesetzt. Dieser Einfluß reichte bis hin in die außerordentlich stark romanisierten Gegenden. Doch trugen die Bauern aus Aquitanien, der Auvergne oder der Provence schon seit langem keine Waffen mehr, während in Thüringen oder Northumbria die saisongebundenen Raubzüge noch zum normalen Zyklus der Vorratsbeschaffung gehörten. Es ist anzunehmen, daß die ersten Früchte des wirtschaftlichen Wachstums insbesondere in diesen Gegenden dazu benutzt wurden, die kriegführenden Herren zu bereichern, ja, daß sie sogar dort, wo es noch keine Aristokratie gab, die Konstitution einer Aristokratie von Elitekämpfern ermöglichen, die wiederum die ersten Überschüsse aus ihren Besitztümern zur Perfektionierung der mititärischen Ausrüstung verwendeten. In den unzivilisiertesten Gesellschaften des Westens scheint die Rüstung die früheste und einträglichste produktive Investition gewesen zu sein. Auf jeden Fall waren technische Innovationen in den Bereichen der Eisenbearbeitung, der Pferdeaufzucht und des Schiffsbaus, die eines Tages, jedoch erst sehr viel später, der Steigerung der friedlichen Produktion von Reichtümern dienen sollten, zu allererst auf größere Wirksamkeit im Kampf ausgerichtet. Geraume Zeit vor Beginn des 7. Jahrhunderts und in einer Welt, in der die Landarbeiter den Boden mit kümmerlichen Holzwerkzeugen bestellten, fabrizierten die Schmiede Germaniens unter ehrfürchtiger Hochachtung aller anderen in zum Teil magischen Arbeitsgängen Meisterwerke der Geschicklichkeit: jene langen, glänzenden Schwerter, die Cassiodorus in seinen Schriften rühmte und die schließlich zum Sieg über die römischen Legionen führen sollten. Die heilige Kunst der Metallarbeit war anfangs eine militärische Kunst. Der Fortschritt, den sie im Dienste der Krieger ermöglichte, ist ihrer friedlichen Verwendung stets zuvorgekommen. Und doch war ihr Weg bereits geebnet. Schon aus diesem Grunde ist die Annahme berechtigt, daß die aggressiven Tendenzen, die die primitiven Gesellschaften des barbarischen Europas in sich bargen, im Anfangsstadium des ökonomischen Wachstums zu den wirksamsten Triebfedern der Entwicklung gehörten.

Sie hatten noch eine weitere, nicht minder direkte Wirkung. Mit besseren Waffen, besseren Pferden und besseren Schiffen gerüstet, unternahmen Kriegerhorden im 8., 9., 10. und 11. Jahrhundert Eroberungsfeldzüge gegen Provinzen, die sich durch relativen Wohlstand und manchmal auch durch Überreste des römischen Ansehens auszeichneten und deshalb die Raubgier der anderen auf sich zogen. Diese Unternehmungen waren in erster Linie zerstörerisch, viele kamen über dieses Stadium auch nicht hinaus. Sie führten zu Verwüstungen, Plünderungen und zur Verarmung der überfallenen Regionen. Die Beute, die von den Angreifern in ihr Herkunftsland zurückgebracht wurde, diente so gut wie ausschließlich der unproduktiven Zierde von Göttern,

Feldherren oder Toten. Manche Eroberer indes trieben ihre Aktionen weiter voran; ihre Feldzüge führten letztlich dazu, daß günstige Bedingungen für einen Aufschwung der Produktivkräfte geschaffen wurden. Sie errichteten Staaten. Ihre militärischen Unternehmungen führten zur Zerstörung der Stammesstrukturen und gleichzeitig zu einer durch die Niederlassung der Sieger bedingten Festigung der ökonomischen Positionen der Aristokratie und zur Perfektionierung des grundherrlichen Bewirtschaftungssystems; darüber hinaus führten sie zur Herstellung des inneren Friedens, einer günstigen Voraussetzung für die Akkumulation des Kapitals, zum Aufbau von Beziehungen zwischen den verschiedenen Regionen und zur Erweiterung der Zonen des Austausches. So beschleunigte der Krieg das Fortschreiten des Wachstums. Zwei Hauptetappen lassen sich in diesem Prozeß zwischen dem 8. und dem 11. Jahrhundert unterscheiden, die den beiden wichtigsten politischen und militärischen Abenteuern dieser Zeit entsprechen: die Zeit der Karolinger und die der Wikinger.

I. Die Karolingerzeit

In Austrasien, der unzivilisiertesten Provinz des fränkischen Königreichs, bildete sich im ersten Drittel des 8. Jahrhunderts eine zunehmd anwachsende aggressive Kraft heraus, in deren Mittelpunkt eine bedeutende Familie, die der Vorfahren Karls des Großen, und eine Reihe von Männern, die sich ihr als Vasallen angeschlossen hatten, standen. Mit Erfolg griff sie zunächst die anderen aristokratischen Familien und später andere Volksstämme an. Als Antwort auf feindliche Überfälle weiteten die Banden, die sich im Zuge dieser Entwicklung gebildet hatten, ihre Verwüstungen nach allen Seiten, bis hin ins tiefste Germanien aus. In immer weitergehenden Strafexpeditionen drangen sie nach Neustrien und Burgund, dann auf der Suche nach Reichtümern in die am stärksten romanisierten Gegenden Südgalliens und schließlich in den lombardischen Teil Italiens vor. Das Beispiel Aquitaniens zeigt, daß diese Angriffe über lange Jahrzehnte hinweg in erster Linie Ruin und Verfall bedeuteten. Aber schließlich entstand auf all diesen Trümmern das neue Imperium, ein riesiger Staat, der ein halbes Jahrhundert lang fest unter Kontrolle gehalten wurde. Aus der Sicht des Historikers stellt die Wiedereinführung des Schriftgebrauchs in der Verwaltung eine der wichtigsten Folgen dieser politischen Rekonstruktion dar. Mit seinem Selbstbewußtsein als Caesars Erbe wollte Karl der Große auch in diesem Punkt an die römische Tradition anknüpfen. Er ordnete an, seine eigenen Entschlüsse niederzuschreiben und seine Besitztümer wie auch die der Kirche, für die er sich verantwortlich fühlte, sorgfältig zu verzeichnen. Diese Vorschriften wurden nur in den alten fränkischen Gebieten zwischen der Loire und dem Rhein, in Bayern und der Lombardei genau befolgt, ansonsten ging man nachlässig damit um. Wenigstens einige Texte sind uns erhalten geblieben. Die plötzliche und kurzlebige Renaissance der schriftlichen Dokumentation um das Jahr 800 und das erstmalige Bemühen um quantitative Präzision, das aus diesen Schriftstücken abzulesen ist, beleuchten umfassende Aspekte des ökonomischen Lebens, die bisher im Dunkeln lagen. Und in eben dieser relativen Klarheit des von ihr übermittelten Bildes liegt für uns die Hauptbedeutung der Karolingerzeit.

Demographische Tendenzen

In dem soeben umrissenen Wachstumsmodell wird der demographischen Bewegung eine vorrangige Bedeutung zugesprochen. Bisher konnte man nur Vermutungen anstellen, doch nun ist es möglich, die Entwicklungstrends einiger Landstriche des karolingischen Europas im 9. Jahrhundert klarer zu erfassen. Wenn Untersuchungen vorgenommen wurden, die der Erstellung eines sogenannten Polyptychon, das heißt der genauen Bestandsaufnahme eines großen

Gutsbesitzes, galten, wurden alle Menschen, die sich auf den Lehen niedergelassen hatten, mit einer manchmal sehr großen Sorgfalt gezählt. Menschen waren in der Tat sehr viel mehr wert als die nackte Erde. Sie stellten das Hauptelement eines Patrimoniums dar. Solche Zählungen geben selbstverständlich stets nur eine Teilansicht der Landbevölkerung wieder. Sie beziehen sich nicht auf ein bestimmtes Dorf, sondern auf eine bestimmte Domäne, deren Grenzen nicht unbedingt mit der Anbaufläche einer Dorfgemeinschaft übereinstimmen. Die Sklaven, die auf dem Herrenland arbeiteten und im Hause des Herrn versorgt wurden, kommen im Prinzip nicht vor; sie wurden als bewegliches Gut betrachtet. Die Bauern, die sich der Schutzherrschaft eines Großgrundbesitzers unterstellt hatten, ohne gleichzeitig ein Lehen zu übernehmen, und deren Abgaben aus diesem Grunde rein persönliche waren, wurden zwar gezählt, jedoch nur individuell; über ihre Familien sagt das Dokument nichts aus. Dagegen wird bei den Pächtern, gleich, ob sie frei oder unfrei waren, gewöhnlich die gesamte Familiengruppe, und zwar im Rahmen des *mansus*, der Grundeinheit des herrschaftlichen Abgabesystems, aufgeführt. In diesem Bereich sind die Angaben äußerst wertvoll. Sie erlauben nämlich die Überprüfung der Hypothese eines Bevölkerungswachstums, das im Zusammenhang mit der Wiedererlangung der Sicherheit im Inneren und an den feindlichen Grenzen, die seit der Errichtung von Verteidigungsringen gegen die Invasion von außen weiter entfernt schienen, steht und zweifellos noch direkter von der Rückläufigkeit der Pest, deren Ausbrüche seltener werden, und den Veränderungen im System der Sklavenhaltung bestimmt wurde.

Der erste Eindruck, den diese Dokumente vermitteln, ist in der Tat der einer sehr dichten Bevölkerung. Das berühmteste Polyptychon, das der Abt von Irminon 806–829 für die Domänen von Saint-Germain-des-Prés zusammenstellen ließ, ermöglicht die Berechnung der Einwohnerdichte pro Quadratkilometer für einige Dörfer der Pariser Gegend; sie betrug 26 in Palaiseau und 35 in Verrières, das heißt, sie war ebenso hoch wie in den ländlichen Gegenden Polens und Ungarns kurz vor dem Zweiten Weltkrieg. Der Grund und Boden der Abtei von Saint-Bertin an der Grenze zwischen der Picardie und Flandern war allem Anschein nach noch stärker besiedelt; nach den Angaben des Polyptychon (844–848) bewegt sich die Dichte zwischen 12 und 21 Erwachsenen, also zwischen 25 und 40 Einwohnern pro Quadratkilometer. Diese Zahlen sind weitaus höher als die verschwindend geringen, die sich aus den Beobachtungen der Archäologen für den Anfang des 7. Jahrhunderts ergeben. Selbst wenn man annimmt, daß die besagten Daten nur für »Siedlungsflecken« gelten, für durch große Leerräume voneinander getrennte Kulturinseln, wo die Menschen sich häuften, und daß die Bevölkerungsdichte einer ganzen Provinz aus diesem Grunde sicherlich viel geringer war, scheint die Anzahl der Menschen in Gallien und Germanien – wo die Dokumente über Verkäufe oder Schenkungen seit der Verbreitung des Schriftgebrauchs voller Anspielungen auf Landerschließung sind – in der Zeit zwischen Gregor von Tours und Karl dem Großen gestiegen zu sein. Dies ist unsere erste Hypothese.

Sie wird durch andere Anzeichen bestätigt. Die Zählungen des 9. Jahrhunderts fanden alle im Rahmen des Großgrundbesitzes statt, genauer gesagt, im Rahmen der *mansi*, landwirtschaftlicher Einheiten, die von den Haushalten abhängiger Bauern bewirtschaftet und bewohnt wurden. Aus dem Polyptychon von Irminon wie auch aus anderen Polyptychen geht ganz klar hervor, daß das verbindende Element dieser Einheiten, die theoretisch als das »Land einer Familie« galten, in Hinsicht auf die Haushalte oder Arbeitskräfte nicht mehr die Blutsverwandtschaft war. Das System überlebte nur deshalb, weil die Verwalter der Domänen befürchteten, die Basis für die Verteilung von Abgaben und Dienstleistungen zu verlieren. Doch die demographischen Veränderungen von zwei oder drei Generationen machten das System hinfällig. Es fällt auf, daß zahlreiche *mansi* von mehreren Paaren bewohnt wurden; das heißt, sie waren offensichtlich überbevölkert. In Palaiseau wurden 43 *mansi* von einem einzigen Haushalt bewirtschaftet, doch auf 8 *mansi* befanden sich zwei und auf 4 *mansi* sogar drei Haushalte. So häufen sich 39 % der gezählten Bevölkerung auf nur 20 % des Bodens. Insgesamt weist das Inventar dieser Domäne 193 Familiengruppen für 114 *mansi* auf. Endlich lassen auch die Namen der Hintersassen darauf schließen, daß die übervölkerten *mansi* häufig von einem Familienvater und seinen Schwiegersöhnen oder von mehreren verheirateten Brüdern bewohnt wurden. Aus diesen Beobachtungen gewinnt man den Eindruck, daß das demographische Wachstum einen inneren Druck auf den alten Rahmen der Domänenwirtschaft ausübte. Doch gleichzeitig wurde dieser Druck in Grenzen gehalten. Ein Teil der Bevölkerung fand keinen Platz, sich frei zu entfalten und sah sich daher zu einem Leben auf sehr engem Raum gezwungen.
Allem Anschein nach hing diese Ballung teilweise mit der Schwerfälligkeit der Familienstrukturen zusammen. Während bestimmte Lehen der gleichen Domäne und im gleichen Gebiet übervölkert waren, erwiesen sich andere als ungenügend besiedelt. Daraus geht hervor, daß einerseits die ungleiche Fruchtbarkeit der Paare und andererseits die strengen Erbschaftsregeln eine harmonische Verteilung der arbeitenden Bevölkerung auf die nutzbaren Flächen verhinderte. Besonders erstaunlich ist die große Anzahl der Unverheirateten. In der *villa* von Verrières in der Nähe von Paris machen sie fast 30 % der Lehensbevölkerung aus, in Palaiseau mehr als 16 %. Als noch frappierender und für uns problematischer erweist sich die ungleiche Verteilung von Männern und Frauen. Der Prozentsatz der Männer erscheint manchmal anormal hoch: 1,30 in Palaiseau und 1,52 in Verrières. Gewiß erhöhten die Gefahren von Geburt und Schwangerschaft die Sterblichkeitsrate bei den Frauen, doch reicht dies keineswegs aus, ein derartiges Mißverhältnis zu erklären. Hierzu muß man die Hypothese aufstellen, daß eine starke Zuwanderung von Männern stattgefunden hat, die den mangelnden Nachwuchs mancher Haushalte ausgleichen sollte – mit anderen Worten, man wird von einer starken Mobilität der Landbevölkerung ausgehen müssen. Spuren einer solchen Mobilität werden häufig sichtbar; im Zusammenhang mit den verschiedenen Domänen, die das Polyptychon von Saint-Remi in Reims beschreibt, werden *forenses*, *forestici* und *foranei* erwähnt,

Fremde, die in keinem Wirtschaftszentrum weniger als 16% der gezählten Bevölkerung ausmachen. Herrschte eine solche Situation nur in den kirchlichen Domänen, die gastfreundlicher waren und mehr Schutz boten? Waren nicht im Gegenteil die weltlichen Herren besser bewaffnet, um Sicherheit zu garantieren? Es ist wohl richtig anzunehmen, daß es sich hierbei um ein allgemeines Phänomen handelt.

Doch die besagte Mobilität entwickelte sich von einer Lichtung, von einem Bevölkerungsflecken zum anderen. Allem Anschein nach veranlaßte sie die Menschen nicht zur Eroberung unerschlossener Gebiete. In der Tat wird außer in Hinsicht auf Germanien und vielleicht noch die Waldgebiete der Champagne in den karolingischen Dokumenten nur selten gerodeter Wald erwähnt. Im 36. Kapitel des *Capitulare de Villis* wird in diesem Zusammenhang folgende Empfehlung an die Gutsverwalter der königlichen Domänen gegeben: »Wenn es unerschlossene Gebiete gibt, mögen sie sie urbar machen lassen; doch dürfen sie den Feldern nicht gestatten, sich auf Kosten des Waldes auszudehnen.« Damit sind gewiß die Grenzen der erwünschten Rodung angegeben. Sie beschränkten sich auf die regelmäßige Organisation der periodisch wechselnden Bodennutzung innerhalb des alten Anbaugebietes. Der ausdrückliche Befehl findet sein Echo im Paragraphen LXVII: »Gibt es keine Hintersassen für unbewohnte *mansi* oder keinen Platz für neuerworbene Sklaven, sollen sie uns um Rat befragen.« Diese Aufforderung bestätigt, daß die Landarbeiter von einer Domäne zur anderen wanderten und keineswegs auf Landabschnitte übersiedelten, die noch erschlossen werden mußten. Wo eine landwirtschaftliche Expansion stattgefunden hat, scheint sie sich auf eine methodischere und intensivere Nutzung der kultivierten Flächen beschränkt zu haben. Möglicherweise liefert diese Intensivierung des Anbaus, die auf Grund des demographischen Drucks notwendig wurde, ohne daß eine technische Perfektionierung mit ihr einherging, eine Erklärung für die niedrigen Erträge, auf die die Angaben in den karolingischen Quellen hinweisen. Auf jeden Fall liegt in diesem Punkt das zweite und entscheidendere Hindernis. Wenn sie konnten, ließen sich die Söhne übermäßig großer Familien auf dem verlassenen Leiheland ihrer Heimatdomäne oder einer anderen nieder. War dies nicht möglich, blieben sie im Anbaugebiet ihres Vaters, das auf diese Weise überbelastet wurde und sich als zu klein erwies, seine Bewohner angemessen zu ernähren. Zwar befanden sich völlig unberührte Flächen in unmittelbarer Nähe, doch anscheinend waren nur wenige bereit, sich in bahnbrechende Abenteuer zu stürzen. Die genauen Gründe für diese Zurückhaltung können wir nicht ausmachen. Anzusetzen wäre wohl bei den technischen Unzulänglichkeiten, die die Erschließung jungfräulichen Bodens als unmöglich erscheinen ließen. Damit erklären sich sowohl die Anzeichen von Übervölkerung als auch die in den Kapitularien wiederholt beanstandete Existenz einer unsteten und gefährlichen Gruppe von Bettlern und Plünderern. Dieser soziale Abschaum, die beunruhigende Gegenwart von hungernden Heimatlosen, um deren Wiedereingliederung sich die moralisierende Gesetzgebung der karolingischen Herrscher vergeblich bemüht, ist einer der deutlichsten

Hinweise auf das Ungleichgewicht zwischen den Produktionsbedingungen, deren Starrheit mangels technischer Innovationen nicht aufgebrochen wird, und den natürlichen Expansionstendenzen der Bevölkerung. Aber auch innerhalb der erschlossenen Gebiete untermauerte die ungleiche Verteilung der Nutzflächen, das heißt der Subsistenzmittel, unter den Familienoberhäuptern die Instabilität und Unterernährung eines Teils der Domänenbevölkerung; diese Instabilität führte ihrerseits durch die – willentliche oder anders bedingte – Geburtenbeschränkung und die Folgen einer notwendig werdenden vorübergehenden oder endgültigen Emigration zur Begrenzung der natürlichen Expansionstendenzen.

Die quantitativen Angaben der Polyptychen werfen einiges Licht auf die Intensität dieses potentiellen Wachstums. Die genauesten Inventarien unterscheiden in jedem Haushalt die Erwachsenen von den Nichterwachsenen. Man kann ziemlich sicher sein, daß die aufgeführten Kinder keine großjährigen Kinder sind (sofern erwachsene Kinder im väterlichen Haushalt verblieben waren, machten die Berichterstatter hinter ihrem Namen einen Vermerk über ihren persönlichen Status), sondern jüngere Kinder, die das Alter der gesetzlichen Minderjährigkeit noch nicht überschritten haben. Ein Zahlenvergleich zwischen den Erwachsenen und den Minderjährigen der Hintersassen einer Domäne erlaubt uns eine zugegebenermaßen grobe Schätzung der Zuwachsmöglichkeiten einer Generation. Erstaunlicherweise entdeckt man dabei zahlreiche Haushalte, in denen es keine Kinder gibt; meist junge Ehen oder ältere Paare, deren Nachfahren bereits anderswo ihren Platz gefunden haben. In diese Kategorie fallen dreißig von achtundneunzig verheirateten Pächtern der *villa* von Villeneuve-Saint-Georges in der Nähe von Paris, die im Polyptychon von Saint-German-des-Prés beschrieben wird. Aus diesem Zahlenverhältnis und aus der Zahl der Unverheirateten geht hervor, daß die Anzahl der jüngeren Kinder, die der hohen Sterblichkeit der frühen Kindheit entronnen waren, im Verhältnis zur gesamten bäuerlichen Bevölkerung dieser Domäne mit der der Erwachsenen genau übereinstimmt. In Palaiseau und Verrières sind sie etwas zahlreicher; durchschnittlich 2,4 bzw. 2,7 pro Haushalt. Wenn man jedoch alle Angaben des Polyptychon von Irminon zusammenfaßt, ergibt sich eine Durchschnittsrate, die knapp unter 2 liegt. Folglich keinerlei Wachstum, sondern Stagnation. Es ist anzunehmen, daß diese Stagnation größtenteils aus der Überbevölkerung und der dadurch bedingten Unterernährung resultiert.

Die frühen karolingischen Quellen, die die ländliche Welt unvermittelt in klarem Licht erscheinen lassen, führen uns im Herzen des fränkischen Königreichs eine Bauernbevölkerung vor Augen, die sich durchaus nicht auf dem Weg des Fortschritts, sondern in der Krise befindet. Nach einem ersten Aufschwung, der das Gleichgewicht zwischen der Bevölkerung und dem Bewirtschaftungssystem zerstörte und die Zahl der Menschen solange anwachsen ließ, bis die technisch nicht zu vergrößernden Nutzflächen nicht mehr ausreichten, um sie hinlänglich zu ernähren, scheinen die expansiven Kräfte dieser Bauernbevölkerung an der Schwelle des 9. Jahrhunderts blockiert zu sein.

Jede landwirtschaftliche Zelle ist zugleich der Ort eines bestimmten demographischen Drucks, der jedoch ganz nach innen gelenkt wird. Allerdings erscheint diese Situation als Übergangsphase. Man könnte in der Tat zu glauben versucht sein, daß die zunehmende innere Spannung in den folgenden Jahrzehnten langsam stark genug wurde, um den Zwang etwas zu lockern und möglicherweise eine erste Verbesserung der Produktionstechniken zu bewirken. Das Polyptychon von Saint-Remi von Reims aus dem Jahre 881 nennt tatsächlich durchschnittlich 2,7 Kinder pro Haushalt. In einem Dorf in den Ardennen, das in dem Inventarium der Abtei von Prüm beschrieben wird, drängen sich die Menschen auf noch engerem Raum als in den Polyptychen vom Anfang des Jahrhunderts. Hier bewohnen 116 Familien abhängiger Bauern insgesamt 34 *mansi*; allem Anschein nach können sie davon leben, woraus zu schließen wäre, daß das Landwirtschaftssystem produktiver geworden ist. Auf der gleichen Nutzfläche bearbeiten sie außerdem 11 sogenannte »unbewohnte« *mansi*. Dabei handelt es sich scheinbar um privilegiertes Leiheland, das nur mit Geldabgaben belastet war und von dem anzunehmen ist, daß es neuerschlossene Anbaugebiete repräsentierte. Eine Zählung der Sklavenbevölkerung, die sich auf die burgundischen Quellen aus dem 9. und den Anfängen des 10. Jahrhunderts stützt, ergibt ein Verhältnis von 384 Kindern zu 304 Erwachsenen; das heißt, wir haben Bedingungen vor uns, die ein Wachstum der Bevölkerung um ein Achtel in jeder Generation zulassen. Folglich scheint die erste Hälfte des 9. Jahrhunderts innerhalb der relativ festen Ordnung, die die Eroberung durch die Karolinger mit sich gebracht hatte, für Nordgallien eine kritische Zeit in der demographischen Entwicklung gewesen zu sein, eine Zeit zwischen zwei Wachstumsschüben. Der erste kam zum Stillstand, nachdem das Vakuum, das der Bevölkerungsrückgang im frühen Mittelalter hinterlassen hatte, wieder aufgefüllt war, ohne daß gleichzeitig irgendeine technische Verbesserung stattgefunden hatte. Aber unter den Zwängen, die durch das Zusammenwirken von Domänenwesen und technischer Stagnation entstanden waren, scheint sich nun zumindest in einigen Siedlungsbereichen die Triebfeder einer künftigen demographischen Expansion zu spannen, die dieses Mal durch einen technologischen Fortschritt begünstigt wird. Um die Zeit, da die Einfälle der Normannen sich häufen, scheint diese zweite Expansionsphase hier und dort ihren Anfang genommen zu haben.

Die große Domäne

Die karolingischen Texte sind auch deshalb von Interesse, weil sie klar aufzeigen, was die große Domäne eigentlich war. Ausgehend von denjenigen Quellen, die die deutlichste Sprache sprechen, die ausschließlich von den grundlegenden großen Reichtümern handeln, denen des Königs und vor allem der Kirche, und insbesondere unter Verwendung des Polyptychon von Irminon, haben die Erforscher des Mittelalters schon seit langem ein charakteristisches Bild von den zweifellos mächtigsten ökonomischen Organismen dieser Zeit zusammengestellt. Die herausragenden Züge dieses Bildes sind schon seit dem 7. Jahrhundert zu erkennen. Ich will hier nur auf die Details eingehen, die in den Quellen des 9. Jahrhunderts entweder genauer beschrieben werden oder aber vollkommen neu sind. Das »klassische Domänenwesen« steht im Rahmen der *villae*, die von den Berichterstattern eine nach der anderen dargestellt werden. Dabei handelt es sich um große Flächeneinheiten von mehreren hundert und gelegentlich mehreren tausend Hektar. Ihr Name ist gewöhnlich der eines heutigen Dorfes, und in einigen Fällen läßt sich nachweisen, daß die Oberfläche der Domäne sich tatsächlich mit der eines Siedlungsgebietes deckte. Dennoch war der Boden in verschiedene Nutzflächen eingeteilt, darunter eine sehr weitläufige, deren Bewirtschaftung dem Herren vorbehalten war, während die anderen, die sehr viel kleiner waren und in ihrer Zahl variierten, den Bauernhaushalten überlassen wurden.

Das Herrenland wird als ein *mansus* bezeichnet, als *mansus* des Herrn, als *mansus indominicatus*. Im Zentrum eines solchen *mansus* liegt ein geschlossener und bebauter Raum, der »Hof« (*curtis*) genannt wird. Der »Hof« der Domäne von Annappes stellt sich beispielsweise folgendermaßen dar:

»Ein königlicher Palast, der aus hervorragendem Stein gebaut ist, mit drei Zimmern und einer oberen Galerie mit elf kleinen Räumen, die das ganze Haus umgibt [die Struktur der großen Landsitze hat sich seit der Römerzeit nicht verändert]; unten befinden sich ein Vorratsgewölbe und zwei Säulengänge; innerhalb des Hofes liegen siebzehn andere, aus Holz gebaute Häuser mit ebenso vielen Zimmern sowie weitere Nebengebäude in gutem Zustand; ein Stall, eine Küche, eine Backstube, zwei Scheunen und drei Schuppen. Ein Hof ist mit starken Palisaden, einem Steinportal und einem darüber liegenden Säulengang ausgestattet. Ein kleiner Hof ist ebenfalls durch eine Hecke eingefriedet, die gut gepflegt ist und aus Bäumen verschiedener Art besteht.«[12]

Hinzu kommen eine oder mehrere Mühlen und die Kapelle, die schon zur Pfarrkirche geworden war bzw. gerade dazu gemacht wurde. Mit diesen Zentren waren große Streifen von Ackerland verbunden, die »coutures«, sowie die besten Weiden und, wo immer das Klima es erlaubte, Weinberge und schließlich auch der größte Teil des Brachlandes. In Somain, einer Zweigdomäne von Annappes, machte der Raum, der der Nutzung des Herrn vorbehalten war, 250 Hektar Feld, 44 Hektar Weideland und 785 Hektar Wald und Brachland aus. Die Oberfläche, die den verschiedenen Bauernhaushalten überlassen wurde, war gewöhnlich sehr viel kleiner. Es ist zu vermuten, daß die dazugehörigen bebauten Parzellen, die *mansi*, in der Nähe des Herrensitzes lagen. In den Domänen von Boulonnais, die im Polyptychon der Abtei Saint-Bertin beschrieben werden, entspricht die Größe des von den Bauern bewirtschafteten Landes zwei Dritteln oder gar nur zwei Fünfteln des Herrenlandes. Manchmal ist diese

---

[12] *Monumenta Germaniae Historica, Leges*, sectio II, Capitularia Regum Francorum, Bd. 1, Teil 1, Hannover 1883, S. 254.

Fläche, die fast nur aus Feldern besteht, in einheitlichen Parzellen von etwa 25 bis 15 Hektar gleichmäßig auf die Hintersassen verteilt. Das ist jedoch die Ausnahme. Meistens machen sich starke Ungleichheiten bemerkbar, die gelegentlich ursprünglich mit dem juristischen Status der Land-Leihe zusammenzuhängen scheinen. Die einen werden in bestimmten Inventarien als »frei« bezeichnet und verfügten über eine weitaus bessere Ausstattung als die anderen, die sogenannten »unfreien«. Doch im allgemeinen gehen die Unterschiede noch viel tiefer. Zunächst einmal unterscheiden sich die einzelnen Domänen untereinander. Das Polyptychon von Saint-Germain-des-Prés etwa beschreibt vier Ländereien der Pariser Gegend. Die durchschnittliche Oberfläche bebaubaren Landes, die den einzelnen *mansi* zugestanden wird, beträgt im ersten Fall 4,8, im zweiten 6,1, im dritten 8 und im letzten 9,6 Hektar. Bei nur wenigen Kilometern Entfernung variiert sie also um das Doppelte. Außerdem ergeben sich aus den Inventarien der einzelnen Domänen enorme Unterschiede zwischen benachbarten Bauern mit gleichem Status. So verfügt etwa der *mansus* eines Unfreien über 45mal mehr Boden als ein anderer. Solche Mißverhältnisse scheinen die Folge einer dauerhaften Mobilität des Grundbesitzes in den Händen der Bauern zu sein. Das Spiel von Erbteilung, Kauf und Tausch hat die einen bereichert und die anderen verarmen lassen. Zum anderen hat die gleiche Mobilität die Übereinstimmung zwischen dem Status eines *mansus* und dem des darauf wirtschaftenden Bauern zerstört. Es gibt freie *mansi*, die von Sklaven geführt werden, und unfreie *mansi*, die sich in den Händen von »Kolonen«, das heißt als frei geltenden Arbeitern, befinden. Außerdem werden, wie wir schon gesehen haben, manche *mansi* von einer einzigen Familie bewohnt, während sich auf vielen anderen zwei, drei und manchmal sogar vier Haushalte niedergelassen haben. Doch trotz der ganzen Unordnung, die offensichtlich je nachdem, ob die Organisation der großen Domäne älteren oder jüngeren Datums ist, tiefer oder weniger tief sitzt, sieht der Herr über diese Probleme hinweg. Er verlangt von allen Leiheländern der gleichen juristischen Kategorie die gleichen Leistungen, ganz egal, wie groß ihre Dimensionen und die Anzahl der darauf arbeitenden Menschen, das heißt ihre Produktionskapazitäten, sind. Diese Gleichgültigkeit steht in merkwürdigem Kontrast zur Vorliebe für numerische Präzision, die viele Berichterstatter mit ihren genauen Schätzungen von Oberflächengrößen und den sorgfältigen Zählungen der Hintersassen beweisen. Kein einziger Hinweis könnte uns zu der Annahme veranlassen, daß die Bestandsaufnahmen etwa zu dem Zweck durchgeführt wurden, die Pflichten der Bauern gerechter zu verteilen. Diese Vernachlässigung der ökonomischen Realität war gefährlich. Sie erscheint als einer der schwächsten Punkte der großen Produktionsorganismen. Wie kann man denn erwarten, daß die Hintersassen kärglicher oder übervölkerter *mansi* genau so leicht ihre Pflicht erfüllen wie die anderen? War es nicht unvermeidlich, daß sie sich zu entziehen suchten? Durch die beständigen Bewegungen gestört, befand sich die Grundlage des Domänenwesens, die Verteilung von Abgaben und Leistungen, ohne daß der Herr etwas dagegen hätte tun können, die meiste Zeit über in einem Zustand besonderen Ungleichgewichts.

Von den abhängigen *mansi* erwartete der Herr einen Zins, Leistungen, die an festgelegten Tagen zu seinem Wohnsitz gebracht werden mußten. Diese regelmäßigen Lieferungen von einigen Eiern, einigen Hühnern, einem Schaf oder einem Schwein und manchmal auchl Geldstücken machten die Miete für die bebaute Parzelle aus. Sie waren ein Entgelt für die Wahrnehmung des Gewohnheitsrechts, das den Hintersassen erlaubte, ihr Vieh auf dem unkultivierten Teil des Herrenlandes zu weiden und dort ihr Holz zu holen. Andere Abgaben waren ursprünglich Staatsauflagen; sie waren ein Äquivalent der Forderungen, die einst zugunsten der königlichen Armee beansprucht worden waren, deren Eintreibung der Herrscher jedoch inzwischen den Domänenherren anheim gestellt hatte. In Wirklichkeit waren diese Leistungen aus der Kleinviehzucht oder den bescheidenen Gewinnen nebensächlicher Handelsunternehmungen keine große Belastung für die Bauernhaushalte. Und was sie dem Haus des Herren einbrachten, war nur von geringem Wert. Wie die Polyptychen zeigen, bedeuteten die Zinseinnahmen für den Herrn nur ein unbedeutendes Zusatzgeschäft. Er war in erster Linie Landwirt. Im wesentlichen forderte er von den Hintersassen den Einsatz ihrer Arbeitskraft für die Nutzung seines eigenen Bodens. Die vorrangige ökonomische Funktion der kleinräumigen Nebengüter bestand in der Kooperation bei der Bewirtschaftung der großen Flächen.
Auf Grund der technischen Unzulänglichkeiten verlangte diese eine außerordentlich große Anzahl von Arbeitern. Einige standen ausschließlich im Dienste des Herren. Ohne Zweifel wurde am »Hofe« jeder Domäne auch weiterhin ein ganzer Trupp männlicher und weiblicher Sklaven unterhalten. Von diesen Hausklaven wird in den Bestandsaufnahmen tatsächlich nur sehr selten gesprochen. Es kommt bisweilen vor, daß die Berichterstatter eine »Frauenwerkstatt« erwähnen, »in der 24 Frauen arbeiten« und in der sie »fünf Stück Tuch, sechs Flachsbänder und fünf Stück Leinen« gefunden haben. Aber während sie die Anzahl der Stuten, der Ochsen und der Schafe aufs sorgfältigste ermitteln, sehen sie über die Zahl der permanent anwesenden Sklaven meist hinweg. Dennoch bestätigen einige flüchtige Bemerkungen ihre Gegenwart. So machte beispielsweise der Bischof von Toledo Alkuin den Vorwurf, er halte mehr als 20000 unfreie Arbeiter im Dienste der vier Abteien von Ferrières, Saint-Martin in Tours, Saint-Loup in Troyes und Saint-Josse gefangen. Weiterhin ist uns bekannt, daß sich in den sechzig Domänen, die das Kloster von Santa Giulia in Brescia zu Anfang des 10. Jahrhunderts besaß und auf deren Leiheland 800 Haushalte angesiedelt waren, 741 Sklaven auf dem Boden der Herrenländer abquälten. Darüber hinaus beweisen zahlreiche Hinweise, daß es auch in den Häusern einfacher Hintersassen Sklavenschaften gab. Im Jahre 850 etwa wurde der Kathedrale von Amiens ein Bauernhaushalt »mitsamt seinen Kindern und seinen Sklaven« geschenkt. Und wie soll man sich vorstellen, daß alleinstehende Männer, die die größten *mansi* der *villae* von Saint-Germain-des-Prés bewirtschafteten, den Boden bestellten, ohne sich auf die Dienstleistungen abhängiger Hausklaven zu stützen? Weiter wird man wohl schwerlich glauben können, daß die Häuser der Herren vergleichsweise schlechter ausgestattet

waren als die ihrer Hintersassen. Die Holzhütten, die sich innerhalb des Hofes seitlich an den Herrensitz anschlossen, beherbergten in der Tat zahlreiche vollbeschäftigte Arbeiter. In einer bayerischen Domäne, die Kaiser Ludwig der Fromme als Almosen darbot, gab es 22 solcher Arbeiter, die für 80 Hektar Ackerland zuständig waren. Alle Herren liebten es, menschliche Wesen um sich zu wissen, die stets zur Verfügung standen, ihre Befehle entgegenzunehmen, menschliche Wesen, die ihnen ganz gehörten. Offensichtlich war die Haltung von Haussklaven in allen Gegenden, die in den Polyptychen beschrieben werden, im 9. Jahrhundert noch gang und gäbe. Sie spielte bei der Bewirtschaftung großer und kleiner Flächen eine vorrangige Rolle. Allerdings war diese Rolle eindeutig im Verfall begriffen. Das System des 9. Jahrhunderts war in Wirklichkeit nur an die Stelle eines anderen auf Sklavenhaltung beruhenden Systems getreten, das schon durch frühere Verhältnisse zum Untergang verurteilt war. Aus den gleichen Gründen wie einst, nur jetzt noch dringlicher, mußten die Herren die Unfreien auf Leiheland versetzen. In dem Maße nämlich, in dem der Anbau von Getreide und Wein einen immer größeren Raum innerhalb der Produktion einnahm, erwies sich die Sklavenhaltung als ungeeignet für den Personalbedarf einer großen Nutzfläche. Die Arbeit auf Feldern und in den Weinbergen verteilt sich sehr ungleich über das Jahr. Es gibt tote Zeiten und solche, wo die Jahreszeit etwa im Augenblick der Ackerbestellung oder der Ernte die Anwesenheit von übermäßig vielen Arbeitskräften verlangt. Es hätte zum Ruin der Nutznießer geführt, wenn sie von Jahresanfang bis Jahresende das ganze Personal unterhalten hätten, das in Hochzeiten notwendig war. Aus diesem Grunde behielten sie nur eine geringe Anzahl solcher Arbeitskräfte, die permanent zur Verfügung standen. Die Notwendigkeit, sie entsprechend der Jahreszeit zu erweitern, aber wurde gebieterischer denn je.
Manchmal wurden Lohnarbeiter zur Verstärkung herangezogen. Es war zweifellos eine Kleinigkeit, unter den mit wenig Boden ausgestatteten Pächtern oder den herumziehenden Banden von Heimatlosen, die sich stets in den Randzonen der Domänen aufhielten, Söldner anzuwerben. Als Entgelt erhielten solche Zeitarbeiter Verpflegung und manchmal auch Geldstücke. Im Jahresbudget der Abtei Corbie war beispielsweise eine Summe von 60 *denarii* für die vorübergehende Einstellung von Hilfsgärtnern vorgesehen. Der wesentliche Teil der zusätzlichen Arbeit wurde jedoch – auf sehr vielfältige Weise – von den Bewohnern des Leihelands geleistet. Die Hintersassen der unfreien *mansi* schuldeten im Prinzip den größten Teil ihrer Zeit. Wenn ihnen nur kleinere Bodenflächen zugestanden wurden, so deshalb, weil sie mehr Zeit im Dienste des Herrn verbringen mußten und sich daher weniger als die Hintersassen freier *mansi* der Bewirtschaftung ihres eigenen Anteils widmen konnten. Die Frauen, die direkter in häusliche Dienstleistungen einbezogen waren, mußten in den Werkstätten des »Hofes« arbeiten oder aber in Heimarbeit Stoffstücke herstellen. Die Männer dagegen waren gezwungen, sich an drei Tagen der Woche morgens am Hauptsitz des Herrn zu melden und jeden Befehl auszuführen. Die Art ihrer Verpflichtungen brachte es mit sich, daß diese

Arbeiter zum Teil auf Kosten des Herren verpflegt wurden, ein weiterer Grund, ihnen ein kleineres Leiheland zuzusprechen. Auf jeden Fall waren ihre Dienstleistungen im allgemeinen manueller Art und nicht genau bestimmt. Die freien *mansi*, die mit mehr Land versehen waren und über eine bessere Ausrüstung an Ackerbaugeräten und Zugtieren verfügten, waren gewöhnlich zu genauer umgrenzten Aufgaben verpflichtet. Sie mußten einen bestimmten Abschnitt der Felder, der Weiden und des »Hofes« der Domäne einzäunen, einen bestimmten Anteil des herrschaftlichen Ackerlandes zugunsten des Herrn ganz bewirtschaften; sie waren weiterhin verpflichtet, ihre Gespanne zu bestimmten Jahreszeiten an einer festgesetzten Anzahl von Tagen auf das Herrenland zu bringen, einen Teil der Ernte einzufahren und Botschaften zu überbringen. Die Abgaben aus den Produktivkräften des Haushalts waren bei den freien *mansi* zwar weniger belastend, dennoch war ihr Wert in den Augen des Herrn größer, da die Leistungen – die *corrogata*, die im strengen Sinne des Wortes Forderungen bedeuten – ihm nicht nur Menschen, sondern auch Zugtiere und die brauchbarsten Werkzeuge zur Verfügung stellten.

Wenn man zusammenrechnet, wie viel Arbeitsleistung von der Gesamtheit des Leihelands einer Domäne verlangt wurde, kommt man zu erstaunlichen Zahlen. Die 800 Bauernfamilien des Klosters Santa Guilia von Brescia beispielsweise waren zu Anfang des 10. Jahrhunderts zu rund 60000 Arbeitstagen verpflichtet. Alle Hinweise lassen vermuten, daß die großen Domänen die ihnen zur Verfügung stehenden Arbeitskräfte nicht voll ausnutzten; diese stellten vielmehr eine Reserve dar, aus der nach Bedarf geschöpft werden konnte, je nachdem, wie die Saison oder das Jahr ausfielen. Über all dem dürfen wir aber nicht aus den Augen verlieren, wie schwierig der Boden beschaffen war und wie viel Arbeitskraft er verschlang. Sogar in der Picardie, die alles andere als eine rückständige Region war, wurden noch viele Felder mit der Hacke umgegraben. Das Domänenwesen war im Zusammenhang mit einer ausgesprochen extensiven Landwirtschaft entstanden. Schon auf Grund seiner Schwerfälligkeit, aber auch wegen der enormen Leistungen, die es einer armen, hungernden, viel zu ungleich auf dem nährenden Boden verteilten Bauernschaft abverlangte, deren Kraft es aussaugte, vermochte dieses System die Produktivität der Landwirtschaft nicht zu steigern, ganz im Gegenteil. Die Tatsache, daß die Großgrundbesitzer unbegrenzt kostenlose Arbeitskräfte requirieren konnten, machte sie gleichgültig gegenüber technischen Verbesserungen. Darin liegt mit Sicherheit der schwerwiegendste Mangel dieses Systems, der zugleich die Vermutung rechtfertigt, daß die große Domäne die Wachstumstendenzen auf diese Weise empfindlich gebremst hat.

Doch nicht einmal in den Gebieten zwischen der Loire und dem Rhein, den Landstrichen, denen die großen Polyptychen gewidmet sind, erscheint das »klassische« Domänenwesen jemals in der Strenge und Einfachheit, die das soeben herausgearbeitete kurze Schema unterstellt. Das hängt zunächst einmal

mit der Tatsache zusammen, daß jede Domäne ein ständig sich bewegender Organismus war. Infolge der Erbteilungen, sofern der Herr ein weltlicher Herr war, und infolge der Schenkungen, der Käufe, der Beschlagnahmungen und des Drucks konkurrierender Mächte, machten sowohl die äußeren Grenzen als auch die inneren Strukturen unaufhörliche Veränderungen durch. Diese Bewegungen, egal, ob sie nun die Oberfläche des Herrenlandes vergrößerten, ob sie Leiheland und die dazugehörigen Arbeitskräfte von der großen Nutzfläche abtrennten oder umgekehrt der Domäne neue Fronbauern zur Verfügung stellten, für deren Hilfe es keinen Bedarf gab, brachten das System ständig aus dem Gleichgewicht. Sie waren ein Störfaktor im Domänenwesen, der seinem Funktionieren im Weg stand, oder zumindest dauernde Berichtigungen erforderlich machte. Nach den Vorschriften des *Capitulare de Villis* oblag es dem Herrscher, sofern es ihm möglich war, Arbeitskräfte zu verlegen und Leistungen neu zu ordnen. In Wirklichkeit vermitteln die Inventarien gewöhnlich das Bild einer schlecht geführten Unordnung. Aus diesem Bild treten mindestens vier Aspekte klar hervor:
1. Die weiter oben beschriebenen Strukturen scheinen sich auch im 9. Jahrhundert weiter auszubreiten. Sie dringen vorwiegend in die weniger entwickelten Provinzen des römischen Christentums vor. In dieser Zeit entstanden auch in den flämischen Ländern große Domänen. Dann breitete sich das Domänenwesen in Germanien aus, das zunehmend unter den Einfluß der fränkischen Aristokratie und der großen Einrichtungen des Christentums geriet. Seit dem 7. Jahrhundert nahmen in England domänenähnliche Grundeinheiten Gestalt an, und zwar inmitten jener Phase landwirtschaftlicher Prosperität, die zuerst die Wikinger und dann die Normannen anziehen sollte. So setzte sich eine säkulare Entwicklung fort, in deren Verlauf immer mehr Sklaven auf Leiheland angesiedelt wurden, so daß sich die Stellung der Sklavenhaltung innerhalb der ökonomischen Mechanismen unmerklich veränderte, eine Entwicklung, die aber andererseits die Macht der hohen Aristokratie über die bislang unabhängige Bauernschaft laufend verstärkte.
2. Gleichwohl bedeckten die großen Domänen bei weitem nicht alle ländlichen Gebiete des Abendlandes. Die Texte beschäftigen sich nahezu mit nichts anderem als der Domäne; was hinter den Grenzen der großen Reichtümer liegt, bleibt in vollständiger Dunkelheit. Von einer bestimmten Gegend sieht man immer nur das, was zu einem Großgrundbesitz gehört; die Größenordnung der darüber hinausgehenden Flächen kann man in der Regel nicht einschätzen. Dennoch geben Randbemerkungen immer wieder zu verstehen, daß es auch weniger große Patrimonien gab. In den aus dieser Zeit stammenden schriftlichen Quellen über die Picardie, die nur die Besitztümer der großen religiösen Einrichtungen behandeln, finden wir in jedem dritten Protokoll Hinweise auf die Existenz mittelgroßer Pfründe. Daraus leitet sich die Annahme ab, daß sie in diesen Landstrichen einen vorrangigen Platz einnahmen. Weiterhin werden ständig Anbaugebiete autonomer Bauern erwähnt. Die Vorschriften der karolingischen Kapitularien, die die Verpflichtung zum Militärdienst bei den

Besitzern von einem, zwei oder drei *mansi* auf der Ebene eines Zusammenschlusses mehrerer Haushalte regeln, bestätigen implizit das hartnäckige Überleben kleiner freier Besitztümer. Auch die zahlreichen Kleinstalmosen, die den religiösen Institutionen zuteil werden, deuten darauf hin. Die Polyptychen selbst beschreiben bescheidene Familiengüter, die noch kürzlich unabhängig waren und sich neuerdings dem Patrimonium einer Kirche angeschlossen haben. Diese stellen gewiß keine Ausnahme dar. In einigen vergleichsweise gut erhaltenen Klosterarchiven findet man insbesondere Dossiers über kleinflächige Güter, die der Domäne neu hinzugefügt wurden. Diese Dossiers enthalten unter anderem Verträge, die vor der Zeit des kirchlichen Erwerbs zwischen weltlichen Herren abgeschlossen wurden. Schließlich gibt es Hinweise auf die Lebenskraft zahlreicher Freigüter in unmittelbarer Nachbarschaft der Klöster, etwa in der Nähe von Sankt Gallen im 9. Jahrhundert oder bei Cluny im 10. Jahrhundert. Diese Güter waren frei von jeglicher Herrenmacht. Ihr Ausmaß entsprach den Bedürfnissen und der Arbeitsleistung eines Bauernhaushalts. Manchmal wird sogar deutlich, daß ihre Besitzer sie Stück um Stück mit geduldigen Ersparnissen erworben hatten. Wir können also annehmen, daß ein wichtiger Sektor der ländlichen Ökonomie, der von der mittleren Aristokratie und der Bauernschaft getragen wurde, im Schatten des Großgrundbesitzes seine eigene Existenz führte und nicht oder nur am Rande in den Rahmen des »klassischen« Domänenwesens einging.

3. Im übrigen erscheinen die kennzeichnenden Züge dieses »klassischen« Domänenwesens beträchtlich verzerrt, sobald man Neustrien, Austrasien oder Burgund verläßt. Tiefgreifende regionale Unterschiede werden deutlich. So war beispielsweise die Struktur der großen Domäne in den Provinzen Germaniens viel aufgelockerter. In unmittelbarer Nähe des »Hofes« befand sich nur wenig Leiheland, das fast ausschließlich von Sklaven bewohnt wurde. Alles andere lag verstreut und weit entfernt, gelegentlich so weit, daß die Bauern, die sich dort niedergelassen hatten, dem Herrn kaum etwas anderes liefern konnten als Grundrenten und sich praktisch nicht an der Bewirtschaftung des Herrenlandes beteiligten. In der Lombardei waren große Sklavenschaften im Zentrum der Domäne angesiedelt, deren Arbeit ergänzt wurde durch die unbegrenzten Dienstleistungen einiger Bauern des benachbarten Leihelands, die einen Sklavenstatus innehatten. Die meisten aber waren freie Menschen, die übrigens selbst Freigüter besaßen. Zwar mußten einige von ihnen leichte Frondienste leisten, doch in der Mehrzahl waren sie gewöhnliche Halbpächter, die dem Herrn einen bestimmten Teil ihrer Ernte überlassen mußten. In Flandern, wie auch in West-, Mittel- und Südgallien, läßt sich eine ähnliche Trennung zwischen dem Herrenland, dessen Bewirtschaftung fast ausschließlich auf unfreier Sklavenarbeit beruhte, und dem Leiheland beobachten, das nur Zinsen und allenfalls einige gelegentliche Dienstleistungen einbrachte. Daraus ergibt sich die Frage, ob das System, dessen klarstes Bild uns das Polyptychon von Irminon vermittelt, in der faktischen Verwirklichung nicht eine Ausnahme geblieben ist.

4. Dieses System, das schon fast veraltet war, als die Berichterstatter zu Beginn des 9. Jahrhunderts die Besitztümer von Saint-Germain-des-Prés besichtigten, geriet im Laufe des 9. Jahrhunderts in eine Entwicklung, die seine Funktionsweise empfindlich beeinträchtigte. Diese Entwicklung ist allerdings nur schwer zu erkennen. Die Polyptychen verfolgten das Ziel, den gegenwärtigen Zustand eines Patrimoniums festzustellen. Ihre Aufgabe bestand darin, seine Strukturen zu stabilisieren. Folglich sind die von ihnen gelieferten Beschreibungen statisch. Um die Entwicklungstendenzen innerhalb des Domänenwesens herauszufinden, ist man also darauf angewiesen, entweder die wenigen Berichtigungen, die den Texten der Bestandsaufnahmen in den Jahrzehnten nach ihrer Niederschrift hinzugefügt wurden, zu interpretieren oder aber frühere Untersuchungen mit späteren zu vergleichen. (Da diese sich jedoch gewöhnlich auf andere Domänen beziehen, ist der Vergleichswert sehr gering.) Trotz aller Schwierigkeiten lassen sich einige Tendenzen herauslesen, am deutlichsten die einer fortschreitenden Angleichung der Sklaven*mansi* und der freien *mansi*. Die Übereinstimmung zwischen dem Status des Bauern und dem Status seines Landes war durch die Bewegungen der Bevölkerung, durch Mischehen, Erbschaften und Besitzverschiebungen schon seit langem aufgebrochen. Freie Menschen mußten, weil ihr *mansus* unfrei war, als Sklaven dienen. Sie wurden härter ausgebeutet als ihre Nachbarn, die zwar von ihrer Geburt her Sklaven, jedoch im Besitz freien Grund und Bodens waren. Die Gewohnheit machte es schwer, diese Mißverhältnisse zuzugeben; und das führte zur Vereinfachung. Nach und nach wurden von allen bewohnten, eingefriedeten Gütern ohne Berücksichtigung ihrer Größe die gleichen Abgaben verlangt. Diese Uniformierung ging einher mit einer Verschärfung der bäuerlichen Fron. Eine solche Entwicklung wird in den germanischen Ländern besonders deutlich und erklärt sich zum Teil durch den Fortschritt der landwirtschaftlichen Ökonomie, durch eine allmähliche Hinwendung des Produktionssystems zur arbeitsintensiveren Getreidewirtschaft und eine verbesserte Ausstattung der Bauern. Die Tatsache, daß die Sklavenlehen Germaniens im 9. Jahrhundert zunehmend zur Fronarbeit des Pflügens verpflichtet wurden, hängt damit zusammen, daß inzwischen fast alle dort lebenden Menschen über ein Gespann verfügten. Doch in erster Linie verschlimmerte sich die Situation der freien Bauern. Der Unterschied zwischen ihnen und den Sklaven schwand unmerklich dahin. Ein weiterer Schritt auf dem Wege von der Sklaverei zur Leibeigenschaft war vollzogen. Die abhängige Bevölkerung verschmolz zu einer homogenen Gruppe von Ausgebeuteten.

Während sich diese erste Tendenz vorwiegend im barbarischen Teil Europas offenbart, kommt eine zweite in den entwickelteren südlichen Provinzen, in denen sich die Spuren Roms erhalten hatten, deutlicher zum Ausdruck. Gemeint ist der sich immer stärker verankernde Brauch, die Abgaben der *mansi* in Form von Münzgeld einzutreiben. Die Verwendung von Münzen war durch die Restauration der staatlichen Strukturen wieder angeregt worden. Hier ein Beispiel: In einer burgundischen Domäne, deren Inventarium im Jahre 937 angefertigt wurde, war jedes Leiheland verpflichtet, jährlich rund sechzig Silbermünzen in mehreren Raten an den Herren zu zahlen. Bestimmte Geldabgaben wurden ganz offen als Äquivalent für die früheren Lieferungen von Vieh oder bearbeitetem Holz bezeichnet. Andere galten möglicherweise als Ausgleich für Frondienste: »Entweder er arbeitet zweimal vierzehn Tage, oder aber er kauft sich zur Märzwende für elf *denarii* frei.« Solche Umwandlungen beweisen zugleich die zunehmende Flexibilität des Geldgebrauchs und seinen wachsenden Einfluß auf die Bauernwirtschaft. Herren und Landarbeiter waren sich in Hinsicht auf eine vermehrte Verwendung der *denarii* einig. Es ist kein Wunder, daß die Umrechnung in Münzen in Norditalien, wo die ländlichen Gegenden schon frühzeitig durch die Geldzirkulation belebt worden waren, geläufiger war als anderswo. Am Ende des 10. Jahrhunderts brauchten die Hintersassen des Bischofssitzes von Lucca fast keine Leistungen mehr in Form von Arbeit oder Naturalien aufzubringen; sie konnten sich von den meisten ihrer Pflichten durch die Zahlung von Silbermünzen befreien. Solche Verfahrensweisen hatten zur Folge, daß die Verbindung zwischen dem großen Gut und den umliegenden Kleingütern noch lockerer wurde. Mit dem Geld, das der Hintersasse durch den Verkauf seiner Arbeitskraft oder der Überschüsse aus seiner Hausproduktion verdiente, bezahlte er das Recht, frei über seine Energien zu verfügen und sie insbesondere auf seinen eigenen Boden zu verwenden, um dessen Ertrag zu steigern. Der Herr seinerseits konnte mit Hilfe des Geldes, das ihm auf diese Weise zufloß, die Frondienstleistenden durch Tagelöhner ersetzen, deren Arbeit, da sie freiwillig und bezahlt war und nicht mehr erzwungen und unbezahlt, ebenfalls produktiver zu sein schien. Im Grunde liegt die große Neuerung, die hier zum Ausdruck kommt, in einer neuen Einstellung: Während die Menschen sich daran gewöhnen, den Geldgebrauch nicht mehr als Ausnahme anzusehen, entdecken sie, daß die Arbeit einen Wert darstellt, der gemessen und getauscht werden kann. Diese Entdeckung bringt die Beziehungen zwischen Herren und Hintersassen der Domäne völlig aus dem Gleichgewicht. Durch das Eindringen des Mediators Geld in das Zentrum des Nutzungssystems stellen sich nun ganz neue Verbindungen zwischen ihnen her. Und da dies alles mit einem bislang unbekannten Gespür für den Preis der Dinge einherging, führte die Beweglichkeit, die nun allmählich auf das Räderwerk der Domänenwirtschaft übergriff, ganz natürlich zu einer Erhöhung der Produktivität.

Mit ihren unterschiedlichen Strukturen, ihrer Anpassungsfähigkeit und trotz einer manchen Annahmen widersprechenden relativ geringen Verbreitung steht die große Domäne im Mittelpunkt der gesamten Ökonomie jener Zeit. Ausschlaggebend ist einerseits die Funktion, die sie erfüllt, und andererseits die Last ihres Einflusses auf die benachbarten Landstriche. Ihre Rolle besteht darin, die Tradition der großen aristokratischen Häuser zu erhalten. Als Produktionsorgan steht sie deshalb auch im Dienste einer Verbrauchswirtschaft. Wenn die Herren sich um eine straffere Verwaltung ihres Besitzes bemühten, galt ihre erste Sorge der möglichst genauen Vorausbestimmung ihres eigenen Haushaltsbedarfs. Genau dies war auch das Ziel einiger großer Klosterverwalter des 9.

Jahrhunderts, ein Ziel, das vom Abt Adalard von Corbie beispielhaft vertreten wurde, als er im Jahre 822 die größte Sorgfalt darauf verwandte, die Qualität und Quantität der Waren, die in den verschiedenen Bereichen der Hauswirtschaft benötigt wurden, genauestens zu bestimmen. Sofern es eine Wirtschaftsplanung überhaupt gab, bewegte sie sich immer auf der Ebene von Bedürfnissen, die es zufriedenzustellen galt. Folglich wurde von der Domänenproduktion verlangt, daß sie einer voraussehbaren Nachfrage genügte. In den Augen des Herrn war der Verwalter dann ein guter Verwalter, wenn er jeder aktuellen Nachfrage auf der Stelle zu entsprechen vermochte. Diese Haltung kommt auch in dem Briefwechsel zwischen Einhard, dem Freund Karls des Großen, und den Aufsehern seiner verschiedenen Domänen, deutlich zum Ausdruck. Es geht nicht darum, die Produktivität von Grund und Boden soweit wie möglich voranzutreiben; Ziel ist vielmehr, sie auf einem Niveau zu halten, das ihr gestattet, jederzeit alle Erwartungen zu erfüllen.

Eine derartige Verfassung hat zwei Folgen. Erstens muß die Domänenproduktion wegen der Unbeständigkeit des Klimas, die von einer Ernte zur anderen enorme Ertragsschwankungen verursachen kann, ziemlich hoch liegen, um stets eine ausreichende Versorgung zu gewährleisten. Folglich kommt es meistens zu einer Überproduktion. Daraus erklärt sich beispielsweise, weshalb die Berichterstatter auf den Speichern der königlichen Domäne von Annappes trotz großer Mengenverluste durch schmarotzende Tiere und die Versorgung des Hauspersonals mehr Korn aus dem Vorjahr als aus dem laufenden Jahr fanden. Da die Ernteeinnahmen außerordentlich variieren, während der Bedarf gleich bleibt, führt die Großdomänenwirtschaft notwendigerweise zur Verschwendung, zur Verschwendung von Boden und zur Verschwendung von Arbeitskraft. Genau wie die Unzulänglichkeit der Technik zwingt auch die Unbeständigkeit der Produktion zu einer unverhältnismäßig weiten Ausdehnung der Grundstruktur des Herrenguts auf den Landwirtschaftsraum und die Bauernschaft. Eine Berechnung ergibt, daß der Lebensunterhalt eines einzigen von 60 Mönchen der Abtei Saint-Bertin die Abgaben von rund 30 abhängigen Haushalten verschlang. Wegen der an sich kümmerlichen Produktivität des Domänenwesens brauchte das ökonomische und soziale Gebäude der Aristokratie riesige Grundlagen. Aus dieser Situation heraus sahen die »Großen« sich gezwungen, ihre Rechte über den Boden und insbesondere über die Menschen eifersüchtig zu verteidigen und alles daranzusetzen, sie noch zu erweitern.

Zweitens muß der eigentliche Wachstumsantrieb in der Bedarfssteigerung der oberen Schichten der Aristokratie gesucht werden, denn die Domänenproduktion wurde in Wirklichkeit vom Konsum bestimmt. Die Aristokratie bediente sich schrankenlos ihrer Macht über Land und Leute, um mehr ausgeben zu können. Zumindest in einigen Gebieten des karolingischen Europas erscheint die allmähliche Festigung einer sozialen Elite an sich schon als eine der wirksamsten Antriebskräfte der Entwicklung. Alle »Großen« wünschten sich eine möglichst umfangreiche »Gefolgschaft«, denn ihr Ansehen bemaß sich an der Anzahl der Menschen, mit denen sie sich umgaben. Ein jeder bemühte sich, diese freiverköstigten Gäste besser zu behandeln als die anderen, da Freigebigkeit und die Großmut der Gastfreundschaft als Sinnbild der Macht galten. Derartige Wünsche motivierten die Herren denn auch, mehr aus ihrem Land herauszuholen. Dabei versuchten sie allem Anschein nach weniger, den Ertrag aus ihren Feldern und Weinbergen zu steigern; vielmehr bemühten sie sich, neues Land zu gewinnen. Die Prunksucht führte zunächst zu Habgier und Angriffslust. Erst geraume Zeit später wirkte sie sich im Sinne einer Verbesserung der Bewirtschaftungsmethoden des Grundbesitzes aus. Dieses zuletzt genannte Mittel, ihr Einkommen zu steigern, haben die Herren kaum in Betracht gezogen, solange es noch andere Möglichkeiten der Bereicherung gab, das heißt, solange es nicht an Gelegenheiten fehlte, sich Hab und Gut des anderen ohne Schwierigkeiten anzueignen. Als treibende Kraft der Entwicklung hatten die Rekonstruktion des Staates und die Wiederherstellung des öffentlichen Friedens im 9. Jahrhundert schließlich zur Folge, daß sich die Habsucht der Herren in ein Streben nach Profitsteigerung der Domänenwirtschaft verwandelte.

Allein auf Grund seines Schwergewichts breitete das Domänenwesen sich immer stärker aus. Nicht ohne Grund werden die Besitzer großer Domänen in den von den karolingischen Herrschern erlassenen Dekreten als »Mächtige« (*potentes*) bezeichnet, und nicht ohne Grund bemühten sich die Könige, die »Armen« (*pauperes*) dem Machtbereich jener *potentes* zu entziehen. Der Herr, und in seinem Namen auch der Verwalter, hatte in dem Gebiet, über das sich seine Güter erstreckten, tatsächlich unkontrollierte Handlungsfreiheit. Er bestimmte über Frieden und Gerechtigkeit. Er allein konnte den herumziehenden Familien oder den jungen Bauernsöhnen des Dorfes ein Zuhause bieten und ihnen beispielsweise ein neuerschlossenes kleines Leiheland am Rande des Herrenlandes zur Verfügung stellen. Die lateinischen Texte nennen solche Landstücke in den Außengebieten *hospitia* oder *accolae*. Der Kornspeicher, der immer noch voll war, wenn alle anderen leerstanden, war die Hoffnung der Hungernden, die sich an seinen Toren drängten und alles versprachen, um nur etwas Korn zu bekommen. Die Verfasser der Polyptychen haben diese faktische Macht, die sich aus der fehlenden Gegenwart der Staatsorgane und dem Wohlstand einiger Weniger inmitten eines unter tausend Gefahren leidenden menschlichen Milieus ergab, völlig außer acht gelassen. Sie haben nichts darüber geschrieben, da sie außerhalb der als rechtmäßig anerkannten Gewohnheitsregelungen lag. Und doch war diese Macht beträchtlich. Nur ihr war es zu verdanken, daß die Grenzen der Domänen sich ständig in alle Himmelsrichtungen ausweiteten. Mit ihrer Hilfe wurden die noch unabhängigen Kleinbauern der Autorität des Großgrundbesitzers unterworfen. Schon auf Grund des Ausmaßes seiner Güter bestimmte letzterer das ganze Spiel der Anbautechniken, er verfügte die Zeit der Kornernte und die Zeit der Weinlese. Mit seinem großen Bedarf an Hilfskräften beherrschte er auch den Arbeitsmarkt. Er gewährte Schutz und lieh Samen oder Mehl. Als Gegenleistung verlangte er Dienstbereitschaft. Auf diese

Weise bildete sich ein erstaunliches Netz von »Empfehlungen«, unter deren Einfluß schließlich fast alle selbständigen Bauern der Umgebung an die *villa* gebunden wurden. Da diese »Schützlinge« dem Herren einen jährlichen Zins (*capitagium*) zahlen mußten, werden sie auch in einigen Polyptychen erwähnt. Im Umkreis der Domäne von Gagny etwa, die zu Saint-Germain-des Prés gehörte, betrug ihre Anzahl 20 gegenüber 68 erwachsenen Hintersassen. Ihre individuelle Unterwerfung war sozusagen ein erster Schritt in Richtung einer strengeren Abhängigkeit, die mit der Zeit darauf hinauslief, daß ihr eigener Boden in den Besitz des Herrn überging und die Stellung ihrer Nachkommen der der *servi casati*, der unfreien Hintersassen, immer ähnlicher wurde. Die ertragreichsten Eroberungen der großen Domäne gingen keineswegs auf Kosten der benachbarten Domänen, sondern auf Kosten der unabhängigen Bauernschaft.

Allerdings leistete diese Bauernschaft auch einigen Widerstand. Im Rahmen der entstehenden Dorfgemeinschaft und der sich verstärkenden »Nachbarschaftshilfe«, in deren Mittelpunkt die Pfarrkirche sowie die gemeinsamen Gewohnheitsrechte standen, bildeten sich Formen der Gegenwehr heraus. Es ist sogar möglich, daß die Bauern bestimmte Vereinigungen eigens zu dem Zweck gegründet haben, sich gegen die Unterdrückung durch die Reichen zu schützen. Damit wäre auch die damals vorherrschende Form des Klassenkampfs gekennzeichnet. Ein Kapitular, das der König von Westfranken im Jahre 884 veröffentlichte, wendet sich gegen die *villani*, die Dorfbewohner, die sich in »Gilden« organisiert hatten, das heißt in Vereinigungen, deren Zusammenhalt durch einen Eid zur gegenseitigen Hilfeleistung besiegelt wurde. Ziel dieser Gilden war der Kampf gegen die, die sie gewaltsam beraubt hatten. Blieben derartige Verschwörungen ohne jede Wirkung? Sieht man sich die Ohnmacht der Herren sogar innerhalb des Domänenwesens gegenüber den widerspenstigen Hintersassen an, kommen einem berechtigte Zweifel. Erst nach einem langwierigen Prozeß – und nachdem die Streitigkeiten schließlich dem königlichen Gericht vorgetragen worden waren – konnten etwa die Herren Aquitaniens die Abhängigen einer bestimmten *villa* im Jahre 883 zwingen, bestimmte Pflichten zu erfüllen. Diese Pflichten waren zwar in einem alten Polyptychon festgelegt, doch der passive Widerstand der Bauern hatte sie aus dem Brauch gebracht, so daß sie nicht mehr unter das Gewohnheitsrecht fielen. Daneben sind auch Fälle bekannt, in denen das königliche Gericht Arbeiter unterstützte, die sich gegen neue Ansprüche der Herren zur Wehr setzten. Der kontinuierliche und unerbittliche Kampf der Bauern gegen die Herren über Grund und Boden war in Wirklichkeit nicht so ungleich wie man meinen möchte; das Ergebnis fiel verschieden aus. Zwar wurde eine große Anzahl kleiner autonomer Güter durch die Erweiterung der Domänenautorität dem Herrenbesitz einverleibt, doch innerhalb der Domäne selbst gab es eine Menge ausgesprochen wirksamer Waffen gegen den Druck des Wirtschaftssystems. Es gab Trägheit, Täuschungsmanöver, Bestechung der Verwalter, die Drohung, in die naheliegende Wildnis zu flüchten, wo jede Verfolgung unmöglich war, und sich dort gesetzlosen Horden anzuschließen, die die fränkischen Kapitularien vergeblich aufzulösen suchten. Darüber hinaus verfügte kein einziger Großgrundbesitzer über die Möglichkeit, und vielleicht hatte er nicht einmal die Absicht, das äußerst bewegte Spiel von Kauf und Austausch des Bodens zu verbieten, ein Spiel, das die Grundstrukturen des Abgabesystems Schritt für Schritt zerstörte.

»An bestimmten Orten verkaufen die Hintersassen königlicher und kirchlicher Domänen ihr Erbe, das heißt die von ihnen bewirtschafteten *mansi*, nicht nur an ihresgleichen, sondern auch an Domgeistliche, Dorfpfaffen oder andere Leute. Sie behalten nur ihr Haus. Auf diesem Wege werden die Domänen zerstört, denn es können keine Zinsen mehr erhoben werden, ja, man kann nicht einmal mehr feststellen, welcher Boden zu welchem *mansus* gehört.«[13]

In dem Edikt von Karl dem Kahlen aus dem Jahre 864 wird dieses Phänomen einerseits beklagt, andererseits werden Heilmittel vorgeschlagen, die mit Sicherheit ohne jegliche Wirkung blieben. Mangels einer strafferen Organisation zerbröckelte der Rahmen der großen Domäne, ausgehöhlt durch den bewußten oder unbewußten Widerstand jener außerordentlich »armen«, »untertänigen« und »schwachen« Männer, die die Felder bestellten, und die in all ihrer Armut und trotz der mitleiderregenden Eigenschaften, die das Vokabular unserer Quellen ihnen unterstellt, die größte Hoffnung für das wirtschaftliche Wachstum darstellten. Jedes einzelne Polyptychon beschreibt einen halbwegs verfallenen Organismus, dessen weitere Auflösung es vergeblich zu bremsen sucht. Durch seine Neigung zur Verschwendung, seine überzogenen Ansprüche und die überhöhten Leistungs- und Steuererhebungen, die das Volk und die Abhängigen in chronischer Unterernährung hielten, erstickte das Domänenwesen die Fruchtbarkeit der bäuerlichen Mühen. Dennoch waren seine Maschen zu durchlässig, um den demographischen Aufschwung in der zweiten Hälfte des 9. Jahrhunderts aufzuhalten. Weil die Herren zum alleinigen Zwecke ihrer eigenen Profitsteigerung Getreidemühlen bauen ließen und damit zugleich einen Teil der ländlichen Arbeitskräfte befreiten, weil sie im Laufe der Zeit Geldabgaben der Fronarbeit vorzogen und auf diese Weise den autonomen Bereich der Bauernhaushalte erweiterten, gaben sie ihnen den entscheidenden Anstoß, nicht mehr ausschließlich für ihren Lebensunterhalt zu produzieren, sondern auch zum Verkauf. Weil sie ihre Sklaven in *mansi* unterbrachten und so den Arbeitseifer eines beträchtlichen Teils der Landbevölkerung anregten, weil sie sich zur Großzügigkeit verpflichtet fühlten, weil sie sich nicht weigern konnten, den Ernteüberschuß unter den Hungernden zu verteilen und auf diese Weise ganze Scharen Bedürftiger am Leben erhielten, kommen wir zu dem Schluß, daß die große Domäne den fortschrittlichen Tendenzen der Landwirtschaft trotz allem dienlich war.

Schließlich hat die Domänenwirtschaft auch die Entwicklung des Geldwesens als Zahlungsmittel auf dem Lande direkt vorangetrieben und beschleunigt.

---

[13] *Monumenta Germaniae Historica, Leges,* sectio II, Capitularia Regum Francorum, Bd. 2, Teil 2, Hannover 1897, S. 323.

Gemeint ist nicht nur die Tatsache, daß das Geld im Abgabensystem allmählich seinen festen Platz erhielt, nicht nur die Tatsache, daß die Kleinbauern wegen der Zahlungen, die sie nun in Form von *denarii* bei ihrem Herrn abliefern mußten, gezwungen waren, regelmäßig auf kleinen Wochenmärkten, die den Texten zufolge im Laufe des 9. Jahrhunderts in den Dörfern des Königreichs nur so aus dem Boden sprießten, Handel zu treiben; gemeint ist eine viel umfassendere Ebene. Sobald es wieder zur Gewohnheit geworden war, Münzgeld als das einfachste Zahlungsmittel zu benutzen, mußten die Verwalter auf Grund der großen Entfernungen und der verstreuten Lage der zu einem Großgrundbesitz gehörenden Güter den Produktionsüberschuß jeder *villa* an Ort und Stelle verkaufen und den Gelderlös an den Wohnsitz des Herrn weiterleiten. Im *Capitulare de Villis* heißt es:

»Entsprechend den Vorschriften sollen die Verwalter dafür sorgen, daß der Gelderlös aus unseren Verkäufen jedes Jahr während der Fastenzeit am Palmsonntag abgeliefert wird, so daß wir den Jahresgewinn errechnen können.«[14]

Die einträglichsten königlichen Domänen lagen natürlich an den Hauptachsen des Handelsverkehrs, der seinerseits durch ihre Gegenwart belebt wurde. Am ganzen Maasufer entwickelte sich beispielsweise durch den mit Geld betriebenen Tauschhandel ein geregeltes Zusammenspiel zwischen Stromverlauf und Schiffahrt einerseits und den an bestimmten Stellen an den Fluß angrenzenden großen Domänen andererseits. Von den 15000 Maß Wein, die auf dem Boden von Saint-Germain-des-Prés produziert wurden, verbrauchten die Mönche nicht einmal ein Siebtel. Der Rest wurde auf Barken verladen, über Flußwege in die nördlichen und westlichen Länder verschifft und dort verkauft. Demzufolge war die Rolle der Kommerzialisierung in bestimmten Bereichen schon keine Randerscheinung mehr, und die Gesamtheit dieser Handelsbeziehungen zog immer größere Geldbewegungen nach sich. Eine Berechnung ergibt, daß der Abt von Saint-Riquier schon an der Schwelle des 9. Jahrhunderts jährlich mehr als 70000 Geldmünzen im Gegenwert von 150 Pferden einnahm. Einen Teil dieses Geldes verwandte er wiederum für den Ankauf von Waren. Die durch die große Domäne bewirkte ökonomische Konzentration erfüllte eine wichtige Funktion für die Verbindung von Bodennutzung und Handelsaktivitäten.

Der Handel

In den Quellen der karolingischen Wirtschaftsgeschichte nehmen die Handelsaktivitäten einen wichtigen Platz ein. Daß ihnen diese Bedeutung zugesprochen wird, ist eine Folge der monarchischen Restauration. Ein Herrscher, der den

---

[14] *Monumenta Germaniae Historica, Leges,* sectio II, Capitularia Regum Francorum, Bd. 1, Teil 1, Hannover 1883, S. 85.

Anspruch vertrat, das Königreich zu erneuern, ein Herrscher, der sich, von den Bischöfen gesalbt, als Werkzeug Gottes, als Garant von Ordnung und Gerechtigkeit verstand, hatte auch die Pflicht, einen als regelwidrig erscheinenden Wirtschaftsbereich, der strengere Kontrollen verlangte und darüber hinaus moralisch verdächtig war, weil er ein mit der christlichen Ethik nicht zu vereinbarendes Gewinndenken ins Spiel brachte, besonders gewissenhaft zu überwachen. Der König konnte also nicht umhin, diesem Bereich besondere Aufmerksamkeit zu schenken. Er führte die Aufsicht und erließ Gesetze. Die Schriftstücke, die aus dem Palast herausgingen, weisen reichhaltige Spuren seiner Besorgnis auf. Diese vielfältigen Hinweise können den Historiker zu Fehleinschätzungen verleiten, da sie nahelegen, dem Handel eine wichtigere Rolle zuzusprechen als ihm in Wirklichkeit zukam.

Die Sorge des restaurierten Staates galt in erster Linie der Erhaltung des Friedens an eben den Orten, an denen der Warenaustausch stattfand; Ort und Zeit des Zusammentreffens der Kaufleute sollten genau festgelegt werden. Ist in der Tatsache, daß im Laufe des 9. Jahrhunderts immer häufiger von ländlichen Märkten die Rede ist, von Märkten in jenen Gegenden, die fest in den Händen der karolingischen Herrscher lagen, nur ein Zeichen der Intensivierung von Handelsbeziehungen im Bereich der bäuerlichen Produktion zu sehen? Spiegelt sich darin nicht auch ein Autoritätsgewinn des Königs über schon bestehende, lebendige Organismen? Oder auch die Freizügigkeit des Herrschers, der dieser oder jener Kirche den Erlös aus den Benutzergebühren überließ? Eines steht fest: Wenn König Pippin den Bischöfen 744 den Auftrag gab, dafür zu sorgen, daß in jedem Bistum ein regelmäßiger Markt abgehalten wird, heißt das, daß es noch nicht überall Märkte gab. Hundert Jahre später war ihre Anzahl schon erheblich gestiegen, ja, sie waren in kürzester Zeit so zahlreich geworden, daß sie der königlichen Kontrolle zu entgleiten drohten und eine Wiederherstellung der Ordnung erforderlich machten. Das Edikt von 864 forderte die Grafen auf, eine vollständige Liste aller Märkte in ihrem Verwaltungsbereich zu erstellen. Dabei sollte unterschieden werden zwischen den Märkten, die schon zur Zeit Karls des Großen existierten, denen, die unter Ludwig dem Frommen, und schließlich denen, die unter Karl dem Kahlen entstanden waren. Gleichzeitig wurde der Befehl gegeben, alle überflüssig erscheinenden Märkte abzuschaffen.

Noch größere Aufmerksamkeit und Genauigkeit wurde dem Geldwesen zuteil. Die göttliche Ordnung, als deren Vertreter der Herrscher sich verstand, verlangte in der Tat ein einheitliches Maß. In der *Admonitio generalis* aus dem Jahre 789, die sich auf die *Sprüche* des Alten Testaments beruft, heißt es: »Im ganzen Königreich müssen Maß und Gewicht gleich und richtig ausgewogen sein.« So erscheint die karolingische Geldreform als Akt der politischen, und das heißt gleichzeitig der religiösen Moral. Denn der politische und der religiöse Bereich sind zu dieser Zeit kaum voneinander zu trennen, da sie im königlichen Dienstbereich vollständig miteinander verschmolzen waren. Die neuen Oberhäupter des fränkischen Volks nahmen die hoheitliche Macht wieder voll in ihre Hand und wollten sich auf diese Weise auch das Prägemonopol sichern. Soweit sie dazu in der Lage waren, ließen sie fremde Geldmünzen zwangsweise einschmelzen. So erklärt sich, daß jene arabischen *dirhem*, die in den barbarischen Teilen Europas, deren politische Organisation noch in den Anfängen steckte, massenhaft gefunden wurden, unter den im Karolingerreich vergrabenen Schätzen nicht vorkamen. Die karolingischen Herrscher schrieben eine einheitliche Gestalt der Münzen vor. Unmittelbar nach seiner Salbung im Jahre 751 beschloß Pippin der Jüngere, daß aus einem Pfund Silber 22 *solidi* hergestellt werden sollten. Davon durften die Münzmeister jeweils einen als Lohn behalten. So wurden diese durch die Restauration der königlichen Autorität zu bezahlten Hilfskräften. Bald verschwand auch ihr Name von den Münzen. Das Geld war Eigentum des Königs. Das Personal der Münzprägestätten wurde nach lombardisch-byzantinischem Vorbild auf Schulen geschickt, in denen die Grafen die Oberaufsicht führten. Wenig später führte Ludwig der Fromme auch die kaiserliche Strafe gegen Falschmünzer wieder ein: ihnen wurde die Hand abgehackt. Jedem, der außerhalb der staatlichen Werkstätten Münzen prägte, drohten Exil und Beschlagnahmung seines Besitzes. Die Einheitlichkeit der Geldprägung war wiederhergestellt. Die aus verschiedenen Werkstätten stammenden 5000 *denarii,* die vor 794 in Wiesbaden vergraben wurden, haben alle das gleiche Gewicht. Im Jahre 806 versuchte Karl der Große sogar, das Prägen vollständig zu zentralisieren: »Es darf nirgends Geld geprägt werden, außer in unserem Palast.« In einem so ausgedehnten Staat war diese Maßnahme jedoch nicht durchzusetzen. Da das Geld immer noch ein außergewöhnliches Zahlungsmittel war und die Münzen der Nachfrage entsprechend, etwa wenn eine Zahlung fällig war, geprägt werden mußten, lag es nahe, die Werkstätten an den Orten einzurichten, wo eine relativ regelmäßige Verwendung von Geld unerläßlich war, insbesondere in der Nähe der Gerichtshöfe, da Münzen immer noch in erster Linie für die Bezahlung von Bußgeldern benutzt wurden. So mußte sich die Geldprägung notwendigerweise auf verschiedene Orte verteilen. Karl der Kahle unternahm mit seinem Edikt aus dem Jahre 864 einen letzten Versuch, diese Bewegung zu bremsen, indem er das Recht der Geldprägung auf den königlichen Palast und neun öffentliche Gebäude beschränkte. Dies war zwar ein vergebliches Bemühen, doch hatte sich die Ordnung zumindest ein Jahrhundert lang gehalten.

Karl der Große führte die Prägung von Goldmünzen nicht wieder ein, nicht einmal nach seiner Krönung zum Kaiser. Auch die goldenen *solidi*, die sein Sohn Ludwig der Fromme prägen ließ, waren in Wirklichkeit nur ein kurzlebiges Zeichen der *renovatio imperii*, einer kulturellen Renaissance. Übrigens glichen diese Goldmünzen nicht etwa den byzantinischen, sondern denen der alten Caesaren. Möglicherweise geht das massenhafte Auftauchen des weißen Edelmetalls in Nordgallien am Ende des 8. Jahrhunderts auf einen besonders günstigen Kurs des Silbers gegenüber dem Gold zurück. Doch die Treue zum Silbergeld wurde vorwiegend von politischen Überlegungen bestimmt. Entscheidend war einerseits, sich der Tradition Pippins, der die fränkische Macht wiederhergestellt hatte, anzuschließen; andererseits, und dies war noch wichtiger, durfte man Byzanz nicht zu nahe treten, mußte ihm gegenüber respektvolle Distanz wahren. Doch wenigstens aus dem *denarius* wollten die fränkischen Könige eine starke und stabile Währung machen. Sie erhöhten das Gewicht des merowingischen Denars zunächst auf 1,30 g, dann auf 1,70 g und schließlich, unter Karl dem Kahlen, auf 2,03 g. Nach der Eroberung des lombardischen Königreichs ersetzten sie auch in Oberitalien den Gold*triens* durch den Silber*denarius*. Sie setzten ein Wertverhältnis zwischen Silber und Gold, zwischen dem *denarius* und dem *solidus* fest, das sich nach dem Handelswert der damals in Nordwestgallien vorherrschenden Edelmetalle richtete. Auf diese Weise entwickelten sie ein Währungssystem auf der Grundlage von einem Pfund zu 20 *solidi*, die jeweils 12 *denarii* wert waren. Im 9. Jahrhundert übernahmen auch die angelsächsischen Herrscher dieses System.

Auf jeden Fall hat die Renaissance des Staates die Entwicklung der Geldzirkulation begünstigt. Die Silberdenare, die im Handel immer häufiger verwendet wurden, hatten einen rein ökonomischen Wert, der für ihre Benutzer immer klarer erkennbar wurde. Bei seinen Bemühungen um eine Reorganisation bemerkte Karl der Große sehr bald, daß dieser Wert der königlichen Kontrolle aus den Händen glitt und daß man das Gewicht der Münzen nicht verändern konnte, ohne gleichzeitig Störungen der auf Geld beruhenden Handelsbeziehungen zu verursachen. Er mußte eine ganze Reihe von Ausgleichsmaßnahmen treffen. 794 setzte er in Frankfurt den Preis der Denare nach dem neuen Währungssystem fest. Nach 803 ließ er dem Salischen Gesetz Erklärungen hinzufügen, um den Tarif der Bußgelder anzugleichen. Zwischen 794 und 804 erließ er neue Strafgesetze gegen die, die sich weigerten, das neue Geld zu verwenden. Der hartnäckige Widerstand, der offensichtlich in allen Bereichen des sozialen Gefüges aufkam, war nicht zu übersehen. Den freien Männern wurde eine Geldbuße von 15 *solidi* und den Sklaven körperliche Züchtigung angedroht; die Bischöfe und Grafen, die nicht streng genug durchgriffen, wurden verfolgt. Dieser Widerstand beweist, daß das Geldwesen in bestimmten Provinzen des Königreichs schon zu Ende des 8. Jahrhunderts weit verbreitet war. Doch der König war stark genug, seine Untertanen gefügig zu machen. Auch die Tatsache, daß das fränkische Währungssystem später ganz Europa beherrschte, hat politische Ursachen. Es ging auf Beschlüsse eines Herrschers zurück, den seine militärischen Eroberungen zum mächtigsten Mann des Westens gemacht hatten.

Eine weitere Aufgabe der königlichen Autorität war die direkte Überwachung des Fernhandels, der spezifischen Aktivität derer, die in den Texten *mercatores* oder *negociatores* genannt werden. In den Gebieten, die sie durchquerten, waren diese Männer, die weite Entfernungen zurücklegen mußten, Fremde und folglich nicht ausreichend durch das jeweilige lokale Gewohnheitsrecht geschützt. Außerdem waren sie besonders bedroht, da die wertvollen Waren, die sie bekanntlich mit sich führten, die Raubgier anderer provozierten. Sie brauchten einen besonderen Schutz. In einer Welt, in der die Grenzen zwischen friedlichem Handel und Plünderung nicht klar erkennbar waren, galten sie von vornherein als verdächtig. Wie sollte man Räuber von unbekannten Händlern unterscheiden, die ebenfalls in Horden auftraten, die häufig eine fremde Sprache sprachen und sich oft, wie aus den Gesetzen von Alfred dem Großen zu erschließen ist, mit einer ganzen Gefolgschaft von Dienern umgaben, die allem Anschein nach auch noch bewaffnet waren? Sie säten Unfrieden. Bei jeder Durchreise konnte es zu Raufereien und Tumulten kommen. Wer war im Falle eines Mordes für ihre Tat strafrechtlich verantwortlich? Wer konnte bestätigen, daß das, was sie zum Kauf anboten, nicht in Wirklichkeit gestohlen war? Aus all diesen Gründen war es wichtig, daß die Warentransaktionen einer staatlichen Kontrolle unterworfen wurden, daß sie offen und unter strenger Aufsicht stattfanden. Die karolingische Gesetzgebung verbot deshalb jeden nächtlichen Handel, außer dem Verkauf von Proviant und Kleidung an Durchreisende. Der Handel mit solchen Waren, die den größten Verdacht erregten, verlangte die Anwesenheit eines Grafen oder eines Bischofs; so etwa der Handel mit Sklaven, Pferden und Gold- oder Silberobjekten. Der Status der Fernhandelskaufleute sollte möglichst vom König selbst garantiert und für ihre Aktivitäten sollten ihnen bestimmte Orte und bestimmte Zeiten zugewiesen werden.

Ein Dekret des Kaisers Ludwig des Frommen aus dem Jahre 828 wirft einiges Licht auf die Stellung der Kaufleute. Sie waren »treue Untertanen« des Herrschers, und diese persönliche Bindung brachte sie in den Genuß der Immunität, die all jenen zuteil wurde, die dem König direkt verpflichtet waren. Da sie dem fürstlichen Hause angehörten, wurden ihnen die Steuern auf Warentransporte erlassen, außer beim Überqueren der Alpen und bei der Benutzung jener Häfen, die die Tore zu den nordischen Meeren darstellten, der Häfen von Quentowic und Durstede. Sie waren selbst Besitzer ihrer Transportmittel. Doch nach jeder Reise, Mitte März, begaben sie sich in den Palast, um die Nutzungsgebühren an die Staatskasse zu entrichten. Gleichzeitig mußten sie ehrlich aufteilen, was sie an ihren eigenen Geschäften verdient und was sie im Auftrag des Herrschers umgesetzt hatten. Die saisongebundenen, aber regelmäßigen Tätigkeiten machten diese Männer unbestreitbar zu professionellen Kaufleuten. Zwar hatten sie sich in eine bestimmte Abhängigkeit vom königlichen Haushalt begeben, aus der sie Steuervorteile und besonderen Schutz bezogen, doch sie bewahrten sich die Möglichkeit zu weitreichender Eigeninitiative, die zu jener Zeit noch keineswegs ausschöpfend in Anspruch genommen wurde. Wie viele dieser Männer und wie viele all der anderen, die nicht direkt dem königlichen Palast, sondern irgendeiner Abtei, irgendeinem Aristokratenhaus unterstellt waren oder gar als Freischärler arbeiteten, wie viele dieser Männer waren freie Franken oder Lombarden und wie viele Christen? Dazu können wir nur sagen, daß die Texte des 8. und 9. Jahrhunderts im Zusammenhang mit den *negociatores* ständig zwei ethnische Gruppen nennen, die sich überall bis weit über die Grenzen des Frankenreichs hinaus an den wichtigsten Handelswegen in »Kolonien« niedergelassen hatten: einerseits die Juden und andererseits die »Friesen« in der Nordseegegend.

All diese Lieferanten von Fernhandelswaren trafen sich auf Plätzen, die eigens für sie hergerichtet waren. Dort legten sie ihre Waren aus und tauschten diejenigen Produkte untereinander, die sie selbst begehrten. Die Quellen bezeichnen diese Orte mit dem lateinischen Wort *portus*, dem in der germanischen Sprache der Ausdruck *wik* entspricht; in England sagte man zur Zeit des Königs Alfred *burh*. Jeder *portus* war ein eingefriedeter Platz, der zum Schutz gegen Überfälle auf die Warenlager mit Palisaden umgeben war. Von der königlichen Autorität beauftragte Bürgen garantierten die Rechtsgültigkeit der Verträge. Die Quellen lassen vermuten, daß zur Zeit Ludwigs des Frommen außerdem stets ein fürstlicher Gesandter anwesend war, der den Auftrag hatte, unter den Kaufleuten Recht zu sprechen und den Tribut für die königliche Schutzherrschaft über die Händler einzutreiben. Im Norden des fränkischen Königreichs tauchten die *portus* schon vor Beginn des 9. Jahrhunderts auf, und zwar in jenen Regionen, in denen sich noch kein Stadtleben entfaltet hatte. Genannt werden etwa Dinant, Huy, Valenciennes, Quentowic und Durstede. Etwas später häufen sich die Hinweise auf *portus* in der gleichen Gegend, die sich jetzt zum Teil auch in unmittelbarer Nachbarschaft der römischen Städte wie Rouen, Amiens, Tournai und Verdun ansiedeln. Weiter südlich sind keine derartigen Handelsplätze zu entdecken. Es ist anzunehmen, daß ihre Funktion von den Städten (*civitates*) erfüllt wurde. Andere Treffpunkte waren die Jahrmärkte. Manche dieser Jahrmärkte vervollständigten den regelmäßigen Zyklus der Wochenmärkte. Es waren ungewöhnlich große Märkte, die jedes Jahr an einem bestimmten Tag abgehalten wurden und besonders viele Besucher anzogen. An diesem Tag liefen dann auch die Handelsbeziehungen unter völlig veränderten Vorzeichen ab: juristisch verändert, weil die Schutzherrschaft sich an diesem Tag auf alle erstreckte, die kommen wollten, auch wenn sie aus weiter Ferne anreisten, und ökonomisch verändert, weil das Ziel dieses Jahrmarktes darin bestand, zu festgelegten Zeiten einen regelmäßigen Kontakt zwischen Produktionsbereichen herzustellen, die räumlich weit voneinander entfernt und deshalb gewöhnlich isoliert waren. Der Jahrmarkt, der in der Nähe des Pariser Klosters Saint-Denis abgehalten wurde, fand im Oktober, nach der Weinlese, statt. Allem Anschein nach handelte es sich hier um einen Weinjahrmarkt. Ab 775 kam ein zweites Jahrestreffen hinzu, das auf den Februar, das heißt ebenfalls auf ein für die Landwirtschaft entscheidendes Datum gelegt wurde. Allerdings dienten auch diese beiden Märkte nicht ausschließlich dem Absatz der Produkte aus den benachbarten Landwirtschaftsgebieten. In Schriftstücken über Steuererlasse ist von honigbeladenen Schiffen die Rede; außerdem wird erwähnt, daß die Mönche des Klosters Corbie dorthin kamen, um Tuch für ihre Kutten zu kaufen. Schon zu Anfang des 8. Jahrhunderts reisten Leute aus England an, und nach 750 auch Friesen und *negociatores de Langobardia*. Auch am anderen Ende des Königreichs, in Piacenza, wurde ein Jahrmarkt abgehalten, zunächst nur einen Tag im Jahr, doch ab 872 dreimal jährlich jeweils acht Tage. So entwickelte sich der Handel zu einem festen Bestandteil der Gesellschaft. Aus der geographischen Lage der

Jahrmärkte und *portus* ist zu erschließen, daß es im Nordwesten und im Südosten des karolingischen Königreichs zwei Bezirke gab, in denen der Fernhandel mit größerer Intensität betrieben wurde als anderswo.

Diese beiden Bezirke, die auch später die Knotenpunkte des mittelalterlichen Großhandels bleiben sollten, lagen an den Verbindungsstellen zwischen dem Meer und den Hauptachsen des europäischen Flußnetzes. Der erste hatte über den in das byzantinische Meer mündenden Po Zugang zu blühenden Wirtschaftsgebieten, aus denen Luxuswaren hoher Qualität, prachtvolle Stoffe und Gewürze bezogen wurden. Der andere dagegen verband sich über die Seine, die Maas, den Rhein und die Nordsee mit unzivilisierten Ländern, die immer noch von Stammeskriegen erschüttert wurden, aber gerade deshalb wertvolle Sklavenmärkte darstellten.

Die Folgen eines grausamen Krieges und die anschließende langobardische Völkerwanderung hatten Norditalien während des ganzen 7. Jahrhunderts nicht zur Ruhe kommen lassen. Mit der Machtergreifung der Barbaren im Jahre 642 wurden in Genua alle Spuren der Schiffahrtsaktivitäten ausgelöscht. Für kurze Zeit wurde das Rhônetal die wichtigste Verbindung zum Orient. Damals gewährte der fränkische König Dagobert (629–679) den Klöstern Nordgalliens bestimmte Privilegien in den Häfen der Provence. So erhielt etwa das Kloster Saint-Denis einen jährlichen Zins von hundert Gold*solidi* zum Kauf von Öl und anderen Waren; das Geld stammte aus dem Warenzoll, der in Fos in der Nähe von Marseille erhoben wurde. Für den Kauf von Papyrus und Gewürzen wurde in den Häfen von Marseille und Fos eine vollständige Zollbefreiung genehmigt. Diese Vergünstigungen wurden bis 716 immer wieder erneuert. Zu dieser Zeit waren sie allerdings schon anachronistisch geworden. Der Handelsweg, der über den Rhein, die Saône und die Maas nach Maastricht führte und an dem sich die lebhaften jüdischen Kolonien aus den südlichen Städten angesiedelt hatten, wurde in zunehmendem Maße von muselmanischen Horden belagert. Er wurde zwar weiterhin benutzt, doch nicht mehr in Richtung auf Maastricht; er führte vielmehr über Katalonien in den islamischen Teil Spaniens. Dort setzten die Kaufleute aus Verdun ganze Sklavenherden ab und verkauften die wunderschönen Schwerter Austrasiens, die sorgfältig versteckt wurden, da ihr Export strengstens verboten war. Unterdessen war die Lombardei wieder zum Tor nach Byzanz geworden. Die Gründung des Klosters von Novalesa im Jahre 726 am Fuße eines Passes, der während des ganzen Mittelalters der meistbenutzte der westlichen Alpen blieb, markiert den ersten Schritt zu einer Reorganisation der Alpenstraßen. Der Langobardenkönig Liutprand schloß ein Handelsabkommen mit den Kaufleuten von Comacchio, deren mit Salz, Öl und Pfeffer beladene Schiffe von nun an den Po befahren durften. Doch an den Lagunen der Adria, die sich noch unter der Kontrolle von Byzanz befanden, sammelten sich in aller Stille neue Kräfte, die sich bald zur venezianischen Handelsmacht entwickeln sollten. Pavia galt seit dem Ende des 8. Jahrhunderts als der Ort Europas, an dem man die prachtvollsten Gegenstände erwerben konnte. Notker der

Stammler, ein Mönch von St. Gallen, dessen Schriften um das Jahr 880 entstanden, berichtet, daß die Großen des Hofes zur Zeit Karls des Großen in Pavia byzantinische Seidenstoffe einkauften. Diese Information gilt mit Sicherheit auch noch für das Ende des 9. Jahrhunderts. Die Lagunenschiffer werden als die wichtigsten Mittelsmänner zwischen den orientalischen Schätzen und den karolingischen Höfen bezeichnet. Diese Fernhandelsbewegungen, deren Knotenpunkt die Lombardei darstellte, belebten allmählich wieder den rheinischen Handelsweg. Sie hatten zur Folge, daß Maastricht von Durstede verdrängt und schließlich auch der friesische Handel angeregt wurde.

Die ersten Feldzüge der Austrasier hatten Friesland unterworfen, eine Gegend, in der die Missionare mit viel Mühe versucht hatten, das Christentum zu verbreiten. Handeltreibende Abenteurer aus Friesland tauchten schon gegen Ende des 7. Jahrhunderts in England auf. Beda Venerabilis erzählt von einem friesischen Händler, der in London Kriegsgefangene kaufte. Schon zur Zeit Alkuins verfügten die Friesen über eine ansehnliche Londoner Kolonie. Auf dem Rhein verkehrten friesische Schiffe mit Wein, Getreide, Töpfereierzeugnissen, aus Lüneburg stammendem Salz und Sklaven. Sie hatten sich an eigenen Stützpunkten vorwiegend in Köln, Duisburg, Xanten, Worms und Mainz niedergelassen. Unter anderem verkehrten sie auch auf den Märkten von Saint-Denis. Als der heilige Ansgar sich im 9. Jahrhundert nach Birka in Schweden begab, wurde er von friesischen Händlern begleitet. Ihr ganzes Schiffahrtsnetz belebte sich gegen Ende des 8. Jahrhunderts. In der Urkunde über Zollbefreiungen, die Karl der Große 779 zugunsten der Abtei von Saint-Germain-des-Prés ausstellen ließ, werden die Zollstellen Rouen, Amiens, Maastricht, Quentowic und Durstede genannt. Sie kennzeichnen zugleich die Grenzen jenes Gebietes, innerhalb dessen sich die neuen *portus* und die Münzprägestätten entwickelten. Die Hauptknotenpunkte waren Durstede und Quentowic. Im ganzen Reich Karls des Großen findet man Münzen, die in Durstede geprägt wurden. Quentowic wird zum ersten Mal von Beda Venerabilis erwähnt, und zwar im Jahre 668. Dort legten die angelsächsischen Mönche an, die zum Kampf gegen das germanische Heidentum ausgezogen waren. Dort sammelten sich auch die Pilger zur Wallfahrt nach Rom. Außerdem war es die Station für alle Wein- und Sklavenfrachten sowie für jene Tuchmäntel, über deren Qualität 796 ein Abkommen zwischen Karl dem Großen und dem König Offa von Mercia getroffen wurde.

Wenn man all dem noch die Handelsbeziehungen hinzufügt, die sich im Elbe- und Donauraum im Zusammenspiel mit slawischen Stämmen, die vorwiegend Sklaven lieferten, entwickelt hatten – Handelsbeziehungen, die sich nicht so klar wie anderswo von Plünderungen unterschieden und die in einem Kapitular von 805 einer ganzen Kette von Grenzmärkten zugeordnet wurden –, entsteht der klare Eindruck eines kontinuierlichen Aufschwungs der kommerziellen Aktivitäten auf Kosten der Schenkungswirtschaft. Dieser Aufschwung wird in erster Linie von der politischen Restauration begünstigt, das heißt von dem inneren Frieden, der Wiederherstellung des Geldsystems und vor allem der Festigung

einer Aristokratie, die sich bis zu Beginn des 9. Jahrhunderts die reichliche Beute aus den unaufhörlichen und siegreichen Kriegen angeeignet hatte. Dennoch ist es wichtig, das genaue Ausmaß des Tauschhandels festzustellen, in dem Geld als Zahlungsmittel verwendet wurde. Besteht nicht die Gefahr, daß die schriftlichen Quellen diesen Bereich viel zu groß erscheinen lassen? Ich habe schon darauf hingewiesen, daß sie dazu verleiten, die tatsächlichen Entwicklungen falsch einzuschätzen, da sie einen bestimmten Bereich, nämlich den, der die Geldprägung und die Händler betrifft, besonders intensiv behandeln. Wir müssen diesen Zeugnissen, insbesondere aber auch der neueren Geschichtsschreibung, die den Aspekten des Handels und Geldwesens in der Ökonomie jener Zeit nach dem Vorbild von Henri Pirenne übertriebene Bedeutung zuspricht, mit einiger Vorsicht begegnen. Handelt es sich um die ersten Anzeichen eines wirklichen Wachstums oder nur um einfache Oberflächenbewegungen? In diesem Zusammenhang sind drei Überlegungen von Interesse.
1. An den Grenzen des karolingischen Königreichs machen sich auffällig viele Anzeichen einer Handelsintensivierung bemerkbar. Dieses Phänomen hat jedoch mit den Strukturen des Staates zu tun, der in dieser Zeit seine Grenzen überhaupt erst aufbaut. Nach byzantinischem Vorbild werden feste Posten eingerichtet, an denen der Warenzoll erhoben wird. Da es im Norden und Osten damals noch keine oder nur sehr wenige Städte gab, erklärt sich die Aufzählung neuer Ansiedlungen in den Dokumenten allein aus dieser Sorge um gesetzliche Regelung und Kontrolle. Wenn in den Quellen von den inneren Gebieten Kontinentaleuropas nur in Randbemerkungen die Rede ist, so heißt das noch lange nicht, daß dieser Bereich von der Wiederbelebung der Verkehrswege unberührt blieb. Ich habe schon erklärt, weshalb sich in den dortigen Schatzkammern keine fremden Münzen befanden. Und wenn die Spuren städtischer Entfaltung fast unsichtbar bleiben, so nur deshalb, weil es dort schon zahlreiche Städte gab, die groß genug waren, um neue Aktivitäten zu integrieren. Es ist bekannt, daß beispielsweise im Burgund des 9. Jahrhunderts in den fünf Provinzstädten sowie in den wichtigsten Zentren der Grafschaften und in der Umgebung der größten Abteien Jahresmärkte abgehalten wurden. Das Fehlen von *portus* oder fremden Münzen bedeutet hier keineswegs einen Stillstand der Handelsaktivitäten. Nichts berechtigt uns, die sich abzeichnende Belebung als reine Oberflächenerscheinung anzusehen.
2. In Hinsicht auf den Fernhandel dagegen scheint diese Belebung noch unbedeutend. Hier geht es im wesentlichen um Luxuswaren. Der Fernhandel ist in Wirklichkeit nur ein Ersatz für die ehemaligen Raubzüge. Er macht diejenigen Güter verfügbar, die der Krieg nur unregelmäßig und manchmal gar nicht verschaffen kann. Wie die militärischen Aktivitäten bezieht sich der Fernhandel in erster Linie auf die Herrensitze und sorgt für Prunk, Zerstreuung, Festausstattungen und Geschenke. Die professionellen Kaufleute in diesem Bereich sind fast alle abhängige Dienstmannen. Der Dichter Ermoldus Nigellus bringt diese Tendenz in einer Lobrede auf den Rhein, die er in der Mitte des 9. Jahrhunderts niederschrieb, sehr klar zum Ausdruck:

»Es ist uns eine Wohltat, daß der Wein an die Friesen und die seefahrenden Völker verkauft und bessere Produkte eingeführt werden. So kann unser Volk sich schmücken; unsere und fremde Händler bringen ihm prachtvolle Waren.« Eine Ausnahme stellt allerdings das Salz dar, das deshalb auch gesondert behandelt werden muß. Erstens handelt es sich hier um ein lebensnotwendiges Produkt, und zweitens machten die Salzladungen möglicherweise dem Gewicht und vielleicht auch dem Wert nach den Hauptanteil des Fernhandels aus. Die Warenlisten der Zollstation von Raffelstätten, die für den Donauverkehr zuständig war, beweisen, daß fast der gesamte Handel zwischen Bayern und den slawischen Ländern auf Salz beruhte. Weiterhin ist anzunehmen, daß die Gewinnung von Salz und seine Verschiffung in die Lombardei die Grundlage der ersten Kapitalakkumulation in Venedig und Comacchio bildet. Doch wie steht es mit dem Wein, der auf den Märkten von Saint-Denis verkauft wurde? Auch er wurde in großen Mengen weitertransportiert, und zwar in jenen zweihenkligen Krügen, die in der Nähe von Köln hergestellt und bei Ausgrabungen in großer Anzahl in London, Canterbury, Winchester und sogar im tiefsten Skandinavien wiedergefunden wurden. Wozu diente dieser Wein im wesentlichen, wenn nicht zur Bereicherung aristokratischer Feste, genau wie der Honig und, zumindest teilweise, die Sklaven? Was die Stoffe betrifft, so hielten die Herren das grobe Tuch, das in den abhängigen *mansi* oder den Werkstätten der Domänen von den Frauen und Töchtern ihrer Hintersassen gewebt wurde, ihrer nicht für würdig. Sie begehrten schönere, mit leuchtenden Farben gefärbte Stoffe, um damit zu prahlen und sie an ihre Freunde zu verschenken. Der Kauf solcher Stoffe machte zweifellos den größten Teil ihrer Ausgaben aus. Beispielsweise wurde der Gesamtbedarf eines Mönchskonvents damals nach dem Vorbild der benediktinischen Klöster in zwei Rubriken eingeteilt; da gab es einerseits den *victus*, das heißt den Nahrungsmittelvorrat, für den der Speisekämmerer, der landwirtschaftliche Verwalter, zuständig war. In die zweite Rubrik fielen diejenigen Käufe, die der Kapitelkämmerer, der Verwalter der Schatzkammer, zu überwachen hatte; sie wurden *vestitus* genannt und betrafen die Erneuerung der Garderobe. Aus dieser Aufteilung ergibt sich, daß der Kleiderkauf große Ausgaben verlangte und daß das Tuch gewöhnlich von Händlern geliefert und in Denaren bezahlt wurde. Die »friesischen Mäntel« waren alles andere als ein gewöhnliches Gut – sie waren Prachtkleider. Karl der Große bot solche Mäntel dem Kalif Harûn al-Rachîd als Geschenk dar, und Ludwig der Fromme schenkte sie dem Papst. Die Geschäfte, über die die unter fürstlicher Schirmherrschaft stehenden Kaufleute im Palast Rechenschaft ablegten, bewegten sich alle auf der Ebene des Überflusses, des Luxus und der Seltenheit. Sie entwickelten sich daher meistens nur oberflächlich und in einem eng begrenzten Gebiet, das nur für die Elite einer insgesamt noch bäuerlichen Gesellschaft zugänglich war.
3. Wir wollen schließlich noch auf die Rückwirkungen dieser Handelsaktivitäten auf die Entwicklung der Städte zu sprechen kommen. Kann man die *portus* an den Ufern der Maas, des Rheins oder der Schelde, die nur zu bestimmten Jahreszeiten belebt waren, als Städte im eigentlichen Sinn bezeichnen? Was war

beispielsweise Durstede? Die archäologischen Ausgrabungen kennzeichnen es als eine enge Straße, die sich über einen Kilometer hinzog. Der *pagus mercatorum*, der im 9. Jahrhundert unterhalb der Mauern von Regensburg zwischen der Donau und der Abtei St. Emmeram entstand, wie auch all die anderen Händlerviertel, die sich an den Ufern des Rheins außerhalb der Stadtmauern von Mainz, Köln oder Worms befanden, sahen gewiß nicht viel anders aus. Sie alle bestanden aus einem einfachen Weg, an dessen Rand sich die Lager und Häuser der wenigen Händler erhoben, für die eigens in jeder derartigen Ansiedlung eine Pfarrkirche errichtet wurde. Es waren einfache Außensiedlungen, die sich ihrer Struktur nach scheinbar kaum von denen unterschieden, die die Herrenhäuser mit dem Ausbau spezialisierter Werkstätten vor den Toren der großen Klöster geschaffen hatten. So waren etwa die verschiedenen »Straßen« (*vici*) in der Nähe der Abtei Saint-Riquier beschaffen, an denen sich in der zweiten Hälfte des 9. Jahrhunderts die Metallhandwerker, die Weber, die Schneider, die Kürschner und die Waffenbauer, das heißt alle abhängigen Hilfsmannen eines großen ländlichen Organismus, niedergelassen hatten. Die eigentlichen Städte dieser Zeit, äußerlich durch einige größere Steinbauten gekennzeichnet, waren in erster Linie Zentren des politischen und militärischen Handelns und Mittelpunkte des religiösen Lebens. Die großen Bauarbeiten, die die Bischöfe in den ersten Jahren des 9. Jahrhunderts in Orléans, Reims, Lyon und Le Mans in Angriff nahmen, trugen möglicherweise direkter zur Belebung der städtischen Ökonomie bei als die vorüberziehenden Händlerkarawanen. Die Basis der zur gleichen Zeit in Germanien entstehenden Städte bildete gewöhnlich ein durch eine Festung geschützter königlicher Palast, der von einem Bischofssitz und einigen Klöstern umgeben war. Der kommerzielle Aufschwung fand im Rahmen einer immer noch bäuerlichen Gesellschaft statt, die von Kriegsherren und Geistlichen beherrscht wurde. Außer an wenigen Orten war der Handel noch nicht mächtig genug, diese Grenzen zu sprengen. Es gibt jedoch keinen Zweifel, daß sich diese Oberflächenbewegung, so begrenzt sie auch gewesen sein mag, an manchen Stellen mit dem anderen, dem grundlegenderen Sektor des Austauschs überschnitt, der sich mit der Ausbreitung des Geldwesens im Rahmen des Dorfes, der großen Domäne und der Landwirtschaftsproduktion entwickelt hatte. Was an diesen Schnittpunkten genau passierte, entzieht sich leider unserer Kenntnis. Wir wissen nur, daß die Produkte der Salzgewinnung oder des Weinanbaus direkt auf den Verkehrswegen des Fernhandels weitertransportiert wurden. Die Kapitularien, die sich um eine gesetzliche Regelung des Brotpreises bemühten oder, wie etwa das Edikt von 864, belegen, daß der Wein nach Sestern, einem Maß von mehreren Litern, verkauft wurde, lassen außerdem darauf schließen, daß die Bodenprodukte überall in den Städten und an den Hauptverkehrspunkten im Kleinhandel verkauft wurden. Sie dienten der Versorgung einer kleinen Bevölkerungsschicht von Dienstmannen, die sich auf Grund neuer Aufgaben von der Landarbeit gelöst hatten, und all der Leute, die seit dem karolingischen Frieden freier und zahlreicher auf Landwegen und Flüssen verkehren konnten.

Die politische Restauration der Karolinger verlieh der westlichen Wirtschaft noch einen weiteren entscheidenden Charakterzug. Die karolingischen Herrscher waren gesalbt. Ihr wichtigster Auftrag war der, Gottes Volk in die ewige Seligkeit zu geleiten. In ihrer Vorstellung gab es keinerlei Unvereinbarkeit zwischen ihrer geistlichen Funktion und ihrem weltlichen Handeln. Das Geistliche führte das Weltliche auf die Wege der christlichen Moral. Unter dem Einfluß der Kirchenvertreter, die in ihrer Umgebung lebten, insbesondere der Mönche, die zur Zeit Ludwig des Frommen an Bedeutung gewannen, legten die Herrscher Wert darauf, daß die wirtschaftlichen Aktivitäten sich nicht zum Störfaktor der gottgewollten Ordnung entwickelten. Unter Berufung auf die Anweisungen der Heiligen Schrift wollten sie die christliche Moral insbesondere für die Praktiken des Handels, den Umgang mit Geld und alle Tauschaktionen, in denen der Geist der Barmherzigkeit verlorenzugehen drohte, geltend machen. Wo immer Katastrophen oder Gottes Zorn die natürliche Ordnung aus den Fugen geraten ließen, war der König zum Eingreifen verpflichtet. So erließen die Herrscher in den Jahren, in denen schlechte Ernten oder Hungersnöte ihre Aufmerksamkeit auf Unregelmäßigkeiten im Warenhandel lenkten, Vorschriften und Verbote mit genauen Unterscheidungen zwischen dem Reinen und dem Unreinen, dem Gesetzlichen und dem Ungesetzlichen.

»All die, die zur Zeit der Kornernte Korn und zur Zeit der Weinlese Wein kaufen, und dies nicht aus Notwendigkeit, sondern mit dem Hintergedanken der Bereicherung – indem sie beispielsweise einen Malter für zwei Denare kaufen und ihn aufbewahren, bis sie ihn für vier, sechs oder gar noch mehr Denare wieder verkaufen können –, machen sich eines Vergehens schuldig, das wir als unredlichen Gewinn bezeichnen. Wenn sie dagegen aus Notwendigkeit entweder für ihren eigenen Verbrauch oder zur Weitergabe an andere kaufen, bezeichnen wir dies als *negocium*.«[15]

Diese Definition des Handels aus einem Kapitular des Jahres 806 offenbart nicht nur die starken Preisschwankungen der Lebensmittel zwischen den Erntezeiten und den fruchtlosen Sommerperioden, die sich aus der unzureichenden Gesamtproduktion erklären; sie liefert darüber hinaus eine genaue Bestimmung der Notwendigkeit, der alleinigen Rechtfertigung für Kauf und Verkauf. Sie bezieht sich ausschließlich auf die Versorgung des eigenen Haushalts und die Beschaffung von Gütern, die an andere verteilt werden. Die Moral, die den karolingischen Vorschriften zugrunde liegt, stützt sich insofern auf die biblische Lehre, als diese ihr erlaubt, die Gedanken der Eigenversorgung und der Schenkung im Wirtschaftssystem zu vertreten. Sie duldet den Handel nur zum Zwecke des Ausgleichs von gelegentlichen Defiziten in der hauswirtschaftlichen Produktion. Moralisch gesehen ist der Handel ein außerordentlicher, fast sogar ungewöhnlicher Vorgang, und die, die ihn betreiben, dürfen im Prinzip keinen Gewinn daraus ziehen, der eine gerechte Entschädigung für ihre

---

[15] *Monumenta Germaniae Historica, Leges,* sectio II, Capitularia Regum Francorum, Bd. 1, Teil 1, Hannover 1883, S. 132.

Mühen übersteigt. Von Gott beauftragt, das Böse auf Erden auszurotten, ist der König verpfichtet, all diejenigen zu bestrafen, »die durch mancherlei Machenschaften auf unredlichen Wegen Güter aller Art in gewinnträchtiger Absicht anhäufen« und »die die Güter anderer begehren und sie nicht weiterverteilen, wenn sie in ihrem Besitz sind«. Nach der Ordnung, die der Herrscher zu verteidigen hatte, gab es nur zwei Formen, zu rechtmäßigem Reichtum zu gelangen: entweder durch das Erbe der Vorfahen oder durch die Freigebigkeit eines Schutzherrn. Reichtum war ein Geschenk, nicht etwas das Ergebnis irgendeiner Spekulation. Der Ausdruck »beneficium« bedeutete übrigens im Vokabular dieser Zeit nichts anderes als eine mildtätige Handlung.

Doch außerdem beweist das Kapitular, von dem hier die Rede ist und das zu einer Zeit verfaßt wurde, in der Lebensmittelknappheit herrschte, noch etwas anderes; es beweist, daß in allen Untereinheiten des Wirtschaftsgebäudes bis in den Bereich der Produktion und Konsumtion der elementarsten Güter unter Verwendung von Münzgeld einträgliche Geschäfte betrieben wurden. Unter Ausnutzung der Notlage anderer verdienten manche Männer Geld auf Kosten derer, »die Wein und Korn vor der Ernte verkauften und deshalb arm wurden«.[16] Der Handel war eine unumstößliche Realität und Händler, die ihre Rolle als die einer uneigennützigen Mittlerperson verstanden, sicher eine Seltenheit. Um zu verhindern, daß die Händler allzu großen Schaden anrichteten, mußte wenigstens versucht werden, ihre Tätigkeit in bestimmten Grenzen zu halten. So wurden sie gezwungen, die Sonntagsruhe einzuhalten. Bis auf einige, die durch alte Sitten gerechtfertigt schienen, wurden alle Sonntagsmärkte abgeschafft (809). Außerdem wurde für die Waren ein angemessener Preis festgelegt (794). Die größte Aufmerksamkeit der fränkischen Könige galt den beiden Bereichen der Tauschwirtschaft, in denen die Gefahr der Versündigung besonders nahelag, dem Sklavenhandel und dem zinstragenden Geldverleih. Es erschien in der Tat als verdammenswert, Christen zur Sklaverei zu erniedrigen. Als geradezu skandalös aber galten die Fälle, in denen die Gewinnsucht dazu führte, daß getaufte Männer und Frauen, die dem Volke Gottes angehörten, dem Joch Ungläubiger unterworfen wurden. Nun hatte aber der Sklavenhandel im Laufe des 8. Jahrhunderts im Einzugsgebiet einer bestimmten Handelsstraße, die von den äußersten östlichen Grenzen über Verdun, die Täler von Saône und Rhône und durch das gesamte fränkische Königreich hindurch zu den muselmanischen Städten Spaniens führte, beträchtliche Ausmaße angenommen. Die meisten der betroffenen Sklaven waren germanische oder slawische Heiden. In den Augen der Kirchenfürsten mit ihrem missionarischen Eifer jedoch stellten sie Seelen dar, die es zu erobern galt. Außerdem befanden sich in den Sklavenkarawanen auch Christen, die die Händler unterwegs aufgegriffen hatten. Ab 743 gaben die Herrscher Gesetze heraus, die den Verkauf von Sklaven an heidnische Käufer verboten und letzteren jede Grenzüberschreitung

---

[16] *Monumenta Germaniae Historica, Leges*, sectio II, Capitularia Regum Francorum, Bd. 1, Teil 1, Hannover 1883, S. 152 (aus dem Jahre 809).

untersagten, vergebliche Vorschriften, die ständig wiederholt werden mußten. In seiner im 9. Jahrhundert verfaßten Schrift gegen die Juden beschwor der Erzbischof von Lyon Agobard die treuen Diener Christi, »die christlichen Sklaven nicht an Israeliten zu verkaufen [die einen Teil dieses Handels kontrollierten] und ihren Weiterverkauf nach Spanien zu verhindern«. Der Wucher andererseits war eine der normalen Praktiken einer primitiven Bauerngesellschaft, die über keinerlei Geldreserven verfügte und dennoch von einem komplexen Netz des kommerziellen oder unkommerziellen Tauschhandels durchzogen war. Jedermann, gleichgültig, welchen Status er innerhalb der Besitzhierarchie innehatte, war von Zeit zu Zeit gezwungen, Anleihen zu machen, um seine Pflichten erfüllen zu können. Die christliche Moral indes verlangte, daß ein jeder seinem Nächsten uneigennützig half. Unter Berufung auf einen Abschnitt im Zweiten Buch Moses' erklärt das Kapitular von 806: »Leihen heißt, daß man etwas zur Verfügung stellt; das Leihen ist rechtmäßig, wenn man nur das zurückverlangt, was man zur Verfügung gestellt hat.« Wucher wird folgendermaßen definiert: »Wenn man mehr zurückverlangt als man gegeben hat; wenn man beispielsweise zehn *solidi* gegeben hat und mehr zurückverlangt; oder wenn man einen Malter Weizen gegeben hat und zwei dafür haben will.« Der Wucher wird verurteilt – zweifellos mit ebenso wenig Erfolg wie der Export von getauften Sklaven. Zumindest das Prinzip war klargestellt, und zwar in ehrwürdigen Texten, die nicht so leicht in Vergessenheit geraten konnten. Diese Moral verhinderte, daß die Bauernschaft des mittelalterlichen Europa sich je so tief in Schulden verstrickte wie seinerzeit die unglücklichen Bauern der antiken Welt oder damals noch die der islamischen Länder. Eine der dauerhaftesten Errungenschaften der karolingischen Ordnung war die Einführung einer angewandten Ethik in jenem Bereich, der sich ganz allmählich in den Randzonen eines Wirtschaftssystems entwickelte, das bis dahin vollständig von der Domänenorganisation bestimmt worden war. Dieser im Entstehen begriffene Bereich zeichnete sich durch neue Formen der Dienstbarkeit und durch den kostenlosen Tausch von Gütern und Leistungen aus, Phänomene, die die Abhängigkeit der kleinen Leute und die Freigebigkeit der Großen mit sich brachten.

Die Moral hatte noch eine weitere Auswirkung auf die ökonomische Entwicklung: Das karolingische Königshaus wurde friedliebend. Die Tatsache, daß die Angriffskriege gegen fremde Volksstämme zu Beginn des 9. Jahrhunderts, etwa gleichzeitig mit der Kaiserkrönung Ludwigs des Frommen, an Lebhaftigkeit verloren, hat ihren guten Grund. Die Eroberungen waren soweit vorangetrieben worden, daß die Raubzüge nicht mehr so viel einbrachten. Im Norden und Osten gerieten sie in Gegenden, die zu unkultiviert und arm waren, um große Beuten zu versprechen. Im Süden dagegen stießen sie auf Widerstand, der schwer zu besiegen war. Diese materiellen Realitäten führten im kleinen Kreis der geistlichen Intellektuellen, die den Kaiser umgaben, zur Herausbildung einer Friedensideologie. Die Ausweitung des Königreichs hatte dazu geführt, daß quasi die gesamte römische Christenheit unter der gleichen Krone versammelt war. Die Stadt Gottes hatte sich sozusagen verwirklicht. Mußte nicht die Hauptsorge des Herrschers von nun an dem Frieden seines eigenen Volkes gelten? Nach dem Beispiel des Basileus durfte der Kaiser keine Angriffe mehr planen, er mußte vielmehr die Schar der Getauften gegen heidnische Einfälle schützen. Diese Gedanken, die von den kirchlichen Missionaren verbreitet wurden, verstärkten die natürlichen Friedenstendenzen. Nach der entschlossenen Umkehr hielten sich die lange Zeit nach Expansion strebenden fränkischen Banden nun in der Defensive. Hatte die Anwendung von Gewalt der gallischen und germanischen Aristokratie, die mit dem Ertrag ihres riesigen Grundbesitzes kaum ihren eigenen Bedarf an Lebensmitteln decken konnte, ein ganzes Jahrhundert lang erlaubt, sich einigen Luxus anzueignen und die Initiative ihrer abhängigen Händler anzuregen, war nun, mit dem Abflauen der Angriffslust, eine neue Situation eingetreten, die aus zweierlei Gründen als ökonomisches Faktum von erstrangiger Bedeutung erscheint. Einerseits versiegte nämlich die Quelle der königlichen Freigebigkeit in dem Maße, in dem sich der Wert der Beute verringerte, den die Armeen jedes Jahr im Spätsommer am heimatlichen Hof ablieferten. Die Freigebigkeit aber war das Zeichen der Macht, durch die der König die Aristokratie an sich binden konnte. Infolgedessen begann hiermit der Zerfall eines politischen Gebäudes, das auf Eroberungen beruht hatte. Auf seinen Trümmern setzte sich die wirtschaftliche Entwicklung in einem ganz neuen Rahmen fort. Andererseits bot sich das römische Christentum, das sich in die Defensive zurückgezogen hatte, jedoch gleichzeitig durch den hier umrissenen zögernden Aufschwung schon etwas reicher geworden war, hinfort Angreifern von außen selbst als Beute dar.

Wenn man versuchen will, das, was die schriftlichen Quellen des 9. Jahrhunderts an Informationen vermitteln, zusammenzufassen, so kann man einige Schlußfolgerungen wagen:
1. Karl Martell, Pippin und Karl der Große haben mit Hilfe der jährlichen Plünderungsfeldzüge, die von ihren Waffengefährten und Vasallen ausgeführt wurden, Schätze aus allen Ländern angehäuft. Ein großer Teil davon wurde verschenkt. Diese Schenkungen, diese Verteilung beweglicher Güter, haben den Besitz und damit die Luxusausgaben der Aristokratie beträchtlich vermehrt. Innerhalb einer Gesellschaft, die sich langsam an die Verwendung von Münzgeld als Zahlungsmittel gewöhnte, bedeutete eine derartige Erweiterung des Vermögens gleichzeitig einen Antrieb für die Entwicklung eines bestimmten Handelszweiges, des Handels mit Wertsachen.
2. In ihrem Wohlstand kamen die Großen kaum auf den Gedanken, sich um eine bessere Bewirtschaftung ihres Grundbesitzes zu bemühen. Sie wurde den Verwaltern, das heißt gewöhnlich der Routine, überlassen. Als durch die Bestandsaufnahmen nach 800 endlich die Strukturen der großen Domänen sichtbar wurden, erschienen sie schon als verkalkte Organismen, deren Starrheit die demographische Expansion behinderte.

3. Dennoch bildeten sich im Laufe des 9. Jahrhunderts zwei Phänomene heraus, die diese Strukturen auflockern sollten, die die Domänenwirtschaft zur Anpassung an neue Gegebenheiten zwingen sollten. Gemeint ist zunächst der wachsende Einfluß der Geldzirkulation und dann das Ende der Eroberungskriege. Die sinkenden Einnahmen aus Kriegsbeute und Tributen veranlaßten die Herren, die ihren Lebensstandard erhalten wollten, ihre Gutsverwalter zu größerem Eifer anzutreiben. Die Domänen mußten höhere Erträge bringen. So kam eine langsame Bewegung in Gang. Die verstärkte Machtausübung der »potentes« über die »pauperes« leitete eine Entwicklung ein, in deren Verlauf die gesamte Bauernschaft in einen Status gedrängt wurde, der sich an den neueren Formen der Sklaverei orientierte. Zugleich zeichnete sich eine Verbesserung der technischen Ausrüstung ab; das erneute Anwachsen der Bevölkerung, über das die Polyptychen vom Ende des 9. Jahrhunderts berichteten, ist möglicherweise eine Folge dieses technischen Fortschritts.

II. Die letzten Angriffe

Es ist nicht leicht, und nur unter Vorbehalten kann man es wagen, innerhalb der Geschichte der ökonomischen Entwicklung des mittelalterlichen Westens den Stellenwert der letzten Angriffswellen zu bestimmen, die die römische Christenheit in der Zeit zwischen dem Ende der Herrschaft Karls des Großen und den ersten Jahren des 11. Jahrhunderts überrollten. Lange wurden diese Angriffe als Auslöser eines geschichtlichen Bruchs dargestellt, sowohl von solchen Historikern, die, wie Henri Pirenne, in der Karolingerzeit die letzte Verfallsphase des von der Antike ererbten Systems sahen, als auch von jenen, die den eigentlichen Beginn des Wachstums im Zeitalter Karls des Großen ansiedelten. Diese Einschätzungen erklären sich aus einer großen Lücke in den schriftlichen Quellen, die sich über eben jene Zeit erstreckt. Kaum haben die Dokumente der karolingischen Kulturrenaissance Licht in die ökonomischen Phänomene gebracht, da öffnet sich schon wieder ein ganzer Abgrund der Finsternis: Für die Dauer von mehr als einem Jahrhundert entbehrt die Geschichtsforschung fast aller üblichen Quellen. Dennoch ergibt die aufmerksame Untersuchung der wenigen Zeugnisse, die uns erhalten geblieben sind, genügend Anhaltspunkte, um die bisherige Interpretation zu revidieren und die These aufzustellen, daß der Fortgang der Dinge nicht unterbrochen wurde, daß die Entwicklungsbewegung, die schätzungsweise kurz nach Beginn des 9. Jahrhunderts langsam in Gang gekommen war, keinen wirklichen Stillstand erfuhr, sondern in bestimmten Bereichen sogar angeregt wurde. Dieser These zufolge muß die Periode von den ersten Jahrzehnten des 9. Jahrhunderts bis zur Mitte, wenn nicht sogar bis zum letzten Viertel des 11. Jahrhunderts als zusammenhängendes Ganzes betrachtet werden.

Die Feldzüge

Zunächst wollen wir einen kurzen Überblick geben, wann und wo die Feldzüge stattgefunden haben, deren Opfer der christliche Westen wurde. Die ersten Vorstöße gingen von Skandinavien aus. Im Zuge einer Expansion, die aller Wahrscheinlichkeit nach gegen Ende des 7. Jahrhunderts begann, kamen die Norweger zur Zeit Karls des Großen mit einer Zivilisation in Berührung, deren geschichtliche Daten überliefert sind. Nach den Annalen tauchten die Norweger zuerst 786–796 an den englischen, dann 795 an den irischen und schließlich 799 an den gallischen Küsten auf. Zu dieser Zeit stürzten sich auch die Dänen in ihre ersten Seefahrtsabenteuer. Die Eingliederung friesischer Seefahrer ins fränkische Königreich kam ihnen bei ihren Unternehmungen sicherlich zugute. Anfangs machten sie nur kurze Plünderungsstreifzüge, doch nach 834 nahmen die Vorstöße ein anderes Format an. Ganze Horden von Eindringlingen richteten feste Stützpunkte an den Flußmündungen ein und zogen von dort aus immer weiter flußaufwärts. Auch die Städte wurden nicht verschont. Im Jahre 841 wurde London geplündert, dann auch Nantes, Rouen, Paris und Toulouse. Gallien erlebte seine schwerste Zeit zwischen 856 und 862. Nach 878 beherrschten die Wikinger mehr als die Hälfte des angelsächsischen Raumes. Die Häfen Nordafrikas, insbesondere aber die des muselmanischen Spaniens, dienten als Ausgangspunkt für Verfolgungsjagden von Piraten auf christliche Schiffe im Mittelmeerraum. Die Piraten wagten sich mit ihren Raubüberfällen bis in die Küstengebiete vor. In Italien kamen solche Angriffe nachweislich schon seit 806 vor. Die allmähliche Lahmlegung der Schiffahrt machte die Seeräuberei auf die Dauer zu einem wenig einträglichen Geschäft. Aus diesem Grunde ließen sich die Piraten scharenweise auf dem Kontinent nieder, überwältigten Passanten auf den Bergstraßen und ließen sie gegen Lösegeld wieder frei. Zwischen 824 und 829 tauchten sie auch in Süditalien auf. Am Ende des 9. Jahrhunderts richteten sie feste Schlupfwinkel im Norden Campaniens ein. (»Die Sarazenen unternahmen Plünderungszüge vom Tyrrhenischen Meer bis zur Adria und zum Po; anschließend zogen sie sich stets wieder ins Sabinergebirge zurück und begaben sich ans andere Ufer des Flusses Liri, wo sie ihre Schiffe versteckt hatten; von dort aus brachten sie alles in ihre Heimat.«) Die Alpenpässe standen jahrzehntelang unter der Kontrolle von Räuberbanden, die ihren festen Sitz in der Provence, genauer gesagt in *Fraxinetum* im maurischen Land, hatten.

Schließlich drangen auch die ungarischen Reiter von den Ebenen Pannoniens nach Westen vor. In den Quellen werden zwischen 899 und 955 dreiunddreißig ungarische Feldzüge erwähnt. Im Jahre 915 kamen sie bis nach Bremen, 924 nach Mende und Otranto und 937 nach Orleans. Fast jedes Jahr zur Frühlingszeit mußten die ländlichen Gegenden der Lombardei und Bayerns ihre Verwüstungen über sich ergehen lassen. Während die Sarazenen sich an den Wegen orientierten und die Wikinger dem Lauf der Flüsse folgten, benutzten die Magyaren die römischen Straßen, da sie ihre Beute auf Transportwagen mitführten.

Um die Lebhaftigkeit, die Gleichzeitigkeit und die Tragweite dieser Angriffe zu erklären, muß zunächst einmal gesagt werden, daß die römische Christenheit eine verlockende Beute darstellte. Das Ziel der Piraten, die aus der islamischen Welt, also einem wirtschaftlich fortschrittlicheren Gebiet, stammten, bestand darin, Gefangene zu machen und sie auf vorwiegend spanischen Sklavenmärkten zu verkaufen. Gerieten sie zufälligerweise an höhergestellte Persönlichkeiten, versuchten sie, ein Lösegeld zu erpressen. Die sarazenischen Raubzüge erschienen folglich als eine erneuerte Form des Sklavenhandels, der genau wie der seit langem praktizierte Sklavenhandel der *negociatores* in den slawischen Ländern durch die offenen Absatzmärkte im islamischen Mittelmeergebiet stimuliert wurde. Die Sklaven machten ebenfalls einen großen Teil der Beute aus, die Ungarn und Skandinavier mit nach Hause brachten. Da deren Herkunftsländer jedoch weniger zivilisiert waren, begehrten sie auch Schmuck und Edelmetalle. Schon nach kürzester Zeit fanden sie heraus, daß die Heiligtümer von solchen Wertgegenständen voll waren. Wegen der reichen Schätze, die zur Ehre Gottes oder der Fürsten angehäuft worden waren, verwandelte sich der Westen in ihren Augen in ein zauberhaftes Eldorado. An den Raubzügen des 9. und 10. Jahrhunderts beteiligten sich vorwiegend Männer der Aristokratie, die zwar in erster Linie auszogen, um Ruhm zu erlangen, jedoch gleichzeitig Schätze erobern wollten, deren Pracht bei ihrer Heimkehr ihren eigenen Status heben sollte. Hierfür sind die Runengrabschriften der skandinavischen Krieger ein klarer Beweis. Schon in der ersten, vorwiegend aber in der zweiten Hälfte des 9. Jahrhunderts, suchten bestimmte Wikingerführer nach Niederlassungsmöglichkeiten jenseits der Meere, wo sie mit ihren Waffengefährten auf Dauer bleiben konnten. Die meisten dieser Eindringlinge ließen sich von den gleichen Wünschen leiten wie die Eroberer des 7. und 8. Jahrhunderts, die massenhaft dem fränkischen Adel entsprungen waren. Sie waren auf persönlichen Nutzen aus, auf Schätze, um ihre Freigebigkeit beweisen zu können, auf Sklaven, um ihr Haus auszustatten, und schließlich auf Boden, um der Macht ihrer Waffen einen festen Grund zu geben.

Daß derartige Abenteuer sich gerade zu diesem Zeitpunkt der europäischen Geschichte erfolgreich entwickeln konnten, hat möglicherweise mit bestimmten Veränderungen der Lebensbedingungen in den Heimatländern der Plünderer zu tun. Es kann sein, daß allmähliche Klimaveränderungen den Vorstoß der Steppenvölker nach Westen beschleunigt und in den skandinavischen Ländern einen demographischen Aufschwung als Triebfeder der Expansion begünstigt haben. Allerdings scheint die Hypothese eines Bevölkerungszuwachses im Laufe des 7. Jahrhunderts, die für Norwegen sicherlich zutrifft, für Dänemark nicht zu gelten. Dennoch kamen die hitzigsten Angreifer gerade aus diesem Land. Möglicherweise wurde die Bildung von Abenteurerbanden bei den nordischen Völkern auch durch die Entwicklung der politischen Strukturen, den Übergang vom Stammeswesen zum monarchistischen Staat begünstigt. Wie dem auch sei, die Hauptursache der letzten Invasionen, die Europa erlebte, liegt in seiner militärischen Unterlegenheit. Die fränkische Armee hatte sich im Angriff immer dann als durchsetzungsfähig erwiesen, wenn die gegnerischen Völker, wie sie selbst, zu Fuß kämpften, wenn sie mit technisch unterentwickelten Waffen ausgerüstet waren und sich in der Defensive befanden. In vorbereiteten Feldzügen war sie unschlagbar. Doch sie war schwerfällig, langsam in der Mobilmachung und unfähig, unvorhergesehenen oder aus dem Hinterhalt kommenden Angriffen standzuhalten, außer vielleicht in den Grenzmarken, die Karl der Große in Germanien eingerichtet hatte. Die neuen Gegner indes waren allesamt schnelle Angreifer. Sie verfügten über Mittel, die sie unerreichbar machten. Die Ungarn hatten Pferde und die Wikinger Schiffe. Der frühe Aufschwung der skandinavischen Zivilisation hatte aus diesen Schiffen geradezu Wunderwaffen gemacht. Die ersten Plünderer landeten in einem Küstengebiet, das nicht auf den Krieg vorbereitet war. Sie stießen auf keinerlei Widerstand. Diese Nachricht verbreiteten sie in ihrem Heimatland, um dann in größerer Anzahl zurückzukommen. Die Seeüberfälle säten Unsicherheit und Angst. Sie beschleunigten den Zerfall des Staates, so daß die Verteidigungsstellungen zur Zeit der ungarischen Invasionen schon aufgegeben waren und das Vordringen der Magyaren nicht mehr aufhalten konnten. So mußte die fränkische Aristokratie, die den siegreichen Krieg seit Generationen zur Hauptquelle ihrer Verschwendung gemacht hatte, nun die umgekehrte Rolle spielen und über einige Jahrzehnte hinweg den Piraten ihre Schätze überlassen. Die Geschichte der Kriegstechnik macht diese plötzliche Kehrtwendung verständlich.

Die Folgen

Möglicherweise haben die schriftlichen Quellen den Ernst der ganzen Sache überzeichnet. Sie wurden allesamt von Geistlichen verfaßt, die sich keine Möglichkeit entgehen ließen, über die unglückseligen Zeiten zu klagen und all die offenkundigen Zeichen des göttlichen Zorns in den Vordergrund zu stellen. Im übrigen waren sie diejenigen, die den größten Schaden davontrugen, da sie über die verlockendsten Schätze verfügten und sie kaum verteidigen konnten. Es ist wichtig, ihre Zeugnisse wieder ins rechte Verhältnis zur Realität zu setzen. Unter den 55 Charten und Urkunden über die Picardie, die sich auf die Zeit zwischen 835 und 935 beziehen, also die Zeit der größten skandinavischen Gefahr, gibt es nur 2, die Hinweise auf das Elend jener Zeit enthalten, und dies, obwohl die Picardie in einem besonders gefährdeten Gebiet lag. Daß die Überfälle einen harten Schock bedeuteten, bleibt natürlich unbenommen. Die dauerhafte Erinnerung, die er im Bewußtsein der Massen zurückließ, ist der beste Beweis. Wie aber soll man seine Auswirkungen auf die ökonomischen Strukturen des Westens ermessen?
Anfangs haben die Piraten mitgenommen, was sie ohne weitere Hilfsmittel mitnehmen konnten: Männer und Frauen, Wertgegenstände, Gold, Silber und Wein, alles, was an der Oberfläche der grundherrlichen Ökonomie im Rahmen von Geschenken, Gegengeschenken und Handel in Umlauf war. Später organisierten die Dänen eine rationellere Ausbeutung der Schätze, die die römische Christenheit verborgen hielt. Sie verlangten nämlich einen Geldtribut von der Bevölkerung. In Friesland setzten sie dieses System schon 819 durch. Zuerst wurde der Kopfzins lokal und privat erhoben, später verhandelten die Oberhäupter der skandinavischen Kriegerhorden mit den Staatsmächten. Von 845 bis 926 mußte das westfränkische Königreich Denarzahlungen leisten, um den Frieden von den Normannen zu erkaufen. Im Jahre 861 ließ Karl der Kahle 5000 *librae* bei den Normannen an der Somme und 6000 *librae* bei denen an der Seine abliefern. 865 wurde die Kriegstaxe, *Danegeld* genannt, auch in England eingeführt und zu einer dauerhaften Institution gemacht. Im Jahre 991 wurde mit dieser Steuer eine Summe von 10 000 *librae* erzielt. In einigen Provinzen (an

der Scheldemündung schon 841) nahmen die Wikinger schließlich den Platz der eingeborenen Aristokratie ein und eigneten sich an ihrer Stelle den Mehrwert an, den die Arbeit der Bauern hervorbrachte. Im Umkreis der beiden Städte Rouen und York, wo sich der durch die Ausbeutung der Landbevölkerung gewonnene Erlös akkumulierte, gründeten sie Staaten. So ging ein großer Teil der geringen Schmuck- und Edelmetallvorräte, die die arme bäuerliche Zivilisation des karolingischen Europa und des angelsächsischen England zusammengetragen hatte, in den Besitz der Eroberer über. Viele Provinzen mußten zusehen, wie ihre Mönche die Flucht ergriffen. Sie verschwanden im Dickicht des Kontinents, nahmen ihre Reliquien und alles, was sie aus ihren Schatzkammern retten konnten, mit und schlugen sich in Gegenden durch, die weit genug von den Angriffslinien entfernt schienen, um als sicheres Versteck zu dienen. Fast ein ganzes Jahrhundert lang stand das Kloster von Novalesa am Fuße eines Alpenpasses, der von den Sarazenen kontrolliert wurde, leer. Raubzüge und die durch sie bedingte Flucht führten zu einer dauerhaften Entvölkerung der Küstengebiete am Tyrrhenischen Meer. In den sechziger Jahren des 9. Jahrhunderts ließ in Friesland auch die Handelsaktivität nach.

Dennoch wäre es falsch zu glauben, daß die normannischen, sarazenischen und ungarischen Einfälle große Zerstörungen angerichtet hätten. Zwar wurden zahlreiche Städte geplündert, aber nur wenige wurden bei den Angriffen völlig verwüstet. Fréjus, Toulon oder Antibes an der Provenceküste stellen in dieser Hinsicht eine Ausnahme dar – und auch sie waren schon im späten 10. Jahrhundert wieder bevölkert. Die an der Nordsee gelegene Stadt Saint-Omer leistete allen Angriffen erfolgreichen Widerstand. Auch der *burgus* von Arras vor den Toren der Abtei Saint-Vast, der 883 zu einer Festung ausgebaut worden war, hielt dem Überfall von 891 stand und wurde von seinen Einwohnern nie verlassen. In Quentowic wurde 980 noch Geld geprägt. Folglich müssen die meisten, ja sogar die exponiertesten Städte überlebt haben. Allerdings veränderte sich ihr Aussehen. In der karolingischen Friedenszeit hatten die Stadtmauern als Steinvorrat für den Bau neuer Kathedralen gedient. Diese Bauten nahmen so viel Platz ein, daß die wirtschaftlichen Aktivitäten aus dem Stadtkern in die Peripherie abgedrängt wurden. Seit der Mitte des 9. Jahrhunderts wurden dann Befestigungsanlagen um die gallischen Städte und die Klöster ihres *suburbium* errichtet, die den Angriffen in den meisten Fällen standhalten konnten. Auf diese Weise wurde ihre defensive Rolle zur Hauptstütze der Lebenskraft der Städte. Hier häuften sich die Flüchtlinge vom Lande mit ihren Reichtümern, und diese Konzentrationsbewegung blieb nicht folgenlos. Innerhalb der Festungen, wo sich unter anderem Heiligtümer befanden, die verschont geblieben waren, sammelten sich Schätze, die die Grundlage für das künftige Wachstum abgeben sollten. Man kann also sagen, daß es bis auf einige Ausnahmen nicht einmal bei einer kontinuierlichen Weiterentwicklung der städtischen Aktivitäten blieb, sondern daß all die Gefahren, die auf dem Flachland lasteten, auf die Städte in gewisser Weise sogar als stimulierende Triebkraft wirkten.

Die isolierten Klöster und Landgegenden waren den Verwüstungen durch die Plünderer am schutzlosesten ausgesetzt. Viele Domänen und Dörfer verloren einen Teil ihrer Arbeiter an die Sklavenhändler. Doch die Landwirtschaft war noch viel zu primitiv und die Ausrüstung für den Ackerbau zu einfach, um durch die Raubzüge der Piraten größeren oder dauerhaften Schaden zu nehmen. Für die meisten Provinzen bleibt es zweifelhaft, ob die heidnischen Einfälle sehr viel mehr materiellen Schaden angerichtet haben als die Rivalitäten zwischen den Mächtigen vor, während und nach den großen Plünderungen. Gewöhnlich flohen die Einwohner mitsamt ihrem Vieh vor den Eindringlingen und kehrten nach dem ersten Schrecken zu ihrer Landarbeit zurück. Meistens fanden sie bei der Rückkehr einen völlig unbeschädigten Boden vor. Der Wiederaufbau ihrer Hütten erforderte keinen großen Aufwand. Man kann annehmen, daß viele Bauern sehr schnell in den gewohnten Rahmen der Grundherrschaft zurückfanden. Dennoch ist es möglich, daß diese ein wenig aus den Fugen geriet. Schriftliche Quellen lassen darauf schließen, daß die Landbevölkerung in manchen Gebieten zwischen der Loire und der Nordsee versuchte, sich selbst gegen die Angriffe zu verteidigen, daß sich bewaffnete Truppen erhoben und die Aristokratie verunsicherten. Diese Aufstände, die bald niedergeschlagen wurden, waren zu schwach, um die Macht der herrschaftlichen Autorität zu brechen. Doch die Angriffe und der Schrecken, den sie auslösten, führten häufig zu umfassenden Abwanderungen der Bauernbevölkerung. So wurden die großen Domänen um Arbeitskräfte gebracht, die für ihre Bewirtschaftung unerläßlich waren. Im Kapitular von 864 versuchte Karl der Kahle, dieser Bewegung Grenzen zu setzen, um seine Großen vor weiteren Nachteilen zu bewahren. Er verpflichtete die ungehorsamen Bauern aus den bedrohten Gegenden, wenigstens zur Zeit der Aussaat und der Ernte an ihrem herkömmlichen Standort zu erscheinen. Eine solche Vorschrift, die nicht unbedingt befolgt wurde, ist implizit ein Beleg für die Entwurzelung eines Teils des herrschaftlichen Personals, die schwerwiegende Folgen haben sollte. Ganz offenbar erlaubte die Flucht vor den Wikingern, den Sarazenen oder den Ungarn zahlreichen Sklaven und Abhängigen, die Ketten zu sprengen, die sie an ihre Herren fesselten. Sie ließen sich an anderen Orten nieder und traten in den Dienst neuer Herren, von denen sie als Freie behandelt und weniger hart ausgebeutet wurden. Um neue Arbeiter auf ihrer Domäne anzusiedeln, sahen die Großgrundbesitzer sich möglicherweise gezwungen, hier und dort das System der Abgaben und Dienstleistungen zu lockern. Es ist anzunehmen, daß der Schock der Invasionen die Auflagen verringerte, mit denen die Lehen belastet waren. Schon die ersten detaillierten Dokumente, die nach der quellenarmen Zeit gegen Ende des 11. Jahrhunderts verfaßt wurden, sind ein Beleg für die im Vergleich zu den ersten karolingischen Polyptychen erheblich geringeren Abgaben. In den Schriften aus der normannischen Zeit, die sich auf das von den Dänen beherrschte englische Gebiet beziehen, ist wiederholt von *sokemen* die Rede. Alle Anzeichen deuten darauf hin, daß diese *sokemen* die Überlebenden eines mittleren Bauernstandes waren, die sich dank der

Eroberung der Macht durch die Skandinavier der angelsächsischen Aristokratie hatten entziehen können. Aus all dem ergibt sich die Hypothese, daß die Bindungen wesentlich gelockert wurden und der außerordentlich rigide Rahmen der großherrschaftlichen Landwirtschaft an Strenge verlor, eine Lockerung, die die Feldarbeiter entlastete, ihre Aktivität anregte und sowohl die Neulanderschließung als auch das Bevölkerungswachstum begünstigte. Die ländlichen Gegenden an der Maas weisen schon im späten 9. Jahrhundert Spuren einer Waldbesiedelung auf, die zur Erschließung zahlreicher neuer Lehen und Domänen führte. Die Fronarbeit wurde durch Geldabgaben ersetzt, und die Kirchengebäude auf dem Lande wurden im Laufe des 9. und 10. Jahrhunderts immer größer. All diese Hinweise zeugen von einer Entspannung, einer Entfaltung der Lebenskraft, die lange Zeit durch die Zwänge der Gewohnheit unterdrückt worden war. Betrachtet man die tiefsten Wurzeln der ökonomischen Bewegung, so kommt man zu dem Schluß, daß das Trauma der letzten Invasionen einen letztlich doch vorteilhaften Impuls gegeben hat. Er belebte Expansionstendenzen, die in der bäuerlichen Welt Karls des Großen noch durch zahllose Zwänge blockiert waren.

Die heftigsten Erschütterungen fanden an der Oberfläche der ökonomischen Wirklichkeit statt und bezogen sich auf den Bereich der beweglichen Handelsgüter und vor allem der Edelmetalle. Einen winzigen Teil des Goldes und Silbers, das die Wikinger von ihren Feldzügen mit in ihre Heimat gebracht haben, kann man noch heute in den Vitrinen der skandinavischen Museen besichtigen. Ein faszinierender Eindruck! Die Plünderung der Klosterschätze und später die Erhebung des *Danegelds* brachten einen bemerkenswerten Teil jener Vorräte in Umlauf, die in den Schatzkammern der Heiligtümer und den Palästen der römischen Christenheit gehortet worden waren. Wir wissen aus einem Inventarium, das nach dem Durchzug der Normannen angefertigt wurde, daß von dem Schmuck aus der Schatzkammer des Klosters Saint-Bavon in Gent drei Viertel, wenn nicht sogar sieben Achtel verschwunden waren. Doch allem Anschein nach wurde nur ein Bruchteil dieser Reichtümer von den Piraten in ihr Heimatland gebracht und dort zur Zierde ihrer eigenen Person oder ihrer Grabstätten verwandt. Erstens waren nämlich die Eindringlinge nicht die einzigen, die plünderten, auch die Eingeborenen nutzten das Durcheinander und stahlen, was sie nur konnten. Außerdem machten die Wikinger es sich langsam zur Gewohnheit, längere Zeit an den Stätten ihrer Heldentaten zu verweilen und sich gelegentlich endgültig dort niederzulassen. In diesem Fall verteilten sie einen Teil ihrer Beute in der Nachbarschaft. Darüber hinaus tauschten sie andere Güter ein, insbesondere die großen fränkischen Schwerter und Ackerland. Wahrscheinlich war der Wunsch, sich auf einer Domäne niederzulassen, für viele das eigentliche Motiv ihrer Teilnahme an den Feldzügen. In ihrer Vorstellung repräsentierte die Grundherrschaft den höchsten aller Werte. Um seinetwillen opferten sie leichten Herzens all die Edelmetalle, die sie zuvor in ihren Besitz gebracht hatten. Auf diese Weise kamen die fränkischen und angelsächsischen Länder in den Genuß einer

Verteilungsbewegung, durch die die gehorteten Schätze wieder in Umlauf gebracht wurden. Es kam Leben in die Zirkulation der Edelmetalle, die Geldmünzen vermehrten sich, und ganz allmählich gewannen die ökonomischen Mechanismen an Beweglichkeit. Die von den Wikingern zusammengetragene Beute bildete den Mittelpunkt eines regen wirtschaftlichen Treibens. Es wurde getauscht, verteilt, verschenkt und im rein kommerziellen Sinne gehandelt. Die Ungarn haben wohl einen Teil ihrer Beute unterwegs weiterverkauft, während die Sarazenen den Handel auf christlichem Boden scheinbar vollständig verweigerten. Aus den Quellen geht hervor, daß die skandinavischen Eroberer in England und Nordwestgallien feste Lager eingerichtet hatten, in denen die Einwohner der Umgebung ihren Handel abwickeln konnten. 873 erhielten die Normannen an der Loire die königliche Erlaubnis, auf der Insel, auf der sie sich niedergelassen hatten, einen Markt zu eröffnen. Daß sie es für nötig hielten, eine solche Erlaubnis einzuholen, ist in diesem Zusammenhang nicht gerade unwichtig. Hauptgegenstand des Handels waren die Sklaven. Zahlreiche Gefangene wurden gegen Lösegeld freigelassen. Viele wurden auch aus Mitleid von den Klostereinrichtungen gekauft, die zu diesem Zweck noch tiefer in ihre Schatzkammern greifen mußten. Ansonsten richtete sich der Verkauf nach dem höchsten Angebot, so daß der Handel mit Menschenvieh, den die karolingische Ordnung in die slawischen oder muselmanischen Grenzgebiete der Christenheit abgedrängt hatte, einen neuen Aufschwung erlebte. Noch im letzten Drittel des 11. Jahrhunderts wurde in der Normandie Sklavenhandel getrieben. Ausgehend von den Zentren am Ärmelkanal und der Nordsee weitete sich der Handel Schritt für Schritt aus und drang zunehmend in das Dickicht der bäuerlichen Welt ein. Die Entwicklung des Geldsystems ist der beste Beweis. Während die Karolinger sich in früheren Zeiten bemüht hatten, das Gewicht des Silberdenars zu erhöhen, ordnete Karl der Kahle 864 an, leichtere Münzen zu prägen. Es liegt nahe, daß er auf diese Weise die Münzen vermehren und sie durch die Wertminderung an neue Handelsgewohnheiten anpassen wollte, die auch in den untersten sozialen Schichten allmählich zu einer geläufigen Praxis wurden. So begann in Frankreich jener langsame Prozeß, in dessen Verlauf der Edelmetallgehalt der Münzen immer geringer und die Verwendung von Münzgeld immer volkstümlicher wurde. Die Plünderungsfeldzüge insgesamt, insbesondere aber die der Skandinavier, hatten keineswegs einen Bruch zur Folge, der die frühe Entwicklung, die mit der Gründung der *portus* zur Zeit des karolingischen Aufbaus sichtbar wurde, zum Stillstand gebracht hätte. Ganz im Gegenteil, sie verbürgten eine kontinuierliche Entwicklung von diesem ersten Anfang bis zu jener wirtschaftlichen Entfaltung, die in den schriftlichen Quellen nach 1075 deutlich zum Ausdruck kommt. Während all die Bewegungen, all die Erschütterungen, all die Schrecken, die die Eindringlinge ausgelöst hatten, die Fesseln der westlichen Landwirtschaft zersprengten; während die bislang unzusammenhängenden Netze des Flußhandels vom Atlantik bis hin in die slawischen Ebenen Stück um Stück miteinander verknüpft wurden; während sich der europäische Raum in der Folgezeit der karolingischen Eroberungen und Missionstätigkeiten erweiterte; während sich die Christianisierung Ungarns anbahnte und damit eine Öffnung des Donaulaufes nach Byzanz in greifbare Nähe rückte, taten auch die durch die Invasionen verursachten Störungen und Unruhen ihre Wirkung, und zwar in der gleichen Richtung wie die besagten Klimaveränderungen. Sie setzten Wachstumstendenzen frei, die sich schon in der Landbevölkerung des 9. Jahrhunderts abgezeichnet hatten, und stimulierten dynamische Kräfte, die ihren ungehemmten Lauf nehmen konnten, sobald die Feldzüge beendet waren.

Bei den Völkern, die die Invasionen ausgelöst hatten, um sich in den Besitz aller irgendwie erreichbaren Güter zu bringen, scheint das Ende dieser Unternehmungen mit Strukturveränderungen zusammenzufallen, die die Plünderungen im Laufe der Zeit immer weniger notwendig und weniger einträglich machten. So begannen die Magyaren schon im zweiten Drittel des 10. Jahrhunderts einen neuen Lebensstil: Sie gaben das Nomadentum auf und fingen an, die Donauebene zu bewirtschaften. Etwas später verlor auch der Sklavenhandel am Tyrrhenischen Meer an Anziehungskraft. Die Ursache war wahrscheinlich ein größerer Zustrom afrikanischer Sklaven in der muselmanischen Welt. Dennoch, entscheidend für das Ende der Feldzüge war die Tatsache, daß der Westen endlich seine militärische Unterlegenheit überwunden hatte, daß er sich als einzig wirksame Abwehr ein ganzes Netz von Festungen zugelegt und sich bestimmte Techniken der Gegner angeeignet hatte. Die befestigten Burgen und Brücken, die geharnischte Kavallerie und die Gewöhnung an den Seekrieg haben das christliche Europa vor dem Untergang gerettet. In der Mitte des 10. Jahrhunderts konnten die germanischen Krieger mit Unterstützung der sächsischen Forts den ungarischen Raubzügen ein Ende setzen. Die Sarazenen verloren viele ihrer Schlupfwinkel, 916 die am Liri und 972 die in *Fraxinetum*. Auch die Piraten aus der Berberei wagten nicht mehr, das Land zu durchstreifen. Nur die Küsten der Provence und Italiens waren noch Überfällen ausgesetzt, die allerdings in immer größeren Zeitabständen erfolgten. Die normannischen Unruhen waren nicht so schnell aus der Welt zu schaffen. Zwar gab es zwischen 930 und den achtziger Jahren des 10. Jahrhunderts eine Art Feuerpause, doch danach setzten die skandinavischen Angriffe mit um so größerer Kraft wieder ein. Die Dänen brachten ganz England unter ihre Gewalt. Die Händlertreffpunkte in Friesland und die Atlantikküsten Galliens wurden noch in den ersten 15 Jahren des 11. Jahrhunderts verwüstet, und die Gefahr in den Uferzonen ließ erst nach Anfang des 12. Jahrhunderts nach. Die großen Plünderungszüge allerdings hörten um das Jahr 1015 auf. Es kam zu einer Unterbrechung der massiven, von Habgier getragenen Eroberungswellen, die den Westen Europas eine nach der anderen fast ein Jahrtausend lang heimgesucht und aufgerüttelt hatten. Dieser Teil der Welt – und das ist sein großer Vorteil – wurde von den folgenden Invasionen verschont. Diese Geschütztheit erklärt die aufstrebende ökonomische Entwicklung und all die ununterbrochenen Fortschritte, die hier seitdem stattfinden konnten.

Die Schwerpunkte der Entwicklung

Den größten Schaden erlitten die kulturellen Insitutionen, insbesondere die Klöster. Aus diesem Grunde ist die besagte Zeit denn auch so arm an schriftlichen Zeugnissen; vor allem, was die geschichtliche Entwicklung auf dem Lande angeht, stehen wir fast mit leeren Händen da. Der wirkliche Einschnitt zwischen der karolingischen Renaissance und dem Frühling des 11. Jahrhunderts liegt, wie gesagt, auf der Ebene der Dokumentation. Allerdings werfen die archäologischen Funde einiges Licht auf bestimmte Bereiche des ökonomischen Lebens. Das meiste Material bezieht sich auf die Städte und das Geldwesen. In den Gebieten, die vor den großen skandinavischen Raubzügen an der Peripherie des christianisierten und relativ zivilisierten Europa lagen, lassen sich auf Grund dieser Funde bestimmte Züge eines ökonomischen Systems erkennen, die große Ähnlichkeit mit denen des christlichen Westens im 7. und 8. Jahrhundert aufweisen. Unter dem Einfluß der einträglichen Plünderungen einerseits und einer allmählichen politischen Reifung andererseits hat dieses System im Laufe der *dark ages* eine sichtbare Entwicklung durchgemacht.

Das unzivilisierte Europa

Die offenkundigsten Fortschritte sind in den Heimatländern der Wikinger zu beobachten. Trotz dünner Besiedlung hatten sie offenbar schon eine Landaristokratie hervorgebracht, die Klasse, aus der die Abenteurer kamen. Die großen Landgüter, die zumeist auf Viehzucht ausgerichtet waren, jedoch dem Getreideanbau zunehmend Platz einräumten, beruhten auf Sklavenhaltung. Es ist anzunehmen, daß die Gründung von Ackerbaukolonien durch die Erfolge der Plünderungsfeldzüge, das heißt durch den Zustrom von Gefangenen, angeregt wurde. Seit dem 9. Jahrhundert weiteten sich in Dänemark die alten Dörfer aus, und zahlreiche neue Besiedlungskerne, die *torps*, kamen hinzu. Im Verlauf eines langsamen Prozesses, der das ganze 10. Jahrhundert ausfüllte, bildeten sich die Grundzüge eines Staates heraus, in dessen Mittelpunkt der König, der Herr der Kriege, stand. Um das Jahr 1000 erreichte diese politische Entwicklung mit der Einführung des Christentums, mit der Aufstellung eines bewaffneten fürstlichen Gefolges, der *hirdth*, nach einem Modell, das wahrscheinlich in den Gebieten Englands, die unter dänischem Recht standen, erprobt worden war, und schließlich mit der Einrichtung eines monarchistischen Steuerwesen, dem in Dänemark analog zum *mansus* des karolingischen Imperiums die bewohnte Parzelle, hier *bol* genannt, als Basis diente, ihren Höhepunkt. Zur gleichen Zeit und in direktem Zusammenhang mit der Verstärkung der königlichen Macht entstanden auf dänischem Boden die ersten langlebigen Städte wie Roskilde, Lund und Ribe, die mit den gallischen Städten vergleichbar waren. So machten die Urbanisierung, die Festigung der monarchischen Autorität auf den Trümmern der Stammesstrukturen, die Infiltration des christlichen Glaubens und die Expansion der Landwirtschaft gemeinsame Fortschritte.

Der ursprüngliche Impuls war von der militärischen Aktivität ausgegangen. Im Leben der reich begüterten freien Männer war der Krieg eng mit Jagdexpeditionen und Landbewirtschaftung verquickt. Die massenhafte Gefangennahme von Sklaven, die Tributforderungen gegenüber Völkern, die mit Waffengewalt unterworfen worden waren, die Jagd auf Pelztiere, die Viehzucht und der Gersteanbau waren notwendige Bestandteile einer auf Versorgung und Prunk ausgerichteten Ökonomie. Nehmen wir das Beispiel des Norwegers Ottar, der sich im Norden der Lofoten an der skandinavischen Siedlungsgrenze niedergelassen hatte. Wir kennen ihn durch seine eigenen Reisebeschreibungen, die er zwischen 870 und 890 verfaßte und König Alfred dem Großen übergeben ließ. Dieser Ottar beteiligte sich an der Walfischjagd, er züchtete Kühe, Schafe und Schweine, trieb Pachtgelder ein und bewirtschaftete ein eigenes Gut. Die benachbarten Lappengemeinden erkauften ihre Sicherheit, indem sie Ottar regelmäßig mit Tierhäuten und Rentiergeweihen belieferten. Von Zeit zu Zeit befrachtete er ein Schiff mit all diesen Waren und brachte sie zu Handelsplätzen in Südnorwegen, Dänemark oder England.

Unterdessen brachten die Wikinger viel mehr Sklaven von ihren abenteuerlichen Unternehmungen in den angelsächsischen und fränkischen Provinzen mit nach Hause als sie für die Landwirtschaft gebrauchen konnten. Sie wurden zur Handelsware gemacht und in Herden auf englische Märkte exportiert. Im übrigen bestand die Beute vorwiegend aus Gold und Silber, das im 10. Jahrhundert in den altnordischen Siedlungsgebieten Islands im Überfluß vorhanden war. Da alle im Süden erbeuteten Güter und Waren an bestimmten Orten zusammengetragen und von dort aus dem Handel zugeführt wurden, gelangten einige Umschlagplätze innerhalb kürzester Zeit zu großem Reichtum. Besonders begünstigt waren diejenigen, die an den Schnittpunkten der Schiffahrtswege und an den Mündungen der Handelsstraßen aus dem Osten lagen, die unter dem Einfluß der Waräger bis hin nach Zentralasien und Konstantinopel gediehen waren. Hier machten viele Kaufleute mit dem blühenden Geschäft des Sklaven- und Pelzhandels ein Vermögen. Die meisten Händler waren keine Skandinavier, sondern Fremde, vorwiegend christliche Friesen. Neben dem berühmten schwedischen Birka, das auf einer Insel des Mälarsees liegt, war Haithabu in Dänemark der größte dieser Handelsplätze, die man auch *emporia* nannte. Adam von Bremen, der gegen Ende des 11. Jahrhunderts Aufzeichnungen über eine Reise durch das Baltikum machte, erinnert an das rege Treiben dieser Stadt. Genau genommen war von Haithabu zu dieser Zeit schon kaum noch etwas übrig als die Erinnerung. Nachdem sich Germanen und Dänen die Vorherrschaft streitig gemacht hatten, wurde es kurz nach dem Jahr 1000 von den Norwegern verwüstet und 1066 schließlich zum zweiten Mal von den Wenden geplündert. Wir kennen Haithabu vorwiegend aus der *Vita Anskarii*, einem Bericht über Bekehrungsversuche in den nordischen Ländern, die um die Mitte des 9. Jahrhunderts durchgeführt wurden. Dieser Text zeigt eine regelmäßige Verbindung zwischen Haithabu und Durstede. Der Name Haithabu taucht zum ersten Mal im Jahre 804 auf; um 900, also in der

Hochzeit der Wikingerraubzüge, erreicht es seine Blütezeit. Allem Anschein nach sind Gebilde wie Haithabu in ihrer Umgebung stets ein Fremdkörper geblieben. Es waren Auswüchse, die mit den Kriegsbeuten entstanden und mit ihnen wieder untergingen. Das gleiche gilt für den von Slawen, Griechen und »Barbaren« bevölkerten und möglicherweise von verbannten Wikingern beherrschten Hauptsitz der Seeräuber, über den Adam von Bremen und um 968 auch Ibrahim Ibn Jakub berichten und bei dem es sich mit großer Wahrscheinlichkeit um die Stadt Wollin an der Odermündung handelt. (In diesem Zusammenhang sei erwähnt, daß es im Baltikum genau wie an der Nordsee keine klaren Grenzen zwischen Seeräuberei und friedlichem Tauschhandel gab.)

Es bestehen tatsächlich sehr enge Beziehungen zwischen der ökonomischen Entwicklung Skandinaviens und der der slawischen und ungarischen Grenzgebiete. Mit geringer zeitlicher Verspätung gegenüber Skandinavien zeigen sich hier die gleichen Beziehungen zwischen der Entwicklung des Staates, der Missionstätigkeit, der Stadtbildung und den allmählichen Fortschritten in der landwirtschaftlichen Produktion. Auf der äußerst primitiven Grundlage einer unsteten Landwirtschaft, die von der dünngestreuten Bevölkerung überall dort gewagt wurde, wo inmitten von Wald- und Weideland besonders leichter Boden zu finden war, kam es im Laufe des 10. Jahrhunderts zunächst in Böhmen, dann in Polen und schließlich auch in Ungarn zur Auflösung der alten Stammesstrukturen, die mit einer Machtkonzentration in den Händen der Fürsten einherging. Auch diese Verwandlung ist allem Anschein nach eine Frucht der kriegerischen Aktivitäten. Manche Kriegsführer hatten sich nämlich mit einer ganzen Gruppe von Kampfgefährten umgeben, die einerseits durch moralische Verpflichtungen und andererseits durch die Hoffnung, an der Kriegsbeute teilzuhaben, an sie gebunden waren. Dank dieser *drujina*, die der skandinavischen *hirdth* entsprach, waren ihre Führer in der Lage, sich mit Gewalt durchzusetzen, die Aristokratie der Stämme zu zerschlagen oder sie in ihren eigenen Kreis aufzunehmen, die eingeborene Bauernschaft auszubeuten und Plünderungsfeldzüge gegen benachbarte Völker zu unternehmen, um sich Reichtümer und Tribute zu verschaffen. Ähnlicher Art, wenn auch viel größer angelegt, waren die Unternehmungen der ungarischen Reiter im Westen. Die Beute gewährleistete den Unterhalt der *trustis dominica*, des Haushalts der bewaffneten Getreuen, die bei dem Fürsten lebten. Darüber hinaus verschaffte sie Lebensmittel, Pelze, Honig, Wachs und Sklaven, die in den westlichen und südlichen Ländern mit fortschrittlicheren Wirtschaftssystemen gegen Geschmeide eingetauscht werden konnten, das mit Gewalt nicht zu bekommen war. Diese Zirkulation von Luxuswaren kam der kleinen Elite von Freunden des Fürsten zugute, den Hilfsmännern seiner Macht. Doch in dem Maße, in dem sich bei den Nachbarvölkern im gleichen Rhythmus die Strukturen einer durchsetzungsfähigen Macht herausbildeten, wurden die Plünderungszüge im Laufe der Zeit immer schwieriger und unergiebiger. Um das Jahr 1000 war diese Entwicklung so weit vorangeschritten, daß die Fürsten ihr militärisches Gefolge auflösten und nur noch eine kleine Anzahl Hauskrieger zum persönlichen Schutz bei sich behielten. Von nun an machten sie von ihrem uneingeschränkten Recht Gebrauch, die Subjekte ihres Staates auszubeuten, von ihrem Recht, wie Cosmas von Prag sagt, »die einen zu Sklaven, die anderen zu Bauern und die dritten zu Steuerzahlern zu machen, ... die einen zu Köchen und die anderen zu Bäckern oder Müllern«. Die Fürsten traten den entlassenen Kampfgefährten und den Überlebenden aus der Stammesaristokratie das Recht ab, an ihrer Stelle die Abgaben einzutreiben, die auf die Arbeit des Volkes erhoben wurden. So bildete sich eine soziale Hierarchie, die sich nach den Leistungen richtete, die den jeweiligen Subjekten abverlangt wurden, eine Hierarchie, an deren Spitze die kleine Gruppe der fürstlichen »Freunde« stand, die zugleich Besitzer der *praedia*, der großen Domänen, waren. Das ganze Gebilde basierte auf Sklavenhaltung. Es ist anzunehmen, daß eine solche Institution der Grundherrschaft gepaart mit der Verringerung der Kriegsbeute eine Expansion der Produktion anregte und vielleicht einen allmählichen demographischen Aufschwung in Gang brachte. Sie schuf die Bedingungen für die Seßhaftigkeit der Landwirtschaft. Um das Jahr 1000, das heißt schon lange, bevor die ersten germanischen Siedler auf der Bildfläche erschienen, praktizierten die abodritischen Slawenvölker nördlich der Elbe eine kontinuierliche Bewirtschaftung schwerer Ackerböden und vergrößerten die bebauten Felder auf Kosten des Waldes.

Offenbar ist die Entstehung der Städte unmittelbar mit der Verstärkung der fürstlichen Macht und der Konzentration geschulter Kriegerhorden um die Kriegsherren verbunden. Schon zur Zeit des Stammeswesens wurden um die aristokratischen Residenzen *gródy*, das heißt Wälle aus Erde und Holz, errichtet. Man hat Spuren derartiger Anlagen entdeckt, die aus dem 7. Jahrhundert stammen. Die Festungen wurden von den Fürsten am Ende des 9. und in der ersten Hälfte des 10. Jahrhunderts mit mehr Aufwand und besseren Hilfsmitteln wieder aufgebaut, zu jener Zeit also, da die großen skandinavischen *emporia* in vollster Blüte standen. Dem ersten Wall wurde später ein zweites Verteidigungssystem hinzugefügt, das auch das *suburbium* mit den frühen christlichen Heiligtümern umfaßte. Innerhalb dieser Wälle haben die Ausgrabungen mehrere Dutzend Wohnhäuser ans Licht gebracht, die den Mitgliedern der Kriegermannschaft als Wohnsitz dienten. Unter den Böden wurden Waffen und Silberschmuck gefunden. Die Bauernhütten lagen außerhalb der Einfriedung. In Polen gab es schon vor dem Jahre 1000 mehrere Dutzend solcher echt städtischen Ballungszentren. Sie waren Sammelstellen für alles, was die Beutezüge einbrachten, und natürlich auch für die vergleichsweise geringen Werte, die die Landbevölkerung der Umgebung produzierte. Der ganze Luxus dieser primitiven Zivilisation, insbesondere die Edelmetalle, häuften sich innerhalb der Mauern. Aus den Ortsnamen ist zu erschließen, daß sich im 10. Jahrhundert ein ganzer Kranz von Dörfern um diese Städte zog, die alle etwa zehn Kilometer entfernt lagen und deren Bewohner im Dienste des Fürsten handwerkliche Arbeiten verrichten und die Produkte bei ihm abliefern mußten.

In Polen waren es meist Bienenzüchter, in Ungarn Schmiede. Die Eingliederung handwerklicher Tätigkeiten in ein bäuerliches Milieu beweist, welche Macht ein Staat besaß, der durch Gewalt entstanden war und auf der Versklavung der Völker basierte. Ibn Rusta schrieb im 9. Jahrhundert über die Anführer der Ungarn: »Sie beherrschen alle, die in ihrer Nähe leben und verlangen einen Tribut. Die Slawen sind ihnen ausgeliefert wie Gefangene.« Mit seinen Untertanen machte der Herr, was ihm gefiel. Unter der Aufsicht von Kriegern, die mit Peitschen bewaffnet waren, mußten die Handwerker-Bauern regelmäßig zum Arbeitsdienst in den Werkstätten antreten, die zum *gorod* gehörten. So erklärt sich denn auch die Koexistenz von Dörfern mit spezialisierten Arbeitern und Handwerkszentren innerhalb des *suburbium*; im letzteren wurden Rüstungsgegenstände und Schmuckstücke hergestellt, die trotz Plünderungen und Fernhandel nicht anders beschafft werden konnten.

Manche *castra* blieben auf lange Dauer unverändert und wurden zu gewöhnlichen Stützpunkten der militärischen Aristokratie und der kirchlichen Organisation, die immer festeren Fuß faßte. Dies gilt besonders für Mähren, später aber auch für Ungarn. Die meisten allerdings wurden auf einige Entfernung durch einen Platz ergänzt, der der regelmäßigen Abwicklung des Warenhandels diente. Die Märkte, die im Zentrum der wichtigsten politischen Gebilde lagen, entwickelten sich zwangsläufig zu Punkten, an denen sich die großen Handelsströme konzentrierten. Ibn Jakub, der 966 nach Krakau reiste, schätzt das bewaffnete Bürgerheer, das sich hier niedergelassen hatte und mit Gütern aus weiter Ferne versorgt werden mußte, auf dreitausend Mann. Er beschreibt Prag als eine aus Stein gebaute Stadt mit dem größten Sklavenmarkt Europas, der von slawischen, warägischen, jüdischen und ungarischen Händlern frequentiert wurde. Während das Heranreifen der politischen Institutionen den Einfluß der Kriege auf die wirtschaftlichen Bewegungen verringerte und die Beute durch die Ausbeutung der eingeborenen Bauernschaft ersetzte, entwickelte sich das Netz von Städten, die aus der Festigung fürstlicher Macht hervorgegangen waren, zur Grundlage regelmäßiger Handelsbeziehungen. Die Unterbrechung der großen skandinavischen Überfälle auf Westeuropa zwischen 930 und den letzten Jahrzehnten des 10. Jahrhunderts sowie der gleichzeitige Untergang von Handelsplätzen wie Haithabu haben möglicherweise auch etwas mit der Einrichtung dieses merkantilen Systems zu tun. Es belebte die Schiffahrt auf den polnischen Flüssen und gewöhnte die Einwohner des unzivilisierten Europa allmählich an die Verwendung von Münzgeld.

Nur hier, das heißt im Norden und Osten Europas, haben die Archäologen Schätze aus dem 9., 10. und der ersten Hälfte des 11. Jahrhunderts in Hülle und Fülle entdeckt. Die lange Beibehaltung der Hortung erklärt sich teilweise aus dem Fortbestand des Heidentums in diesem Teil der westlichen Welt. Die Toten nahmen noch lange Zeit den gesamten Besitz mit ins Grab, den sie zu Lebzeiten gesammelt hatten. Nur ganz allmählich gelang es der christlichen Lehre, diese Reichtümer für ihre Tempelschätze zu gewinnen. Wenn aber das unzivilisierte

Europa das Europa der Schätze blieb, so nur deshalb, weil die verschiedenen Phasen seiner ökonomischen Entwicklung mit einer Verspätung von zwei oder drei Jahrhunderten gegenüber dem christianisierten Westen in Gang kamen. Die Verstecke, die bei den Ausgrabungen zutage gefördert wurden, enthalten Sammlungen der verschiedenartigsten Gegenstände, von Metallbarren über gelegentlich zerbrochene Schmuckstücke bis hin zu Münzen, die eine recht genaue Datierung der Funde ermöglichen. In diesem Zusammenhang muß gesagt werden, daß das Eisen in Polen bis zum Anfang des 10. Jahrhunderts für so wertvoll gehalten wurde, daß man es in Barren hortete; später trat mit den Fortschritten der Metallbearbeitung das Silber an seine Stelle. Im Laufe der Zeit wird der Anteil des Münzgeldes an den Schätzen immer größer; in den polnischen Gebieten läßt sich ein häufiges Vorkommen von Münzen seit 915 beobachten.

Fast alle Geldstücke, die vom 9. bis zur Mitte des 10. Jahrhunderts im baltischen Raum gefunden wurden, sind muselmanischer Herkunft. Es handelt sich um Silber*dirhem*. Diese Gegend war nämlich Zielpunkt eines weitreichenden Tauschnetzes. Über die Seeräuberei, die Löhnung der Söldner und den Sklaven- und Pelzhandel wurden die zumeist im muselmanischen Asien geprägten Münzen immer näher an die europäischen Handelszentren herangeführt. Schließlich sammelten sich die *dirhem* am Ende eines langen Weges in den Heimatländern der skandinavischen Abenteurer, in unmittelbarer Nachbarschaft der großen *emporia*, wo sich die Seefahrer trafen. Nach und nach kam es zu regelrechten Anschwemmungen dieser Münzen, da sie außer als Verzierung oder Machtsymbol keinerlei Verwendung fanden. Erstaunlicherweise enthalten die Gräber und Schätze Skandinaviens zur damaligen Zeit, in der sich auch die großen dänischen Raubzüge im Westen entfalten, außerordentlich wenig westliche Münzen. Kann man daraus schließen, daß all die Münzen, die planlos bei den Plünderungen in England und Gallien zusammengerafft oder als Tributzahlungen an die Normannen eingesammelt wurden, von den Gold- und Silberschmieden des Nordens eingeschmolzen worden sind? Wenn ja, weshalb dann nur sie und nicht auch die *dirhem*? Es ist wohl wahrscheinlicher, wie wir oben schon einmal vermutet haben, daß dieses Geld an Ort und Stelle zum Erwerb von Boden, Wein und all den guten Dingen des Lebens benutzt wurde. Diese Hypothese beruht auf der Tatsache, daß die Verwendung von Münzgeld unter den Händlern Englands, Frankreichs und Galliens schon seit dem 9. Jahrhundert eine geläufige Angelegenheit war, während sie den unzivilisierteren Gegenden im Norden und Osten noch längere Zeit fremd blieb. Es ist anzunehmen, daß die Häufung großer Reserven unbenutzten arabischen Geldes an den Grenzen des Baltikums allmählich die Aufmerksamkeit der westlichen Kaufleute erregte und sie veranlaßte, ihre Unternehmungen in diese Richtung zu lenken. Dies trifft beispielsweise auf die Friesen zu, denen der Autor der *Vita Anskarii* in Birka begegnete. Schritt für Schritt wagten sie sich in eine fremde Welt vor, die der römischen Christenheit durch die Wikingerüberfälle ein wenig vertrauter geworden war, kauften *dirhem* und boten als Gegenleistung verlockende Waren. So gelang es ihnen, einen Teil des gehorteten Silbers nach Westen abzuziehen, was mit Sicherheit seit dem 9. Jahrhundert auch zu einer Beschleunigung der kommerziellen Expansion an den christlichen Küsten der Nordsee beitrug. Auch die altnordischen und slawischen Volksstämme gewöhnten sich unter dem Einfluß der Friesen daran, Münzen nicht mehr als Schmuckstücke zu betrachten, sondern sie im täglichen Handel zu verwenden. Seit dem Anfang des 10. Jahrhunderts findet man in den baltischen Schätzen zerkleinerte *dirhem*, die sich in dieser Form besser für Tauschgeschäfte eigneten.

In Polen wurden die ältesten Geldschätze vorwiegend in der Nähe des Meeres entdeckt. Später kommen sie immer häufiger im Inneren des Landes vor, besonders in der Umgebung der befestigten Zentren, auf deren Grundlage sich die jungen Staaten entwickelten. Diese Verschiebungen erfolgten gleichzeitig mit der Entstehung eines kontinentalen Handelsnetzes, dem die großen Märkte als Stützpunkte dienten. Seit der Mitte des 10. Jahrhunderts werden die arabischen Geldstücke hier seltener. In dem Gebiet der westslawischen Stämme verschwinden sie um 960, dann in den achtziger Jahren auch in Polen und Skandinavien, und um das Jahr 1000 schließlich in den baltischen Ländern. Die letzten *dirhem*, die in den skandinavischen Schätzen gefunden wurden, stammen übrigens aus Werkstätten des westlichen Teils der muselmanischen Welt, nicht mehr aus dem Osten. Allem Anschein nach hatten sie nicht, wie einst, den von den Warägern kontrollierten Weg über die russischen Ebenen genommen, sondern sie waren über die Station Prag durch Zentraleuropa nach Skandinavien gelangt. Im Ausgleich für die verschwindenden arabischen Münzen nahmen die im Westen geprägten Geldstücke ständig zu. Bis auf einige aus Prägestätten in Huy, Dinant, Lüttich, Namur und Maastricht am Lauf der Maas stammen diese Münzen nicht aus Gallien und nur sehr wenige aus Italien. Die meisten kamen aus England, Friesland, Bayern, dem Rheinland und vor allem aus Sachsen, wo die Geldprägung zu jener Zeit gerade begonnen hatte. Das Eindringen des Denars in die skandinavischen Länder und die Gebiete jenseits der Elbe ist sehr bedeutungsvoll. Erstens kennzeichnet es eine neue Stufe der wirtschaftlichen Verwendung von Münzgeld. Da der Denar leichter und handlicher war als der *dirhem*, galt er bald als stabiles Maß der Dinge und verdrängte das bislang überwiegende schwere Geld. Zweitens ist es ein Beleg für die enger werdenden Beziehungen zwischen den noch unzivilisierten Gegenden Europas und dem Westen, Beziehungen, die über einen politischen Kontaktbereich vermittelt wurden, der sich über England, wo die Dänen immer festeren Fuß faßten, bis hin nach Magdeburg und Regensburg erstreckte. In Sachsen war die Geldprägung zu jener Zeit weniger auf den Bedarf des Inlandmarktes ausgerichtet, sie entsprach vielmehr der auf Prestige und Großmut bedachten Politik ihres Herrschers gegenüber den Fürsten der nördlichen und östlichen Grenzgebiete. Und drittens beweist die Verdrängung des islamischen Geldes durch Münzen, die von den westlichen Mächten in Umlauf gebracht wurden, die allmähliche Integration Skandinaviens, Polens, Böhmens und Ungarns in das Wirtschaftssystem der römischen Christenheit. Zur gleichen Zeit übernahmen diese Länder auch den christlichen Glauben und gliederten sich in die politische Organisation des Westens ein.

Nicht weniger bedeutsam als die Verdrängung des *dirhem* durch den Denar erscheint etwas später das fortschreitende Verschwinden der Geldschätze. Die ersten Hinweise auf dieses Phänomen zeigten sich gegen Ende des 10. Jahrhunderts. In Polen wurden noch in den folgenden Jahrzehnten riesige Geldreserven vergraben. Doch nach 1050 nimmt der Umfang und Wert solcher Schätze rapide ab. In den siebziger Jahren des 11. Jahrhunderts – einem Wendepunkt, den wir im Gedächtnis behalten sollten – wird diese Art und Weise der Wertakkumulation endgültig aufgegeben. Sie hatte einem noch sehr unentwickelten Wirtschaftsverhalten entsprochen, dem der primitiven Gesellschaften und der Plünderer, die bei ihrem Lebensstil keinerlei Möglichkeit fanden, Geldstücke aus dem Ausland als Tauschinstrumente zu verwenden, da diese für den lokalen und alltäglichen Kleinhandel viel zu wertvoll waren. Als Ibrahim Ibn Jakub um 966 den Markt von Prag besuchte, war er verblüfft über die unangemessene Größe der Münzen. Er berichtet, daß man für einen einzigen Denar etwa 10 Hühner, eine Weizen- oder Roggenmenge, die ausreichte, um einen Mann einen Monat lang zu ernähren oder eine Vierzig-Tage-Ration für ein Reitpferd erwerben konnte. Man benutzte auch kleinere Einheiten, nämlich quadratische Leinentücher, die ein Zehntel Denar wert waren. Folglich ist anzunehmen, daß die Geldschätze in Umlauf kamen, sobald der Handelsverkehr, der mit dem Aufschwung der lokalen Produktion zusammenhing, stark genug entwickelt war, um die Kaufkraft der Münzen hinreichend zu senken, damit sie für den Handel verwendbar wurden. Die zunehmende Verringerung der Schätze bezeugt die fortschreitende Entwicklung eines flexibleren Wirtschaftslebens.

Zugleich ist sie Teil einer Bewegung, die die Strukturen des Staates zur Reife drängt. Zu jener Zeit, als die Fürstentümer noch im Entstehen begriffen waren, waren die Herrscher darauf bedacht, sich mit dem blendenden Zierat der Edelmetalle zu umgeben, um ihre Macht zur Schau zu stellen. Cosmas von Prag schildert, wie Mieszko, der Begründer der polnischen Monarchie, bei den hochherrlichen Zeremonien ein Kreuz aus Feingold neben sich aufstellen ließ, das dreimal so schwer war wie sein eigener Körper. Die fürstlichen Schätze enthielten mehr Gold als Silber; beides stammte aus der Ausbeute des Nachlasses besiegter Feinde. (Boleslaw der Tapfere und Boleslaw der Kühne bemächtigten sich beispielsweise in den Jahren 1019 und 1068 der Reichtümer Kiews; 1059 wurde Gnesen von Bratislaw von Böhmen geplündert.) Für die Repräsentation und die Munifizenzriten war Gold am wichtigsten. Der Monarch verteilte es stückweise an die Kirchen und seine Getreuen. Gallus Anonymus berichtet, daß die polnischen *magnates* und ihre Frauen zu Zeiten von Boleslaw dem Tapferen so schwere Goldketten um den Hals trugen, daß sie nur gebückt gehen konnten. In den vergrabenen Schätzen wurden keinerlei derartige aus der Gunst des Königs stammenden Gegenstände gefunden. Im Gegensatz zu den

Münzen hatten sie einen faktischen Nutzen. Sie blieben als Ausdruck der Macht, der Macht Gottes und der Macht des Adels, als Ornamente in den Kirchen und den aristokratischen Residenzen. Diese Schmuckstücke waren zum Vorzeigen da und nicht zum Verstecken oder zum Austausch gegen andere Werte. Allerdings veränderte sich die Einstellung der Herrscher zu den Edelmetallen mit der Zeit. Die Stärkung ihrer Macht und der gleichzeitige Aufschwung der Geldzirkulation veranlaßte sie, nach dem Vorbild der westlichen Monarchen, die ihnen insgesamt als Verhaltensmodell dienten, Münzen zu prägen. Im unzivilisierten Teil Europas erfolgt das Verschwinden der Geldschätze genau synchron mit der Entwicklung der Geldprägung. Erste, allerdings nur kurzlebige Ansätze in dieser Richtung gab es in Polen, Schweden und Dänemark schon am Ende des 10. und Anfang des 11. Jahrhunderts. In diesen Ländern wie auch in den kleinen slawischen Fürstentümern des Westens, bei den Pommern und Polaben, wurde die Münzprägung im Grunde erst nach 1070 lebhaft genug betrieben, um fremde Währungen vom Markt zu verdrängen. In Böhmen wurde dieses Stadium sogar erst in den ersten Jahrzehnten des 12. Jahrhunderts erreicht. Eine regelmäßige Münzgeldproduktion begann in all diesen Gebieten zu einem Zeitpunkt, an dem die Handelsaktivitäten so rege geworden waren, daß die Fürsten von der Prägung einen wirklichen Gewinn erwarten konnten. Die Geldprägung bedeutete gleichzeitig eine Stärkung des politischen Ansehens, und sie stellte das wichtigste Instrument des fürstlichen Steuersystems dar. Zugunsten eines allmählich heranwachsenden Staates wurden die Edelmetallreserven erheblich angezapft. Lange Zeit befand sich der größte Teil des Geldes in den Händen der Herrscher. Die Münzen kamen auf dem Weg über Bußgelder, Markt- und Wegesteuern immer wieder zu ihnen zurück. Ein Teil der Geldstücke indes wurde in der Nähe der Prägewerkstätten oder an Handelsorten wie etwa den damaligen polnischen Schenken gegen Wachs und andere Güter weiterverkauft, deren Export der Fürst organisierte. Auf diese Weise trug die *renovatio monetae* zur Förderung des wirtschaftlichen Wachstums bei. Besonders im letzten Viertel des 11. Jahrhunderts bewirkte dieses politische Ereignis einen wesentlichen ökonomischen Fortschritt.

Die Nordseegebiete

Die Entwicklung, die zu jener Zeit in den nördlichen und östlichen Grenzgebieten der römischen Christenheit sichtbar wurde, muß in direktem Zusammenhang mit dem im gleichen Rhythmus erfolgenden Fortschritt der benachbarten Gegenden um die Nordsee gesehen werden, die sozusagen die Verbindung zum Herzen des karolingischen Königreichs darstellten. Der Aufschwung, den diese Region zwischen dem 9. und dem 11. Jahrhundert erlebte, macht eine der wichtigsten Phasen der mittelalterlichen Wirtschaftsgeschichte aus. Er brachte eine lebhafte wirtschaftliche Aktivität mit sich, die der des Mittelmeerraumes vergleichbar ist.

Als Hauptziel der skandinavischen Feldzüge bot England damals das Bild unvergleichlicher Vitalität, die sich in etwa am Umfang der Tribute ermessen läßt, die die Eindringlinge ihm abverlangten. Die Wikinger forderten im Jahre 991 £ 10000, 994 schon £ 16000, 1002 £ 24000, 1007 £ 36000 und 1012 £ 48000. Und diese Tribute waren nicht die einzigen, die das Volk zu zahlen hatte. Auch die angelsächsischen Könige verlangten Abgaben, um die zu ihren Diensten verpflichteten Söldner entlohnen zu können. Dann kamen die Normannenhorden unter Führung Wilhelm des Eroberers und stürzten sich auf den Reichtum der Insel, dessen Ausmaß ihnen nicht verborgen geblieben war. Kurz, der beherrschende Eindruck ist der eines offenkundigen Wohlstands, der lange Zeit durch die Anwesenheit der Dänen Auftrieb erfuhr, durch den Umsatz ihrer Beuten, den Sklavenhandel, dessen Verbot noch der Erzbischof Lanfranc bei König Wilhelm zu erwirken versuchte, und die Bemühungen um landwirtschaftliches Wachstum, dessen Umfang sich wegen der Dürftigkeit der Quellen nicht einmal annähernd ermessen läßt. Doch wenigstens vom Umfang der Geldzirkulation können wir uns ein Bild machen. Bei dem Versuch, diesen Bereich genauer einzuschätzen, hat man die verschiedenen Prägestempel gezählt, deren Abdruck auf den ausgegrabenen Münzen zu erkennen war. Das Ergebnis war, daß allein für die Prägung der *long cross* Münzen unter König Ethelred am Ende des 10. Jahrhunderts etwa 2000 Stempel benutzt worden sind. Wenn man bedenkt, daß mit einem Stempel etwa 15000 Münzen hergestellt werden konnten, ergibt sich für die Produktion dieser Zeit ein Schätzwert von über £ 120000. Da das Geld in regelmäßigen Zeitabständen immer wieder neu geprägt wurde, ist anzunehmen, daß dies der Gesamtheit des damals im Königreich England in Umlauf befindlichen Geldes entspricht. Wie dem auch sei, eines steht fest: Die Schuldeintragungen im *Domesday Book* und die zahlreichen Spuren von Kauf und Verkauf, die in anderen Texten deutlich werden, vermitteln das Bild eines Landes, das zutiefst durch die Verwendung von Münzgeld und die tägliche Praxis des kommerziellen Tausches geprägt war. Der Binnenhandel war mit einem ganzen Netz von Kaufleuten verknüpft, die einen viel weiteren Raum versorgten und größtenteils mit Skandinavien, aber auch mit dem nahen Kontinent in Verbindung standen. Ein Beleg für diese Außenbeziehungen ist etwa die Tatsache, daß die englischen Münzen bei den ersten Geldprägungen der nordischen Länder als Modell dienten, oder auch die Besorgnis der Herrscher um die Sicherheit der englischen Händler. In einem Abkommen von 991 zwischen Ethelred und den Wikingern verpflichteten sich die letzteren, die Frachtschiffe der Kaufleute in englischen Gewässern nicht anzugreifen und die englischen Händler, die ihnen in Gallien in die Hände fielen, zu verschonen. Im Jahre 1027 handelte Knut mit dem Kaiser und König von Burgund Privilegien für die Handelstätigkeiten der angelsächsischen *mercatores* in Italien aus. Das um das Jahr 1000 verfaßte *Colloquium* von Aelfric Grammaticus schildert diese Abenteurer, die »ihre Waren auf ihr Schiff laden, über das Meer reisen, ihre Ladung verkaufen und Waren einkaufen, die man in England nicht findet«. Bekanntlich wurden manche von ihnen reiche Männer.

Aus einer angelsächsischen Schrift der gleichen Zeit geht hervor, daß ein Kaufmann nach drei Reisen über das Meer so reich wurde wie ein *thane*, das heißt, er stieg gesellschaftlich zum Dienstadel auf. London bildete den Knotenpunkt des gesamten Handels. Hier wurde jede Woche eine juristische Versammlung, genannt *housting*, einberufen, um die Konflikte zwischen den Einheimischen und den auswärtigen Händlern zu regeln. Einen Eindruck davon vermittelt eine Zollbestimmung, die im Jahre 1000 von Ethelred erlassen wurde. Sie unterscheidet zwischen den »kaiserlichen Untertanen«, das heißt den rheinländischen Kaufleuten, die die gleichen Privilegien genossen wie die Londoner und vorwiegend Wolle kauften, den »Männern aus Huy, Lüttich und Nivelles«, die die Stadt betreten durften, ehe sie den Zoll entrichtet hatten, den Händlern aus Rouen, die Wein verkauften, denen, die aus Flandern, Ponthieu und »Frankreich« kamen, und schließlich den Dänen und den Norwegern, die das Recht hatten, sich für die Dauer eines Jahres in London niederzulassen.

Diese wirtschaftliche Öffnung begünstigte die Urbanisierung Englands. Vor dem 9. Jahrhundert gab es nur im Südosten des Landes wirkliche Städte, wie etwa London, Winchester und Canterbury. Hier befanden sich noch im Jahre 1000 die produktivsten Münzprägestätten. Um die Wende vom 9. zum 10. Jahrhundert ließen Alfred der Große und seine Nachfolger jedoch aus überwiegend strategischen Gründen eine ganze Reihe von Verteidigungsstützpunkten mit Palisaden und Schrägwällen errichten. Sie wurden *burhs* genannt und entsprachen den *gródy* der slawischen Länder. Manche von ihnen wurden an Orten angelegt, die schon längere Zeit als Handelsplätze gedient hatten. Gegen einen Geldzins überließ der König diese eingefriedeten, von engen Mauern umgebenen *hagae* den Händlern. Besonders günstig gelegene Festungen dieser Art beherbergten Prägewerkstätten. In den Texten werden sie *portus* genannt und nehmen eine Sonderstellung in den Handelsaktivitäten ein. Während der skandinavischen Besetzung des *Danelaw* wuchsen weitere Siedlungskerne zu stadtähnlichen Gebilden heran, etwa York, wo sich die Geldprägung im 10. Jahrhundert entwickelte und dessen Ausmaße sich durch das Hinzukommen eines Händler- und Handwerkerviertels außerhalb der römischen Mauern verdoppelten. Ein anderes Beispiel ist Norwich, ein großes Dorf, in dem seit 920 Münzen hergestellt wurden und das schon hundert Jahre später eine echte Stadt war, die 1086 nicht weniger als 25 Kirchen zählte. Das englische Stadtnetz war schon zur Zeit des *Domesday Book* genau so dicht wie im 14. Jahrhundert. Damals wohnten nach einigen Schätzungen etwa 12 % der Bevölkerung in städtischen Siedlungen.

In Germanien, das im Laufe des 10. Jahrhunderts den Hauptanteil des politischen und kulturellen Erbes der Karolinger übernahm, entwickelte sich eine vergleichbare Bewegung, die jedoch mit Abstand nicht so lebhaft vonstatten ging wie in England. Germanien war in der Tat weitaus unzivilisierter, und die fränkischen Eroberer hatten hier nur die elementarsten Grundsteine einer fortschrittlicheren Wirtschaft gelegt. Es gab zwar schon große Domänen in der Nähe der fürstlichen Residenzen, der Bischofssitze und Klöster, aber keine wirklichen Städte, außer vielleicht im Rheinland und im Donaugebiet, wo sich Spuren römischen Einflusses erhalten hatten, und keine einzige Münzwerkstätte. Ein kaum erschlossenes Wegenetz führte die Abenteurer des Sklavenhandels in die slawischen Grenzgebiete. Sie durchstreiften zu Anfang des 10. Jahrhunderts das Land, passierten die Zollstation von Raffelstätten an der Donau mit Salz, Waffen und Zierat und brachten außer Sklaven Wachs und Pferde mit zurück. Insgesamt ist diese Zeit wegen der spärlichen Quellen in tiefe Finsternis gehüllt. Wir können lediglich vermuten, daß es unter dem Druck neuer herrschaftlicher Ansprüche und unter dem Einfluß anderer Ernährungsweisen aus dem Westen zu einem allmählichen landwirtschaftlichen Wachstum kam, das sich auch in der schrittweisen Ausdehnung der Siedlungsflecken bemerkbar machte. Die Wikinger richteten in Germanien nur geringen Schaden an. Von den ungarischen Feldzügen dagegen wurde der Süden des Landes über 50 Jahre lang heimgesucht. Trotz alledem entwickelte sich das deutsche Königreich, das im Osten und Süden an Gebiete angrenzte, deren kontinuierlicher Fortschritt während dieser Zeit uns schon vertraut ist, nach der Mitte des 10. Jahrhunderts, also nachdem es endgültig von der ungarischen Gefahr befreit war, zur Grundlage der dauerhaften politischen Rekonstruktion des Westens. Sächsische Herzöge, also solche, die aus der unterentwickeltsten, aber auch der am wenigsten in Mitleidenschaft gezogenen Provinz Germaniens stammten, bauten das Reich Karls des Großen wieder auf und bemühten sich, seinen Weg fortzusetzen. Allerdings orientierten sie sich dabei offener nach Skandinavien und der slawischen Welt. Das wiederhergestellte Reich wollte seine Herrschaft jenseits der Elbe auf die im Entstehen begriffenen slawischen Fürstentümer ausweiten. Schon 934 hatten die sächsischen Krieger unter Führung des Königs Heinrich der Vogler das *emporium* von Haithabu unter ihre Kontrolle gebracht.

Wie inzwischen deutlich geworden sein dürfte, hatten die politischen Handlungen, wenn nicht auf der Ebene der Produktion, so doch zumindest im Bereich der Waren- und Geldzirkulation tiefgreifende Auswirkungen auf die Wirtschaft jener Zeit. Genau in diesem Rahmen, dem Rahmen der politischen Handlung, muß auch die intensive Geldaktivität gesehen werden, die sich zwischen 970 und 1030 in Sachsen entfaltete. Ihre Grundlage war der Erzabbau im Harz, genauer gesagt im Rammelsberg bei Goslar. In seinen Lobreden über die Größe Ottos des Großen verliert der Historiker Widukind von Corvey kein Wort über dessen Kaiserkrönung, sondern ergeht sich in Ruhmpreisungen über die Erschließung der »silberhaltigen Adern der sächsischen Erde«. Seine Sicht sollte sich bestätigen. Nach und nach überschwemmten die sächsischen *denarii* den baltischen und polnischen Raum. Dort verkörperten sie in erster Linie die Gegenwart des Kaisers, dessen Namen sie trugen, und bekräftigten seinen Ruhm. Darüber hinaus dienten die geeichten Silberstücke aber auch als Tauschinstrument. Die Verbreitung des germanischen Zahlungsmittels blieb nicht folgenlos. Sie belebte die Handelsströme, die, ausgehend vom Osten und vom Norden, bis nach Germanien reichten, und vergrößerte die Zonen des

Tauschs und der Geldzirkulation im Landesinnern. Die Manifestationen der Macht aktivierten auf diese Weise, gewissermaßen nebenbei, die ökonomische Entwicklung. Die Einrichtung von Märkten, der die gleichen Intentionen zugrunde lagen, hatte ähnliche Auswirkungen. Wie Karl der Große waren auch die ottonischen Kaiser darauf bedacht, die Handelsabläufe unter ihrer Kontrolle zu halten und ihnen deshalb einen festen Rahmen zu geben. Sie errichteten Märkte in einem Land, in dem es noch kaum welche gab. Aus den erhalten gebliebenen Quellen wissen wir, daß zwischen 936 und 1002 neunundzwanzig solcher Marktgründungen erfolgten. Gemäß der karolingischen Tradition waren diese Orte zunächst Friedensinstitutionen, die den Auftrag hatten, die Reisen und Begegnungen der Fernhandelskaufleute, die für unstete, beunruhigende und gleichzeitig bedrohte Individuen gehalten wurden, unter Berufung auf die kaiserliche Gerechtigkeit zu regeln und zu erleichtern. Als Otto I. dem Kloster Corvey im Jahre 946 einen *mercatus publicus* zugestand, schärfte er den Vertretern der königlichen Macht ein, »strengen Frieden gegenüber denen zu wahren, die kommen und gehen, und denen, die sich hier niederlassen«. Die Händler richteten nämlich an diesen Plätzen ihre festen Warenlager und ihren Wohnsitz ein, den sie regelmäßig nach den saisongebundenen Expeditionen benutzten. Sie unterwarfen sich selbst der Schutzherrschaft des Königs, die sie auf all ihren Reisen begleitete. Eine Urkunde, in der der Herrscher dem Bischof von Hamburg 965 die Erlaubnis erteilt, in Bremen einen Markt zu gründen, beschäftigt sich ausdrücklich mit der Frage der Schutzherrschaft. Die Schützlinge wurden zu »Kaisersmannen«, und als solche erhielten sie Privilegien für die Londoner Zollstation. Als Preis für die Sicherheit durch das königliche *bannum* mußten die *negociatores* wie zur Karolingerzeit regelmäßig Tribute an den Hof zahlen. Im Jahre 1018 forderten die Kaufleute von Tiel besseren Schutz vom König; wenn sie in Zukunft wegen der überhand nehmenden Gefahren nicht mehr mit England Handel treiben könnten, so ihr Argument, wären sie auch nicht mehr in der Lage, die *vectigalia*, das heißt die Pflichtgeschenke, durch die sich ihre Bindung an das Königshaus ausdrückte, zu beschaffen. Daraus ist zu entnehmen, daß die Handelsplätze zunächst keineswegs für den lokalen Handel geschaffen wurden, sondern vielmehr zur Kanalisierung des Fernhandels. Auf Bitten des Abtes von St. Gallen gründete der König im Jahre 947 einen Markt in Rorschach, der, wie er sagte, denen dienen sollte, »die nach Italien und nach Rom reisen«. Außerdem bestätigte er die Wormser Marktgründung seiner Vorgänger in dem Sinne, daß insbesondere »die Händler, die Handwerker und die Friesen« nach Worms kommen sollten.

Sowohl die Geldprägung und die damit zusammenhängende Intensivierung des Bergbaus als auch die Marktgründungen zum Schutz und zur Kontrolle der durchreisenden Händler waren unmittelbar mit der Erneuerung des Staates verknüpft. Doch gleichzeitig verstärkten diese Initiativen eine natürliche Wachstumsbewegung. Im Umfeld jedes neuen Marktes gewöhnte man sich auch im bäuerlichen Milieu langsam an die Tauschpraxis und den Umgang mit Münzgeld. In einer kaiserlichen Urkunde über die Einrichtung eines Marktes in

Selz aus dem Jahre 993 ist zu lesen: »Münzen und Märkte sind notwendig für die große Anzahl der Menschen, die aus weiter Ferne hier zusammenkommen; sie sind es aber auch für die Mönche und das Volk, das hier zu Hause ist.« In der Tat wurde mit jedem *mercatus* auch eine Münzprägestätte gegründet, damit der für die Handelstätigkeit bestimmte Ort regelmäßig mit Geld versorgt werden konnte. Die Verantwortung für diese Prägestätten überließ der Kaiser den örtlichen Machthabern, den Fürsten, den Bischöfen und den Münzmeistern. Durch die Verstreuung über das ganze Land verhalfen sie dem neuen Zahlungsmittel auch in jenen Regionen zur Beliebtheit, in denen das Münzgeld bisher eine Seltenheit gewesen war. So wurden die Silberstücke, die zur Zeit der ersten Geldprägungen vorwiegend den im wesentlichen politischen und auf Prestige bedachten Beziehungen zu den Nachbarvölkern gedient hatten, mehr und mehr für den Binnenmarkt verwendet. Allmählich absorbierte dieser den Hauptanteil der in Umlauf befindlichen Münzen, so daß es in den Grenzgebieten des Kaiserreichs zu einem Rückgang deutschen Geldes kam, was wiederum die skandinavischen und slawischen Fürsten im letzten Drittel des 11. Jahrhunderts veranlaßte, selbst Münzen zu prägen. Mit dem Auftauchen der Geldprägung jenseits der östlichen und nördlichen Grenzen Germaniens ist auch der Zeitpunkt gekommen, an dem sich alle deutschen Provinzen endgültig an die Verwendung von Münzgeld gewöhnt haben.

Wie in England, entstanden auch hier immer mehr Städte. Im Rheinland und in Bayern zeichnete sich ein kontinuierliches Wachstum der Ortschaften ab, die aus den Ruinen der römischen Städte hervorgegangen waren. Ein arabischer Reisender, der um das Jahr 973 nach Mainz kam, beschreibt, daß damals nur ein geringer Flächenanteil des alten Stadtraumes bewohnt war. Dagegen wurde der *wik*, der sich außerhalb der Mauern gebildet hatte, immer größer. In Köln gab es schon zu Zeiten Ottos des Großen eine lange Straße, die beiderseits bebaut war und sich in der Mitte zu einem rechteckigen Platz erweiterte. Der um 917 befestigte *pagus mercatorum* von Regensburg deckte 36 Hektar ab. Um das Jahr 1000 ließ der Bischof von Worms einen Wall errichten, der sowohl den Stadtkern, den Markt und die Prägestätte als auch das Judenviertel umfaßte. Das wirre Siedlungsgebilde, das neben den römischen Ruinen in Köln entstanden war, beherbergte in der Mitte des 11. Jahrhunderts außer dem Erzbischofssitz elf Kanonikergemeinschaften, zwei Benediktinerklöster und vier Pfarrkirchen. Dem Wachstum jener Städte, deren Wurzeln bis in die Antike reichten, entsprach in Nord- und Zentralgermanien die Entstehung neuer Siedlungsflecken. Sie wurden direkt durch fürstliche Initiativen ins Leben gerufen. So gründete etwa Otto der Große in Magdeburg in der Nähe eines Flußüberweges, den die meisten mit slawischen Ländern verkehrenden Waren- und Sklavenhändler benutzten, das Kloster St. Moritz und gleichzeitig auch ein *wik* für die »Juden und die anderen Händler«. Um sie herum ließ er einen einheitlichen Komplex von Palisaden und einen Erdwall errichten. Auf diese Weise bildete sich ein fester Stützpunkt für Handelsbeziehungen, die sich nach den Worten einer Urkunde aus dem Jahre 975, die den Händlern dieses Ortes

Privilegien verbürgte, zugleich um das Rheinland und »um die heidnischen Gebiete« bemühten. Unter der Herrschaft des ersten deutschen Kaisers vergrößerte sich der Flächenraum dieser Ortschaft von 7 auf 35 Hektar. Von den 29 Orten, an denen die Könige des 10. Jahrhunderts Märkte gründeten, entwickelten sich 12 zu Städten. Dennoch kam im Deutschland jener Zeit der Vorrang denjenigen Siedlungsgebieten zu, die die Herrscher als Hofresidenzen auserwählt hatten. Sie lagen fast alle im romanischen Gebiet wie etwa Köln, Mainz, Trier, Speyer, Worms, Salzburg, Augsburg und Regensburg. Tatsächlich waren die Städte damals noch unabhängig vom Fortschritt der Warenzirkulation. Sie stellten in erster Linie die Zentren der politischen Macht und der religiösen Institutionen dar. Ihr wirtschaftliches Leben wurde vorwiegend von solchen Austauschbewegungen bestimmt, die nichts mit dem eigentlichen Handel zu tun hatten. Ihnen floß der Überschuß aus der Produktion der benachbarten Landdomänen des Königs und der Kirchen zu. Hinzu kamen die Sammlungen für das Nachtlager des Fürsten und seines Gefolges sowie die *denarii*, die in Form von Steuern und Bußgeldern eingetrieben wurden. Der städtische Wohlstand ging in erster Linie auf die permanente oder periodische Konzentration einer bedeutsamen weltlichen oder kirchlichen Konsumentengruppe und die Anwesenheit einer ganzen Körperschaft von *Ministerialen* oder Dienern zurück, von denen manche gelegentlich zugunsten ihres Herrn oder in ihrem eigenen Interesse Handel trieben.

Durch das Rheinland kam die germanische Welt in Kontakt mit einer derjenigen Regionen, denen die skandinavischen Piraten den schlimmsten Schaden zugefügt hatten, die aber letzten Endes doch gestärkt aus den Feldzügen hervorgegangen waren. Flandern und das Maasgebiet haben im 10. und in der ersten Hälfte des 11. Jahrhunderts eine allem Anschein nach äußerst lebhafte ökonomische Entwicklung durchgemacht, ähnlich wie die, die wir in England vermuten. Doch auch hier bleiben uns die Einzelheiten wegen des spärlichen Quellenmaterials über weite Strecken verborgen. Die Wikinger hatten sich wie wild auf die Ortschaften gestürzt und manche sogar zerstört. Die alte römische Stadt Tongern wurde damals endgültig von ihren Bewohnern verlassen. Durstede, das zwischen 834 und 837 systematisch geplündert worden war, verschwand in der Mitte des 9. Jahrhunderts. Doch einige Jahrzehnte nach den Unruhen wurden die meisten der verwüsteten Siedlungen wieder aufgebaut, und zwar manchmal in einiger Entfernung von ihrem ursprünglichen Sitz. Beispiele dafür sind Tournai und Valenciennes oder auch der *portus* von Gent, der nach zweimaliger Zerstörung um 900 an einer anderen Stelle in der Nähe einer Schloßfestung wieder ins Leben gerufen wurde. Die Handelsfunktionen von Durstede gingen schon bald nach Utrecht, Deventer und Tiel am Waal über. Deventer ist uns besonders bekannt, weil sich das hier geprägte Geld in der zweiten Hälfte des 10. Jahrhunderts massenhaft in Skandinavien verbreitete. Zahlreiche andere Städte leisteten allen Angriffen erfolgreichen Widerstand. In ihrem Kampf gegen die Plünderer entwickelten sie gleichzeitig die Kraft für neue Aktivitäten. Innerhalb der befestigten Zitadelle von Saint-Omer wurde die den Normannen entrissene Beute unter »den Adeligen, den Leuten aus dem Mittelstand und den Armen« verteilt. Machte dieser Beuteanteil nicht gleichzeitig das Anfangskapital jener Händler aus, die im 10. Jahrhundert in Begleitung von Engländern nach Rom reisten? Auf jeden Fall erlebte die Maas zu jener Zeit einen beträchtlichen Aufschwung der Schiffahrt. Die wichtigsten Stationen am Lauf dieses Flusses waren Huy, Namur, Dinant und Maastricht. In Dinant fanden Märkte statt, und in Maastricht erhob zuerst der deutsche König, später dann der Bischof, Zölle auf »die Schiffe, die Hafenbenutzung und den Markt«. Der dortige Handel wurde mit Sicherheit von einheimischen Kaufleuten betrieben, jenen nämlich, die im Jahre 1000 Handelsprivilegien in der Stadt London genossen. In Arras, nahe der römischen Stadtmauer, die 8 Hektar umfaßte, gab es eine neue Siedlung, die sich laufend erweiterte. Im 9. Jahrhundert war hier, unmittelbar vor den Toren des Klosters Saint-Vaast, ein *vicus* entstanden, der »alte« burgus. Dann bildete sich im 10. Jahrhundert bei Saint-Géry ein zweiter, ein »neuer« burgus. Die Quellen des 11. Jahrhunderts verraten die Existenz eines großen und eines kleinen Marktes. Insgesamt machten die aufeinanderfolgenden Erweiterungen etwa 15 Hektar aus. Aus einem Zollverzeichnis von Saint-Vaast aus dem Jahre 1036 geht hervor, daß dort Eßwaren zum Verkauf standen, die mit Hilfe von Karren aus der ländlichen Umgebung herangeschafft wurden. Außerdem handelte man mit den Produkten der ansässigen Handwerker, aber auch mit »Tüchern und Großhandelswaren« und mit Gold. Die Oberfläche von Tournai verdreifachte sich in jener Zeit. Es wurden Jahrmärkte abgehalten, die sich zeitlich nach dem Hin- und Rückweg der Händlerkarawanen richteten. Den Quellen zufolge gab es 927 einen solchen Jahrmarkt in Toul und 948 einen in Metz, zwei Städten also, die nicht unter den normannischen Aggressionen gelitten hatten. In den Jahren 987 und 988 fand nachweislich auch in Douai ein Jahrmarkt statt.

Die bisher genannten Punkte sind jedoch nicht die einzigen Anzeichen für die Lebhaftigkeit des Tauschhandels und den Wohlstand, den er für bestimmte Schichten der Gesellschaft mit sich brachte. Der Handel warf so viel Geld ab, daß manche Männer es sich leisten konnten, Kirchen zu gründen, wie es beispielsweise in Gent und in Saint-Omer der Fall war. Die Stadtbevölkerung gewann genügend Macht, um ihre eigenen Interessen gegen die der Herrschenden durchzusetzen. Zwischen 951 und 971 rebellierten die Einwohner Lüttichs gegen die Episkopalmacht. Im Jahre 958 schlossen sich die *cives* von Cambrai in einem Schwurverband zusammen und verboten dem Bischof das Betreten der Stadt; dabei bleibt fraglich, ob es sich bei den *cives* um die gesamte Einwohnerschaft oder nur um eine militärische Garnison handelte. 1066 erkämpfte sich die Kommune von Huy Vergünstigungen in Form bestimmter Steuererleichterungen. In den Stadtzentren entstanden unter dem Einfluß der Kaufleute und derer, die sich sonstwie durch den Handel bereicherten, Vereinigungen zur gegenseitigen Hilfe, wie etwa die »charité« von Valenciennes, deren Statuten in der Mitte des 11. Jahrhunderts erlassen wurden. Alpert, der Bischof von Metz, beschrieb zwischen 1021 und 1024 die Kaufleute von Tiel, deren Sitten er verurteilte, ohne sie auch nur im geringsten zu verstehen. In seinen Augen »unterscheiden sie sich von denen der anderen Menschen«. Weiter heißt es: »Es sind hartherzige, unehrliche Leute, die den Ehebruch nicht als Sünde betrachten. Sie schlichten ihre Streitigkeiten untereinander und richten sich dabei nicht nach dem Gesetz, sondern nach ihren Freiheiten.« (Das bedeutet, daß sie dem Kaiser rechtliche Unabhängigkeit abgerungen hatten.) An bestimmten Tagen trafen sie sich zu gemeinsamem Umtrunk und um sich zu betrinken. Solche Gelage waren in Wirklichkeit wichtige Riten dieser Bruderschaften, die das Gefühl einer Familienzusammengehörigkeit vermitteln sollten. Insgesamt waren die Schwurverbände und Gilden dieser Zeit ähnlich geartet wie die, die schon die karolingischen Kapitularien zu verbieten versucht hatten und deren gemeinsame Eßgelage der Erzbischof Hinkmar von Reims 852 aufs schärfste verurteilt hatte.

Die meisten Hinweise auf ein Wachstum ergeben sich aus Darstellungen über Handel und Städte. Doch die lebhaften Impulse der städtischen Ansiedlungen übertrugen sich auch auf die bäuerliche Welt. Dies zeigt sich beispielsweise im Maasgebiet. Aus einer in der Mitte des 10. Jahrhunderts niedergeschriebenen Sammlung der Wundertaten des hl. Hubert geht hervor, daß in der Nähe des Klosters, in dem die Reliquien des Wundertäters aufbewahrt wurden, jedes Jahr im November ein Markt stattfand, der mindestens zwei Tage dauerte und von Fremden besucht wurde. Andere regelmäßige Treffpunkte waren Bastogne, Fosses und Visé, kleine Bauernorte, wo die Landbewohner Vieh, Wolle und Metall verkaufen konnten – wie etwa jener Bauer, der in der besagten Sammlung von Wundertaten erwähnt wird, weil er der Abtei zwei Eisenbarren schenkte, die er selbst eingeschmolzen hatte. Waren von den Flußhändlern wurden mit Hilfe von Karren in die Ortschaften gebracht. Auf die immer lebhafter werdenden Aktivitäten der *portus*, wo die Schiffer Station machten, folgte ein Aufschwung der Orte im Landesinnern, wie beispielsweise Nivelles, sowie ein Wachstum der ländlichen Produktion, das sich unter anderem in der Neuerschließung großer Landstriche bemerkbar machte.

Die Normandie erscheint als die Gegend, die am stärksten durch die Dynamik angeregt wurde, die sich infolge der Wikingerfeldzüge herausgebildet hatte. Genau wie York entwickelte sich die Stadt Rouen zum Zentrum der von den Eindringlingen übernommenen Oberherrschaft. Diese hatten den Platz der einheimischen aristokratischen Machthaber an sich gerissen, gleichzeitig aber auch ihre Abenteuer fortgesetzt und weiterhin unmittelbar an allen Handelsaktivitäten teilgenommen, die sich aus den fortgesetzten Plünderungsunternehmungen ergaben. Mit seinen engen Verbindungen zu England und den nordischen Meeren war der Markt von Rouen ein besonders geeigneter Ort, um die Beute abzusetzen, Sklaven zu verkaufen und jene Waren, insbesondere Wein, einzukaufen, die über die Seine in Schiffen aus dem Landesinneren herangebracht wurden. Die Krieger, die sich in der Normandie niedergelassen hatten, eigneten sich ungeheure Mengen beweglicher Güter an. Zuerst holten sie sie von den englischen Küsten, wo sie im 10. Jahrhundert ihre Raubzüge unternahmen, dann aus Süditalien und schließlich aus dem gesamten englischen Königreich, das ihr Anführer 1066 unter seine Herrschaft brachte. Seit dem Ende des 10. Jahrhunderts gab es in Europa wohl keine Provinz, in der so viele Edelmetalle zirkulierten, wie in den Gebieten am unteren Seinelauf. Deutliche Anzeichen dafür sind die Schatzbildung des Klosters Fécamp, die von seinem Abt Jean im Jahre 1050 betriebene Politik des Bodenkaufs und die Freigebigkeit der weltlichen Herren, die die kleine, neugegründete Stiftskirche von Aumale mit einem Gold- und zwei Silberkelchen, einem Kreuz und vergoldeten Leuchtern beschenkten. Noch offenkundiger wird der Reichtum der besagten Gegend durch die Einrichtung großer Baustellen, an denen unzählige neue Kirchen entstanden. Die Anführer der Horden, die sich in Campanien und Apulien ein Vermögen angeeignet hatten, finanzierten den Bau der Kathedralen von Sées und Coutances. Herzog Wilhelm bezahlte die Errichtung der beiden großen Klöster von Caen mit der Beute aus den englischen Eroberungen. Im Zusammenhang mit diesen Bauunternehmungen mußten den Steinbrechern, den Fuhrmännern und Maurern hohe Löhne ausgezahlt werden, so daß große Mengen von Münzgeld in Umlauf kamen, die zumindest lokal in den untersten gesellschaftlichen Schichten Eingang fanden. Auch die Vorbereitung von Feldzügen in fernliegende Länder brachte Geldbewegungen in Gang, die immer größeren Umfang gewannen. Sie gewöhnten die Bevölkerung an den Umgang mit *denarii* und an die Mobilisierung allen auffindbaren Reichtums auf dem Wege der Bodenbeleihung. So bildete sich im Umkreis der Herzöge und Kirchenherren eine Geldaristokratie, die großes Interesse am Handel entwikkelte. Die Lebhaftigkeit der Güterzirkulation, die durch die Eroberung Englands noch mehr Auftrieb erhielt, spiegelt sich in der Höhe der Einnahmen an der Zollstation von Saint-Lô. Im Jahre 1049 wurden sie auf 15 *librae* geschätzt, 1093 schon auf 220. Sie zeigt sich auch in der relativ schnellen Urbanisierung. Dieppe, Caen, Falaise und Vologne entwickelten sich zu Städten; zugleich nahmen auf dem Lande solche Ortschaften an Zahl zu, die nicht mehr ausschließlich Landwirtschaft betrieben und aus diesem Grunde »burgi« genannt wurden.

Der Wohlstand der Normandie kräftigte auch die umliegenden Gegenden; der stärkste Einfluß machte sich seineaufwärts bemerkbar, wo er zu einer Erweiterung des Weinbaugebietes um Paris führte. In Saint-Denis wurde in der Mitte des 11. Jahrhunderts ein neuer Markt gegründet. Anhand der Picardie, die zwischen den beiden Schwerpunkten der Entwicklung, der Normandie und den flämischen Ländern, lag, lassen sich die Einzelheiten und Modalitäten dieser Wiederbelebung besonders gut darstellen. Zunächst deutete sie sich durch die Verbreitung des Münzgeldes an. Nach den Vorschriften des Königs Karl dem Kahlen hätte eine einzige Werkstatt, nämlich die von Quentowic, ausreichen müssen, um dieses Gebiet mit Münzen zu versorgen. In Wirklichkeit zählte man schon in der zweiten Hälfte des 9. Jahrhunderts 18 Prägestätten; im folgenden

Jahrhundert kamen noch 4 weitere hinzu. Ihre Standorte befanden sich an der Meeresküste und an den Läufen der Schelde, der Scarpe und der Somme. Seit 950 wurden die Abgaben auf dem Lande vielfach in Form von Münzgeld erhoben. Selbst die Bauern waren damals schon in der Lage, sich durch Verkäufe Geld zu beschaffen. Unter den Gütern, die sie zum Tausch anboten, waren möglicherweise Wollstoffe, auf jeden Fall aber die Produkte ihrer Landwirtschaft.

Ausgehend von jenen Orten, die als Sammelstellen von Kriegsbeute und Tributen fungierten, verbreiteten sich die Münzen, die zur Karolingerzeit noch eine Seltenheit gewesen waren, nun in jener Epoche, die die Quellen weitgehend im Dunkeln lassen. Grundlage der Verbreitung waren Bewegungen, deren Ursache in den Aggressionskriegen und der damaligen Politik gesucht werden muß. Die beschriebene Entwicklung erstreckte sich sowohl auf die Picardie als auch auf England, die Maasgebiete, die deutschen Lande, die allmählich zum Christentum übergehenden unzivilisierten Grenzländer und zweifellos auch auf das Innere Galliens, dessen damalige Geschichte uns kaum bekannt ist.

Das südliche Europa

Eine weitere Entwicklungszone ist im Süden, längs der »Grenze« zu erkennen, in jenem von Feindschaft und Mißtrauen beherrschten Gebiet, in dem die römische Christenheit und die islamischen und byzantinischen Einflußbereiche direkt aufeinanderprallten. Dieser Teil Europas – und darin besteht der Hauptunterschied zwischen diesem Gebiet und dem Norden – war von Angriffen oder Unruhen betroffen, die von fortschrittlichen, starken und wohlhabenden Ländern ausgingen. Ihnen gegenüber blieb die römische Welt lange in der Position des Opfers. Zum Meer hin war sie dem Piratentum ausgesetzt und tief im Landesinnern den Übergriffen der Sklavenhändler. In manchen Gebieten blieb diese Situation außerordentlich lange erhalten; bis zum Ende des 11. Jahrhunderts gab es kein Anzeichen einer entscheidenden Wiederaufnahme der ökonomischen Aktivitäten. So blieben die Küstenstriche der Provence noch Jahrzehnte, nachdem die einheimische Aristokratie die Sarazenen aus den Bergen und ihren Schlupfwinkeln am Meeresufer vertrieben hatte, dünn besiedelt und allem Anschein nach recht unproduktiv. Die Städte waren hinter ihren schutzbietenden Mauern, hinter denen sie angesichts der Gefahren in Deckung gegangen waren, zusammengeschrumpft. Nur in Marseille machten sich Zeichen eines ersten städtischen Wachstums bemerkbar. Die zunehmende Belebung der nach Spanien führenden Wege hatte möglicherweise ein früheres Erwachen der narbonnesischen Städte zur Folge. Sie standen einerseits im Mittelpunkt des Handels mit Salz, das in den Küstenlagunen gewonnen wurde, und andererseits dienten ihre Judenviertel als Stützpunkte für den Handel mit exotischen Waren. Dagegen scheinen sich die Gebiete rechts und links der Rhône während des gesamten 11. und einem guten Teil des 12. Jahrhunderts in einem toten Winkel zu befinden, an dem die großen dynamischen Strömungen, die ein schnelles Wachstum hervorbrachten, vorbeigingen. Dieser Eindruck mag allerdings auch auf die besondere Armut an Quellen für diese Region zurückgehen. Ausgangspunkte der Wachstumsbewegungen sind in erster Linie der Westen und der Osten, genauer gesagt die spanischen und italienischen Grenzgebiete, in denen sich die militärische Situation seit dem 10. Jahrhundert umgekehrt hatte. Zu jener Zeit hatte nämlich die römische Christenheit die Initiative der Kriegsführung bei den Landgefechten auf der iberischen Halbinsel und den Seegefechten an den Küsten Italiens ergriffen. Die technischen Mittel, die sie unter dem Zwang der Verteidigungssituation entwickelt hatte, erwiesen sich endlich als schlagkräftig genug, um Gegenangriffe zu führen, d.h. Expeditionen, bei denen Plünderungsfeldzüge gegen die Heiden mit Handelsabenteuern einhergingen. Während die äußere Bedrohung im Innern Westeuropas mehr und mehr nachließ, entwickelten sich an diesen beiden Fronten komplexe Aktivitäten. Doch genau wie in der Normandie – deren Krieger sich übrigens schon bald in den äußersten Süden der italienischen Halbinsel begaben, um an den militärischen Unternehmungen und Gewinnen teilzuhaben – war der Krieg auch hier die wichtigste Triebkraft des wirtschaftlichen Wachstums.

An den beiden Außenseiten des muselmanischen Teils Spaniens entwickelten sich zwei unterschiedliche Wirtschaftsbewegungen. Nach den arabischen Eroberungen hatten christliche Flüchtlinge in den nördlichen Pyrenäengebieten Zuflucht gesucht. Lange Zeit kamen sie über die Verteidigung ihres dortigen Standortes nicht hinaus. Durch jene baskische Bevölkerung, die schon zu Ende des 8. Jahrhunderts die fränkische Armee bei Roncevalles geschlagen hatte und jetzt die Benutzung der westlichen Pyrenäenpässe verhinderte, blieben sie von der karolingischen Welt abgeschnitten. Mit der allmählichen Zivilisierung und gleichzeitigen Christianisierung der wilden Volksstämme bahnten sich später Beziehungen zwischen Gallien auf der einen und León, Galicien, Asturien und den Berggebieten von Navarra und Aragonien auf der anderen Seite an. Die ersten Wallfahrten nach Santiago de Compostela und ihr großer Erfolg im letzten Drittel des 10. Jahrhunderts können als Symbol dieser Annäherung gewertet werden. Die Wege in den äußersten Westen Galiciens wurden zusehends belebter. Es kamen zahlreiche Prälaten und Herren aus den aquitanischen Grafschaften mit ihrem Gefolge von Geistlichen und Kriegern sowie eine zunehmende Anzahl kleinerer Leute. Der Durchzug der Pilger, die selten ohne Geld aufbrachen und gewöhnlich entweder ihren Grund und Boden an Gläubiger verpfändeten oder einen Teil ihres Schatzes mitnahmen, um Gott entsprechende Opfer bringen zu können, wirkte anregend und belebend auf die zahlreichen Stationen, an denen die frommen Fahrten unterbrochen wurden. Unter den Besuchern von Santiago befanden sich auch die zum Kampf berufenen Mitglieder der weltlichen Aristokratie und ihre geistlichen Brüder, die den Umgang mit Waffen keineswegs verlernt hatten und nun den ortsansässigen Befehlshabern mit ihrer militärischen Macht zu Hilfe eilten.

Letztere führten schon seit Jahrzehnten einen Krieg gegen die Heiden. In den Wechselfällen von Sieg und Niederlage waren sie gelegentlich über das Niemandsland hinaus in die wohlhabenden, vom Islam beherrschten Gegenden geraten, die voller verführerischer Dinge waren. Mit der Unterstützung der Krieger aus dem jenseitigen Pyrenäengebiet konnten sie ihre Raubzüge, *algaradas* genannt, weiter vorantreiben. Von jedem Übergriff kamen sie mit Beute beladen zurück. Schon nach kurzer Zeit hatten sie ihre Macht so weit ausgedehnt, daß sie den muselmanischen Fürsten, die durch den Zerfall des Kalifats Cordoba Unabhängigkeit erlangt hatten, zugleich aber voneinander isoliert worden waren, Tribute, die *parias*, abverlangen konnten. Die regelmäßigen Einnahmen von Goldmünzen machten im 11. Jahrhundert sämtliche Herrscher des christianisierten Spanien zu reichen Männern. Noch lange danach fand das Echo dieses immer glücklicher verlaufenden Krieges in den epischen Dichtungen des Westens seinen Widerhall und belebte die faszinierende oder nostalgische Erinnerung an die herrlichen Plünderungen. Der Krieg führte den kleinen Bergstaaten Gefangene zu, wie etwa jene muselmanischen Sklaven, die wie Kuriositäten von den wallfahrenden Rittern über die Pyrenäen geführt wurden und den Einwohnern des Limousin als Belustigung erschienen, weil sie »bellten wie Hunde«. Außerdem bereicherte er sie um kunstvolle Gegenstände von mozarabischen Handwerkern, die teilweise noch heute in den Schatzkammern der französischen Kirchen besichtigt werden können. Die Christenheit bezog aus diesem Krieg möglicherweise mehr Edelmetalle als aus den sächsischen Minen. Es gab sowohl Silber als auch Gold in Hülle und Fülle. Silber wurde beispielsweise den Leichen eines Schlachtfeldes von einer Kriegerhorde abgenommen und der Abtei von Cluny als Geschenk dargeboten. Es war so viel, daß der Abt Odilo in der ersten Hälfte des 11. Jahrhunderts die Altäre des Heiligtums damit schmücken konnte. Der Überfluß an Gold läßt sich an einem anderen Beispiel ermessen. Der König von Kastilien gewährte der Bruderschaft von Cluny etwa fünfzig Jahre später eine enorme Jahresrente, die in muselmanischem Geld ausgezahlt wurde. Sie erlaubte dem Abt Hugo, einen grandiosen Plan für den Wiederaufbau der Klosterkirche zu entwerfen und ihn dann auch zu verwirklichen. Wie aus derartigen Anhaltspunkten zu ersehen ist, gelangte ein Großteil der Beute am Ende eines langen Weges schließlich ins Zentrum des Westens, die Heimat zahlreicher Krieger. Doch der Rest blieb an Ort und Stelle und tat hier seine stimulierende Wirkung. Die ansässige Bevölkerung gewöhnte sich allmählich an den Gebrauch von Münzgeld. Um 1030 begann auch die einheimische Geldprägung, zuerst in Navarra, dann, gegen Ende des 11. Jahrhunderts, in Aragon und etwas später auch in León und den asturischen Ländern, wo vorwiegend Münzen aus islamischen Prägestätten in Umlauf waren. Zugleich verdichtete sich die Bevölkerung. Die Gefahr sarazenischer Überfälle ließ nach. Die südliche Gebirgshälfte war durch die militärischen Erfolge sicherer geworden, so daß sich hier die Viehhaltung und Sömmerung der Herden entwickeln und immer weiter nach Süden ausdehnen konnte. In den befreiten Gebieten ließen sich die ersten, teilweise aus Gallien stammenden

Ansiedler nieder. Während die Grenze immer weiter zurückwich, nahm eine neuartige Gesellschaft von Soldaten-Bauern Gestalt an, die sich als freie Besitzer ihres Grund und Bodens auszeichneten und ihre Wohnsitze in großen, stadtähnlichen Ballungszentren organisierten. In diesem von der römischen Tradition geprägten Land gingen alle materiellen Aktivitäten von der Stadt aus, die einerseits als Rückzugsort für Menschen diente, die ständig in Alarmbereitschaft lebten, und andererseits als fester Markt, wo die Produkte aus Ackerbau und Viehzucht gehandelt werden konnten. In León, der Hauptstadt eines jener Königreiche, wurde jeden Mittwoch außerhalb der Stadtmauern ein Markt abgehalten. Dort wurden die regionalen Überschüsse aus der Landwirtschaft und die gängigen handwerklichen Produkte aus Leder, Holz und Metall sowie Töpferwaren regelmäßig verkauft. Der Handel mit selteneren Waren dagegen fand innerhalb der schützenden Stadtmauern in einer Art von geschlossenem Bazar statt, der wegen seiner größeren Werte unter dem besonderen Schutz der königlichen Autorität stand.

Am anderen Ende der Pyrenäen war es den Karolingern gelungen, ein militärisches Schutzgebiet, die Katalonische Mark, zu errichten und sie bis zum Ebro auszuweiten. Dieser vorgeschobene Posten der Christenheit nahm seit dem 9. Jahrhundert, ähnlich wie das benachbarte Septimanien, die Flüchtlinge aus jenen Provinzen auf, die unter islamischer Herrschaft standen. Die fränkischen Könige gewährten den Immigranten ihren Schutz. Unter privilegierten Bedingungen überließen sie ihnen jene Landstriche, die sich auf Grund der vorhergegangenen muselmanischen Feldzüge und der Wechselfälle der Rückeroberung entvölkert hatten. Diese Funktion der Flüchtlingsaufnahme erklärt die außerordentliche Besiedlungsdichte, die insbesondere in den Bergtälern zu Anfang des 10. Jahrhunderts in Erscheinung trat. Der Reichtum an Menschen, der nicht einmal durch die Angriffe der muselmanischen Armeen, die bis über das Jahr 1000 hinausgingen, geschwächt werden konnte, bildete eine wesentliche Grundlage für die wirtschaftliche Dynamik, die sich hier entfalten sollte und in dem aufblühenden kulturellen Leben einen besonders sichtbaren Ausdruck fand. Hier wurden schon 50 Jahre, bevor in der Normandie die großen Baustellen neuer Kirchen entstanden, architektonische Versuche unternommen, aus denen sich später der romanische Stil entwickelte. Darüber hinaus standen alle Wachstumsbewegungen dieser Region unter dem Einfluß einer naheliegenden Kriegsfront, die ihnen unaufhörlich Kraftimpulse zuführte.

Eine bemerkenswerte Untersuchung[17] über die bislang kaum erforschten, jedoch außerordentlich reichhaltigen barcelonischen Dokumente gibt uns die Möglichkeit, die Einzelheiten einer derartigen Entwicklung am Beispiel eines Dorfes in der Nähe der Hauptstadt genau zu verfolgen. Die Beobachtungen beziehen sich auf die Zeit kurz vor und kurz nach dem Jahr 1000. Damals kam es zu einer heftigen militärischen Auseinandersetzung, die ihren Höhepunkt in den

---

[17] P. Bonnassie, »Une famille de la campagne barcelonaise et ses activités économiques aux alentours de l'an mil«, in: *Annales du Midi* 76 (1964), S. 261–303.

Raubüberfällen von Al-Manzur und den anschließenden Lösegelderpressungen fand. Das besagte Dorf wurde von Fischern und Gemüsegärtnern bewohnt, die auf der Grundlage des Gartenbaus, der künstlichen Bewässerung und des Weinanbaus eine schon fast wissenschaftliche Landwirtschaft praktizierten. Ein ansässiger Schmied stellte derart fortschrittliches Werkzeug her, daß die Mittel, deren sich die meisten europäischen Bauern derzeit bedienten, vergleichsweise primitiv erscheinen mußten. Viele der im Dorf lebenden Einheimischen konnten lesen, ein weiteres Zeichen für das höhere Zivilisationsniveau, das manche andere Provinz in den Schatten stellte. Es erklärt gleichzeitig den verbreiteten Schriftgebrauch und damit auch das umfangreiche Quellenmaterial. Die Bauern versorgten die benachbarte Stadt mit Nahrungsmitteln. Dort befand sich in der Tat eine Vielzahl von Konsumenten, insbesondere die Geistlichkeit der Kathedrale, die große, aber ferngelegene Domänen besaß und es für günstiger hielt, ihre Vorräte am Ort zu kaufen und mit Münzgeld zu bezahlen. Auf diese Weise strömte eine Menge Geld ins Dorf. Schon bald begannen seine Einwohner, neue Bodenkäufe zu tätigen, was sich auf Grund der günstigen juristischen Bedingungen und des Vorhandenseins von Freigütern, von völlig unabhängigem, freiem Grund und Boden, als recht einfach erwies. Unter den 73 Verträgen, die in diesem Zusammenhang näher untersucht wurden, waren nur 5, die Naturalien als Zahlungsmittel angaben. Folglich wurden Neuerwerbungen gewöhnlich mit barem Geld bezahlt und mit kleineren Getreidemengen auf ihren genauen Wert ergänzt. Bis zum Jahre 990 waren die Münzen aus Silber und wurden am Ort geprägt. Dann, mit der Verbreitung der aus Cordoba stammenden Dinare, wurde der *mancus*, eine Goldmünze, eingeführt, und noch später eine Nachahmung, die die Grafen von Barcelona ab 1018 prägen ließen. Diese Münzgeldschwemme, die durch all die kriegs- und nachkriegsbedingten Geldbewegungen immer neue Nahrung erhielt, ließ den Bodenpreis innerhalb kürzester Zeit erheblich sinken. Die alltägliche Verwendung der Münzen und die daraus entstehende Flexibilität auf dem Bodenmarkt belebte auch die soziale Mobilität. Es ist kaum zu übersehen, wie die Reichen immer weiter aufsteigen und den Neid der weniger Glücklichen auf sich ziehen. Am Beispiel einer bestimmten Familie können wir die Etappen des sozialen Aufstiegs genau verfolgen. Im Jahre 987 war der Vorfahr dieser Familie ein Großbauer, der zwei Paar Ochsen und siebzig Mutterschafe besaß; darüber hinaus verfügte er bereits über eine militärische Ausrüstung, denn zumindest die Elite der Landbevölkerung dieser Region beteiligte sich an den kriegerischen Aktivitäten und profitierte folglich auch direkt von den Kriegsgewinnen. Dieser Mann begann im Laufe der Zeit eine Vermögenspolitik, die auf dem Erwerb unbeweglicher Güter beruhte und von seinen Erben fortgesetzt wurde. In den zwanziger Jahren des 11. Jahrhunderts weisen zahlreiche Merkmale auf den sozialen Aufstieg seiner Nachkommen hin. So etwa der Besitz eines Steinhauses, die Teilnahme an Wallfahrten nach Santiago de Compostela, gelungene Einheiraten in die oberen Schichten der Aristokratie und schließlich der Luxus der Frauen, das »sichtbarste Zeichen des ökonomischen Fortschritts«. Im Jahre

1053 wurde eine Tochter dieses Hauses mit einer Mitgift im Wert von 25 Goldunzen und die andere »sowohl in Kleidern als auch in anderen beweglichen Gütern« mit 40 Goldunzen, das heißt dem Wert von vier Kriegspferden, ausgestattet. Auf diese Weise gelang es Aufsteigern aus der bäuerlichen Welt, in die Gruppe der »Richter« aufgenommen zu werden und es jenen Reichen gleichzutun, die ihren Wohnsitz in der Stadt hatten und auf Grund ihres Reichtums mit der Interessenverwaltung der Stadtgemeinde beauftragt waren. Als große Goldspekulanten schlugen sie erhebliche Profite aus der Kapitalbewegung, die damals sowohl diesseits als auch jenseits der Grenze durch die Zahlung von Lösegeldern und den Rückkauf von Gefangenen in Gang gesetzt wurde. Hier werden die direkten Zusammenhänge offensichtlich: Der Wohlstand der ländlichen Gegenden hat sowohl mit der Bevölkerungsdichte als auch mit den vergleichsweise fortschrittlichen, aus den nahegelegenen islamischen Grenzgebieten importierten Techniken und den Bedürfnissen der Städte zu tun, die von jedem Standort aus gut zu erreichen waren. Als unmittelbar antreibendes Element dieses Wohlstandes wirkte die lebhafte Geldzirkulation, die ihrerseits Kraft aus den unzähligen Werttransfers bezog, die ein quasi permanenter Krieg notwendigerweise mit sich bringt.

Über Italien, insbesondere über die Poebene, die sich zur Adria hin öffnet, waren einst die prächtigen, in Byzanz hergestellten Schmuckstücke in die karolingische Welt gelangt. Ravenna und andere italienische Küstenstädte hielten ihre politischen Beziehungen zu dem orientalischen Reich lange Zeit aufrecht und dienten als wichtigste Zwischenhändler. Unter diesen Städten gewann Venedig, das im Jahre 840 einen Vertrag mit dem römischen Kaiser Lothar abschloß, allmählich die Oberhand und drängte Ferrara und Comacchio langsam ab. Doch als die byzantinische Seemacht in der ersten Hälfte des 9. Jahrhunderts an Stärke verlor, überließ sie der muselmanischen Schiffahrt freies Feld. Die italienischen Hafenstädte empfanden diesen Rückzug des byzantinischen Reiches als Herausforderung. Von nun an waren sie gezwungen, ihre Flotte zu verstärken, um die Beziehungen, die sie zum Orient unterhielten, allein zu verteidigen. Mit den neuen Gefahren und der nun erforderlich werdenden strafferen Organisierung, mit der unvermeidlichen Praxis der Kaperei und der dabei anfallenden Beute und schließlich über der Notwendigkeit, mit den islamischen Fürsten Abkommen zu treffen, erwachte auch die Unternehmungslust der italienischen Seefahrer. Während der zweiten Hälfte des 9. und den ersten Jahren des 10. Jahrhunderts, zu jener Zeit also, als die Sarazenen das Zentrum des Tyrrhenischen Meeres ganz unter ihrer Kontrolle hatten, festigte sich die Vormachtstellung der beiden Häfen von Venedig und Amalfi, über die die Beziehungen zwischen der römischen Christenheit und den östlichen Mittelmeergebieten vermittelt wurden.
Die Einwohner der venezianischen Lagune produzierten Salz, das sie im Inland verkauften. Sie unternahmen aber auch Seefahrten und drangen trotz der Verbote, die die Herrscher von Konstantinopel erlassen hatten, bis zu den

großen Warenlagern im muselmanischen Ägypten vor. Von dort holten sie im Jahre 829 die Reliquien des hl. Markus und brachten sie in ihre Heimat. Als Gegenleistung boten sie Waffen und Holz für Schiffsbauten aus den istrischen und dalmatinischen Wäldern, Dinge also, die den islamischen Arsenalen fehlten. Darüber hinaus verkauften sie Sklaven, die teilweis südslawischer Herkunft waren und in den unsicheren Grenzgebieten zwischen den fränkischen und byzantinischen Herrschaftsbereichen gefangen genommen wurden, teilweise aber auch aus Zentraleuropa in Konvois über die Alpen kamen. Im 11. Jahrhundert verlangte der Bischof von Chur den durchziehenden Händlern eine Kopfsteuer von 2 *denarii* pro Sklave ab. Möglicherweise brachten die Einwohner der Lagunen auch lombardischen Weizen nach Byzanz; denn in der Mitte des 10. Jahrhunderts berichteten die Zöllner von Konstantinopel dem Bischof Liutprand von Cremona, der als Gesandter Ottos des Großen angereist war, daß die venezianischen Kaufleute Nahrungsmittel gegen Seidenstoffe tauschten. Dank der Zollfreiheit, die der Herrscher des Orients den Händlern 922 zugesichert hatte, gingen all diese Handelsbeziehungen sehr unkompliziert vonstatten. Etwa um die gleiche Zeit verkehrten die reichlich mit Waren beladenen venezianischen Schiffe auch auf dem Po. An diesen vielfältigen Aktivitäten gesundete eine Aristokratie, die einen Teil ihres Gewinns für den Erwerb von Landdomänen auf den Inseln der Lagune und auf dem Festland verwendete. Gleichzeitig ließ diese Aristokratie allerdings nie davon ab, großes Geldkapital in die Seeabenteuer zu investieren.

Ähnlich wie Venedig war Amalfi zur Landseite hin gegen alle Gefahren geschützt. Nicht durch Lagunen, aber durch unüberwindbare schroffe Felsen. So blieb es von allen politischen Unruhen um die Rivalitäten zwischen Barbaren und Griechen, die Neapel schließlich zugrunde richten sollten, unberührt. Außerdem kam diesem Schlupfwinkel auch noch das ferne Protektorat von Byzanz zugute. Es brachte den amalfitanischen Seefahrern die gleichen Handelserleichterungen in Konstantinopel ein, die auch die Venezianer genossen. Wie diese letzteren holten auch sie sich wertvolle Stoffe aus dem byzantinischen Reich, die zum Schmuck der Prozessionen und liturgischen Zeremonien benutzt und mit denen die Wände von Kirchen und Palästen bespannt wurden. Zum Verkauf wurden die Stoffe wahrscheinlich vorwiegend nach Rom gebracht und dort zu niedrigeren Preisen angeboten als die Händler des Adriatischen Meeres verlangten. Der Biograph des hl. Gerald von Aurillac berichtet über seinen Helden, einen Grafen aus der zweiten Hälfte des 9. Jahrhunderts, er sei eines Tages von Rom zurückgekommen und habe orientalische Stoffe mitgebracht; in Pavia sei er mit venezianischen Händlern zusammengetroffen, die den Preis dieser Stoffe höher einschätzten als er tatsächlich gewesen war. Als der Kaiser des Ostreiches den Venezianern Handelsprivilegien einräumte, sorgte er mit großer Vorsicht dafür, daß der Handel der Amalfitaner in Konstantinopel keinerlei Beeinträchtigung erfuhr. Zu jener Zeit hatten letztere schon umfangreiche Beziehungen zu den islamischen Häfen aufgebaut, Beziehungen, die so eng waren, daß trotz der politischen Bindung an Byzanz sowohl in Amalfi als auch in der benachbarten Stadt Salerno eine Goldmünze arabischer Prägung, der *tarin*, und seine an Ort und Stelle angefertigte Imitation in Umlauf waren. An keinem anderen Ort der römischen Christenheit hatten sich die Handelsaktivitäten so sehr spezialisiert wie an diesem engen Gestade zwischen Meer und Felsen. Durch die fruchtbaren Geschäfte gelangten einige Abenteurer zu ungeheuerlichem Reichtum; so etwa der berühmte Pantaleone, der im letzten Viertel des 11. Jahrhunderts riesige Vermögen an verschiedene religiöse Einrichtungen bei den Heiligtümern von Rom, an Sankt Michael de Monte Gargano, Antiochia und Jerusalem vermachte. An der Verteilung solcher Almosen läßt sich die Ausstrahlungskraft von Amalfi ermessen. An allen Küsten hatte die tyrrhenische Stadt Stützpunkte in Form von Händlerkolonien eingerichtet. Diese ihrer Anzahl nach außerordentlich verbreiteten Kolonien müssen von ungewöhnlich vielen Menschen bewohnt gewesen sein. Wir wissen beispielsweise, daß im Jahre 996 mehr als 100 Amalfitaner in einer Schlacht bei Kairo fielen, obwohl Kairo damals noch kein erstrangiger Handelsplatz war. Man kann sich nun fragen, ob überhaupt noch viele waffenfähige Männer in der Stadt von Amalfi verblieben, ob sie mit ihrer isolierten geographischen Lage noch mehr darstellte als die Ruhestatt der Toten und einen Erholungsort, eine Zuflucht, eine Rückzugsmöglichkeit für all die Händler, die vom Bosporus und Durazzo bis zum Maghreb hin verstreut waren. Kaum hatten sie das notwendige Alter erreicht, begaben sich auch die Knaben aus Amalfi in die Gefahren von Seefahrt und Handel und machten ihrerseits Geschäfte. War das Gestade von Amalfi in jener Zeit nicht ähnlich wie die Küsten Frieslands im 8., wie das Ober-Engadin im 15. Jahrhundert oder die kleinasiatischen Häfen zu allen Zeiten eine jener Weltgegenden, wo die natürlichen Bedingungen und eine vorteilhafte Lage an den großen Verkehrswegen einen unwiderstehlichen Drang zu fernen Abenteuern ausüben? Die Wagemutigsten verließen ihre Heimat und kamen nur noch selten zu Gelegenheitsbesuchen zurück. Sie verwandten den größten Teil ihrer Energie an anderen Orten, und so kamen zwangsläufig auch andere Gegenden in den Genuß ihrer ökonomischen Erfolge. Ihr Geburtsort hatte kaum einen Anteil an dem Kapital, das sich im Laufe ihrer Unternehmungen akkumulierte – die frommen Schenkungen von Pantaleone sind der beste Beweis dafür. Diese Entwicklung erklärt auch den plötzlichen und endgültigen Untergang von Amalfi.

Im Jahre 1077 mußte sich die Hafenstadt Amalfi der wachsenden Macht der Normannen ergeben, die vor ihren Toren mit der Zeit immer festeren Fuß gefaßt hatten. Der ganze Wohlstand dieser Stadt basierte auf einer politischen Ausnahmesituation, die den freien Handel mit den Heiden möglich gemacht hatte. Mit ihrer Integration in einen Staat, der andere Interessen verfolgte, war sie zum Untergang verurteilt. Ihre Funktion wurde teilweise von Bari übernommen, wo sich die meisten Reisenden einschifften, die nach Konstantinopel oder ins Heilige Land wollten, und wo die »jüdischen und lombardischen« Händler mit dem Abkommen von 992 zwischen Venedig und Byzanz die gleichen Rechte erhalten hatten wie die amalfitanischen Kaufleute. Die Geschichte von Amalfi ging 1138, als die Stadt von pisanischen Booten überfallen und zerstört wurde, endgültig zu Ende.

Die kommerzielle Entwicklung von Pisa und Genua war enger, aber auch gewaltsamer mit den aggressiven Gegenströmungen verknüpft, die die westliche Christenheit, kaum daß sie über die notwendigen Mittel verfügte, in Angriffe gegen die sarazenischen Piraten lenkte. Hier wird besonders deutlich, welchen Einfluß die Vorstellung vom Heiligen Krieg, die damals an den »Grenzen« der iberischen Halbinsel ausgereifte Formen annahm, auf das wirtschaftliche Wachstum hatte. Die Venezianer, vor allem aber die Amalfitaner, hatten sich bei ihren Handelsbeziehungen zu den Warenlagern im islamischen Herrschaftsgebiet, wo sie, genau wie die Juden, geschützte eigene Niederlassungen unterhielten, auf friedliche Abkommen gestützt. Die Seefahrer aus dem nördlichen Teil des Tyrrhenischen Meeres dagegen bauten ihre Schiffe von Anfang an für den Kaperkrieg; genauer gesagt, sie bauten Galeeren, die sich zum Angriff und schnellen Rückzug eigneten. Die Pisaner zogen, allen voran, als Plünderer und Streiter Gottes in die Offensive und begannen erst viel später mit dem eigentlichen Handel. Sie taten es also den spanischen Kriegern und den jüngeren Söhnen der mächtigen Familien aus der Normandie gleich, die ebenfalls und um die gleiche Zeit in Süditalien reich zu werden hofften. Erst mit der Beute, die von den militärischen Expeditionen in die Heimat zurückgebracht wurde, sammelte sich im Laufe der Jahre ein Kapital, das später im Handel seine Früchte tragen sollte.

Während der Herrschaft der Langobarden hatte sich in Pisa eine kleine Kolonie von sogenannten »Römern«, das heißt von Untertanen des griechischen Kaiserreichs, unter der Schutzherrschaft des Königs recht lange halten können. Allerdings war die Tatsache, daß in dieser verfallenen Ortschaft auch während der *dark ages* zumindest einige Aktivitäten weitergeführt wurden, ähnlich wie in Venedig, wohl eher der Nutzung der Salinen zu verdanken. Eine entscheidende Wiederbelebung erfuhr Pisa dann durch die Umleitung der Hauptverkehrsstraße nach Rom über Lucca. Seit 975 findet man immer wieder pisanische Schiffe in der byzantinischen Flotte, die damals Messine bedrohte. Doch die großen Raubzüge begannen erst zu Anfang des 11. Jahrhunderts. Nachdem sie zunächst die unter sarazenischer Kontrolle stehenden korsischen und dann die sardinischen Küsten angegriffen hatten, stießen sie allmählich auch zu den Balearen, zur spanischen Küste, nach Sizilien und zum Maghreb vor. Im Jahre 1072 leisteten die pisanischen Piraten den Normannen aktive Hilfe bei ihrem Versuch, in Sizilien Fuß zu fassen. Zu dieser Zeit hatten sich dank der Plünderungsunternehmungen im Hafen des Arno schon ungeheure Reichtümer angestaut. Der Bau einer großartigen Kathedrale spiegelt noch heute deren Ausmaß wider. Genua folgte dieser Entwicklung mit einiger Verspätung. Die langobardischen Eroberungen hatten ihm härter zugesetzt. Dauerhafter Schaden war dieser Stadt insbesondere durch die Verlegung der Verkehrswege über die ligurischen Apenninen zugefügt worden. Von ihren Schlupfwinkeln an der

»Riviera« aus gesellten sich die adeligen Genuesen zu den pisanischen Piraten und begleiteten sie auf ihren Feldzügen gegen die Sarazenen auf den Inseln. Nach der Mitte des 11. Jahrhunderts erlebte die genuesische Schiffahrt einen raschen Aufschwung. Als sich der erste Kreuzzug in Bewegung setzte, hatten die seefahrenden Krieger dieser beiden Städte gerade Mahdia geplündert. Die Häfen am unteren Rhônelauf und in der Umgebung von Narbonne standen bereits unter ihrer Gewalt. Um größere Gewinne zu erzielen, hielten sie sich nun, da sie genügend Kraft gesammelt hatten, bereit, ihre Verwüstungen auch auf die begüterten Küsten des östlichen Mittelmeeres auszudehnen. Schon nach kurzer Zeit färbten ihre Habgier und ihre Raublust, ihr Bewußtsein, daß die eigentlichen Reichtümer beweglich und in Geld meßbar sind, auf die Praktiken des bislang recht friedlichen Handels ab. Derartige Einstellungen waren der Mentalität der ganz Westeuropa beherrschenden bäuerlichen Zivilisation völlig fremd, sollten aber in Zukunft die Haltung auch ihrer Kaufleute kennzeichnen. Es ist deutlich zu erkennen, daß diese Geisteshaltungen aus einem Milieu hervorgegangen waren, das vollständig auf den Krieg mit seinen Gefahren und Bereicherungsmöglichkeiten ausgerichtet war. Das gleiche kann man bei den Wikingern, bei ihren Nachfahren und all den anderen Völkern beobachten, deren Aggressionslust mit ihren Feldzügen erwacht war.

Im Inneren Italiens bewirkten die Reste der immer noch lebendigen antiken Kultur, daß die Stadt stets das Zentrum aller wesentlichen Aktivitäten blieb. Während die Städte jenseits der Alpen entweder nur noch aus Trümmern bestanden oder aber gerade erst im Entstehen waren, bildeten sie in den meisten Gegenden Italiens den Mittelpunkt aller sozialen Beziehungen. Hier waren sie keine künstlichen Gebilde mit fast ausschließlich religiösen oder militärischen Funktionen, keine isolierten Punkte innerhalb einer Landwirtschaft treibenden Bauerngesellschaft; im Gegenteil, das Land hatte in der italienischen Stadt geradezu seinen Mittelpunkt. Auch nach dem Zusammenbruch, der den langobardischen und später den karolingischen Eroberungen folgte, erholten sich die Stadtmärkte im Laufe des 10. Jahrhunderts wieder und wurden zur Sammelstelle aller Produkte, die die Domänen abwarfen. In dem Maße, in dem diese Märkte sich wieder belebten, verkümmerten die Landmärkte.
Natürlich lagen auch hier, genau wie in allen anderen Ländern, die wirksamsten Triebfedern der wirtschaftlichen Dynamik und die Quellen des Reichtums in den Feldern, den Gemüsegärten, den Weinbergen und Weiden. Doch die Grundherren waren zum größten Teil Städter. Sie bewirtschafteten ihre Besitztümer aus weiter Ferne. Diese Situation begünstigte einen außergewöhnlich lebhaften Handel; sie lud praktisch dazu ein, ständig Münzgeld als Zahlungsmittel zu verwenden.
Die Geldprägung erfüllte hier eine so notwendige und wichtige Funktion, daß sie die Grundlage für die spektakulärsten Familienerfolge jener Zeit abgab. Zu Ende des 10. bis zur Mitte des 11. Jahrhunderts gehörten die Vorsteher der Prägestätten zu den sozial höchstgestellten Einwohnern der Stadt. Sie saßen

gemeinsam mit den Repräsentanten des Kaisers zu Gericht, liehen den Klöstern Geld und unterstützten die Kirchenreformatoren. Einer dieser Münzmeister gab im Jahre 1036 180 *librae* (in *denarii*) aus, um den vierten Teil eines Schlosses zu erwerben. In der Lombardei führte der immer intensiver werdende Münzgeldumlauf seit etwa 970 zu beträchtlichen Preissteigerungen, bis die wachsende Verknappung der Zahlungsmittel in der Mitte des 11. Jahrhunderts schließlich dazu führte, daß die Münzprägestätten von Pavia, Lucca und Mailand leichtere Münzen herstellten, die flexibler zu gebrauchen waren.

Im Laufe des 10. Jahrhunderts zersetzten die auf die Stadt zentrierten Bewegungen allmählich die ökonomischen Strukturen der großen Domänen, wie sie uns aus den karolingischen Polyptychen bekannt sind. Zuerst lösten sich die Sklavenschaften auf, die als Dienstmannen in den Herrenhäusern gehalten wurden. Die Arbeitsleistungen der Hintersassen gegenüber den Grundbesitzern verschwanden fast vollständig. Nach dem Jahr 1000 wurden im Zusammenhang mit der Überführung der überschüssigen Landwirtschaftsprodukte auf den Stadtmarkt, wobei professionelle Kaufleute aus der Stadt als Zwischenhändler fungierten, und auf Grund der größeren Flexibilität und zunehmenden Verbreitung des Münzgeldes auch die direkten Naturalienabgaben der Bauern in Geldabgaben verwandelt. Die auf Gewohnheitsrecht beruhenden Bindungen der Landarbeiter an die Grundbesitzer wurden durch Vertragsvereinbarungen von begrenzter Dauer, die *livelli*, ersetzt. Entsprechende Schriftstücke verbürgten ihre Gültigkeit. Die Abfassung derartiger Verträge erforderte einen ganzen Stand professioneller Schreiber, die Notare, wohlhabende Männer, die reichlich über *denarii* verfügten und zugleich als Geldleiher fungierten. Auf der Grundlage von Verträgen ähnlicher Art wurde auch der riesige Grundbesitz der Kirche gegen eine äußerst geringe Jahrespacht stückweise an geistliche oder weltliche Städter vergeben, die eine aktivere Nutzung betrieben. Diese Auflösung des kirchlichen Patrimoniums zugunsten von Unternehmern, die sich in der Stadt etabliert hatten, erreichte solche Ausmaße, daß sich beispielsweise der gesamte Besitz des Klosters von Bobbio zu Ende des 10. Jahrhunderts in fremden Händen befand und der zuständige Abt den Kaiser bitten mußte zu intervenieren. Die hier beschriebene Entwicklung bedeutete eine zusätzliche Verstärkung der städtischen Kontrolle über die Wirtschaft des umliegenden Landes und begünstigte dessen intensivere Nutzung. Sie beschleunigte aber auch im ländlichen Milieu eine Verbreitung der wertvollen Edelmetalle, die sich in der Stadt angesammelt hatten. Dieses Kapital stimulierte den Ausbau der Wein- und Olivenpflanzungen sowie die ersten Ansätze zur Urbarmachung von Brachland. Wie wir sehen, bietet Italien das Bild eines völlig neuartigen Entwicklungsprozesses. Das Wachstum der Bauernproduktion wurde schon ungewöhnlich früh, gleich nach den letzten Überfällen der Sarazenen und Ungarn, durch massive Geldinvestitionen der Städter angeregt. Der von dem städtischen Wohlstand ausgehende Zustrom wirtschaftlicher Lebenskraft war sicherlich auch zugleich die entscheidende Basis für ein Bevölkerungswachstum, das sich allem Anschein nach seit dem ersten Aufschwung in der Karolingerzeit ohne bemerkenswerte Unterbrechungen entwickelte. In Latium nahm die Einwohnerzahl zu Anfang des 9. Jahrhunderts, wenn nicht noch früher, spürbar zu. Sie zeigte sich zunächst in der Verbreitung neuer landwirtschaftlicher Unternehmen und dann, im Laufe des 10. und der ersten Hälfte des 11. Jahrhunderts, in der Gründung neuer, befestigter Kernsiedlungen, der *castra*. Bei den Städtern, die zum großen Teil aus dem Adel stammten und mit Waffen ausgestattet waren, führte die Gewöhnung an den Umgang mit Geld zu völlig anderen Verhaltensweisen als wir sie aus Quellen des jenseitigen Alpengebietes kennen. Sie konnten rechnen, den Wert der Dinge genau einschätzen und ihn in Geldeinheiten umsetzen. Sie hatten ein Gespür dafür entwickelt, welchen Gewinn man mit einer bestimmten Summe Münzgeldes erzielen konnte, wenn man sie in ländliche Produktionsunternehmen investierte oder sie in geschickten Handelsgeschäften Früchte tragen ließ. Die Städter hielten es keineswegs für anormal, wenn man sich um einen Gewinn sorgte, der nicht das Ergebnis von Eroberung und Waffengewalt oder ein Geschenk des Kriegsherren war. Derartige Einstellungen hatten sicherlich auch etwas mit der frühen Verbreitung religiöser Ansprüche bei den weltlichen Einwohnern der italienischen Städte zu tun, die die Armut und die Übung in asketischer Lebensweise zur besonderen Tugend erhoben. Zu einer Zeit, als noch kein einziges Individuum aus der übrigen römischen Christenheit es wagte, der Kirche das Recht abzusprechen, ihre Macht über die Welt auszuweiten oder zur Ehre Gottes Edelmetalle in den Heiligtümern zu horten, verlangten die Städter Italiens ihr schon größere Bescheidenheit ab. Da das Geld für sie zu einem Instrument geworden war und weil der Reichtum in ihren Augen nicht mehr als Belohnung für Heldentaten galt, sondern als Ergebnis eines alltäglichen, natürlichen Wachstums, das oft nicht einmal mehr Mut voraussetzte, erklärten sie die Armut zum Ziel moralischer Vollkommenheit. Durch die Eigentümlichkeit seiner ökonomischen Strukturen wurde dieses Milieu zum Ausgangspunkt aller Bemühungen, die darauf bedacht waren, die Geistlichen des Westens zu einem demütigen Leben in Armut zu verpflichten, ein Gedanke, der ansonsten von der byzantinischen Kirche im Süden der italienischen Halbinsel vorbildlich vertreten wurde. Diese Verhaltensweisen und der Teilerfolg der Reformbewegungen schlugen sich unmittelbar auf die Wirtschaft nieder. Weil der Lebensstil der Aristokratie sich änderte und der Hang zu Prunksucht und Verschwendung mildere Formen annahm, und weil andererseits zwar das Bestreben, Gott einen Teil des eigenen Reichtums zu opfern, in vollem Umfang bestehen blieb, es für das Seelenheil aber immer weniger angemessen erschien, das Gold und Silber als Altarschmuck zu verwenden, wurde es in zunehmendem Maße an die Armen verteilt oder zur Unterstützung an Wohltätigkeitsinstitutionen vergeben. Auf diese Weise wurden die beweglichen Güter verteilt und in Umlauf gebracht. Der Anteil jener Reichtümer, die in den Schatzkammern der Adeligen und religiösen Einrichtungen ruhten, war hier sicherlich geringer als irgendwo anders. So blieb der größte Teil der Geldreserven, die vom Land in die Stadt kamen und beständig zunahmen, für den Handel verfügbar.

Die Fernhandelsströme, die zunächst nur die Küsten, insbesondere die der Adria, und das Flußnetz um den Po erreichten, konnten allmählich auch in die Städte des Inlandes vordringen. Unter den Einwohnern der Städte hatte es schon immer *negociantes* gegeben, Individuen, die Geld zurückgelegt hatten und als Kreditgeber und Gelegenheitshändler arbeiteten. Sie bereicherten sich am Geschäft mit den Pilgern, der *tonta*, das hier, an den Stationen der Landwege, die nach Rom und weiter ins Heilige Land führten, noch einträglicher war als in Spanien. Die bußfertigen Sünder, die geheiligt in ihre Heimat zurückkehrten, waren durchaus bereit, sich die Versuchung der prächtigen fremden Waren, die ihnen gezeigt wurden, gefallen zu lassen. Ich habe schon weiter oben erwähnt, daß auch der Graf Gerald von Aurillac, der bekannte Held weltlicher Heiligkeit, der mit vollen Händen *denarii* an die Armen verteilte und die Unwürdigkeit des Luxus lehrte, trotz all dieser Eigenschaften prachtvolle Stoffe aus Rom mitbrachte. Sobald sich die Karawane eines besonders reichen Pilgers den Städten der lombardischen Ebene näherte, eilten die Händler herbei und boten dem hohen Herrn und den Personen in seinem Gefolge, die schon bald darauf wieder in der Wildnis jenseits der Alpen untertauchen sollten, Seidenmäntel und Spezereien an. Während des ganzen 10. Jahrhunderts entfaltete sich die Tätigkeit dieser Händler, deren Anfänge schon zu Zeiten Karls des Großen zu beobachten waren. In der Intensität der Geschäfte war Pavia allen anderen Städten weitaus überlegen, da sich hier der Hauptsitz der königlichen Autorität befand. An diesem Beispiel können wir wieder einmal das Gewicht der politischen Strukturen erkennen.

Pavia baute damals einen neuen Verteidigungswall auf. Seine Münzprägestätte war die produktivste des ganzen Königreichs und konnte diese Position lange halten. Im Laufe des 11. Jahrhunderts machten die hier geprägten *denarii* den römischen Konkurrenz. Nach dem Jahr 1000 bildeten diese Münzen in ganz Norditalien die Basis für eine kontinuierliche Expansion der Geldwirtschaft. Die »ungewöhnlich ehrbaren und sehr reichen« Kaufleute Pavias blieben auch nach dem karolingischen Verfall mit dem Haus des Herrschers verbunden und bildeten eines seiner *ministeria*, die jeweils für besondere Amtsbereiche zuständig waren. Das brachte ihnen ein außerordentliches Privileg ein; auf keinem Markt konnten die Händler aus anderen Städten ihnen Konkurrenz machen. Die Behörden sorgten dafür, daß der Handel mit den wertvollsten Gütern nur in Pavia und unter ihrer Kontrolle stattfand. Ein königlicher Erlaß aus den Jahren zwischen 1009–1026 verbot den Venezianern, ihre Seidenstoffe anderswo als auf den beiden vierzehntägigen Jahresmärkten zu verkaufen, von denen der eine zur Karwoche und der andere um den Jahrestag des Heiligen Martin im November abgehalten wurde. Doch mit der zunehmenden Schwächung der monarchischen Macht verlor auch Pavia zu Anfang des 11. Jahrhunderts seine kommerzielle Vorherrschaft. Es mußte seine Stellung Mailand überlassen, wo die Händlerfamilien, deren Stammbäume bis tief ins 9. Jahrhundert zurückverfolgt werden können, immer reicher wurden und ihre Gewinne hauptsächlich durch Häuserkäufe innerhalb und Bodenkäufe außerhalb der Stadtmauern erzielten. Neben Cremona, dessen Flußhändler sich im Jahre 924 gegen die bischöfliche Autorität erhoben und dem 991 die Sondervergünstigung der kaiserlichen Schutzherrschaft gewährt wurde, bildete Piacenza einen weiteren Knotenpunkt von erstrangiger Bedeutung. Hier traf der Po mit drei Landwegen zusammen; einmal mit der Via Aemilia, dann mit der Straße, die von Mailand nach Genua führte, und schließlich mit der, die über den Apennin nach Lucca führte. Diese letztgenannte Stadt blieb das Hauptzentrum der inneren Toskana. Florenz und Siena erlebten in der zweiten Hälfte des 10. Jahrhunderts den Aufstieg großer Familien, die die Wirtschaft der beiden Städte und ihrer ländlichen Umgebung über lange Zeit beherrschen sollten.

Sobald die Vertreibung der Sarazenen den Wiederaufbau der Klöster erlaubte, die entlang der Bergstraßen als Zwischenstationen dienten, genauer gesagt, um das Jahr 1000, kam es zu intensiveren Beziehungen zwischen den lombardischen Zentren und den Ländern jenseits der Alpen, die übrigens trotz der ständigen Bedrohung durch Straßenräuber niemals wirklich unterbrochen worden waren. Die Durchgangsstraßen belebten sich in dem Augenblick, als die großen Wallfahrtsstätten, die Heiligtümer von Rom und die noch weiter entfernten des Orients, immer größere Anziehungskraft für die Christenheit gewannen. Über die Verbindungen, die sich auf diesen Wegen anbahnten, geben die *Honoranciae civitatis Paviae*, ein Text aus den Jahren 1010–1027, einigen Aufschluß, obwohl er sich in Wirklichkeit auf eine frühere Situation, die der zwanziger Jahre des 10. Jahrhunderts, bezieht. Er berichtet über die Vielfalt und Bedeutsamkeit der Verkehrswege, die damals in Pavia zusammenliefen. Der Hof des italienischen Königs war darauf bedacht, aus dieser günstigen Situation Vorteile zu ziehen. Der stärkste Verkehr kam ohne Zweifel von der Adria und aus dem Süden.

»Der Doge von Venedig und die ihm untergebenen Venezianer sind verpflichtet, jährlich 50 *librae* in venezianischen *denarii* im Palast abzuliefern und dem Schatzmeister eine Seidenschärpe höchster Qualität mitzubringen. Dieses Volk pflügt nicht, es sät nicht und hält keine Weinlese. Es nennt diese Geldzahlungen einen ›Pakt‹ (*pactum*), aus dem guten Grunde, weil das venezianische Volk ohne irgendwelche Schwierigkeiten in allen Handelszentren Weizen und Wein kaufen und seine Geschäfte in Pavia abwickeln kann.«

Viele reiche venezianische Händler hatten die Gewohnheit angenommen, ihre Waren nach Pavia zu bringen. Jeden vierzigsten *solidus* ihres Handelsgewinns überließen sie dem Kloster Sankt Martin, dem sogenannten Kloster »Außerhalb-der-Mauern«.

»Jeder Venezianer, oder zumindest jeder reiche, hat dem Schatzmeister jährlich bei seiner Ankunft in Pavia je ein reichliches Pfund Pfeffer, Zimt und Ingwer abzuliefern und der Gemahlin des Schatzmeisters einen Elfenbeinkamm, einen Spiegel und ein Putzkästchen zu überreichen, oder aber 20 *solidi* in gutem pavianischem Münzgeld zu zahlen. Auch die Händler aus Salerno, Gaeta und Amalfi haben die Gewohnheit, ihre Waren in großen Mengen nach Pavia zu bringen. Genau wie die Venezianer müssen sie jeden vierzigsten *solidus* an die Schatzkammer des königlichen Palastes abgeben und der Gemahlin des Schatzmeisters Spezereien und ein Putzkästchen bringen.«

Es kamen aber auch Kaufleute aus den Ländern jenseits der Alpen in die königliche Stadt.

»Bei ihrem Eintritt ins Königreich zahlten sie an den Zollstellen und auf den Wegen, die dem König gehörten, je ein Zehntel aller eingeführten Waren. Die Zollstellen befinden sich an folgenden Standorten: Die erste ist in Susa [an den nördlichen Ausläufern des Passes von Monte Genèvre, der sich durch das Flußtal der Durance zur Provence hin nach Aquitanien und Spanien öffnet]; der zweite in Bard [am Fuße des Großen St. Bernhard]; der dritte in Bellinzona [an der Auffahrt zum Lukmanier Paß]; der vierte in Chiavenna; der fünfte in Bozen [unterhalb des Brenner]; der sechste in Velarno [an der Etsch, Richtung Verona]; der siebente in Treviso; der achte in Zuglio [auf dem Wege zum Monte-Croce]; der neunte in der Nähe von Aquileja und der zehnte in Cividale in Friaul. Ein jeder, der aus den Ländern jenseits der Alpen in die Lombardei kommt, muß den Zehnten auf Pferde, Sklaven beiderlei Geschlechts, Woll- und Leinentücher, Hanfgewebe, Zinn und Gewürze zahlen ... Wer sich auf der Wallfahrt nach Rom oder Sankt Peter befindet, darf alles, was er zur Deckung seiner Unkosten braucht, mit sich führen, ohne Abgaben zu entrichten. Die Angeln und die Sachsen und alle, die in jenen Ländern wohnen, müssen dem Palast von Pavia und der königlichen Schatzkammer alle drei Jahre 50 Pfund eingeschmolzenes Silber, zwei Jagdhunde, zwei Schilde bester Qualität, zwei ebenso gute Lanzen und zwei bewährte Schwerter schicken. Dem Schatzmeister schulden sie zwei große Fellumhänge und zwei Pfund Silber. Als Gegenleistung erhalten sie von ihm das Siegel, das ihnen auf dem Hin- und Rückweg jede Unannehmlichkeit erspart.«[18]

Diese Zeilen vermitteln sowohl einen Eindruck von der Anwesenheit zahlreicher professioneller Händler als auch von den maßgeblichen Handelsrichtungen. Es werden weder byzantinische noch jüdische Kaufleute erwähnt. Zwischen den Waren, die aus dem Mittelmeergebiet stammen, etwa Gewürzen, Luxusprodukten einer hochentwickelten Handwerkskunst und Münzgeld, und denen, die über die Alpen kommen, Sklaven, gewöhnliche Tuche, Zinn von den britischen Inseln, fränkische Waffen und ungeprägtes Silber, besteht ein deutlicher Kontrast. Auf dem Markt von Pavia treffen zwei Welten aufeinander. In dem zitierten Text wird das Hauptgewicht auf die Beziehungen zu England gelegt. Die ursprünglichen Bindungen zwischen der Christenheit dieses Landes und Rom hatten in der Tat zur Beibehaltung eines Kontakts geführt, der schon zu den Zeiten Alkuins und Karls des Großen äußerst eng erschien. Doch die Angelsachsen waren nicht die einzigen, die über die Alpen kamen. Sie werden nur deshalb besonders eingehend behandelt, weil sie zu Anfang des 11. Jahrhunderts Zollfreiheit genossen. In Wirklichkeit ist die in der ersten Hälfte des 11. Jahrhunderts erfolgte Ausdehnung des klösterlichen Patrimoniums von San Michele della Chiusa, in der Nähe von Susa, über den ganzen Südosten Galliens ein deutliches Anzeichen dafür, daß die Verkehrsströme damals auch in dieser Richtung ungeheuer anschwollen.

Andererseits begannen die Einwohner Italiens um die gleiche Zeit, sich in umgekehrter Richtung zu bewegen und den Schritt über die Alpen zu wagen. Sie

---

[18] *Monumenta Germaniae Historica, Scriptores,* Bd. 30, Teil 2, Leipzig 1934, S. 1451–1453.

nahmen vorwiegend Silbermünzen mit, von denen sie mehr als alle anderen hatten. Aus den Quellen wissen wir, daß einige dieser Abenteurer im Jahre 1017 auf fränkischen Wegen überfallen und ausgeraubt wurden. Im Zusammenhang mit der Verbreitung ketzerischer Lehren wird berichtet, daß um 1025 Italiener nach Arras kamen; in Wirklichkeit dürfte es sich hier um Geistliche handeln, die die Tugend der Armut verkündeten – ein Gedanke, der sich, wie wir schon gesehen haben, zuerst in den aufsteigenden Kreisen der italienischen Städte hatte durchsetzen können. Im Jahre 1034 wurde der Paß von Mont Cenis dann tatsächlich von Händlern aus Asti benutzt.

Sie bildeten die eigentliche Vorhut jener Abenteurerhorden, die im Laufe des 11. Jahrhunderts in zunehmender Anzahl den Entwicklungsschwerpunkt der Lombardei verließen, um sich an seinen immer mächtiger werdenden Gegenpol im Nordseegebiet zu begeben. Diese Leute drangen tief ins Innere des gallischen Raumes ein. Sie entfernten sich von den »Grenzen«, das heißt von jenen Zwischenzonen, wo die Raubüberfälle, die gegnerischen Auseinandersetzungen und all die sich auf dieser Basis entwickelnden Geschäfte die Antriebskraft der Handelsökonomie darstellten und manchmal sogar eine Belebung der gesamten Landwirtschaft erreichten. Von diesem auf den Krieg gründenden Wirtschaftsleben in den Randgebieten der Christenheit war in jenen Teilen des Landes, die die Abenteurer aus Italien durchstreiften, so gut wie nichts zu spüren. Allerdings bargen diese Gebiete dank der im Entstehen begriffenen neuen politischen Ordnung bereits in sich die Keime eines selbständigen Wachstums.

Dritter Teil
Die Eroberungen der Bauern

Von der Mitte des 11. bis zum Ende des 12. Jahrhunderts

I. Die Feudalzeit

Wir haben gesehen, wie sich an den Grenzen der römischen Christenheit im Zuge fortgesetzter und verstärkter Angriffsunternehmungen ein nach Osten und Süden expandierendes, auf gewaltsamer Aneignung und Plünderung beruhendes Wirtschaftssystem herausgebildet hat, das den Transfer von Reichtümern beschleunigte und auf diese Weise günstige Bedingungen für ein ökonomisches Wachstum hervorbrachte. Gleichzeitig aber nahmen die Beziehungen unter den Menschen in den Jahrzehnten vor und nach dem Jahre Tausend im Inneren Europas nach und nach eine neue Gestalt an. Die Historiker bezeichnen sie gewöhnlich als Feudalismus. Im Grunde handelt es sich hier um eine umfassende Veränderung, die schon in der Karolingerzeit eingesetzt, lange jedoch im Schatten der Ereignisse gestanden hatte, dann durch die Invasionen des 9. und 10. Jahrhunderts beschleunigt worden war und nun endlich an der Oberfläche sichtbar wurde. In den entwickeltsten Gegenden, genauer gesagt in Gallien, gelangte sie in den letzten Jahrzehnten des 11. Jahrhunderts zu voller Reife. Das neue Gebilde Germanien indes geriet erst mit einer Verspätung von mehr als hundert Jahren unter ihren Einfluß. An der Mittelmeerflanke des Christentums, insbesondere in Italien, wurde diese Entwicklung von den dort herrschenden, widerstandsfähigen Strukturen aufgefangen, die sich auf der Grundlage der urbanen Lebenskraft und der außergewöhnlich frühen Belebung der Geldzirkulation entwickelt hatten. Die Veränderungen an der politischen und gesellschaftlichen Basis entsprachen ganz ohne Zweifel den Bedingungen einer agrarischen Ökonomie, die von einer im Zuge militärischer Unternehmungen mächtig gewordenen Aristokratie beherrscht wurde. Doch umgekehrt übten auch die politischen Veränderungen eine unmittelbare Wirkung auf die ökonomische Entwicklung aus. Sie verliehen ihr nämlich den Rahmen einer neuen Ordnung, deren positive Effekte sich mit Sicherheit entscheidend auf die innere Entwicklung der europäischen Ökonomie auswirkten.

Die ersten Anzeichen der Expansion

Genau genommen wurden die Zeichen der Entwicklung erst mit großer Verzögerung sichtbar. Besonders bemerkenswert ist die Tatsache, daß die Chronisten, die während der zentralen Periode dieser Veränderung, also während der ersten Hälfte des 11. Jahrhunderts, in Gallien selbst mit der Geschichtsschreibung befaßt waren, wie etwa Ademar von Chabannes oder Raoul Glaber, in keiner Weise zu erkennen geben, daß sie auf der Ebene der materiellen Zivilisation irgendeinen Fortschritt in ihrer Umgebung wahrgenommen hätten. Gewiß, diese Männer haben alle eine klösterliche Ausbildung genossen, ja, viele von ihnen sind nie aus dem Kloster herausgekommen. In den Augen der Mönche verdiente die fleischliche Welt keine Aufmerksamkeit. Die Geschichte, um deren Niederschrift sie sich Gedanken machten, war die des moralischen Schicksals der Menschheit, der Weg des Volks Gottes in die Ewigkeit und das himmlische Jerusalem. Wir dürfen nicht vergessen, daß die wahren Strukturen dieser Welt aus ihrer Sicht geistiger Art waren, während sie die Aspekte der ökonomischen Realität für bloße Randerscheinungen hielten. Folglich können wir von ihnen keine angemessene Auskunft über wirtschaftliche Belange erwarten. Doch ihr Schweigen beweist wenigstens, daß die ökonomischen Transformationen sich zu ihrer Zeit langsam vollzogen und nicht den Charakter eines Umbruchs hatten. Dennoch waren sie gegenwärtig. Einige ihrer Aspekte wurden denn auch fast wider Willen von den Kirchenschreibern aufgedeckt, da diese sie für Anzeichen der göttlichen Vorsehung hielten.

Es gab zwei Arten von Phänomenen, die sie mit besonderer Aufmerksamkeit verfolgten. Zunächst die Unglücke und Katastrophen, die sie entweder als Ausdruck des göttlichen Zorns interpretierten oder aber als Ausdruck des Bösen, das den Menschen gefangenhält und ihn daran hindert, zu Gottes Herrlichkeit vorzudringen. So haben sie denn die großen Epidemien beschrieben, von denen die ländlichen Gegenden des Westens damals befallen wurden und die ihrer Ansicht nach nur durch Gebete, gemeinsame Buße und den Beistand der Schutzmacht der Reliquien eingedämmt werden konnten. Ganz offensichtlich wurde das Fortschreiten dieser Krankheiten – insbesondere des »heiligen Feuers« – durch den herrschenden Nahrungsmangel begünstigt. Einer jener Chronisten stellt übrigens eine direkte Verbindung zwischen der Epidemie, die Nordfrankreich im Jahre 1045 heimsuchte, und dem Mangel an Nahrungsmitteln her. »Ein tödliches Feuer verschlang unzählige Opfer... Zugleich erlitt fast die gesamte Weltbevölkerung eine Hungersnot, deren Ursache in der Knappheit von Wein und Getreide lag.«[19] In der Tat scheinen die Menschen, die in diesen Texten beschrieben werden, ständig von Hungersnöten bedroht gewesen zu sein. Die chronische Unterernährung nahm immer schlimmere Ausmaße an und führte zu einer katastrophalen Sterblichkeit. Besonders deutlich wurde dies beispielsweise in der Zeit um 1033, als nach den Worten Raoul Glabers ganz Europa drei Jahre lang von der »Bußplage« verheert wurde. Nun kann es aber kein Tabu sein, in diesem permanenten Hunger und den periodischen Krisen, die haufenweise unbegrabene Leichen an den Wegkreuzungen zurückließen und die Menschen dazu trieben, alles zu essen, Erde und womöglich sogar Menschenfleisch, das Anzeichen einer Expansion zu sehen. Sind nicht in der Tat alle diese Dinge Ausdruck eines vorübergehenden Ungleichgewichts zwischen dem Produktionsniveau, den technischen Unzulänglichkeiten einer lebensmittelerzeugenden Landwirtschaft, die immer noch sehr anfällig auf die Unbilden des Wetters reagierte, und der

---

[19] Raoul Glaber, *Les cinq livres de son histoire*, Buch 5, hrsg. von M. Prou, Paris 1886, S. 127.

Anzahl der Konsumenten, die sich im Zuge des demographischen Aufschwungs vervielfachte? Wie stark die Landwirtschaft von Unwettern beeinträchtigt wurde, zeigt etwa die folgende Textstelle: »Permanente Regenfälle hatten den ganzen Boden so durchnäßt, daß es drei Jahre lang unmöglich war, Furchen zu ziehen, die Samen aufgenommen hätten.« Auf jeden Fall beweist die Beschreibung der Hungersnot, die Raoul Glaber uns in einem Bericht aus dem Jahre 1033 liefert, daß sich dieses Phänomen in einem ökonomisch besonders aufgeschlossenen Milieu entwickelte. Die Akte von Kannibalismus, die er beklagte, geschahen in einem Land, wo Reisende auf den Straßen verkehrten und in Herbergen Unterkunft fanden, wo es üblich war, auf dem Markt Fleisch zu verkaufen, wo zur Nahrungsbeschaffung normalerweise Geld benutzt wurde (»damals entfernte man den Schmuck der Kirchen, um ihn zugunsten der Bedürftigen zu verkaufen«) und wo Spekulanten aus der allgemeinen Not Profit schlugen.[20] Die ganze Welt befand sich in Bewegung, und die Katastrophen, von denen sie heimgesucht wurde, waren im Grunde das Lösegeld für eine demographische Expansion, die vielleicht zu heftig, auf jeden Fall aber unreguliert vonstatten ging und dennoch als eine der ersten Früchte des Wachstums erscheint.

Andererseits zeigten sich die Chronisten von bestimmten Neuigkeiten überrascht. Sie interpretierten sie alle im Lichte einer Geschichte, die die Menschheit in die ewige Seligkeit führen sollte, aber die Erscheinungen selbst hielten sie für unbestreitbare Anzeichen des Fortschritts. Ein Jahrtausend nach der Passion Jesu Christi hält Raoul Glaber Dinge fest, die ihm als Ausdruck eines neuen Bundes erscheinen, als neuer Frühling der Welt, dessen Erblühen der göttlichen Gnade zu verdanken sei. Drei dieser Zeichen, die ihn derart beeindruckt haben, beziehen sich ganz offensichtlich auf das ökonomische Kräftespiel. So betont er zunächst die ungewöhnliche Belebung der Straßen. Die einzigen Reisenden, die dieser Mann der Kirche ausdrücklich erwähnt, sind die Pilger, die ihm zahlreicher erscheinen als je zuvor.

»Niemand hätte einen solchen Zustrom vorhersehen können. Alle machten sich auf den Weg nach Jerusalem; die Leute aus den unteren Klassen, die aus dem Mittelstand, dann all die ganz Großen, die Könige, Fürsten, die Grafen und die Prälaten, und schließlich auch, was noch nie zuvor geschehen war, die Frauen, und zwar die vornehmsten wie die ärmsten.«[21]

Wenn es richtig ist, die Zunahme dieser frommen Reisen im Sinne der zeitgenössischen Historiker als Ergebnis einer tiefgreifenden Veränderung der religiösen Einstellungen zu betrachten, kann es andererseits keinen Zweifel geben, daß diese Entwicklung durch die wachsende Mobilität der Reichtümer begünstigt wurde und selbst entscheidend zur Verstärkung dieser Mobilität beitrug. Für ihren Aufbruch, für ihren langen Weg mußten die Pilger sich

---

[20] Raoul Glaber, *Les cinq livres*, Buch 4, hrsg. von Prou, S. 99–106.
[21] Raoul Glaber, *Les cinq livres*, Buch 4, hrsg. von Prou, S. 106.

Münzgeld beschaffen, sie mußten es gebrauchen und in ihrer Umgebung verbreiten. Zwar kamen diese Personen unabhängig von ihrer sozialen Herkunft alle in die Gunst der kostenlosen Gastfreundschaft der religiösen Einrichtungen, doch waren nicht auf allen Etappen ihres Weges derartige Möglichkeiten gegeben. Außerdem versorgten sich die Menschen auf Pilgerfahrten, zumindest solange sie sich auf christlichem Boden bewegten, gewöhnlich nicht durch Plünderung. Folglich mußten sie von Zeit zu Zeit Nahrungsmittel und Ausrüstungsgegenstände kaufen. Nach ihrem Durchzug hinterließen sie eine regelrechte Spur von *denarii* in den Händen von Produzenten und Zwischenhändlern, die, ausgehend von allen zentralen Kreuzungen bis hin ins Landesinnere, ökonomische Aktivitäten anregten. Schließlich muß noch gesagt werden, daß diese Reisen die Pilger häufig auch in die turbulenten Grenzgebiete der Christenheit führten, wo es an Gelegenheiten zu lohnenden Raubüberfällen auf Kosten der Ungläubigen nicht mangelte, und viele kamen denn auch nicht mit leeren Händen zurück.

Das zweite Zeichen, das die zeitgenössischen Historiker ebenfalls in den Rahmen eines geistigen Fortschritts einordneten, war der Wiederaufbau der Kirchen.

»Als das dritte Jahr nach dem Jahr 1000 nahte, konnte man fast überall auf der Welt, insbesondere aber in Italien und Gallien, Renovierungsarbeiten an den Kirchenbasiliken entdecken. Obwohl die meisten äußerst stabil gebaut waren und dieser Erneuerung keineswegs bedurften, fand ein regelrechter Wettbewerb statt; jede christliche Gemeinde wollte eine stattlichere Kirche haben als die andere. Es war, als ob die Welt sich heftig geschüttelt, ihr Alter abgeworfen und allenthalben ein glänzendes Kleid von Kirchen angelegt hätte. Fast alle Kirchen der Bischofssitze, fast alle Klosterstätten, die den verschiedenen Heiligen geweiht waren, und sogar die kleinen Betkapellen der Dörfer wurden von den Gläubigen aufgefrischt und verschönert.«[22]

Es liegt auf der Hand, daß diese Bauunternehmungen dem ländlichen Milieu einige Produktivkräfte entzogen, die nun auf die Gewinnung, den Transport und die Bearbeitung einer beträchtlichen Materialmenge verwendet wurden. Möglicherweise waren manche der dort angestellten Stückarbeiter Abhängige der klerikalen Herren und auf Grund ihres Status gezwungen, unbezahlte Arbeit zu leisten. Mit Sicherheit aber gab es unter ihnen zahlreiche freie Arbeiter. Sie mußten auf den Baustellen verköstigt werden, und da der normale Ertrag der Domanialproduktion nicht ausreichte, diese weitere Last an Konsumenten zu tragen, entstand die Notwendigkeit, zusätzlichen Proviant von auswärts zu kaufen. Außerdem mußte der Lohn in Form von *denarii* ausgeteilt werden. Folglich wurde auch die Renovierung der Kirchengebäude durch die zunehmende Beweglichkeit der Geldzirkulation begünstigt. Gleichzeitig beschleunigte sie die Mobilisierung der Edelmetalle, die sich im Laufe der Zeit in den Schatzkammern der Heiligtümer und den Herrenhäusern der Großen angesammelt hatten. Letztere trugen nämlich mit Gold- oder Silberalmosen zur

[22] Raoul Glaber, *Les cinq livres*, Buch 3, S. 62.

stattlicheren Ausschmückung der Gebäude bei, in denen der Gottesdienst gehalten werden sollte. Verstreute Hinweise in den zeitgenössischen Texten beweisen diese schrittweise Auflösung der Horte. In ihren Berichten über die Verschönerung der religiösen Bauten sprechen die Chronisten häufig über Wunder, die sich in diesem Zusammenhang ereigneten, die Wunder der Entdeckung und sofortigen Verwendung eines versteckten Schatzes. So etwa Raoul Glaber im Zusammenhang mit dem Wiederaufbau der Kathedrale von Orléans:

»Als der Bischof und all die Seinen eifrig auf eine herrliche und baldige Vollendung des begonnenen Werkes drängten, segnete ihn Gott mit einem sichtbaren Zeichen der Ermutigung. Eines Tages untersuchten die Maurer die Haltbarkeit des Bodens, um einen geeigneten Ort für die Grundsteine der Basilika herauszufinden, als sie plötzlich eine riesige Menge Gold entdeckten. Sie erschien ihnen reichlich genug, um das gesamte Bauwerk der Basilika trotz ihrer Größe zu erneuern. Also nahmen sie das ganze, zufällig entdeckte Gold und brachten es dem Bischof. Dieser dankte dem allmächtigen Gott für sein Geschenk, nahm es und überreichte es den Baumeistern mit der Aufforderung, es vollständig für den Bau der Kirche zu verwenden ... Auf diese Weise konnten nicht nur die Gebäude der Kathedrale, sondern außerdem auf Anordnung des Bischofs auch noch die anderen verfallenen Kirchen der gleichen Stadt, die zur Ehre der verschiedenen Heiligen errichteten Basiliken, neu aufgebaut und schöner ausgestattet werden als zuvor ... Die Stadt selbst zierte sich schon bald mit zahllosen Häusern ...«

Auch der Biograph des Königs Robert des Frommen von Frankreich, Helgaud de Saint-Benoît-sur-Loire beschreibt unter anderem, wie die Königin Constanze nach dem Tode ihres Gemahls sechs Pfund »von dem Goldschmuck entfernen ließ, mit dem der Herrscher den Altar des hl. Petrus in der Kathedrale von Orléans bedeckt hatte«, und sie für »die Verschönerung des Kirchendaches« zur Verfügung stellte.[23]

Schließlich nennen die Chronisten vom Anfang des 11. Jahrhunderts noch die Anzeichen einer dritten Art der Erneuerung, Anzeichen, die die Ausbreitung einer neuen Ordnung, genauer gesagt der Entfaltung der Feudalstrukturen, enthüllen.

Die Feudalordnung

Die Art, in der das Wort Feudalismus von den marxistischen Historikern verwendet wird, um eine entscheidende Phase der ökonomischen und sozialen Evolution zu definieren, rechtfertigt sich durch die Rolle, die das Feudalwesen im weitesten Sinne, also als Ausdruck aller Formen der Machtausübung in Westeuropa seit dem Jahr 1000, in Hinsicht auf die Neuordnung der

---

[23] Raoul Glaber, *Les cinq livres*, Buch 2, S. 36. Helgaud, *Epitoma Vitae Regis Roberti Pii*, 22, in: J. P. Migne (Hrsg.), *Patrologia Latina*, Bd. 141, Paris 1853, Sp. 925 f.

Beziehungen zwischen den Produktivkräften und denen, die Profit aus ihnen schlugen, gespielt hat. Aus diesem Grunde erscheint es uns besonders wichtig, diese bedeutende Veränderung der politischen Strukturen mit aller Sorgfalt zu untersuchen.

Das Feudalwesen zeichnet sich in erster Linie durch den Verfall der monarchischen Autorität aus. Wir haben gesehen, wie die Ohnmacht der karolingischen Könige, die den Angriffen von außen keinen Einhalt gebieten konnten, im Laufe des 9. Jahrhunderts den Zerfall ihrer Macht rasch vorangetrieben hat. Die Verteidigung des Landes, die ursprüngliche Funktion des Königtums, ging rapide und unwiderruflich in die Hände der regionalen Fürsten über. Diese eigneten sich die königlichen Vorrechte, die an sie delegiert worden waren, an und vereinnahmten sie für das Patrimonium einer Dynastie, deren Grundlagen sie im Zuge des gleichen Prozesses geschaffen hatten. Doch mit der Zeit zerfielen die großen Fürstentümer selbst, genau wie zuvor die Königreiche zerfallen waren. Die weniger bedeutenden Mächtigen machten sich von den Fürsten unabhängig. Zuerst gewannen die Grafen ihre Autonomie und dann, kurz vor dem Jahre 1000, auch die Burghauptleute, die Gebieter der Festungen. Diese Veränderung nahm in Gallien das gesamte 10. Jahrhundert in Anspruch; sie erreichte die englische Monarchie und drang bis nach Italien vor, konnte sich hier aber angesichts der gefestigten Position der Städte nicht ohne weiteres durchsetzen. Mit erheblicher Verspätung machte sie sich schließlich auch in Germanien bemerkbar, wo die politischen Strukturen der Karolinger bis an die Schwelle des 12. Jahrhunderts lebendig blieben.

Die Unterteilung in immer kleinere territoriale Einheiten, und die damit einhergehende Aufsplitterung bestimmter Funktionen und Rechte, wie etwa zu befehlen, zu bestrafen oder Frieden und Gerechtigkeit im Volke zu erhalten, wurde im Grunde den konkreten Möglichkeiten gerecht, effektive Autorität auszuüben und in einer bäuerlichen, unzivilisierten Welt, wo es schwierig war, über weitere Entfernungen zu kommunizieren, die Realität der Macht permanent und für alle sichtbar zu machen. Die politische Organisation paßte sich den Strukturen des materiellen Lebens an. In diesem Zusammenhang ist es allerdings wichtig zu betonen, daß diese Veränderung sich genau in dem Augenblick vollzog, als die Erinnerung an die regelmäßigen und einträglichen Plünderungskriege, die die freien Männer einst gemeinsam gegen fremde Völker geführt hatten, im bäuerlichen Milieu allmählich erlosch. Sie erfolgte gleichzeitig mit der Verankerung eines neuen Begriffs von Krieg und Frieden. Die ersten Phasen der Feudalisierung wurden in der Tat Schritt für Schritt von der Entwicklung einer neuen Ideologie, der Ideologie des »Gottesfriedens«, begleitet. Sie war zum ersten Mal schon kurz vor dem Jahr 1000 im Süden Galliens zum Ausdruck gekommen, in jener Region also, wo der Verfall der königlichen Autorität am frühesten eingesetzt hatte. Dann gewann sie allmählich festeren Boden und verbreitete sich in den verschiedensten Formen über die gesamte römische Christenheit. Ihre Prinzipien sind recht einfach: Gott hatte den gesalbten Königen den Auftrag erteilt, für Frieden und Gerechtigkeit zu sorgen. Da die Könige sich als unfähig erwiesen, diese Pflicht zu erfüllen, nahm Gott die Befehlsmacht wieder in seine ordnende Hand und übertrug sie seinen Dienern, den Bischöfen, die von den Territorialfürsten unterstützt werden sollten. So berufen die Prälaten in allen Provinzen Konzile ein. Teilnehmer sind die Großen und ihre Krieger. Diese Versammlungen sollen die Gewalt wieder unter Kontrolle bringen und bindende Verhaltensregeln für die Waffenträger erlassen. Zu diesem Zwecke stützen sich die Konzile auf moralische und spirituelle Zwänge. Alle Krieger des Landes müssen sich in einem gemeinsamen Schwur verpflichten, gewisse Verbote einzuhalten; Überschreitungen werden unter die Strafe der Exkommunikation, das heißt der göttlichen Rache, gestellt. In seiner Wirksamkeit stieß dieses System immer wieder an Grenzen. Die ländlichen Gegenden des Westens wurden auch im 11. und 12. Jahrhundert von durchziehenden Kriegerhorden und Plünderern verwüstet. Auf das Verhalten der Menschen und die tieferen Strukturen des ökonomischen Lebens dagegen hatte die Institution des »Gottesfriedens« erhebliche Auswirkungen. Zunächst einmal begründete sie die erste kohärente Kriegsmoral der Geschichte. Die Gesellschaften des frühen Mittelalters hatten den Krieg für eine normale Aktivität gehalten, in der die juristische Freiheit ihren höchsten Ausdruck fand. Es gab keinen redlicheren Gewinn als den Kriegsgewinn. Von nun an sollte es gemäß den Vorschriften der Friedenskonzile außer in genauestens festgelegten Grenzen nicht mehr erlaubt sein, zu kämpfen, ebenso wenig wie es erlaubt war, mit Geld zu handeln oder sich dem Geschlechtsverkehr hinzugeben. Es wurden Bereiche definiert, in denen der Waffengebrauch als widernatürlich galt, als Gegensatz zur göttlichen Vorsehung und zur Ordnung der Welt. Während der besonders geheiligten Zeiten des liturgischen Kalenders und innerhalb bestimmter Bereiche um die Heiligtümer, deren Grenzen durch Kreuze auf den Wegen kenntlich gemacht wurden, war jede militärische Gewalt verboten. Der gleiche Schutz gegen militärische Übergriffe kam auch den als verletzbar geltenden sozialen Kategorien zugute, den Männern der Kirche und den »Armen«, das heißt der Volksmasse. All diese moralischen Prinzipien waren im Keim schon in jenen Gesetzes- und Friedensregelungen vorhanden, um deren Befolgung sich die Könige der Karolingerzeit bemüht hatten. Aber erst seit die römische Kirche sie sich zu eigen gemacht und sie zum Bestandteil einheitlicher, für alle Anhänger Christi geltenden Richtlinien erklärt hatte, gewannen sie einen wirksamen Einfluß auf das gesamte christliche Volk. Dies geschah genau in dem Augenblick, als die großen Staaten, die soeben erst auf der Grundlage von Eroberungen entstanden waren, in unzählige kleine, konkurrierende Mächte zerfielen. Die Aufsplitterung Europas in eine Vielzahl politischer Zellen hätte den Boden für eine Vermehrung der militärischen Auseinandersetzungen abgeben, den Stammeskriegen neue Kraft zuführen und innerhalb Zentraleuropas ökonomische Strukturen restaurieren können, die in erster Linie auf permanenter Plünderung beruhen. So aber haben die Vorschriften des »Gottesfriedens« dazu beigetragen, daß das Gegenteil passierte, daß die aggressiven Kräfte, die die Feudalgesellschaft in sich barg, nach außen, von der christlichen Welt abgelenkt wurden. Der Waffeneinsatz gegen die Feinde Gottes, die »Ungläubigen«, war nicht nur erlaubt, sondern sogar außerordentlich heilbringend. Die Kriegsmannen wurden also ermutigt, ihre spezifische Aktivität außerhalb der Christenheit zu entfalten. Die Kreuzzugsgesinnung, die direkt aus der neuen Friedensideologie entsprang, führte sie an die äußeren Kriegsfronten, in die prosperierenden Grenzgebiete, wo die zahllosen Schlachten die Zirkulation von Reichtümern kräftig belebten. Umgekehrt erschien es denen, die zum Kampf berufen waren, immer deutlicher als Gefahr für ihr Seelenheil, wenn sie versuchten, sich innerhalb des Volkes Gottes mit militärischer Gewalt Besitztümer anzueignen, die der Kirche oder den Armen gehörten. Doch wenn ihnen auch die unmäßige Beute, die sie sich einst mit aggressiver Gewalt verschafft hatten, im Prinzip verboten war, konnten sie sich nun auf andere Art bereichern, solange sie den Rahmen der auf pazifistischen Grundlagen beruhenden Grundherrlichkeit nicht verließen. Die Moral des Gottesfriedens verdammte den Profit durch Gewalt und legitimierte zum Ausgleich die grundherrliche Ausbeutung. Sie präsentierte letztere als Preis für die Sicherheit, die dem Volk der Arbeitenden innerhalb der neuen Strukturen geboten wurde.

Die Moral des Gottesfriedens lief in der Tat auf ein soziologisches Bild hinaus, das unmittelbar an die Realität der ökonomischen Beziehungen anknüpfte und diesen zugleich größere Geschlossenheit verlieh. Gegen Ende des Jahres 1000 trugen die auf den Friedenskonzilen erlassenen Vorschriften und Verbote endlich ihre Früchte. Die Dreiständetheorie, die im kleinen Kreise der Intellektuellen allmählich herangereift war, gelangte zu voller Blüte. Ihr zufolge hat Gott den Menschen schon bei der Schöpfung spezifische Aufgaben zugedacht. Die einen haben den Auftrag, für das Heil aller zu beten; die anderen sind berufen, zum Schutz des gesamten Volkes zu kämpfen; und die Mitglieder des dritten Standes, bei weitem die meisten, sind dazu da, die Geistlichen und die Krieger durch ihre Arbeit zu unterhalten. Dieses Schema, das sich in kürzester Zeit im Kollektivbewußtsein verankerte, vermittelte ein einfaches Bild in Übereinstimmung mit der göttlichen Vorsehung und rechtfertigte auf diese Weise alle gesellschaftlichen Ungleichheiten und jede Form der ökonomischen Ausbeutung. In diesem rigiden und klaren Denkmodell ließen sich leicht all die Abhängigkeitsbeziehungen unterbringen, die sich seit langem zwischen den bäuerlichen Arbeitern und den Grundherren etabliert hatten und die zugleich die Mechanismen eines Wirtschaftssystems bestimmten, das man vereinfachend Feudalsystem nennen kann.

Die drei Stände

In diesem ideologischen Modell, das von den Intellektuellen, die damals allesamt der Kirche angehörten, ausgearbeitet worden war, standen die Fachmänner des Gebets natürlich an der Spitze der Ständehierarchie. Aus diesem Grunde mußte ihnen nicht nur jeder finanzielle Verlust, der ihnen seitens der Mächtigen durch Plünderung oder Besteuerung hätte zugefügt werden können, erspart bleiben, es erschien sogar auch notwendig, daß ein bedeutender Teil der Produktion in ihre Hände gelangte und, um die Gnade Gottes zu erwerben, durch ihre Vermittlung als frommes Opfer dargeboten wurde. Eine derartige Konzeption forderte gleichsam dazu auf, den Weih- und Opfertaten eine privilegierte Position innerhalb der ökonomischen Aktivitäten einzuräumen. Tatsächlich fiel die Verankerung solcher Vorstellungen im Kollektivbewußtsein mit dem Augenblick zusammen, wo der Strom frommer Schenkungen zugunsten religiöser Einrichtungen seine größten Ausmaße erreichte. In der Geschichte der christlichen Kirche des Westens gibt es keine Zeit, zu der die Almosen der Laien so reichlich waren, wie in den fünf oder sechs Jahrzehnten um das Jahr 1000. Damals opferten die Gläubigen bei jeder Gelegenheit, um sich von irgendeiner Sünde freizukaufen, von der sie wußten, daß sie ihr Seelenheil in Gefahr brachte. Auf ihrem Totenbett schließlich zeigten sie sich noch großzügiger, auch auf die Gefahr hin, daß ihre Erben dadurch in Not gerieten. Sie opferten für ihr Begräbnis und für den Beistand der Schutzheiligen vor dem göttlichen Gericht. Sie gaben, was sie nur konnten, insbesondere Grund und Boden, der zu jener Zeit und vor allem dann, wenn er, wie es gewöhnlich der Fall war, reichlich mit einsatzfähigen Arbeitskräften bestückt war, als das wertvollste aller Güter galt. Gewiß, alle Dokumente, aus denen die Historiker ihre Kenntnisse über die damalige Zeit beziehen, stammen aus kirchlichen Archiven; meistens handelt es sich um Verträge, die irgendeinen neuen Grunderwerb der Kirche verbürgen, so daß dieses Phänomen besonders intensiv beleuchtet wird und deshalb zu einer Überschätzung seiner Tragweite verleiten kann. Dennoch dürfen wir annehmen, daß die umfangreichen Besitzübertragungen von Grund und Boden, in deren Genuß an erster Stelle die Benediktinerabteien und an zweiter Stelle die Bischofskirchen kamen, die lebhafteste Bewegung der damaligen Zeit war, die die europäische Ökonomie in Schwung brachte. Sie verlieh der westlichen Kirche eine vorherrschende weltliche Position. Diejenigen, die sich um ein besseres Verständnis der Botschaft des Evangeliums bemühten, übten schon bald, etwa seit der Mitte des 11. Jahrhunderts, Kritik an dieser Entwicklung. Sie wollten die Diener Gottes aus dem Bann allzu materieller Interessen befreien und sie dem rein fleischlichen Wohlergehen entreißen. Der Reichtum der Kirche erzeugte eine Unruhe, aus der alle möglichen häretischen Lehren ihre Kraft bezogen und die einen Reformversuch nach dem anderen ins Leben rief. Schließlich führte er auch dazu, daß die Zahl der Mönche und Geistlichen während des 11. und 12. Jahrhunderts laufend anstieg.

Diese Männer standen nicht alle ganz abseits von der Produktion. Die ländliche Geistlichkeit lebte zum größten Teil nach den gleichen Standards wie die Bauernschaft, aus der sie hervorgegangen war und deren Sitten sie teilte. Die Landkirchen und -kapellen wurden von Seelsorgern bedient, die den Pflug mit eigenen Händen führten und, da viele von ihnen verheiratet waren, gemeinsam mit ihrer Familie jenes Stückchen Erde bestellten, das der Herr des Bodens, auf

dem das Heiligtum stand, ihnen als Vergütung für ihre Dienste überlassen hatte. Aus dieser Landarbeit bezogen sie den größten Teil ihres Unterhalts. Zum anderen verlangten auch die Mönchsgemeinschaften und die Gemeinden der reformierten Kanoniker, die sich seit Ende des 11. Jahrhunderts immer weiter ausbreiteten, mit asketischer Härte manuelle Arbeit von ihren Mitgliedern, insbesondere von denen, die sich aus der ungebildeten Bauernschaft rekrutierten und nicht voll an der Liturgie teilnehmen konnten. Die Mühsal und die materiellen Lebensbedingungen dieser »Konversen« oder Laienbrüder ähnelten in der Tat denen der Bauern. Eine große Anzahl der Kirchenmänner dagegen, die reichsten nämlich, die die wertvollsten Gaben entgegennahmen, traten als reine Konsumenten auf. Sie lebten in herrschaftlichem Komfort, der sich gelegentlich, und meistens bei denen, die unmittelbar mit den Kathedralen zu tun hatten, mit dem der mächtigsten weltlichen Herren messen konnte. Bei all dem erschien es ihnen geradezu unvorstellbar, daß ihre Funktion, die Abhaltung des Gottesdienstes, ohne den prunkvollen Aufwand erfüllt werden könnte. Von den riesigen Reichtümern, die sie wie selbstverständlich entgegennahmen, stellten sie gewiß auch einen Teil wieder für die Armenhilfe zur Verfügung. Sie übten freizügige Gastfreundschaft. An der Pforte der Gotteshäuser erhielten die Bedürftigen Nahrung oder Geldstücke. In Notzeiten wurden diese rituellen Almosen sogar in größerem Umfang ausgeteilt als gewöhnlich. Wir dürfen diese Redistributionsfunktion, die in den Finanzplänen der großen Klostereinrichtungen vorgesehen und genauestens definiert war, keinesfalls zu gering veranschlagen. Es ist anzunehmen, daß sie in einer noch stark unterentwickelten Gesellschaft, die in ihren Grundmauern eine zähe und immer größer werdende Masse von Bedürftigen und Deklassierten unterhielt, besonders wirksam war, um eine weitere Ausbreitung des Elends zu verhindern. Gegenüber einem anderen, wichtigeren Anspruch indes, dem Anspruch nämlich, den Gottesdienst inmitten der größten Pracht zu feiern, blieb diese Funktion zweitrangig. Die Oberhäupter der Klöster und Kathedralen konnten sich keine bessere und angemessenere Verwendung ihres Reichtums vorstellen als die Verschönerung, Erneuerung und Ausschmückung der Gebetsstätte; ihr größtes Anliegen war die Anhäufung von Glanz und Geschmeide um die Altäre und Heiligenreliquien. Da sie sich ihrer Mittel sicher sein konnten und die Schätze durch die Freigebigkeit der Gläubigen unablässig größer wurden, kannten sie nur eine einzige ökonomische Haltung: Verschwendung zum Ruhme Gottes.
Diese Haltung teilten auch die Mitglieder des zweiten Standes der Gesellschaft, die Kriegsspezialisten. Auch sie machten riesige Ausgaben, allerdings zu ihrem eigenen Ruhm und um der Vergnügungen des Lebens willen. Diese gesellschaftliche Kategorie, die den gesamten Führungsstab der Kirche stellte, die das Monopol für Waffengewalt innehatte und ungeachtet der Verbote, die die Moral des Gottesfriedens den Menschen auferlegte, unerbittlichen Gebrauch davon machte, erscheint trotz des hervorragenden Wertes, der den Aufgaben der Kirchenmänner zukam, trotz deren Reichtum und unbestrittenen numerischen Überlegenheit als die eigentlich herrschende Klasse jener Zeit. Im Zusammen-

hang mit ihrer Macht und ihrer Führung wurde sowohl die Dreiständetheorie entworfen als auch ein mehr oder weniger haltbarer Rahmen für die Friedensinstitutionen geschaffen. Ihre Situation und ihre Verhaltensweisen beherrschten im 11. und 12. Jahrhundert die gesamte Feudalwirtschaft. Diese Klasse verfügte über den gesamten Grund und Boden, bis auf jenen Teil, den sie aus Angst vor einem unheilvollen Untergang Gott, seinen Heiligen und seinen Dienern überlassen hatte. Sie lebte im Müßiggang und hielt produktive Aufgaben angesichts ihres Ranges und angesichts jener außergewöhnlichen Freiheit, auf die sie einen privilegierten Anspruch erhob, für unwürdig. Da all ihre Mitglieder mit der Auflösung der monarchischen Autorität in den Stand der Unabhängigkeit versetzt worden waren, und da sie im Zuge dieses Prozesses die Geisteshaltungen übernommen hatten, die einst den Königen zugekommen waren, akzeptierten sie keinerlei Zwang, keinerlei Dienste, außer denen, die sie sich freiwillig zu leisten entschlossen hatten und die ihnen, da sie keine materiellen Forderungen umfaßten, nicht entwürdigend erschienen. Sie verweigerten also jegliche Leistung oder Zahlung, mit der sie nicht einverstanden waren, und veräußerten ihre Güter nur auf dem Wege freiwilliger Schenkungen und gegenseitiger Freigebigkeiten. Ihre Berufung war der Krieg, und ihren Reichtum verwendeten sie in erster Linie für die Beschaffung der wirksamsten Kampfmittel. Wichtig waren ihnen nur zwei Dinge, einerseits die körperliche Übung und Ertüchtigung, der sie all ihre Zeit widmeten, und andererseits Investitionen, von denen sie sich einen einzigen Nutzen versprachen: die Vergrößerung ihrer militärischen Macht. Die Hauswirtschaft der Männer dieses Standes beweist, daß ein großer Teil ihrer Einkünfte, die sich im Laufe des 11. und 12. Jahrhunderts ständig zu vermehren scheinen, für die Perfektionierung der Kriegerrüstungen, für die Beschaffung besserer Angriffs- und Verteidigungswaffen und eine bessere Qualität der Pferde ausgegeben wurde. Hier muß hinzugefügt werden, daß das Pferd damals zum wichtigsten Instrument des Kämpfers und geradezu zum Symbol seiner Überlegenheit wurde. Um diese Zeit nahmen die Krieger übrigens auch die Gewohnheit an, sich als »Ritter« zu bezeichnen. Am Ende des 11. Jahrhunderts war der Harnisch bereits so komplex geworden, daß er so teuer war wie ein gutes Ackerland. Die Bemühungen um eine Perfektionierung von Rüstung und Bewaffnung gaben gleichzeitig die Grundlage für die konstante Weiterentwicklung der eisenverarbeitenden Metallurgie ab. Unterdessen führte der rapide Fortschritt der Militärarchitektur im Laufe des 12. Jahrhunderts oft unweit der Kirchenbaustellen zur Inangriffnahme neuer Bauarbeiten, die der Renovierung erneuerungsbedürftiger Burgen galten. Neben solchen Ausgaben gab es allerdings für die Mitglieder dieser sozialen Gruppe noch andere Gelegenheiten zur Verschwendung. Das Denken des gesamten Standes war auf Wettbewerb ausgerichtet, wobei sich der individuelle Wert nicht nur an Tapferkeit und Geschicklichkeit in der Waffenführung bemaß, sondern auch an Prunk, Prahlerei und Extravaganz. Die Großzügigkeit, das heißt die Verschwendungslust, galt in den Begriffen der Moral, die diese Aristokratie sich mit der Zeit zugelegt hatte, als eine der wichtigsten Tugenden. Genau wie die Könige früherer Zeiten mußte der Ritter stets mit vollen Händen auftreten und seinen Reichtum um sich verbreiten. Die Feste, die Versammlungen, wo die Früchte der Erde gemeinsam in fröhlichen Schlemmereien und prahlerischen Rivalitäten zerstört wurden, bildeten neben dem Krieg den Grundstein der aristokratischen Existenz. In ökonomischer Hinsicht repräsentierte der Ritterstand innerhalb der damaligen Gesellschaft im Namen seiner professionellen Berufung die Sphäre von Raub und Plünderung, und im Namen seiner Gewohnheiten die des Konsums.

Es bleibt der dritte Stand, der der Arbeiter, die tragende Schicht, gebildet aus der dichten Volksmasse. Einmütig galt es in den Augen eines jeden als Pflicht dieses Standes, den beiden Elitegruppen, den *oratores* und den *bellatores*, denen, die beteten, und denen, die kämpften, die Mittel für ihren Müßiggang und ihre Verschwendung bereitzustellen. Allein schon durch ihre Funktion, durch ihre spezifische Situation, die ihnen gemäß den Ratschlüssen der Vorsehung zugedacht war, waren die Angehörigen dieses Standes hoffnungslos zu der als entwürdigend angesehenen Mühsal der körperlichen Arbeit verdammt und ihrer vollen Freiheit beraubt. Während die letzten Formen der Sklaverei allmählich verschwanden, während das Wort *servus* in den meisten Provinzen Frankreichs zu Anfang des 12. Jahrhunderts zunehmend außer Gebrauch kam, schien die gesamte Bauernschaft, auf der nun, und sogar in verstärktem Maße, der Druck derer lastete, die die Macht innehatten, allein auf Grund ihrer Lage der Ausbeutung durch andere preisgegeben. Um ihr Seelenheil kümmerten sich andere, die für sie beteten; noch andere hatten zumindest im Prinzip den Auftrag, sie gegen Angriffe zu verteidigen. Doch als Preis für diese Gunstbeweise wurden ihre Produktionskapazitäten vollständig in den Rahmen der Grundherrlichkeit gepreßt und von den Herren vereinnahmt.

Die Grundherrlichkeit

Auf der wirtschaftlichen Ebene zeichnet sich der Feudalismus nicht nur durch die Hierarchie der sozialen Ränge aus, die das Schema der drei Stände widerspiegeln soll, sondern auch und vor allem durch die Institution der Grundherrlichkeit. Diese war zwar nicht neu, doch die Evolution der politischen Macht hatte sie unmerklich umgeformt.

Es liegt auf der Hand, daß die scharfe Trennung zwischen den Arbeitern, den Angehörigen der Kirche und den Kriegsmannen, die in der Abstraktion des soziologischen Bildes erscheint und sich in dieser Einfachheit nach dem Jahr 1000 geradezu aufdrängt, nicht genau mit der Trennung zwischen den Grundherren und den der grundherrlichen Ausbeutung preisgegebenen Untertanen übereinstimmt. Wie wir schon gesehen haben, gehörten zahlreiche Priester zum Domänenpersonal. Unter der Befehlsmacht eines Herren, der sich ihre berufliche Spezialisierung zunutze machte, verrichteten sie ähnliche Dienste wie die Müller oder die Pächter der Backöfen. Bis zum Ende des 12. Jahrhunderts

hatten viele Ritter, insbesondere in Germanien und den Gebieten um die Nordsee, den Status abhängiger Hausdiener; sie lebten im Haus des Herren, der ihnen Arbeit gab und Unterhalt gewährte. Ohne eigenen Landbesitz partizipierten sie an den Gewinnen der Grundherrlichkeit, konnten jedoch nicht selbst Eigentümer werden. Umgekehrt gab es Bauern, denen es gelang, mehr eigenen Boden auf sich zu vereinigen als sie selbst zu bewirtschaften vermochten. Sie überließen den Überschuß an Grundbesitz ihren ärmeren Nachbarn und verlangten als Entgelt einen Zins grundherrlicher Art. Von diesen Dienstmannen niederer Herkunft, die mit der Verwaltung der Domänen beauftragt worden waren, gelang vielen ein rascher Aufstieg. Sie usurpierten einen Teil der an sie delegierten Macht und benutzten ihn zur Ausbeutung ihrer Untertanen. So schufen sie auf Kosten der Grundherrlichkeit ihres eigenen Herrn ein zusätzliches Abgabenetz, dessen Gewinne sie voll und ganz für sich in Anspruch nahmen, und begründeten damit ihre eigene, persönliche Grundherrlichkeit. Trotz alldem bestand die Feudalgesellschaft aus zwei Klassen, von denen die eine, die der Herren, sowohl die Kategorie der Geistlichen als auch die der Ritter umfaßte. In dem Selbstverständnis, das diese Klasse von sich entwickelte, erschien es als Skandal oder gar als Sünde, wenn ein Arbeiter sich so weit über seine Herkunft erhob, daß er die Privilegien der Priester und Krieger teilte und dank der Arbeit anderer im Müßiggang lebte. In den ersten Jahren nach dem Jahr 1000, in der Zeit also, als die Feudalstrukturen zur Reife gelangten, führten die Spannungen innerhalb des sozialen Gefüges zur Festigung der grundherrlichen Position von Kirche und Ritterschaft. Die Kluft, die sie im ökonomischen Bereich vom Volke trennte, vertiefte sich zunehmend. Dieser Konsolidierungsprozeß fand auf zwei verschiedenen Ebenen statt.
Erstens verstärkte sich der Zusammenhalt der aristokratischen Besitztümer. Das Eigentum der weltlichen Herren war durch das Zusammenspiel zweier Bewegungen, der frommen Schenkungen und der Erbteilungen, stets vom Zerfall bedroht. Immer wenn ein Patrimonium von einer Generation auf die nächste übertragen wurde, kamen die Folgen dieses Zusammenspiels in ihrer ganzen Härte zum Ausdruck. Gemäß dem Willen und der Freigebigkeit des Verstorbenen ging ein beträchtlicher Teil des Besitzes in die Hände der Kirche über; der Rest wurde entsprechend den von den Germanen übernommenen Bräuchen zu gleichen Teilen den Söhnen und Töchtern vermacht, denen das Erbe ihres Vaters zustand. In einer instinktiven Abwehrreaktion, die von der Flexibilität der in keinem schriftlichen Gesetz fixierten Gewohnheitsregeln begünstigt wurde, versuchte die weltliche Aristokratie, sich zur Wehr zu setzen und die doppelte Gefahr der fortschreitenden Verkleinerung und Zerstückelung ihres Grundbesitzes abzuwenden. Um ausgleichende Konzessionen über Grund und Boden aus den Kirchenpfründen zu erwirken, bediente sie sich in erster Linie ihres Reichtums und all ihrer verwandtschaftlichen und »brüderlichen« Beziehungen zu den Oberhäuptern der großen religiösen Einrichtungen, die immer wieder an die gegenseitige Pflicht zur Hilfeleistung ermahnt wurden. Um das Jahr 1000, als die Gottesverehrung ihren großen Aufschwung erlebte und

die Kirche laufend durch neue Almosen bereichert wurde, verfügten die Kloster- und Kanonikergemeinschaften meist über weitaus mehr Güter als sie für ihren eigenen Bedarf brauchen konnten. Damals hatten die Äbte, die Bischöfe und die Dechanten der Kapitel keinerlei Bedenken, ihre Verwandten oder Freunde mit Ländereien zu erfreuen, die den Schutzheiligen ihrer Kirche geopfert worden waren, wenn sie auf diesem Wege selbst in die vorteilhafte Gunst der Mächtigen des Jahrhunderts kamen. Theoretisch sollten diese Ländereien nur für eine bestimmte Zeit abgegeben werden. Es war jedoch schwierig, den Benefiziaterben eine Konzession wieder zu entziehen, die im Laufe der Jahre praktisch in das Familienpatrimonium eingegangen war. Am Ende unterschied sich dieses Land überhaupt nicht mehr von den Allodien (dem Freiland), und dieser Prozeß ging um so unauffälliger vonstatten, als mit dem Grund und Boden in Wirklichkeit keinerlei materielle Verpflichtung verbunden war. Dabei war es völlig unerheblich, auf welche Art die Belehnung erfolgt war, ob durch Huldigung und das Versprechen zur gegenseitigen Hilfeleistung, durch einen widerruflichen Vertrag oder, wie in Italien, durch ein *livellum*, das zu einem rein symbolischen Geldzins verpflichtete. Gegen Ende des 11. Jahrhunderts kamen derartige Konzessionen wieder außer Gebrauch. An ihre Stelle traten die hartnäckigen, wenn auch meist vergeblichen Bemühungen der Verwalter klerikaler Temporalien, die Rechte, die einst auf diese Art vergeben worden waren, zurückzugewinnen. Auf jeden Fall aber hatte die besagte Praxis lange genug gedauert, um das Ungleichgewicht, das das Spiel der frommen Schenkungen zwischen dem Grundbesitz der Kirche und dem der weltlichen Aristokratie geschaffen hatte, zumindest teilweise auszugleichen. Die nun erfolgende Abwendung von dieser Praxis hatte nicht nur mit dem Geist der gregorianischen Reform zu tun, der die Abhängigkeit der geistlichen Werte von weltlichen Kräften verurteilte, sondern in gleichem Maße auch mit der Tatsache, daß der Zustrom der Almosen allmählich versiegte. Aus den Beständen der kirchlichen Archive geht deutlich hervor, daß Schenkungen seit der Mitte des 11. Jahrhunderts immer seltener wurden und der Boden von nun an teuer erkauft oder durch Rechtsurkunden abgesichert werden mußte. Dieses Phänomen paßt genau zu der damaligen Veränderung der religiösen Gefühle, dem Rückgang des Formalismus und dem immer klarer werdenden Bewußtsein, daß man seine Seele auch anders retten könne als durch den materiellen Erwerb der göttlichen Vergebung. Es scheint jedoch, daß der unmittelbarere und determinierende Einfluß einerseits von der Verbreitung des Geldwesens ausging, das die Möglichkeit mit sich brachte, weniger kostbare Werte als Grund und Boden zu opfern, und andererseits von der Tatsache, daß die Familien sich ernsthaft um den Schutz ihrer Besitztümer zu sorgen begannen. Die Urkundenbücher der religiösen Einrichtungen vermitteln den Eindruck, als hätten die Angehörigen der Aristokratie im 12. Jahrhundert manchmal weniger selbst geopfert, als sich vielmehr hartnäckig auf die alten Almosen ihrer Vorfahren berufen. Eine neue Zeit brach an, die Zeit der Gerichtsverfahren, die Zeit der komplexen Verhandlungen, in denen das Geld eine immer wichtigere Rolle spielte, eine

Zeit, die von einer – vielleicht bewußteren – Politik der Zusammenfassung des erblichen Grundbesitzes bestimmt war. Ein weiterer Faktor, der die Konsolidierung des aristokratischen Vermögens begünstigte, war die allmähliche Veränderung der Verwandtschaftsstrukturen, die noch kaum untersucht wurde, die jedoch allem Anschein nach in vielen europäischen Gegenden mit der Festigung des Feudalsystems einherging. In den höheren Schichten der Gesellschaft, zuallererst aber in den obersten Rängen, organisierten sich die Familienbeziehungen allmählich in dem festeren Rahmen der Lignage, der besser geeignet war, den Zusammenhalt des Erbes zu sichern. Es entstand eine Dynastie, ein Herrschergeschlecht der Männer. Als Nachfolger des Vaters übernahm der älteste Sohn die Kontrolle über das gemeinsame Hab und Gut, das die Vorfahren hinterlassen hatten. Er sollte der Familie den Fortbestand ihrer Vorherrschaft garantieren. In diesem vergleichsweise strengen Gefüge führten die Versuche, den schädlichen Auswirkungen der Erbteilung entgegenzuwirken, zu einer Einschränkung der Geburtenrate bei den Nachkommen. Die Familie gestattete nur einem einzigen Sohn, dem ältesten, oder allerhöchstens zweien, eine rechtmäßige Ehe einzugehen. Die anderen wurden soweit wie möglich in würdigen Positionen des höheren Klerus oder in Klöstern untergebracht. Das heißt, die Familien stützten sich gleichzeitig auf die Güter der Kirche. Aus der gleichen Sorge, ihren Rang nicht zu verlieren, heraus nahmen die Familien jener Zeit die Gewohnheit an, den Mädchen zu ihrer Hochzeit eine Mitgift in Form beweglicher Güter zu überreichen und ihnen im gleichen Zuge das Erbrecht auf Grundeigentum vollständig abzusprechen. Allmählich wurde es zu einer Selbstverständlichkeit, daß der älteste Knabe ein Privileg genoß und den Löwenanteil, wenn nicht sogar die Gesamtheit des väterlichen Erbes erhielt. Es scheint, daß diese Praktiken, die unmerklich zur Gewohnheit wurden, in der Lage waren, den verschiedenen Kräften, die den weltlichen Besitz zu Auflösung und Verfall verurteilt hatten, wirksamen Einhalt zu gebieten – und dies mitten in einer Zeit weitreichender demographischer Expansion. Wenn man noch hinzufügt, daß der unwiderstehliche Druck der sozialen Zwänge den Großen gar keine andere Wahl ließ als die Mehrzahl der Ritter, die sie bis dahin in ihrem Hause versorgt hatten, nach und nach irgendwo anzusiedeln, sie zu verheiraten und ihnen ein Lehen zu überlassen, das auf Grund der erstarkten Familienbeziehungen sehr schnell erblichen Charakter bekam, und sie auf diese Weise in den Stand einer persönlichen Grundherrlichkeit zu versetzen, wird wohl niemand leugnen, daß sich die Aristokratie zu dieser Zeit fest und dauerhaft im Grundbesitz verwurzelte. Der größte Teil des 12. Jahrhunderts erscheint als eine Periode der relativen Stabilisierung der Patrimonien von Kirche und Rittertum. Die wirtschaftliche Lage des letzteren war bis hin in seine untersten Ränge der der Bauern deutlich überlegen.

Diese Überlegenheit verstärkte sich auf einer zweiten Ebene durch die Einführung eines Steuersystems, dessen Last allein die »Armen«, die »Arbeiter« zu tragen hatten. Auch dieses System war nicht neu, aber es wurde anders organisiert. Es war direkt aus der Macht, dem »bannum«, der frühen Könige des

Mittelalters entsprungen, doch neuerdings zeichneten sich zwei wesentliche Veränderungen ab.

1. Während einst alle freien Männer dem königlichen Bann unterworfen waren, führte die Aufteilung des sozialen Gefüges in drei Stände zu einer fundamentalen Spaltung des Volkes. Ein neuer Freiheitsbegriff, der von nun an als Privileg verstanden wurde, als das Privileg nämlich, nicht den entwürdigenden Zwängen und insbesondere den Steuerauflagen zu unterliegen, gab den Kirchenmännern und Rittern die Möglichkeit, sich dem ökonomischen Druck des jeweiligen Machthabers vollständig zu entziehen. Dafür mußten all diejenigen, die nicht den beiden privilegierten Ständen angehörten, die gesamte Last tragen. Dieser Freiheitsbegriff hatte zur Folge, daß sich auf ein und demselben Gut nicht mehr unterscheiden ließ, wessen Vorfahren ihrer Geburt nach Freie gewesen waren und wer von Sklaven abstammte. Die einen wie die anderen verschmolzen zu einer homogenen Klasse, deren Mitglieder unterschiedslos zu identischen Dienstleistungen gezwungen wurden und in der die Kriterien der ehemaligen Sklaverei sich schnell verwischten.

2. Die Ausübung der Bannherrschaft sowie die Einnahme der Gelder, zu denen sie berechtigte, waren neuerdings auf einen relativ kleinen Raum beschränkt, auf einen »Distrikt« (dieser Begriff stammt von einem Wort, das genau genommen »zwingen« bedeutet), dessen äußere Grenzen selten weiter als eine halbtägige Wegstrecke vom Zentrum, einer Festungsanlage, entfernt waren. Die jeweiligen Befehlshaber über die Garnison einer Burg erhoben den Anspruch, auf dem gesamten Territorium für Frieden und Gerechtigkeit zu sorgen, mit anderen Worten, sie machten sich die Aufgaben der Könige zu eigen. In einem Teil des christlichen Europa, in England und im Nordwesten des Kontinents, wo die Königreiche und Fürstentümer sich noch auf eine vergleichsweise ungebrochene Basis stützen konnten, unterstand der Kastellan noch einem Herrn. Er handelte in dessen Namen und mußte einen Teil der Einkünfte, zu denen die Machtposition berechtigte, bei ihm abliefern. In allen anderen Gegenden war er unabhängig und benahm sich wie ein Herrscher. Überall maßte er sich die Gerichtsbarkeit über diejenigen an, die in der Nähe der Festung lebten und sich weder als Geistliche noch als Mönche oder Ritter ausweisen konnten. Er erhob Bußgelder auf ihre Vergehen und zog im Fall schwerwiegender Übertretungen ihr gesamtes Hab und Gut ein. Seine Art der Rechtspflege und Kontrollausübung erwies sich als um so härter und zudringlicher, je mehr Gewinn die damit verbundenen Akte versprachen. Er zwang die Bauern zu Instandhaltungsarbeiten an den Festungsanlagen und zur Verproviantierung der Kriegsmannen und Reitertrupps der Burg. Alle Fremden, die die Burgvogtei durchqueren wollten, gleichgültig, ob Händler oder Pilger, sowie all diejenigen, die die Märkte besuchten, mußten für den vorübergehenden Schutz des Kastellan bezahlen. Wie die Könige früherer Zeiten, erklärte er sich zum Gewährsmann für Maß und Gewicht. Gelegentlich ließ er sogar Münzen prägen. Er nutzte seine Autorität auf allen nur denkbaren Wegen, so daß sich der Bann schließlich als ein ganzes Netz von Erhebungen verschieden-

ster Art auf die Gewinne aus der bäuerlichen Produktion oder dem Handel darstellte.

Als militärischer Machthaber war der Burghauptmann stets der erste, der seinen Anspruch auf die Ersparnisse der Arbeiter geltend machte, und so eignete er sich denn auch immer den Löwenanteil an. Doch gleichzeitig befanden sich fast alle Einwohner der Burgvogtei in ökonomischer Abhängigkeit von anderen Herren, deren Land sie bearbeiteten oder denen sie entweder auf Grund freiwilliger Überantwortung oder auf Grund des Sklavenstatus ihrer Vorfahren als Leibeigene gehörten. Diese Privatherren versuchten, ihre Hintersassen und Abhängigen von der Ausbeutung durch den Bannherrscher zu befreien. Die Steuern, die »exationes« und »consuetudines«, wie sie die zeitgenössischen Texte nennen, die letzterer für sich in Anspruch nahm, gingen auf Kosten jener Werte und Arbeitsreserven, die die anderen Herren sich selbst voll und ganz vorbehalten wollten. Meistens blieben ihre Bemühungen allerdings erfolglos, und sie mußten ihre ökonomische Macht über die Bauern ihrer Domäne und die *familia* ihrer Dienstmannen mit den Herren über Frieden und Gerechtigkeit teilen. Einige wenige aber erreichten die Anerkennung ihres Monopols, so daß das Territorium der Burgvogtei gewöhnlich mit Enklaven durchsetzt war, winzig kleinen, die sich auf einen Ritterhaushalt beschränkten, oder auch größeren von den Ausmaßen eines Dorfes. Diese kamen insbesondere dort vor, wo es irgendeiner religiösen Einrichtung gelungen war, ihr altes, aus der Karolingerzeit stammendes Recht auf Immunität durchzusetzen. Doch die Einwohner solcher Enklaven waren deshalb keineswegs von der Steuerlast befreit. Der jeweilige Herr über ihren Grund und Boden bzw. ihre Person, der sich selbst die Gerichtsbarkeit über sie anmaßte und ihnen einen hohen Friedenspreis abnötigte, unterwarf sie ähnlichen Forderungen, wie sie der Bannherrscher außerhalb der Enklaven durchzusetzen pflegte.

In letzter Konsequenz griff die Bannmacht, ob als geschlossene Einheit oder von Enklaven durchsetzt, als determinierender Faktor in die ökonomischen Mechanismen ein. Dabei fallen zwei Aspekte besonders ins Gewicht. Erstens erforderte die Ausübung der Bannmacht die Hinzuziehung zahlreicher Hilfskräfte: Es wurden Vögte (*servientes*) eingesetzt, die für die Ordnung auf den Feldern sorgten, Pröbste (*prepositi*), die den Vorsitz der dörflichen Gerichtshöfe führten, Förster (*forestarii*), die all diejenigen aus den Wäldern und brachliegenden Gebieten vertrieben, die gegen das Gewohnheitsrecht verstießen, und Zöllner, die an den Märkten und Hauptverkehrswegen stationiert waren. All diese Ministerialen, wie sie vor allem in den deutschen Texten genannt werden, wurden von den Herren unter jenen Dienstmannen ausgewählt, die ihnen am engsten verbunden waren. Es erwies sich in der Tat als ausgesprochen wichtig, sie fest unter Kontrolle zu halten. Da sie aber direkt an den Gewinnen aus dem »Gewohnheitsrecht« teilhatten und einen Teil der Steuern und Bußgelder, die sie eintrieben, für sich selbst abzweigten, traten sie als die gnadenlosesten Agenten des Bannrechtes auf. Sie verschärften es, wo sie nur konnten und nutzten die daran gebundenen Leistungen unter der Hand, um ihr eigenes Vermögen aufzustocken. Zweitens und vor allem war diese auf die Spitze getriebene Art der Ausbeutung äußerst gewinnträchtig. Gewiß war auch sie nicht grenzenlos, denn wie der Name *consuetudines* schon sagt, beruhten die unter dem Vorwand der Erhaltung von Frieden und Gerechtigkeit eingezogenen Steuern auf »althergebrachten Sitten«, ihre Höhe durfte nicht wesentlich über die hinausgehen, die sich im Kollektivbewußtsein verankert hatte. Außerdem mußten der Widerstand der Bauernhaushalte, die Möglichkeiten von Steuerhinterziehung und Flucht sowie manche anderen Ausweich- und Aufschubmanöver berücksichtigt werden. Dennoch, auch die »Sitten« erwiesen sich als nachgiebig. Sie konnte dem Druck derjenigen, die die Macht innehatten, nur geringen Widerstand entgegensetzen. Die von der Bannherrschaft beauftragten Steuereintreiber waren überall gegenwärtig, sie waren habgierig und hatten die Gewalt auf ihrer Seite. Bei wem hätten sich ihre Opfer über die Veruntreuungen beschweren sollen? An dieser Stelle wird klar, weshalb diese Steuermaschinerie so reibungslos funktionierte. Sie konnte der Bauernschaft fast alles entziehen, was sie produzierte und nicht zum eigenen Überleben konsumierte. Sie stellte folglich ein entscheidendes Hindernis für jeden sich etwa abzeichnenden ökonomischen Aufstieg der »Armen« dar und verringerte den Unterschied zwischen Pächtern und unabhängigen Landwirten. Sie nivellierte die Lebensbedingungen der Bauern, indem sie ihren Lebensstandard insgesamt senkte und auf diese Weise die Kluft zwischen der Klasse der Arbeiter und der der Herren unwiderruflich vertiefte.

Diese letztere, die Klasse der Herren, war im Grunde weit von jeder Homogenität entfernt. Weder die soziale Stellung der Herren war gleich noch die Art und Weise, wie sie aus der Mühsal anderer Profit schlugen. Sie waren derart miteinander verquickt, so unentwirrbar miteinander verbunden, daß sie in der Vorstellung ihrer Zeitgenossen nicht auseinandergehalten werden konnten; und doch gab es in Wirklichkeit drei unterschiedliche Formen der herrschaftlichen Ausbeutung. Eine dieser Formen, die häufig mit der damaligen *familia* in Verbindung gebracht wurde, dem Haushalt, der jede Person, die auch nur ein Minimum an Macht innehatte, umgab, ließe sich als »Hausherrschaft« (seigneurie domestique) beschreiben. Damit meinen wir jene Art der Entäußerung, die einen Menschen einem anderen als Leibeigenen unterstellt. Sie war ein hartnäckig überlebendes Residuum der Sklaverei. Unter dem Druck der Bannmacht war die Sklavenhaltung im alten Stil zurückgegangen; sie war verfallen und keimte nur hier und dort wieder auf. Statt dessen hatte sie auf andere Art, auf dem Wege der »Kommendation«, der Hingabe der persönlichen Freiheit, auf Kosten der ehemals freien Bevölkerung mächtig an Boden gewonnen. Die äußeren Notwendigkeiten hatten zahllose Schwache, zahllose Arme, die dem Hunger, der Unterdrückung durch die Burgvögte oder gar der Furcht vor dem Jenseits entgehen wollten, unter die Schutzherrschaft eines Protektors getrieben. Diese Bande hatten sich keineswegs wieder gelöst, im Gegenteil, sie waren zu dem geworden, was gewöhnlich Leibeigenschaft

genannt wird. In fast allen europäischen Dörfern gab es Bauern, die ein Herr als »seine Mannen« (*homines proprii*) bezeichnen konnte. Ihre Zahl war unterschiedlich groß; manchmal hatte eine ganze Dorfgemeinschaft diesen Status inne. Die Leibeigenen waren tatsächliches Eigentum des Herrn, und zwar von Geburt an. Auch ihre Nachkommen sollten ihm gehören. Er konnte sie verkaufen oder verschenken. Er konnte sie nach Belieben züchtigen. Im Prinzip schuldeten sie ihm alles, Leib und Seele, insbesondere aber ihre Arbeit, aus der er den größten Gewinn zog. Er setzte sie im Haus und auf den Feldern ein, und die Dienste, die er ihnen abverlangte, waren unbegrenzt. Für die Hauswirtschaft bedeuteten sie permanente Arbeitskräfte, die nichts als den Unterhalt kosteten. Doch gleichzeitig konnte diese Art der Abhängigkeit auch eine Quelle für Abgaben und Steuern darstellen, denn nicht alle Menschen, die der Hörigkeit unterworfen waren, lebten in der Residenz ihres Herrn. Teilweise wohnten sie weit außerhalb seiner Reichweite und hatten ihren Haushalt irgendwo auf seinem Boden oder dem eines anderen eingerichtet. Selbstverständlich blieben sie ihm dennoch untertan. Ihre Bindung drückte sich nicht allein durch Arbeitsdienste aus, deren Ausmaße sowohl auf Grund der althergebrachten Sitten als auch wegen der Entfernung relativ beschränkt blieben, sondern darüber hinaus durch drei Arten der Steuer. Es gab den Jahreszins, der in Bargeld zu begleichen war, die Hochzeitssteuer für das Recht, einen Partner zu heiraten, der nicht zur *familia* des Herren gehörte, und die verschiedenen Erbfallgebühren, die letzterer gegenüber seinen Leibeigenen geltend machte. Auf dieser Art der Herrschaft, die weite Verbreitung fand und im großen und ganzen von allen Mitgliedern der Aristokratie, ja sogar von manchen Bauern geteilt wurde, beruhte bis zum Ende des 12. Jahrhunderts die Nutzung jeglichen Grund- und Bodenkapitals von einiger Bedeutung. Sie machte eine Hinzuziehung von Lohnarbeitern weitgehend überflüssig. Wegen der umfangreichen Arbeitsreserven, die sie zu mobilisieren erlaubte, bildete sie einen der beiden Grundpfeiler der ökonomischen Macht.
Der andere lag in jener Form von Herrschaft, die man als »Grundherrschaft« (*seigneurie foncière*) bezeichnen kann, da sie sich nicht aus dem Besitz menschlicher Wesen, sondern aus Bodenbesitz ergab. Ihre Strukturen leiten sich im Grunde aus den Domänenstrukturen her, mit denen uns die karolingischen Polyptychen vertraut gemacht haben. Nur selten kam es vor, daß die Reichen ihren gesamten Bodenbesitz allein durch die Arbeit ihrer persönlichen Abhängigen nutzbar machten. Gewöhnlich überließen sie einen guten Teil den Hintersassen, die manchmal ihre »eigenen Mannen«, manchmal die »Mannen« anderer waren oder aber unabhängig von jeder Leibeigenschaft lebten. Die Vergabe von Land bedeutete stets einen Machtzuwachs, da sie Erhebungen auf die Einnahmen der bäuerlichen Familien erlaubte. Genau genommen waren derartige Erhebungen nicht so unbegrenzt wie die, zu denen die Leibeigenschaft berechtigte. Ihre Ausmaße waren genau festgelegt, und zwar entweder durch Verträge, die überall dort üblich waren, wo sich der Schriftgebrauch, wie etwa in Italien, dauerhaft durchgesetzt hatte, oder durch Gewohnheitsregeln, die einen

ebenso bindenden Charakter besaßen. Bei den Erhebungen handelte es sich immer oder zumindest fast immer um einen Anteil der Produktion des Leihelands, um Lieferungen, die entweder in Form von landwirtschaftlichen Erzeugnissen oder in Form von Münzgeld geleistet werden mußten. Häufig wurde auch ein Teil der Arbeitskapazitäten der Bauersfamilie in Anspruch genommen. Sie wurde gezwungen, eine bestimmte Anzahl von Frondiensten zu erfüllen.
Die dritte Art der herrschaftlichen Ausbeutung ergab sich aus der Ausübung des Bannrechts, dessen charakteristische Züge wir schon dargestellt haben. An dieser Stelle wollen wir nur noch einmal wiederholen, daß es den Bannherrschern im äußersten Falle erlaubte, den Bauernhaushalten alles wegzunehmen, was irgendwie wegzubewegen war, das Geld, die Ernte, das Vieh und, über den Umweg der Leistungen für die Instandhaltung der Burg oder den Transport der Versorgungsmittel, sogar die Arbeit. Im Grunde handelte es sich hier um eine Art gesetzlich legitimierte und organisierte Plünderung, die nur durch die neue Friedensmoral und den Widerstand der dörflichen Vereinigungen gemildert wurde. Es wäre noch zu sagen, daß diese zuletzt genannte Form der ökonomischen Ausbeutung die beiden ersteren überschattete und ihnen häufig Konkurrenz machte. In ihrer Konzentration war sie den anderen in der Tat überlegen. Eine kleine Anzahl von Herren konnte alle ihre Vorteile auf sich vereinen, Vorteile, die zugleich die bei weitem gewinnträchtigsten waren.
So schuf denn die ungleiche Verteilung der Bannautorität auch die größte ökonomische Kluft innerhalb der Herrenklasse. Auf der einen Seite standen diejenigen, die in den Quellen des 11. Jahrhunderts die »Großen« (*optimates, prinicpes*) und in denen des 12. Jahrhunderts die »reichen Männer« genannt wurden. In den schriftlichen Verträgen dieser Zeit ging ihrem individuellen Namen stets der Titel »Herr« (*dominus*) voraus. Sie waren die tatsächlichen Herren und deshalb auch die reichsten. Ob es sich um hohe Würdenträger der Kirche, Bischöfe oder Äbte, oder um Herren mit militärischer Macht, Territorialfürsten, Grafen oder »Barone« handelte, die Befehlshaber der Burgen, denen all die Vorteile und Einkünfte aus den Basisfunktionen der öffentlichen Ordnung zugute kamen, mochten mehr oder weniger vermögend sein; doch stets und dies gilt für alle gleichermaßen, erstreckte sich ihre Haus- und Grundherrschaft auf einen riesigen Raum des Gebietes, das unter ihrer Kontrolle stand. Sie überragte alle anderen. Als Erben der königlichen Rechte hatten sie sich großflächige, unbebaute Gebiete aneignen können, die einst Bestandteile der hochherrschaftlichen Domäne des Königs gewesen waren. Doch wie dem auch sei, ihr Reichtum selbst und die Funktionen, die sie erfüllten, hielten sie vom Grund und Boden und von den Bauern, die ihn bearbeiteten, fern. Sie standen zu weit oben. Zwischen ihnen und dem Volk der Arbeiter rückten Mittelsmänner auf, die sich als Interpreten der herrschaftlichen Ansprüche hervortaten. Diese Hilfskräfte hatten denn auch die eigentlichen Hebel der ökonomischen Macht in ihrer Hand. Die »Großen« selbst dagegen waren gemeinhin Rentner. Da sie sich um nichts anderes sorgten als um eine regelmäßige Versorgung mit all jenen Dingen, die sie für ihre eigene

Verschwendungssucht und den Glanz ihres Hauses brauchten, legten sie einen erheblichen Teil ihrer Macht in die Hände derer, die sie nur als Stellvertreter eingesetzt hatten.

Auf der anderen Seite standen die zahllosen anderen Herren, die einfachen Ritter, die Kanoniker, die einen Teil des Patrimoniums der Kathedrale als Pfründe (*prebendae*) bewirtschafteten, die Mönche, die als Oberhaupt einer ländlichen Priorei fungierten, und die Unterbevollmächtigten der »Großen«. Auch ihr Reichtum war unterschiedlich groß; ihre Gemeinsamkeit lag in der direkten Wahrnehmung von alltäglichen Verwaltungsaufgaben, die sich auf überschaubare Domänen bezogen, deren Dimensionen ihre Kontrollkapazität nicht überschritten. Sie waren die Nachbarn der Bauern. Sie kannten sie mit Namen; sie teilten ihre Sorgen; sie wußten, was sie produzierten und wie viel man ihnen abnehmen konnte. In ihrem Bestreben, sich wie die »reichen Männer« zu benehmen, an deren Hof sie verkehrten, versuchten sie, die Gewinne der Grundherrlichkeit so weit wie möglich in die Höhe zu treiben. Da sie in unmittelbarem Kontakt zum Grund- und Bodenkapital und der Masse der Arbeiter lebten, erscheinen sie als die aktivsten Agenten der ökonomischen Dynamik und jenes Wachstums, das in den Quellen des 12. Jahrhunderts mit überraschender Kraft zum Ausdruck kommt.

Die Triebfedern des Wachstums

Tatsächlich entsprang der Impuls zum internen Wachstum, der damals auf dem Schauplatz der europäischen Ökonomie sichtbar wurde, in letzter Konsequenz aus dem Druck, den die grundherrliche Macht auf die Produktivkräfte ausübte. Dieser laufend zunehmende Druck resultierte aus dem gemeinsamen Wunsch der Kirchenmänner und der Krieger, ein bestimmtes Konsumideal im Dienste Gottes und zum Ruhme ihrer eigenen Person möglichst vollständig zu realisieren. Im Laufe des 11. und 12. Jahrhunderts wuchs dieser Wunsch immer mehr an, in dem Maße, wie sich die Unternehmungen der römischen Christenheit auf die Mittelmeerländer ausdehnten. Die Faszination, die die Modelle der römischen Antike bei den Aristokraten des frühen Mittelalters ausgelöst hatten, war von einer anderen verdrängt worden. Nunmehr standen jene Erinnerungen und Erlebnisse im Vordergrund, die die Abenteurer nach der Eroberung von Barbastro oder Toledo, Palermo oder Bari, aus Spanien und Süditalien mit nach Hause gebracht hatten. Hinzu kamen die Erfahrungen der Pilger bei ihrer Durchreise durch Konstantinopel oder Antiochia auf dem Weg ins Heilige Land. In der Mentalität der Grundherren weckten diese Erinnerungen ein kaum noch zu bändigendes Verlangen, sich vom bäurischen Wesen loszusagen und es in ihrem Lebensstil den südländischen Städtern gleichzutun. Während sich die Herren allmählich aus ihrer Isolation lösten, während sich immer mehr Gelegenheiten der Begegnung auftaten und die Anziehungskraft der fürstlichen Höfe wuchs, gewann auch dieses Verlangen festeren Boden. Bei den mondänen Hofversammlungen wurden die Verhaltensweisen der Adeligen exemplarisch vorexerziert und die aus dem Orient mitgebrachten Schätze zur Schau gestellt. Selbst in den tiefsten Tiefen des unzivilisierten Europa träumten die slawischen Fürsten von den Manieren der germanischen Fürsten, die aus Gallien und Italien laufend Anregungen für neue Feinheiten erhielten. Im Zuge dieser Entwicklung erfuhr die Neigung zum Luxus von allen Seiten einen neuen Antrieb.

Um dem immer anspruchsvoller werdenden Geschmack Genüge zu tun, war es erforderlich, mehr und mehr Reichtum an sich zu reißen. Noch war es in den von Kriegswirren beherrschten Grenzgebieten der Christenheit möglich, dieses Ziel mit Gewalt zu erreichen. Doch im feudalen Europa hatte sich unterdessen eine Art von Frieden und Ordnung etabliert, die das Feld militärischer Auseinandersetzung in dem Maße einschränkte, in dem sich die Machtstrukturen im Innern festigten. Nunmehr entstand die Notwendigkeit, die Einnahmen aus der grundherrlichen Wirtschaft zu vermehren. Allerdings waren diesem Zuwachs zwei Grenzen gesetzt. Die eine lag in den althergebrachten Sitten. Theoretisch konnte der Herr von seinen Leibeigenen alles verlangen, genau wie der Bannherr den Einwohnern seiner Burgvogtei fast alles wegnehmen konnte, indem er sie wegen der geringsten Delikte verfolgte oder sein Gastrecht ökonomisch nutzte. Die wirtschaftliche Macht, die mit den verschiedenen Formen der Herrschaftsausübung einherging, zeigte sich um so durchsetzungsfähiger, als sie mit der gerichtlichen Autorität zusammenfiel. Die einfachen Grundherren waren selbst zugleich die Vorsitzenden jenes Gerichtshofes, vor dem alle Streitigkeiten über Lehensbelastungen verhandelt und die Strafen für die Vergehen der Hintersassen entschieden wurden. Gegen den Urteilsspruch eines derartigen Gerichtes gab es gewöhnlich keine Widerspruchsmöglichkeit. Folglich waren die Herren zugleich Richter in allen Verhandlungen, in denen es um ihre eigenen Interessen ging. Auf der anderen Seite stellten die Arbeiter selbst alle weiteren Mitglieder der grundherrlichen Gerichtsversammlungen. Nach ihrem Rat mußte der Richter sein Urteil fällen. Ihm gegenüber fühlten die einfachen Leute aus dem Volk sich untereinander solidarisch. Sie bauten einen regelrechten Schutzwall von Gewohnheitsrechten gegen ihn auf. Tatsächlich konnte niemand den Sitten zuwiderhandeln. Da aber alle gemeinsam Träger dieser Sitten waren, mußte per Umfrage das Zeugnis des Volkes eingeholt werden. Wenn unter dem Druck der grundherrlichen Macht dennoch Innovationen in die Gewohnheitsregeln eingebracht wurden, die die Herren begünstigten, stießen sie zwangsläufig auf den Widerstand des starrköpfigen und hartnäckigen Volksbewußtseins, dessen selektives Gedächtnis sich darauf verstand, alle schwer erträglichen Neuerungen schnellstens wieder zu vergessen. Die zweite Grenze war eine rein ökonomische. Niemand konnte die Arbeiter zu maßlosen Entbehrungen zwingen, ohne dafür entweder durch nachlassende Produktivität bestraft zu werden oder aber sie innerhalb einer noch weiten Welt, die den Emigranten zahllose Aufnahmemöglichkeiten anbot, zur Flucht zu zwingen.

Aus diesem Grunde veranlaßte der Wunsch nach einer Steigerung der grundherrlichen Gewinne die Herren und ihre Agenten im Laufe der Zeit zu neuen Überlegungen. Fortan trugen sie sich mit der Absicht, den Produktionsertrag der ihnen unterworfenen Bauern mit bislang ungewohnten Mitteln »aufzubessern« (das lateinische Wort *meliorare* taucht in den ökonomischen Quellen dieser Zeit besonders häufig auf), und zwar entweder durch eine Begünstigung des Bevölkerungszuwachses auf dem Lande, oder aber indem sie ihre Arbeiter in den Stand versetzten, die Produktionskapazitäten zu erweitern. Mehr oder weniger bewußt, mehr oder weniger behindert durch andere Strömungen und die Schwächen der noch sehr unausgegorenen Geisteshaltungen, stimulierte diese Absicht eine Weiterentwicklung des Fortschritts im Rahmen des Feudalwesens.

Einige indirekte Anzeichen dieser Bewegung waren schon seit dem Jahr 1000 zu erkennen. Doch nach 1075 werden die Hinweise in den Texten sehr viel deutlicher, und wenn man sie alle zusammenfaßt, gewinnt man den Eindruck, daß sie einen äußerst wichtigen Richtpunkt innerhalb einer Chronologie darstellen, die auf Grund der gedrängten Kürze, der Bruchstückhaftigkeit und dem stets indirekten Charakter der Dokumentation immer noch sehr vage bleibt. Wir wollen nur kurz daran erinnern, daß hier von der gleichen Zeit die Rede ist, zu der im Osten Europas die gehorteten Schätze in Umlauf gebracht wurden und die Scheidemünzen in Gebrauch kamen. Damals wurde der besagte Aufschwung, der im Schatten schon seit Jahrzehnten Kraft gesammelt hatte, so mächtig, daß er unübersehbare Zeichen einer ökonomischen Entspannung hervorbrachte. So entstanden etwa in den letzten drei Jahrzehnten des 11. Jahrhunderts ungewöhnlich viele und ungewöhnlich große neue Kirchenbaustellen. Gleichzeitig stürzten sich die westlichen Reiterheere nach allen Richtungen hin in Angriffsunternehmungen, die weiter gingen als je zuvor und im Jahre 1095 im Aufbruch zum ersten Kreuzzug gipfelten. Es erblühten neue Klostergemeinschaften, die unzählige Anhänger aus den verschiedenen Klassen der Gesellschaft für sich gewinnen konnten. Sie waren beseelt von der asketischen Lebensführung und verdammten den Reichtum. Diese strengeren Maßstäbe lassen sich innerhalb eines weniger stagnierenden wirtschaftlichen Milieus allein durch die Bewußtwerdung eines als pervers geltenden Wunsches erklären, des Wunsches nach ökonomischem Aufstieg und den sich damit eröffnenden Möglichkeiten, anders gesagt, durch die bewußte Entdeckung der ersten Keimzellen des Profitdenkens.

Die Handelsaktivitäten auf dem Lande nahmen während dieser Periode laufend zu. So tauchen beispielsweise in den Urkunden, die damals im Mâconnais verfaßt wurden, zum ersten Mal Angaben zur genaueren Bestimmung des jeweiligen Wertes verschiedener Geldmünzen auf, was zugleich eine tiefere Verankerung des Geldwesens in der bäuerlichen Welt, eine Verfeinerung der Prägung und schließlich das Auftauchen einer neuen Vorstellung, der des Geldwechselns, beweist. Zur gleichen Zeit beschlossen die Herren der Bannmacht, die immer häufiger werdenden Durchreisen von Händlern, die kostbare Waren mit sich führten, ökonomisch zu nutzen. Es vervielfachen sich die Hinweise auf eine bestimmte Form der Geldeintreibung, die sich in voller Expansion befand, den Zoll. So versuchte etwa der Papst, für die Kaufleute aus Asti, die die Ile-de-France durchquerten, eine Befreiung von den Zollgebühren zu erwirken, die König Philipp I. ihnen auferlegt hatte. Der Abt von Cluny beschwerte sich über einen benachbarten Kastellan, der eine Handelskarawane aus Langres angehalten hatte und sie zwingen wollte, ihm einen bestimmten Preis für seine vorübergehende Schutzherrschaft zu zahlen. Eine Regelung des Wegegeldes, die 1080–1082 von den Mönchen von Saint-Aubin d'Angres entworfen wurde und sich auf die Einwohner eines bestimmten Dorfes bezog, zeigt übrigens ganz deutlich, daß der Handelsverkehr nicht allein Sache berufsmäßiger Kaufleute war. Auch Bauern beteiligten sich an den Tauschgeschäften. Sie kauften und verkauften Vieh; sie schlossen Viehzuchtverträge mit Fremden und trugen ihre Waren, Wachs, Honig, Schweinefleisch, Tierfelle und Wolle »um den Hals gehängt« auf die Märkte in der Umgebung, um sie dort abzusetzen. Es kam sogar vor, daß sie sich zu mehreren zusammenschlossen, um eine Handelsexpedition über größere Entfernungen durchzuführen. Sie beluden ihre Lasttiere mit Lebensmitteln oder gar mit »fremden und teuren Waren« und machten sich auf einen langen Weg. Ebenfalls um das Jahr 1075 gestand der Abt von Reichenau allen »Bauern« aus einem seiner Dörfer das Recht zu, »Handel zu treiben ..., auf daß sie selbst und ihre Nachkommen Kaufleute würden«. In jenen Jahren machte sich zum ersten Mal eine grundlegende ökonomische Belebung bemerkbar, die keinen Bereich unberührt ließ. Sie beruhte auf der allmählichen Gewöhnung an eine alltägliche Verwendung von Münzgeld, das nun auch in größeren Mengen geprägt wurde. Selbst im ländlichen Herzen des westlichen Kontinents setzten sich Handelsaktivitäten durch, die im vorhergehenden Jahrhundert in diesem Ausmaß nur in den Grenzgebieten der Christenheit, wo der permanente Krieg die Mobilität der Reichtümer in Gang hielt, wahrnehmbar gewesen waren. Die sich nun bemerkbar machende kommerzielle Blüte und die Entfaltung des Geldwesens konnten sich auf die Lebenskraft tieferliegender ökonomischer Strukturen stützen. Sie waren deren Ausdruck und zugleich selbst stimulierende Faktoren. Alles deutet darauf hin, daß sich in den letzten drei Jahrzehnten des 11. Jahrhunderts eine neue Phase der europäischen Wirtschaftsgeschichte öffnet, die Phase einer umfassenden, kontinuierlichen und beschleunigten Entwicklung, deren spezifische Züge es nun zu analysieren gilt.

II. Die Bauern

Grundlage der soeben skizzierten wirtschaftlichen Belebung war ganz ohne Zweifel eine Intensivierung der landwirtschaftlichen Bemühungen. Sie resultierte zum größten Teil aus dem Druck, den die Herren in ihrer Sorge um eine Steigerung des Mehrprodukts aus der mühevollen Arbeit ihrer Leibeigenen, ihrer Hintersassen und ihrer Untertanen auf diese ausübten, um sich selbst noch mehr zu bereichern. Doch den Weg dahin hatten zwei miteinander zusammenhängende Faktoren schon seit langer Zeit geebnet. Einerseits darf man wohl annehmen, daß sich die ökologischen Bedingungen verbessert hatten; jedenfalls gibt es Anzeichen dafür, daß die ländlichen Gegenden Europas seit einigen Jahrhunderten ein milderes und weniger feuchtes Klima genossen, das den Erfolg der landwirtschaftlichen Unternehmungen begünstigte. Und zum anderen war es mit Sicherheit zu einem Wachstum der Bevölkerung gekommen.

Die Zahl der Arbeiter

Bei den demographischen Veränderungen handelt es sich um eine Bewegung in der Tiefe, so daß es fast unmöglich ist, ihre Entwicklung zu beobachten. Wir können aber zumindest vermuten, daß in Deutschland wie in England, in Katalonien wie in Mittelitalien schon lange vor dem 11. Jahrhundert ein Bevölkerungszuwachs in Gang gekommen war, der in Gallien eine Zeitlang von der Rigidität der karolingischen Domanialstrukturen aufgehalten worden war, diese aber mit der Zeit hatte durchbrechen können.
Weiter können wir mit Sicherheit sagen, daß sich die Tendenz des demographischen Fortschritts seit der Herausbildung der Feudalstrukturen und im Laufe des gesamten 11. und 12. Jahrhunderts permanent verstärkte. Die Quellenlage schließt es absolut aus, die Ausmaße dieser Bewegung auch nur annähernd einzuschätzen. Zwar liefert uns die umfassende Untersuchung, die Wilhelm der Eroberer im letzten Drittel des 11. Jahrhunderts im größten Teil Englands durchführen ließ und die schließlich in der Redaktion des *Domesday Book* ihren Niederschlag fand, außergewöhnlich wertvolles, jedoch nur schwer zu interpretierendes statistisches Material. Doch diese Quelle steht allein auf weiter Flur. Um die Zahlen, die sie uns in die Hand gibt, mit anderen vergleichen zu können, müssen wir die Zeit abwarten, in der sich die Techniken des Steuerwesens so weit verfeinert haben, daß sie sich systematischer Zählungen bedienen. Die frühesten Vergleichszahlen stammen vom Ende des 12. Jahrhunderts, ebenfalls aus England, und zwar aus einigen Dörfern, die besonders sorgfältig verwalteten Kirchengütern angehörten. Angaben über das gesamte Königreich finden wir erst im 14. Jahrhundert. Mit einiger Gewißheit können wir nur sagen, daß sich

die englische Bevölkerung zwischen 1086 und 1346 mehr als verdreifacht hat; den Rhythmus dieses Wachstums können wir jedoch nicht genau verfolgen. Deshalb sind wir gezwungen, uns auf verstreute Hinweise zu stützen, die sich fast ausnahmslos auf die oberen Schichten der gesellschaftlichen Hierarchie beziehen. Der Umfang der militärischen Unternehmungen dieser Zeit sowie die Tatsache, daß neue religiöse Einrichtungen geradezu aus dem Boden sprießten, ließen sich wohl kaum ohne die Hypothese einer zahlenmäßig kontinuierlich wachsenden Ritterschaft erklären. Den Beweis für ein solches Wachstum liefert uns die Genealogie einiger weniger aristokratischer Lignages, deren Stammbäume wir mit annähernder Genauigkeit verfolgen können. Diese Familien wollten um jeden Preis den Zerfall ihres Patrimoniums verhindern und bemühten sich in jeder Generation, die Eheschließungen der männlichen Kinder zu beschränken. Nun zeugten aber die fruchtbaren Ehen jeder Generation zahlreiche Knaben, von denen viele das Erwachsenenalter erreichten. Anhand von Hinweisen hierauf wurde der Versuch unternommen, die Wachstumsrate für die Picardie zu errechnen. Danach lag die Zahl der erwachsenen Knaben pro fruchtbarem Haushalt zwischen 1075–1100 bei 2,53; zwischen 1100–1125 bei 2,26; zwischen 1125–1150 bei 2,35; zwischen 1150–1175 bei 2,46 und zwischen 1175–1200 bei 2,70. Daraus ergibt sich die Hypothese, daß die jährliche Wachstumsrate im dritten Viertel des 12. Jahrhunderts 0,28 %, und im letzten Viertel 0,72 % betrug. Alle weiteren Umstände deuten darauf hin, daß diese Dynamik, die durch eine durchschnittliche Lebenserwartung von vierzig bis fünfzig Jahren begünstigt und durch hohe Geburtsraten angeregt wurde und die sich nicht einmal von der hohen Kindersterblichkeit und dem großen Anteil von etwa einem Drittel kinderloser Ehen dämpfen ließ, sich keineswegs bloß in den aristokratischen Kreisen abzeichnete, die damals sicherlich besser ernährt, jedoch andererseits den Gefahren des Kriegerberufes stärker ausgesetzt waren. Der gewaltige Druck, der zu Ende des 11. Jahrhunderts Massen von Armen auf die Wege nach Jerusalem oder ins Fahrwasser wandernder Prediger trieb, und der Andrang von Laienbrüdern bäuerlicher Herkunft in den neuen Klöstern des 12. Jahrhunderts lassen uns erkennen, daß sich in der Masse des Volkes eine ähnliche Vitalität entfaltete wie in den höheren Kreisen der Gesellschaft, wo sich zur gleichen Zeit zahllose Söhne aus Adelsfamilien in ferne Abenteuer stürzten oder Klöstern und Kanonikergemeinschaften beitraten. In den wenigen Familien aus dem Sklavenstand, deren Zusammensetzung uns durch Gerichtsakten über Probleme der persönlichen Abhängigkeit bekannt geworden ist, scheinen die männlichen Nachkommen mindestens ebenso zahlreich zu sein wie in den aristokratischen Lignages. Die Triebkraft sowohl für die Fragmentierung und Vermehrung der landwirtschaftlichen Nutzflächen als auch für die extreme Mobilität der Landbevölkerung, die anhand zahlloser Phänomene sichtbar wird und während des 12. Jahrhunderts laufend an Intensität gewann, entsprang ganz ohne Zweifel aus der Flut des Bevölkerungswachstums.

Doch welche Ursachen, welches Bündel mehr oder weniger determinierender und günstiger Umstände standen hinter dieser Expansion selbst? Bei der

Beantwortung dieser Frage dürfen wir natürlich den Rückgang der aggressiven Invasionen, den Aufbau der Feudalordnung und den der Friedensinstitutionen nicht außer acht lassen. Auf der anderen Seite wäre es falsch, ihre Wirkungen zu überschätzen; denn der periodische Krieg, der immer wieder durch ständige Streitigkeiten zwischen den rivalisierenden Burgbesitzern geschürt wurde, tobte auch weiterhin in allen Provinzen der römischen Christenheit. Trotz aller möglichen Verbote war die Gruppe der berufsmäßigen Kämpfer, deren Genealogie zeigt, wie viele ihrer Söhne bei militärischen Auseinandersetzungen oder bei den Übungen ums Leben kamen, nicht die einzige, die physisch in Mitleidenschaft gezogen wurde. Auch die Bauern mußten sterben, obwohl zu ihrem Schutze überall an den Wegen Kreuze aufgestellt waren. Häufig sah man ganze Trauben unglückseliger Wehrloser auf der Flucht vor Plünderern, die an solchen Kreuzen Schutz suchten. Ein entscheidenderer Faktor war zweifelsohne die kontinuierliche Steigerung der Lebensmittelproduktion, die ihrerseits übrigens direkt von dem ebenso kontinuierlichen Wachstum der Einwohnerzahlen abhing. Die andauernden Hungersnöte, der hartnäckige Fortbestand von Unterernährungskrankheiten in den untersten Schichten des sozialen Gefüges und das insgesamt herrschende physische Elend, das im Laufe des 12. Jahrhunderts, als sich die christliche Barmherzigkeit in ihrem Denken und Tun allmählich auf die Situation einstellte, überall zahllose Gotteshäuser und Wohltätigkeitsinstitutionen ins Leben rief, all diese Hinweise geben zu erkennen, daß die Mehrprodukte, die dem allgemeinen Konsum zur Verfügung standen, in den meisten Bauernhaushalten kaum für eine bessere Lebensmittelversorgung reichten. Das bedeutet, daß sich das landwirtschaftliche Wachstum für die Gesamtheit des Volkes in erster Linie als Möglichkeit darstellte, die Schranken, die der Vermehrung der Familiengruppen bislang gesetzt waren, abzubauen. Der Kuchen war größer geworden, und wenn die Stücke dennoch gleich blieben, mußten es mehr sein als zuvor. Darüber hinaus scheinen schließlich auch die Modifikationen im juristischen Status der Arbeiter eine nicht unwichtige Rolle gespielt zu haben.
Von diesen Veränderungen ist anzunehmen, daß die Entwicklung des Status der Unfreien einen besonders weitgehenden Einfluß auf den Bevölkerungs- und Produktivitätszuwachs nahm. Solange junge Männer und Frauen im Hause eines Herren blieben und ohne irgendwelchen eigenen Besitz, ohne eigenes Heim und sogar ohne Verfügungsgewalt über ihren Körper in der Gemeinschaft des unfreien Hausgesindes lebten – die es, wie wir gesehen haben, auf den großen gallischen Domänen im 12. Jahrhundert noch in großer Anzahl gab –, solange wurde ein ganzer Teil der Landbevölkerung unter denkbar ungünstigsten Reproduktionsbedingungen gehalten. Wir können davon ausgehen, daß es nirgends so wenig Kinder gab, die zur Welt gebracht wurden und die Gefahren der frühen Kindheit überlebten, wie in diesen Sklavengemeinschaften. Als die Herren ihnen nach und nach mehr Spielraum ließen, als sie beschlossen, ihre Sklaven in eigenständigen Haushalten auf autonomen Landparzellen anzusiedeln, stimulierten sie nicht nur die Produktionskapazitäten dieser ihrer Arbeiter,

die nun ein direktes Interesse am Ertrag ihrer Arbeit gewannen, sie versetzten sie gleichzeitig auch in eine günstigere Lage, um Kinder zu zeugen und sie bis ins Erwachsenenalter aufzuziehen. Aus der Nachkommenschaft rekrutierten sie auch weiterhin die für den Unterhalt ihrer Residenz notwendigen Dienstmannen. Dennoch blieben zahlreiche Söhne und Töchter der auf dem Land angesiedelten Sklaven frei für neue Haushaltsgründungen. Und als es dann mit der Einrichtung der Bannautorität zu einer Nivellierung der Lebensbedingungen der Bauern kam, als sich die Unterscheidungsmerkmale zwischen freien und unfreien Landarbeitern zunehmend verwischten, vervielfachten sich die Mischehen, die unter Zustimmung der Herren zwischen Sklavenkindern und Kindern anderer Landbewohner geschlossen wurden. Sie waren inzwischen alle den gleichen Lebensgewohnheiten unterworfen. Unter den Hintersassen der Abtei Saint-Germain-des-Prés gab es schon zu Anfang des 9. Jahrhunderts zahlreiche derartige Eheverbindungen. Nun aber verschwanden alle Heiratstabus zwischen den beiden Gruppen, die noch unlängst innerhalb der Bauernschaft streng durch die juristischen Kriterien der antiken Sklaverei voneinander getrennt gewesen waren. Insgesamt wurde diese Verschmelzung durch die vom demographischen Wachstum begünstigte Mobilität der Landbevölkerung beschleunigt. Eine schriftliche Quelle aus der Abtei von Cluny schildert, wie sich im 11. Jahrhundert ein seiner Geburt nach freier Immigrant in einem Dorf am Ufer der Saône niederließ. Er nahm die Tochter einer Sklavenfamilie aus einer nahegelegenen Ortschaft zur Frau, und die Nachkommen seiner neugegründeten Familie verbreiteten sich rasch im umliegenden Gebiet. – Der Übergang von der Sklaverei zur Leibeigenschaft brachte die Auflösung der ans Haus gebundenen Sklavengemeinschaften mit sich und führte zu einer Vervielfältigung der autonomen Produktionszellen. Er stellte ganz offensichtlich den wichtigsten Anreiz für die Vermehrung der damaligen Landbevölkerung dar. Ich sehe in dieser Veränderung, mit der möglicherweise auch eine höhere Lebenserwartung einherging, sogar die entscheidende Triebfeder für ein kontinuierliches Bevölkerungswachstum überhaupt. Eine demographische Dynamik war in Germanien und England, den Ländern des Westens also, wo die Sklaverei weniger streng und ungenauer definiert war, schon im frühen Mittelalter lebhafter in Erscheinung getreten als anderswo. Auf jeden Fall steht fest, daß die ersten sichtbaren Anzeichen eines Bevölkerungszuwachses in dem Augenblick zutage traten, als die Nachkriegswirren der letzten Invasionen in Gallien eine rasche Lockerung der Fesseln der Sklaverei bewirkten und die Worte *mancipium* und *servus* infolge der gemeinsamen Unterwerfung aller Landbewohner unter die Macht der Burgherren nacheinander aus dem Vokabular verschwanden (im Dauphiné geschah dies nach 957 bzw. nach 1117); mit anderen Worten, im gleichen Augenblick, in dem der letzte bewußte Ausdruck des antiken Begriffs der Sklaverei in Vergessenheit geriet.
Im Zusammenhang mit dieser Entwicklung kam es zu weiteren Veränderungen, die auch andere Rechtsbräuche in Frage stellten und die Wirkung dieser fundamentalen Umwälzung zusätzlich verstärkten. Fast alles, was wir aus den

Quellen dieser Zeit über Sitten und Bräuche der Familien erfahren, bezieht sich auf die Aristokratie. Vor dem Ende des 12. Jahrhunderts waren die Bauern zu selten an Grund- und Bodentransaktionen beteiligt, als daß man die bei ihnen übliche Regelung der Erbteilung erkennen könnte. Es ist allerdings zu vermuten, daß der Zusammenhalt der Familiengruppen bei den Hintersassen stark genug geworden war, um das Prinzip der Erblichkeit des Leihelands stillschweigend durchzusetzen. Italien stellt in diesem Zusammenhang vielleicht eine Ausnahme dar, denn hier war die Praxis zeitlich begrenzter Belehnungen durch die Erhaltung des Schriftgebrauchs und entsprechender, vor dem Notar abgeschlossener Verträge lebendig geblieben. Es ist allerdings auch möglich – und diese Hypothese haben wir schon früher für die ländlichen Gegenden der Picardie geltend gemacht –, daß die Verwandtschaftsstrukturen in den Bauernfamilien eine umgekehrte Entwicklung durchmachten, daß sie sich im gleichen Augenblick lockerten, als die ritterlichen Lignages mehr Zusammenhalt gewannen. Eine derartige Lockerung, eine allmähliche Aufwertung der rechtlichen Stellung des Ehepaares auf Kosten der Gesamtheit des Familienverbands begünstigte ganz offensichtlich die Einrichtung junger Haushalte und folglich die Vervielfältigung von Keimzellen der Bevölkerung wie auch den demographischen Fortschritt. Die Herren waren natürlich nicht mit dieser Tendenz einverstanden. Sie wollten auf keinen Fall eine Zerstückelung der wirtschaftlichen Einheiten, nach denen sich die geforderten Abgaben und Frondienste bemaßen. So blieb das Leiheland vieler grundherrlicher Ländereien unteilbar. Allerdings konnte auch die Rigidität der Domanialgewohnheiten den Wunsch der im väterlichen Haushalt überzähligen Jugendlichen nach einem eigenen Heim nicht bremsen. Ihre Wirkung beschränkte sich vielmehr darauf, sie zur Auswanderung zu treiben. So mußte manches Dorf im Zustand der demographischen Stagnation verharren, während den neubesiedelten Randgebieten, wo die landwirtschaftliche Eroberung immer weiter vorangetrieben wurde, ständig neue Arbeitskräfte zuflossen. Im allgemeinen scheinen die Expansionstendenzen der Familienverbände und ihre Verstreuung über das ganze Land übrigens doch bewirkt zu haben, daß die Grundherrlichkeit ihre beharrliche Verweigerung aufgeben mußte. Die Herren über Grund und Boden mußten zulassen, daß das Leiheland mit ihrer Genehmigung und unter der Bedingung, daß eine Entschädigung gezahlt wurde, unter den Erben aufgeteilt wurden. So kam ganz allmählich eine Auflösungsbewegung der alten bäuerlichen Bewirtschaftungsstrukturen in Gang, die sich im Laufe des 12. Jahrhunderts beschleunigte. Um ihre Tragweite einschätzen zu können, reicht es aus, die Aufstellungen über Land-Leihen und deren Belastungen aus den französischen Zinsbüchern vom Ende des 12. Jahrhunderts mit den Inventarien der Verwalter aus dem 9. und 10. Jahrhundert zu vergleichen. In den ersteren verteilen sich die Belastungen auf zahllose Parzellen, die äußerst unstabile Einheiten bilden und zu verschiedenen Arbeiterhaushalten gehören. Die Flexibilität, die in der Aufteilung des von Bauern bewirtschafteten Bodens zum Ausdruck kam, erschwerte die Aufgabe der grundherrlichen Intendanten. Im Volk dagegen begünstigte sie die

Verästelung der Familiengeschlechter und folglich auch die Vervielfältigung der Produktionszellen. Auf diese Weise arbeitete sie Hand in Hand mit der sich immer stärker durchsetzenden Geldwirtschaft. Während die Grundherren zugestehen mußten, daß das Leiheland nicht nur durch Erbteilung zersplittert, sondern unter der Bedingung einer entsprechenden Mutationsgebühr auch durch Veräußerung einzelner Parzellen zergliedert werden konnte, nahm das Geld eine immer entscheidendere Rolle ein und belebte zugleich den Grund- und Bodenmarkt in den bäuerlichen Kreisen. Diese Entwicklung ermöglichte individuellen Gewinn, sie stimulierte wirtschaftliche Initiativen und erlaubte eine erste Kapitalbildung. Sie gab den besonders unternehmungstüchtigen Bauern Mittel an die Hand, ihre Nachkommen besser auszustatten und außerhalb ihres eigenen Geschlechts günstige Heiraten zu schließen. Die überraschenden Ausmaße der bäuerlichen Exogamie lassen sich aus zahlreichen flüchtigen Hinweisen in den Texten erschließen. Auch in diesem Phänomen kommt die Intensität einer biologischen Kräftigung zum Ausdruck, die allem Anschein nach vorwiegend durch die Auflockerung der juristischen Beschränkung Auftrieb erfuhr, die die Expansionskräfte der Landbevölkerung während des ganzen frühen Mittelalters im Rahmen der Sklaverei und der Institution des Domänenwesens auf lange Sicht an ihrer Entfaltung gehindert hatte.

Einer der drei Faktoren, die die bäuerliche Produktion bestimmen, war im 7. und 8. Jahrhundert stets im Überfluß vorhanden gewesen. Überall, sogar in jenen Provinzen, wo sich das von Rom etablierte Netz der landwirtschaftlichen Besiedlung im großen und ganzen erhalten hatte, wie etwa im südlichen Burgund, konnte sich jeder so viel Boden nehmen wie er wollte. In zahlreichen Gegenden gab es ungeheure Landreserven, die sich an den Grenzen der einzelnen Siedlungsflecken für jede Art landwirtschaftlicher Unternehmung geradezu anboten. Gebremst wurde die damalige Entwicklung also ausschließlich durch die Unzulänglichkeit der beiden anderen Faktoren, die Unzulänglichkeit von Arbeitskraft und Werkzeug. Aber auch diese Behinderung entfiel im Laufe der *dark ages*, jener quellenarmen Periode, die die Karolingerzeit vom 11. Jahrhundert trennt. Der ökonomische Aufschwung, der danach in Gang kam, fand im Rahmen der langsam voranschreitenden Auflösungserscheinungen statt, die schon vorher bei der auf Sklaverei beruhenden großen Domäne sichtbar geworden waren. Er stützte sich auf den Bevölkerungszuwachs der ländlichen Gegenden, der selbst unmittelbar mit der Perfektionierung der landwirtschaftlichen Techniken zusammenhing.

Der technische Faktor

Wie ich schon weiter oben gesagt habe, ist die Geschichte der Technik mangels expliziter Quellen die schwierigste überhaupt. Die Arbeit, ihre Werkzeuge und die Art und Weise ihrer Verwendung gehören in der Tat in den alltäglichsten

Bereich des Lebens, über den kaum gesprochen und noch weniger geschrieben wird. Wer machte sich damals schon die Mühe, die Verfahren der Bodenbestellung zu beobachten, außer vielleicht die Berichterstatter, die von den Herren beauftragt waren, die Verpflichtungen der Landbewohner aufzuzeichnen und den Gewinn, den die Domäne abwarf, zu berechnen. Aber nicht einmal sie beschreiben Details. Manche Praktiken des Ackerbaus lassen sich auf sehr indirekte Art und Weise aus den Beschreibungen der Verwalter erschließen, die gelegentlich die Art der Dienste, die ein bestimmter Grundherr für sein Leiheland verlangte, präzisieren und die Jahreszeiten angeben, zu denen sie geleistet werden mußten. Außerdem kann man es wagen, den Ertrag der landwirtschaftlichen Anstrengungen mittels der stets großzügigen Mengenangaben über Saatgut und Ernten in etwa einzuschätzen. Aber die Werkzeuge des 12. Jahrhunderts kennen wir, genau wie die des 9. Jahrhunderts, nur durch Worte, das heißt, über sie wissen wir so gut wie nichts. Hier bewegen wir uns auf dem Feld der Hypothesen, von denen die meisten auf immer unüberprüfbar bleiben werden.

Die erste Hypothese hat mit dem äußerst dunklen Problem der Nahrungsgewohnheiten zu tun. Es ist anzunehmen, daß das römische Modell, das insbesondere durch die Benediktinerregel verbreitet wurde, seinen Einflußbereich auch in dieser Phase der europäischen Geschichte weiter ausdehnen konnte und daß folglich der Anteil des Brotes an der Nahrung der Menschen laufend zunahm. Dieser Anteil war zu Ende des 12. Jahrhunderts sicherlich größer denn je, bevor mit der Weiterentwicklung des materiellen Fortschritts und der zunehmenden Vulgarisierung der aristokratischen Sitten schon in den folgenden Jahrzehnten das *companagium* auf Kosten des Brotes an Bedeutung immer mehr zunahm, mit anderen Worten, es wurden immer mehr verschiedenartige Speisen als »Beilage« zum Brot gegessen. Das sicherste Anzeichen für einen verstärkten Brotkonsum im 11. und 12. Jahrhundert ist darin zu erkennen, daß die Kornmühle innerhalb der ländlichen Ökonomie immer wichtiger wurde. Schon zur Zeit der Karolinger hatten die Kornmühlen den Grundherrschaften außerordentlich hohen Gewinn eingebracht; sie lieferten beispielsweise dem Verwalter der Kornkammer des Klosters Corbie fast alle seine Vorräte. Dennoch blieben sie lange Zeit eine Seltenheit. In den rund dreißig Dörfern, die als Temporalien zur Abtei Saint-Riquier gehörten, gab es damals nur zwölf Mühlen. Im *Domesday Book* dagegen ist von sechstausend die Rede; demnach kam 1086 in England durchschnittlich schon eine Mühle auf 46 Bauernhaushalte. In der Folgezeit stieg ihre Zahl in diesem Lande kontinuierlich an, insbesondere in den Regionen, die bislang vergleichsweise schlecht ausgestattet waren, wie etwa in Devon. Genaue Untersuchungen geben uns die Möglichkeit, den Rhythmus der Fortentwicklung in der Picardie zu verfolgen. Zwischen der Mitte des 9. Jahrhunderts und dem Jahre 1080 werden hier 40 neue Mühlen erwähnt; die nächsten 40 tauchen in einer wesentlich kürzeren Zeitspanne zwischen 1080 und 1125 auf, und danach steigen die Zahlen rapide an. Im Laufe der folgenden 50 Jahre erhöht sich die Anzahl der Mühlen, die in den Texten

erwähnt werden, auf 245. Nun verlangte aber ihr Aufbau erhebliche Investitionen, insbesondere den Erwerb von Mühlsteinen und Eisenteilen, die für ein gutes Funktionieren unerläßlich waren. Wir können deshalb annehmen, daß die Initiative meistens von den Herren ausging. Sie glaubten, sich auf diesem Wege neue Profite sichern zu können. Da der Standort der Mühlen von den Interessen der Herren bestimmt wurde, entsprach er möglicherweise nicht immer den wahren Bedürfnissen der Bauernschaft. Die Mühlen repräsentieren eine Form der ökonomischen Unterdrückung durch die Grundherrlichkeit. Es gibt Zeugnisse im Überfluß, die beweisen, wie die Bauern mit Gewalt gezwungen wurden, die neuen Instrumente zu benutzen. Um 1015 beispielsweise verordnete ein Ritter der Burg Dreux den Pächtern der Abtei Bourgueil, ihr Korn zu seinen Mühlen zu bringen, obwohl diese drei Stunden Fußweg entfernt lagen. Unter den Impulsen, die zur Verbreitung der Gewohnheit führten, Mehl für die allgemeine Ernährung zu verwenden, waren die herrschaftlichen Zwänge sicher nicht die geringsten. Doch wenn die Herren sich gleichsam um die Wette in derart kostspielige Unternehmungen stürzten, bedeutet das auch, daß die Steigerung des Brotkonsums schon voraussehen ließ, daß ihre Investition sich gut bezahlt machen würde. Ihre Hoffnung wurde nicht enttäuscht. Obwohl sich die Anzahl der Mühlen innerhalb kürzester Zeit rapide vermehrt hatte, blieben sie im 12. Jahrhundert eine der bedeutendsten Quellen grundherrlichen Gewinns. Die wachsende Zahl von Mehlhändlern auf allen Wasserläufen, bis tief in das unzivilisierte Europa hinein, und parallel dazu die Zunahme der Brotöfen (die in der Picardie, genau wie die der Mühlen, ebenfalls im ersten Viertel des 12. Jahrhunderts zu beobachten war) spiegeln die kontinuierlich steigende Bedeutung des Brotgetreides innerhalb des Produktionssystems der europäischen Ackerbaugebiete sowie die Expansion der Dauerkulturen auf Kosten der Jagdreviere und der wilden Natur, in der Beeren gesammelt und primitive Formen der Viehzucht betrieben wurden.
Dieser Fortschritt ging mit einer Selektion der angebauten Getreidearten einher. Manche der Sorten, die in den karolingischen Speichern noch viel Raum eingenommen hatten, wurden nach dem Jahr 1000 in den am weitesten entwickelten Provinzen äußerst selten. In der Picardie wird beispielsweise der Spelz nach dem 11. Jahrhundert gar nicht mehr erwähnt. Auch diese Auswahl richtete sich unmittelbar nach den Ansprüchen der Herren, die über Grund und Boden verfügten. Sie verlangten von den Landarbeitern, ihnen genau die Arten Korn zu liefern, die sie selbst haben wollten, einschließlich des Hafers für die Versorgung ihrer Pferdeställe. In dieser Reiterzivilisation, die die Reitkunst zu einem der wichtigsten Kennzeichen sozialer Überlegenheit erhob, wurden der Aufstieg des Ritterstandes und die Perfektionierung seiner militärischen Ausrüstung Schritt für Schritt von der Entwicklung der Haferkulturen begleitet. Die Reichen aßen mit Vorliebe weißes Brot und förderten daher die Weizenproduktion. Es ist anzunehmen, daß die Bauern selbst sich weiterhin von weniger edlen Getreidesorten ernährten. Aber die Texte, die über die angebauten Arten Auskunft geben, die also die Domänenproduktion und die

Abgaben der Hintersassen an das Herrenhaus beschreiben, bestätigen den Triumph des Weizens in allen Gegenden, wo die natürlichen Gegebenheiten seinem Wachstum kein absolutes Hindernis in den Weg stellten. Wenn man den Hafer einmal beiseite läßt, machten Gerste und Roggen in der Picardie zwischen 1125 und 1150 noch 17% des gesamten Korns aus, das in den herrschaftlichen Quellen erwähnt wird. Dieser Anteil sank mit der Zeit bis auf 8%, konnte sich auf diesem Niveau aber dauerhaft halten. Alle Hinweise lassen vermuten, daß die Nahrungsgewohnheiten unmerklich von den Volksmassen übernommen wurden. Für die Menschen des 12. Jahrhunderts war Brot das wichtigste Grundnahrungsmittel, und zwar möglichst gutes Brot. Das landwirtschaftliche Wachstum, das sich nach dem Jahr 1000 entfaltete, bezog sich also ausschließlich auf den Ackerbau, insofern es auf einer kontinuierlichen Ausweitung der Brotgetreidekulturen beruhte.

Es bleibt fragwürdig, ob diese Ausweitung mit einer wesentlichen Verbesserung der landwirtschaftlichen Praktiken einherging. Die Methoden, die sich anhand der Texte aus dem 12. Jahrhundert rekonstruieren lassen, unterscheiden sich kaum von denen, die zu Zeiten Karls des Großen auf den riesigen Klosterdomänen der Pariser Gegend Verwendung fanden. Dabei ist mit Sicherheit anzunehmen, daß letztere bei weitem die fortschrittlichsten waren und man sich damals auf zahlreichen aristokratischen Gütern und dem Boden der meisten Bauernhaushalte noch viel primitiverer Techniken bediente. Der Fortschritt beruht also auf der Verbreitung jener Methoden, nicht jedoch auf ihrer Perfektionierung. In der Tat gibt es keinerlei Anzeichen dafür, daß der Boden mit mehr Dünger angereichert worden wäre. Zwar waren die herausragenden Vorteile des Düngers jedermann bekannt, doch seine Menge war entsprechend dem niedrigen Viehbestand in den Ställen verschwindend gering und daher teuer. Der wenige Dung, den die Tiere lieferten, wurde fast vollständig für jene eingefriedeten Landparzellen verwendet, auf denen in Dauerkultur anspruchsvoller Garten- und Weinbau betrieben wurde. Noch im 13. Jahrhundert schrieben die Pachtverträge aus der Umgebung von Paris, also aus dem landwirtschaftlichen Raum, der sicherlich der fruchtbarste seiner Zeit und gleichzeitig der technisch fortgeschrittenste war, den Landwirten vor, die Kornfelder »nur ein Mal alle neun Jahre, und zwar jeweils im fünften Jahr« zu düngen. Die einzige Bodenverbesserung, die in manchen Gegenden verbreitet zu sein schien, war die Mergeldüngung. Im 12. Jahrhundert enthielten die längerfristigen Pachtverträge der Picardie gewöhnlich eine Klausel, die den Pächter verpflichtete, den Kalk- und Phosphatgehalt des Bodens durch regelmäßige Mergelzusätze zu erhöhen. Im allgemeinen jedoch gibt es keine Hinweise darauf, daß die Landwirte jener Zeit es für möglich gehalten hätten, eine Produktionssteigerung des Getreides allein durch intensivere Verwendung von Düngemitteln zu bewirken.

Auch der Rhythmus des Fruchtwechsels bei den verschiedenen Kulturen scheint sich nicht grundlegend geändert zu haben. In allen Landstrichen, die den launischen Regenfällen des europäischen Atlantikklimas ausgesetzt waren, praktizierte man gewöhnlich eine zweimalige Aussaat pro Jahr. Nach den Pflügearbeiten im Herbst wurden Weizen und Roggen gesät, und nach den Pflügearbeiten im März Gerste und Hafer. Dieses Prinzip hatte den Vorteil, daß sich die aufwendigsten landwirtschaftlichen Arbeiten weiter über das Jahr verteilten und daß die Arbeitskraft des unfreien Hausgesindes wie auch die Gespanne durch die Verteilung der Pflugarbeit auf zwei Jahreszeiten besser genutzt werden konnten. Der gleichen Anbaumethode bediente man sich schon im 9. Jahrhundert auf all den Feldern, die die großen nordgallischen Klöster von ihrem Hausgesinde und unter Hinzuziehung der Frondienste ihrer Hintersassen bestellen ließen. Ob aber die letzteren den zu ihrem Leiheland gehörigen bebaubaren Boden auf die gleiche Art und Weise bewirtschafteten, bleibt dahingestellt. Uns fehlen die Beweise. Es ist jedoch möglich, daß die Bauern das Prinzip der zwei »Jahreszeiten«, der zweimaligen Aussaat, nach und nach auch für ihren eigenen Boden übernahmen und daß darin eine Form des landwirtschaftlichen Fortschritts zwischen dem 9. und dem 12. Jahrhundert zu sehen ist. Aber auch er muß in Wirklichkeit äußerst unvollständig geblieben sein, da Bodenqualität und klimatische Bedingungen sowie der Wunsch, ein Getreide zu produzieren, das sich zum Brotbacken eignete, einer erweiterten Frühjahrsaussaat handfeste Hindernisse in den Weg stellten. Letztere hielt sich im 12. Jahrhundert sogar auf dem Herrenland und trotz der zunehmenden Bedeutung des Pferdes und der Reiterei noch in engen Grenzen. An dieser Stelle können wir die Angaben eines ungewöhnlich aufschlußreichen Dokumentes zu Hilfe nehmen, eines Inventariums nämlich, das der Abt von Cluny um 1150 in Auftrag gab. Hier werden einige Domänen aus der Nachbarschaft des burgundischen Klosters genauer beschrieben. Für zehn dieser Domänen läßt sich bestimmen, wie viel Raum dem Frühjahrs- und dem Herbstgetreide auf den grundherrlichen Feldern jeweils zugestanden wurde. Eine gleichmäßige Verteilung finden wir nur auf zwei dieser Ländereien. Bei sieben anderen macht die Haferernte entweder zwei Drittel, die Hälfte, ein Drittel oder sogar ein Viertel gegenüber der Weizen- und Roggenernte aus. Die zehnte schließlich produziert nur die beiden zuletzt genannten Getreidearten. Wir haben es also in Wirklichkeit mit einem äußerst anpassungsfähigen System zu tun, das ausschließlich von den Bedürfnissen des Herrn und der örtlichen Bodenbeschaffenheit bestimmt wurde. In diesem Zusammenhang stoßen wir auch auf das Problem der Hülsenfrüchte, auf deren Basis, den Vorschriften der Hospitäler und Leprosorien vom Ende des 12. Jahrhunderts zufolge, alle Suppen zubereitet wurden, die man damals als Beigabe zum Brot zu essen pflegte. Unbestreitbar spielten Erbsen, Wicken und Saubohnen eine nicht zu vernachlässigende Rolle in der bäuerlichen Produktion und in der Ernährung zumindest der Armen. Aber wie wurden sie kultiviert, auf Feldern? Alternierend mit dem Kornanbau? War es nicht eine wegen des Mangels an Nahrungsmitteln erforderliche Notstandsmaßnahme, wenn der Graf von Flandern, Karl der Gute, zu Anfang des 12. Jahrhunderts die Anordnung ergehen ließ, daß »immer, wenn zwei Maß Boden eingesät werden, das zweite Maß... mit Saubohnen und Erbsen versehen werden soll?« Galbert von Brügge erklärte diesen Beschluß folgendermaßen: »Diese Gemüsearten reifen in der Tat schneller und früher, so daß die Armen eher Nahrung finden, falls Hunger, Mangel und Not über das Jahr hinaus herrschen sollten.«[24] Nichts deutet darauf hin, daß die Bauern jener Zeit den landwirtschaftlichen Vorteil dieser Kulturen, die den vom Getreide erschöpften Böden neue Kraft zuführen, schon erkannt hätten.

Viel wichtiger wäre es jedoch zu erfahren, ob der Umfang der brachliegenden Felder damals abnahm und ob die Landwirte unter dem Einfluß einer Perfektionierung der Anbaumittel dazu übergingen, die Ruhezeiten, die die Felder für eine natürliche Erneuerung ihrer Fruchtbarkeit brauchten, zu verkürzen, um so die produktive Zeit zu verlängern. Auf diese entscheidende Frage, die das Problem der Intensität landwirtschaftlicher Aktivitäten betrifft und die Realität des technischen Fortschritts ins Spiel bringt, können wir unmöglich eine gesicherte Antwort geben. Die Texte dieser Zeit sprechen ausschließlich von bebauten Parzellen, nie von brachliegenden. Einige Hinweise lassen uns vermuten, daß in besonders fruchtbaren Gegenden, wie der Picardie, mindestens auf einigen Gütern zu Ende des 12. Jahrhunderts eine Dreifelderwirtschaft üblich war, bei der jedes Jahr nur ein Drittel der Felder brachliegen blieb. Ein Vertrag, der 1199 zwischen zwei Herren abgeschlossen wurde, präzisiert zum Beispiel, daß der Boden alle drei Jahre mit Frühjahrsgetreide besät werden muß und daß jeder Pächter im ersten Jahr Weizen, im zweiten Jahr Roggen, im dritten aber gar nichts abzuliefern hat.[25] Wir können indes mit Sicherheit davon ausgehen, daß derartige Praktiken in Wirklichkeit auch in den stark bevölkerten und fruchtbaren Gebieten noch längst nicht genügend verbreitet waren, um etwa ein ganzes Gebiet zu einer kollektiven Wechselwirtschaft zu zwingen. Zwänge in diesem Sinne sind vor dem 13. Jahrhundert nirgends benannt. Bis dahin war bebaubarer Boden so reichlich vorhanden, daß jeder Landwirt die Freiheit hatte, den Fruchtwechsel für seine Kulturen entsprechend seinen eigenen Bedürfnissen und seinen technischen Mitteln zu bestimmen. Die meisten Bauern zögerten damals wahrscheinlich noch, ihren Feldern einen allzu schnellen Rhythmus zuzumuten, der in seiner unmittelbar sichtbaren Wirkung den Ertrag jeder einzelnen Parzelle erheblich senkte. Man hielt es für besser, dem Boden genügend Zeit zu lassen, um neue Kräfte zu sammeln, und in der Zwischenzeit andere Landstücke in Arbeit zu nehmen, zumal der landwirtschaftliche Raum sich noch in alle Richtungen erweitern ließ. Alle Anzeichen sprechen dafür, daß der demographische Aufschwung und die Fortschritte der Besiedlung bis zum Ende jener Periode, mit der wir uns hier beschäftigen, noch nicht weit genug vorangeschritten waren, um der Landwirtschaft in den meisten europäischen Provinzen ihren unsteten Charakter zu nehmen.

[24] Galbert von Brügge, in: J. P. Migne (Hrsg.), *Patrologia Latina*, Bd. 166, Paris 1854, Sp. 946.
[25] Archives Nationales, Paris, S. 1412.

Zwei Beispiele, die sich auf die Ile-de-France beziehen, also, wie gesagt, auf eine der Regionen, die am stärksten von der landwirtschaftlichen Dynamik durchdrungen waren, sollen uns als Illustration dienen. Im Jahre 1116 erlaubte der König von Frankreich den Bewohnern eines Dorfes, alte Anbauflächen in seinen eigenen Wäldern zu kultivieren. Dies geschah unter der Bedingung, daß sie die einzelnen Flächen »nur für die Zeit von zwei Saaten und zwei Ernten bestellen, die Früchte einholen und sich dann an andere Stellen des Waldes begeben«.[26] Im Prinzip war die hier angeregte Praxis nichts anderes als die äußerst primitive periodische Abschwendung, die dem Brachland ungeheuer viel Raum läßt. Diese Methode schien aber die einzige zu sein, die in der Lage war, einem sicherlich mittelmäßigen Boden anständige Ernten abzuringen, aus denen der Grundeigentümer beträchtlichen Gewinn ziehen konnte. Das zweite Dokument stammt aus einem späteren Jahrhundert. Es zeigt einen gewissen Fortschritt, da der Herr den Bauern, denen er die Urbarmachung seiner Wälder gestattete, den Rhythmus der Dreifelderwirtschaft vorschrieb. Er plante jedoch gleichzeitig notwendige Abweichungen mit ein und erlaubte den Landwirten, den Acker entweder aus »Gründen der Armut« (das heißt, wenn ihnen vorübergehend das für die Intensivierung des Anbaus unentbehrliche Gespann fehlte) oder aber »zum Zwecke der Bodenverbesserung« mehrere Jahre hintereinander brachliegen zu lassen.[27] Es gab also keine zwingenden Vorschriften, und zwar einerseits, weil der Boden empfindlich war, man ihn also nicht durch zu hohe Anforderungen erschöpfen durfte, und andererseits, weil eine Verkürzung der Zeitspanne, in der das Land brachlag, eine Ausrüstung von hoher Qualität verlangt hätte, die die Möglichkeiten der »Armen« weitaus überstieg. Damit berühren wir den eigentlich wesentlichen Punkt. Die Entwicklung, die die Getreidekultur im Europa des 11. und 12. Jahrhunderts durchgemacht hat, beruhte hauptsächlich auf der Mühsal und dem Schweiß der Menschen. Immer mehr Arbeitskräfte verwandten ihre Energien auf den Ackerbau, auf das Umwenden des Bodens, damit dieser sich ohne Dünger schneller erneuern konnte. Zu diesem Zwecke benutzten sie immer wirksamere Pfluginstrumente. Der landwirtschaftliche Erfolg dieser Zeit fußt also in erster Linie auf einer Perfektionierung der Pflugarbeit.

In der Mitte des 12. Jahrhunderts waren alle Hintersassen einer zur Abtei Cluny gehörigen Domäne zu einer jährlichen Fron von vier Pflugdiensten verpflichtet, einmal im März, vor der Aussaat von Gerste und Hafer, und dreimal im Herbst auf dem Brachland, wo die Aussaat des Wintergetreides durch dreimaliges Wenden des Bodens vorbereitet wurde. Im Vergleich zu der Praxis, die auf den besonders sorgsam verwalteten Gütern der Karolingerzeit üblich war, wo der Boden nur dreimal im Jahr gewendet wurde, bedeutete dies einen Fortschritt. Sogar einen entscheidenden Fortschritt, denn der Ertrag des Weizensamens lag

---

[26] M. Guérard (Hrsg.), *Cartulaire de l'église Notre-Dame de Paris*, Bd. 1, Paris 1850, S. 259.
[27] Archives Nationales, Paris, LL-1599, B.

auf dieser Domäne zwei- bis dreimal höher als auf den benachbarten Gütern, ein weiterer Beweis für den entscheidenden Einfluß der Pflugarbeit auf die Produktivität. Dennoch blieb diese Verbesserung noch sehr begrenzt. Auf den neun anderen Domänen von Cluny, die in dem gleichen Inventarium beschrieben werden, hatte man den karolingischen Brauch der drei Pflugzeiten beibehalten. Im Lichte solcher Texte gewinnt man den Eindruck, daß sich eine Vermehrung der Pflugarbeit nicht vor dem Ende des 12. Jahrhunderts allgemein durchsetzen konnte. Wenn es vorher eine Perfektionierung gegeben hat, so bezieht sie sich auf das Werkzeug selbst, auf das wichtigste Rüstzeug, das dem Bauern für die Bearbeitung des Bodens zur Verfügung stand und das die Verfasser der Texte aus jener Zeit immer noch und sicherlich unterschiedslos mit den beiden lateinischen Worten *aratrum* und *carruca* bezeichneten. Was die Entwicklung der Technik angeht, so steht die Vermutung, daß der Pflug perfektioniert wurde, gewiß im Zentrum dieser quellenarmen Zeit der Landwirtschaftsgeschichte.

Zunächst einmal können wir annehmen, daß die Stärke des Gespanns, das den Pflug zu ziehen hatte, zunahm. Wir haben natürlich keine Möglichkeit, die physische Konstitution der Pflugochsen zu beurteilen, weder für die Zeit Karls des Großen noch für die Zeit des Dritten Kreuzzuges, so daß ein Vergleich ausgeschlossen ist. Im übrigen gab es zu jeder Zeit Ochsen aller Art, und diejenigen, die von den Bauern Futter bekamen, hatten wohl nie die gleiche Kraft wie die, die in den Ställen der Herren mit dem Gras der besten Weiden gemästet wurden. Auf jeden Fall aber ist zu vermuten, daß die Anzahl der Zugtiere auf den landwirtschaftlichen Gütern stieg. Genauere Einzelheiten sind uns zwar nur über die Güter der Herren bekannt; hier allerdings gibt es denn auch handfeste Beweise dafür, daß die damaligen Verwalter sich bemühten, die Herde der Arbeitstiere zu vergrößern. In den neun zur englischen Abtei Ramsey gehörigen Domänen stieg die Anzahl der Zugtiere zwischen dem Ende des 11. und der Mitte des 12. Jahrhunderts von 20 auf 30 %. Zur gleichen Zeit erhielten einige Männer den Auftrag, für den Abt von Cluny die Einzelheiten eines Entwicklungsplans für die Domanialproduktion festzulegen. Sie schlugen als wirksamste Investition im Sinne einer Förderung des ökonomischen Fortschritts den Erwerb von Ochsen vor, um auf diese Weise die Pflüge der Domänen zu verbessern. Solche Bemühungen sind bezeichnend dafür, welchen Wert die Menschen jener Zeit dem Pfluginstrument zusprachen. Sie hielten es für den wichtigsten Faktor des landwirtschaftlichen Aufschwungs überhaupt. Wir müssen deshalb auf jeden Fall davon ausgehen, daß hinter der landwirtschaftlichen Entwicklung eine rationellere Organisation des Ackerbau- und Weidesystems stand, genauer gesagt, ein Fortschritt in der Rinderzucht und die ungeheuer wichtige Entscheidung, den Zugtieren im Interesse reicherer Ernten und wertvollerer menschlicher Nahrung besseres Futter zu geben, also die Heuwiesen sorgfältiger zu pflegen und ihnen mehr Platz in den kultivierten Gebieten einzuräumen. Die nicht genau einschätzbare Ausdehnung des Graslandes und eine weniger primitive Organisation der Weideplätze haben ohne jeden Zweifel ihren Teil zu allen Fortschritten der Getreidekultur beigetragen. Hinzu kommt, daß im Laufe des 11. Jahrhunderts mit Sicherheit auch bessere Methoden zum Einspannen der Zugtiere entwickelt wurden. So wurde etwa das Stirnjoch für die Ochsen erfunden, mit dessen Hilfe ihre Zugkraft besser genutzt werden konnte. Schließlich beschlossen die Landwirte einiger Provinzen, für die Ackerarbeit Pferde statt Ochsen zu verwenden. Zu dieser Veränderung kam es wahrscheinlich in den fruchtbarsten Gegenden des Westens in der zweiten Hälfte des 12. Jahrhunderts. In der Picardie werden seit 1160 immer häufiger Frondienste mit Pferdegespannen erwähnt, und in den Verträgen vom Anfang des 13. Jahrhunderts kommen Pflugochsen so gut wie gar nicht mehr vor. Zwischen 1125 und 1160 verringerte sich die Anzahl der Ochsen eines Rittergutes der Abtei Ramsey um die Hälfte, während sich die der Zugpferde vervierfachte. Der Vorteil der Pferde war ihre Schnelligkeit. Spannte man sie vor den Pflug, ging die Bodenbearbeitung wesentlich rascher voran, so daß die Pflugarbeit vermehrt und zugleich das Eggen als neue Praxis eingeführt werden konnte. Schon der Teppich von Bayeux vom Ende des 11. Jahrhunderts zeigt eine von einem Pferd gezogene Egge. Allerdings konnte sich diese Verbesserung der Pflugausrüstung nur in den reichsten Gegenden durchsetzen. Denn wie Walter von Henley den englischen Bauern in seiner Abhandlung zur praktischen Landwirtschaftskunde im 13. Jahrhundert mit Recht zu bedenken gibt,»kostet das Pferd mehr als der Ochse«, da es beschlagen und mit Hafer gefüttert werden muß. Nur jene Dorfgemeinschaften, die reichlich über Münzgeld verfügten und durch regelmäßiges Betreiben der Dreifelderwirtschaft hinreichend Frühlingsgetreide produzierten, waren in der Lage, sich genügend Pferde zu halten. So erscheint die Einführung des Zugpferdes als unfehlbares Zeichen eines Fortschritts innerhalb der ländlichen Ökonomie. Sie beweist, daß eine neue Stufe erklommen wurde. Sie bezeichnet den Anfang eines Ackerbausystems von höherer Produktivität und das Ende einer langen Periode unmerklichen Wachstums in Zeit und Raum.

Es ist anzunehmen, daß der Pflug selbst während dieser Zeit zumindest in den fruchtbarsten Gegenden ebenfalls technische Verbesserungen erfahren hat. Zu der bloß aus Holz bestehenden Konstruktion aus der Karolingerzeit kamen Eisenelemente hinzu, die die Wirkung der entscheidenden Teile, des Pflugmessers, der Schar und des Streichbretts, wesentlich erhöhten. Nach dem Jahr 1000 sind die Fortschritte der Metallurgie in ganz Europa nicht mehr zu übersehen, Fortschritte, die zuallererst durch den Wunsch der Aristokratie nach besseren Kampfausrüstungen in Gang gekommen waren. Doch ausgehend von den Niederlassungen der Ritter hatte sich der Gebrauch des Metalls, genau wie der der Pferde, an die Bauernschaft weitervermittelt. Die Entwicklung der landwirtschaftlichen Techniken beruhte stets auf der verzögerten Verwendung des für militärische Angriffe erfundenen Werkzeugs bei der Feldarbeit – auch dies ein Aspekt des Übergangs von der Kriegsökonomie zur landwirtschaftlichen Ökonomie. Diese Entwicklung vollzog sich im Laufe des 12. Jahrhunderts; es kann aber sein, daß es schon zu früheren Zeiten entscheidende Verbesserungen in der Eisenverarbeitung gegeben hat. So zum Beispiel die Verwendung von Schmelzöfen mit einer verbesserten Belüftung und die Ausnutzung der Wassermühlenenergie für die Metallverarbeitung. Einen Hinweis auf die zuletzt genannte Annahme erkennen wir darin, daß schon 1086 manche Mühlen mit Eisenabgaben belastet waren. Auf jeden Fall häufen sich in den Texten vom Anfang des 12. Jahrhunderts in den Pyrenäen, den Alpen und dem Zentralmassiv Bemerkungen über Schmiedehämmer. Zur gleichen Zeit werden auch zum ersten Mal Eisenminen erwähnt. In seinem Buch *De Miraculis* berichtet Petrus Venerabilis über Minenarbeiter aus der Gegend von Grenoble, über die Gefahren, denen sie in den Stollen ausgesetzt sind, und die Gewinne, die sie durch den Verkauf ihrer Produkte an die Schmiede der Umgebung erzielen. Noch häufiger ist von Werkstätten mitten in den Wäldern die Rede, wo das Eisenerz bearbeitet wurde. Zwischen 1156 und 1171 beispielsweise bot der Graf der Champagne verschiedenen Zisterzienserabteien der Gegend solche Werkstätten als Almosen an. Von nun an wurde das Metall gebräuchlicher. Seit etwa 1160 brauchten die venezianischen Seefahrer nicht mehr für jede Fahrt einen Eisenanker zu leihen, da inzwischen jedes Schiff seinen eigenen besaß. Das Eisen, das inmitten der Wälder, wo es genug Brennmaterial zum Schmelzen gab, produziert wurde, kam allem Anschein nach anschließend zur weiteren Bearbeitung und Gestaltung in die städtischen Zentren. In Arras diente es um 1100 noch im wesentlichen zur Herstellung von Schneideinstrumenten, Messern, Sicheln und Spaten. Doch bald danach benutzte man es auch zur Anfertigung der Pflugscharen. So verhielt es sich beispielsweise im 12. Jahrhundert in der Stadt Metz, wo die sieben »Pflugscharmacher« (*soccarii*) die mächtigste Handwerksgilde bildeten. Es dauerte nicht lange, bis sich die Schmiede auch auf dem Lande niederließen, um ihrer bäuerlichen Kundschaft nahe zu sein. In den Dörfern des Beauvais wurde seit 1100 Holzkohle zum Schmelzen verkauft. Die Verbreitung dieses ländlichen Handwerks läßt sich in der Picardie genau verfolgen. Vor Beginn des 12. Jahrhunderts ist noch keine Spur davon zu sehen, doch zwischen 1125 und 1180 bringen die verstreuten Quellen 30 *fabri* ans Licht. Zu dieser Zeit gab es in 10 von 30 Dörfern um die Priorei von Hesdin jeweils einen vollbeschäftigten Schmied, eine erstaunlich hohe Zahl, die sicherlich in vielen rückständigen Provinzen, die sowohl den alten Holzwerkzeugen als auch den Pflugochsen treu geblieben waren, weitaus niedriger war. Dennoch beweist sie den Umfang der technologischen Veränderung, die noch vor dem Ende des 12. Jahrhunderts auf der anspruchslosesten Ebene der landwirtschaftlichen Aktivitäten stattgefunden hat. Genau wie die ersten Mühlen waren auch die ersten Dorfschmieden ein Zeichen des ökonomischen Wachstums. Zwar tauchten die Dorfschmieden mit einiger Verspätung nach den Mühlen auf, doch auch sie hatten zur Folge, daß sich innerhalb der Dorfgemeinschaft ein neuer Stand spezialisierter Arbeiter herausbildete. Diese lebten gewiß noch in starker Abhängigkeit von ihrem örtlichen Herren, ihrem Hauptkunden oder gar Besitzer ihres Körpers, befanden sich aber allein durch ihre Funktion in einer privilegierten Position.

Die Schmieden waren ein unmittelbarer Ausdruck des ökonomischen Wachstums, da sie ohne eine Anhebung des Lebensstandards der Landbevölkerung gar nicht möglich gewesen wären. Doch zugleich stützten und vergrößerten sie den wirtschaftlichen Aufschwung. Auch wenn das vom Schmied hergestellte Werkzeug teurer war und man sparen mußte, um es zu erwerben, erwies es sich doch als viel wirksamer. Jedem, der nicht zu arm war, es zu kaufen und mit einem guten Gespann zu versehen, versprach es reichere Ernten, das heißt Gewinne und damit die Mittel, seine Macht über den Boden zu festigen und bessere Voraussetzungen für seine Kinder zu schaffen.

Eine ganze Reihe von Hinweisen berechtigt uns zu der Annahme, daß in Westeuropa die Zeit zwischen dem Jahr 1000 und den letzten Jahren des 12. Jahrhunderts für die Geschichte der Produktionsmittel von entscheidender Bedeutung ist. Im Zentrum einer umfassenden ökonomischen und demographischen Fortschrittsbewegung stand aller Wahrscheinlichkeit nach die Perfektionierung des Pfluginstruments und des Zuggespanns. Der Pflug – als Gesamtheit der Ausrüstung, die aus dem Werkzeug, den Zugtieren und den damit arbeitenden Menschen besteht – wurde aus diesem Grunde innerhalb der ländlichen Ökonomie immer wichtiger. Tendenziell entwickelte er sich zu einer wirtschaftlichen Grundeinheit, die der Funktion des *mansus* im frühen Mittelalter entsprach. Zu Ende des 11. Jahrhunderts begann man in der Picardie, den Boden nach »Pflugländern« zu bemessen. In den grundherrlichen Bestandsaufnahmen der Abtei Cluny sowie in denen der englischen Klöster wurden im 12. Jahrhundert auch die Frondienste nach Pflugtagen benannt. Genau zur gleichen Zeit erschien der »Ochsentreiber«, das heißt derjenige, der die Zügel des Gespanns führte, in der Landwirtschaft als der wichtigste Arbeiter unter den Dienstmannen, die zum Haus des Herrn gehörten. Auf jeden Fall veranlaßte der hier beschriebene technische Fortschritt eine entscheidende Veränderung, nämlich die Steigerung des Werts der Ausrüstung im Vergleich zum Wert von Grund und Boden. Die Elemente dieses Fortschritts, wie das Eisen und das Vieh, waren in der Tat außerordentlich teuer. Aus Zolltarifangaben vom Ende des 11. Jahrhunderts, die sich auf ein Dorf in der Gegend von Angers beziehen, geht der Preis der neuen Zusatzprodukte hervor. So wurde ein unbeschlagenes Tier auf einen *denarius* taxiert, während ein beschlagenes das doppelte kostete. Diese Verschiebung im Wert der Dinge schlug sich unmittelbar auf die Lebensbedingungen der Bauernschaft nieder, und dies auf zwei Arten:

1. Die Klasse der Arbeiter wurde angreifbarer und konnte von den Reichen empfindlicher getroffen werden; denn der Pflug und das dazugehörige Gespann waren bewegliche Güter, die der Familienzusammenhalt nicht so gut schützen konnte wie den Boden. Darüber hinaus war ihr Besitz enger mit der Geldbewegung verbunden, und vor allem ließ er sich leichter wegnehmen. Die Arbeiter waren dem Druck der Herren stärker ausgesetzt, denn diese hatten ihre Mannen durch die Möglichkeit, ihnen leihweise Vieh zur Verfügung zu stellen, oder auch durch die Drohung, deren eigene Tiere zu konfiszieren, besser in der

Hand. Zugleich vermehrte sich der Druck von seiten derer, die über das Münzgeld verfügten und von denen man etwas borgen konnte. Dabei haben wir allen Grund zu der Annahme, daß die technische Perfektionierung den Kreditgeschäften innerhalb der bäuerlichen Welt einen einzigartigen Auftrieb gegeben hat.

2. Nicht alle Bauern konnten ihre Ausrüstung verbessern, entweder, weil ihnen das notwendige Kapital fehlte, oder aber, weil ein zu schweres Instrument die Gefahr mit sich brachte, den von ihnen kultivierten Boden zu beschädigen. So wurde in allen Gegenden mit leichtem und anfälligem Boden auch weiterhin der leichte, räderlose Pflug benutzt; und in allen armen Haushalten stellten Hacken und Holzwerkzeuge die einzige Ausrüstung dar. Auf diese Weise vergrößerte sich im Laufe des 12. Jahrhunderts der Abstand zwischen den Regionen, die sich wie die Ile-de-France oder die Picardie allen technischen Innovationen öffnen konnten und deren Lebenskraft neue Nahrung fand, und den anderen, insbesondere den südlichen Gegenden, die im Zustand der Stagnation verharrten. Zugleich vertiefte sich innerhalb jedes einzelnen Gebietes die schon im 10. Jahrhundert sichtbare Kluft zwischen denen, »die ihr Tageswerk mit Ochsen oder anderem Vieh« verrichteten[28], und denen, die nur ihre Hände zum Arbeiten hatten: zwischen den »Pflugbauern« (*laboureurs*) und den »Handarbeitern« (*manouvriers*), wobei der Terminus »laboureurs« möglicherweise auch den Respekt gegenüber jenen Menschen ausdrückt, die besonders wirksam zum allgemeinen Wachstum beitrugen. Beide Kategorien wurden von den Herren unterschiedlich behandelt. Es kann sein, daß in manchen Provinzen nur die ersteren vollwertige Mitglieder der Dorfgemeinschaft waren. Während die Ansprüche der Herren innerhalb der Bauernschaft eine Nivellierung der Lebensbedingungen bewirkten, so daß die mit dem Status der persönlichen Abhängigkeit zusammenhängenden sozialen Unterschiede schon kaum noch erkennbar waren, kam es im Zusammenhang mit der Perfektionierung des Werkzeugs im 12. Jahrhundert zu neuen ökonomischen Disparitäten zwischen den Einwohnern ein und desselben Dorfes bzw. zwischen benachbarten Provinzen.

Wir sehen, wie nützlich es uns wäre, den Einfluß des technischen Fortschritts auf den Zusammenhang der landwirtschaftlichen Produktion genau zu ermessen. Doch wir müssen darauf verzichten. Vor dem Ende des 12. Jahrhunderts waren die Methoden der Domanialverwaltung noch äußerst unzulänglich. Sie räumten der Schrift wenig und den Zahlen noch weniger Platz ein. Die Quellen dieser Zeit sind sogar enttäuschender als die der Karolinger. Bei einem so tiefgehenden Mangel gerät man in die Versuchung, alle irgend erreichbaren Hinweise zu Schlußfolgerungen heranzuziehen, insbesondere die ziemlich präzisen, jedoch sehr ortsgebundenen Angaben, die uns eine Beschreibung der zur Abtei Cluny

---

[28] M. C. Ragut (Hrsg.), *Cartulaire de Saint-Vincent de Mâcon*, Mâcon 1864, Nr. 476, S. 274.

gehörigen Domänen aus der Mitte des 12. Jahrhunderts liefert. Die Berichterstatter, die hier ihre Nachforschungen anstellten, haben auf sechs dieser Domänen für das Wintergetreide Schätzungen über Aussaat und Ernte angestellt. Diese Angaben ähneln jenen, die uns die Beschreibung der königlichen Domäne von Annappes für das 9. Jahrhundert vermittelt. Sie erlauben uns eine ungefähre Schätzung des Ertrags der Saat. Dieser variiert beträchtlich von einer Domäne zur anderen. Auf einem Wirtschaftsgelände ist die Ernte sechsmal so viel wert wie die Saat; auf einem anderen liegt der Ertrag bei 5:1 für den Roggen, und bei 4:1 für den Weizen; auf den vier übrigen bewegt er sich zwischen 2–2,5:1. Es fällt auf, daß die Produktivität recht gering ist. Bei den meisten dieser großen landwirtschaftlichen Unternehmungen, die nach einer besseren Ausrüstung verlangten – und genau das war das Ziel der damaligen Untersuchungen –, war der Boden um 1150, inmitten der umfassenden Expansionsbewegung, die sich in den europäischen Ackerbaugebieten seit mindestens zwei Jahrhunderten entfaltete, noch sehr undankbar. Die Ernährung der Menschen erforderte viel Mühe und viel Raum. Doch trotz allem lassen sich zwei Dinge erkennen. Wenn die Erträge der verschiedenen Güter mitunter um das Dreifache variieren, so hat das wohl mit der Bodenqualität zu tun, aber zumindest teilweise auch mit den Wirkungen einer ungleich guten Ausrüstung. Die Domäne mit den bei weitem reichsten Ernten ist eben die, wo die Ställe am besten bestückt und die Pflüge am zahlreichsten waren. Die Ertragssteigerung scheint folglich im Lichte dieses Dokuments unmittelbar mit der Intensivierung der Pflugarbeit zusammenzuhängen. Zum anderen müssen wir bedenken, daß die schwache Produktivität, die in dem Inventarium von Cluny zum Ausdruck kommt, durch ungünstige Klimabedingungen verschärft wurde. Die Berichterstatter haben nämlich vermerkt, daß das betreffende Jahr ein schlechtes Jahr war und die Verwalter das Defizit auf ein Fünftel der normalen Ernte schätzten. Nimmt man die notwendigen Korrekturen vor, wird sofort klar, daß die Erträge der Saat auch auf den unfruchtbarsten und am wenigsten durchgearbeiteten Böden höher lagen als die, die sich unter großen Schwierigkeiten aus den Angaben der karolingischen Quellen errechnen ließen. Es ist sicherlich äußerst gewagt, derart isolierte Zahlenangaben, die durch ihre Vereinzelung um den größten Teil ihres Erkenntniswertes gebracht sind, miteinander zu vergleichen. Aber wir können wenigstens vermuten, daß die Produktivität des Bodens zwischen dem 9. und dem 13. Jahrhundert (also, bevor Walter von Henley in seiner Abhandlung die Meinung vertritt, daß der Boden keinerlei Gewinn bringt, wenn er nicht mehr als das Dreifache der Saat erzeugt) gestiegen war und daß sich unterdessen die technischen Verbesserungen unmerklich verbreitet hatten, während der Raum in seiner Weite es immer noch nicht erforderlich machte, den Boden über die Maßen zu beanspruchen, und man ihm genügend Ruhe gönnen konnte. Trotz seiner Langsamkeit, die sich spürbar belebte, sobald die Herren von Grund und Boden Interesse an einer wirksameren Ausstattung ihrer landwirtschaftlichen Unternehmungen gewannen, war dieser Fortschritt keineswegs unbedeutend. Eine Ertragssteigerung von 2:1 auf 3:1 bedeutet nämlich, daß sich der Teil der Ernte, der dem Konsum zur Verfügung stand, verdoppelt hatte.

Die Auswirkungen dieser Produktivitätssteigerung machten sich in der gesamten Wirtschaft auf dem Lande bemerkbar. Denn sobald der von ihnen bewirtschaftete Boden reichere Ernten trug, bemühten sich die Herren und die mit der Domänenverwaltung beauftragten Diener entweder, den Überschuß zu verkaufen, wie beispielsweise die Mönche von Cluny, die um 1150 ein Achtel der Getreideernte eines ihrer grundherrlichen Güter zum Markt bringen ließen, oder aber sie verkleinerten die Ausmaße des Wirtschaftsgeländes, um sich auf diese Art von Sorgen zu befreien. Auf jeden Fall und insbesondere, weil die Perfektionierung des Werkzeugs zu einem beträchtlichen Wertverlust der manuellen Fronarbeit geführt hatte, stellten die Herren der großen Domänen nun weniger hohe Anforderungen an ihre Hintersassen. Sie kamen in die Versuchung, letztere Zug um Zug von ihren Arbeitsverpflichtungen zu befreien und sie nur noch in den Zeiten des allergrößten Drucks auf dem Boden der Domänen zu beschäftigen. Für die Güter der abhängigen Bauern brachte diese Veränderung eine entscheidende Erleichterung mit sich. Endlich befanden sie sich auf dem Weg, ihre Werkzeuge und ihre Arbeitskraft ununterbrochen für eigene Zwecke zu verwenden. Durch diese Arbeitsbereicherung kam es unverzüglich zu einer Ertragssteigerung auf dem Leiheland, die vielleicht sogar rascher voranschritt als auf den Domänen. Sie erreichte solche Ausmaße, daß die Oberfläche der alten landwirtschaftlichen Einheiten für den Bedarf eines einzigen Haushalts viel zu groß wurde. Auf den ehemaligen *mansi* konnten sich nun bequem mehrere Familien niederlassen. Mit der partiellen Aufteilung des Herrenlandes und der Fraktionierung des Leihelands entstand auch die Möglichkeit, daß sich die Bevölkerungsdichte jedes einzelnen Dorfgebietes erhöhen konnte. Unterdessen führten die Verringerung der Fronarbeit und die gesteigerte Produktivität menschlicher Mühen innerhalb jeder Familie zu einer Freisetzung von Arbeitskapazitäten, die von nun an für neue landwirtschaftliche Eroberungen zur Verfügung standen. Die Inangriffnahme der Bewirtschaftung unerschlossener Gebiete, die Ausweitung des kultivierten Raums, hingen unmittelbar und auf zweifache Art mit den Ertragssteigerungen zusammen. Zum einen begünstigten sie diese durch die Vergrößerung der Zone, in der sich der Fruchtwechsel entfalten konnte; dabei ließen sie dem Brachland trotz der Intensivierung der menschlichen Besiedlung genügend Raum und die notwendige Ruhezeit, ohne die der Boden sich erschöpft hätte. Andererseits kamen die höheren Erträge auch der Kultivierung bislang unerschlossener Gebiete zugute, denn der Zustrom an Arbeitskräften, die sich der Urbarmachung widmeten, kam eben aus den Dörfern, wo die reicheren Ernten einen Zuwachs der Familien erlaubten und zahlreiche tatkräftige Hände für neue Aufgaben freisetzten.

Die Urbarmachung

Im Landwirtschaftssystem des frühen Mittelalters gehörte die Urbarmachung zu den normalen, regelmäßigen Tätigkeiten. Jedes Jahr mußten alte Felder, die vom Anbau erschöpft waren, aufgegeben und neue auf Kosten der unbebauten Weiten erschlossen werden. Der langsame Fruchtwechsel auf den gepflügten Böden innerhalb der einzelnen Siedlungsgebiete, von denen stets ein großer Teil vorübergehend der natürlichen Vegetation überlassen wurde, machte den Bauern zu einem ständigen Pionier. Er behielt diese Position solange inne, wie das Brachliegen des Bodens von Zeit zu Zeit wegen des Mangels an Dünger unerläßlich war. Mit dem Ende der in diesem Buch behandelten Phase bildet sich ein durchorganisierter Landwirtschaftsraum heraus, in dem das erste Umpflügen des Brachlandes die letzte Residualform der periodischen Rodung repräsentiert. Die Urbarmachung wird also zum Bestandteil der üblichen Praxis der Getreidewirtschaft. Anfangs war sie nur eine oberflächlich wirkende Maßnahme gegen die Verschlechterung des Bodens, ein unerläßlicher Schritt für die Aufrechterhaltung des Ertragsniveaus gewesen.

Auf jeden Fall gewann dieser Akt eine völlig neue ökonomische Bedeutung, sobald er sich nicht mehr innerhalb eines fest begrenzten Anbaugebietes vollzog, sobald er dessen Grenzen überschritt. Erst jetzt nahm er die Züge einer echten Eroberung an, die zur langfristigen Ausweitung des Nährbodens führte. Die Tatsache, daß unerschlossene Gebiete Dauerkulturen weichen mußten, stellt ganz ohne Zweifel das größte ökonomische Ereignis im westlichen Europa des 12. Jahrhunderts dar. Der demographische Aufschwung und die technischen Verbesserungen hatten diese Entwicklung in Gang gebracht. Um die unbebauten Weiten nutzen zu können, um sie von der wilden Vegetation zu befreien und die Bäche und Tümpel unter Kontrolle zu bringen, war besseres Werkzeug erforderlich. So konnten etwa die wasserschweren Böden Schleswigs nicht sinnvoll eingesät werden, ehe es die Möglichkeit gab, sie mit starken Pflügen zu bearbeiten, die in der Lage waren, lange und tiefe Furchen zu ziehen und auf diese Weise eine Art Drainage zu realisieren. Entscheidend war außerdem, daß den immer zahlreicher werdenden Arbeitern Mut gemacht wurde, sich in mühevolle und ungewisse Abenteuer zu stürzen und die instinktive Furcht, die die verlassenen Weiten ihren Vorfahren eingeflößt hatten, zu überwinden. Anders gesagt, die menschliche Besiedlung auf den alten Heimatböden wurde zu dicht. Die Hungersnot stellte die eigentliche Triebfeder der landwirtschaftlichen Expansion dar, und diejenigen, die das Werk in die Tat umsetzten, waren im Grunde die Armen, die überzähligen Kinder der Familien, bei denen der technische Fortschritt zwar die Produktionskapazitäten erhöht hatte, in der Geschwindigkeit seiner Entwicklung aber hinter dem Wachstum der Bevölkerung zurückgeblieben war. Als weitere Voraussetzung kam schließlich noch hinzu, daß die Herren der jungfräulichen Böden, also die Grundherren, der Initiative der Neuansiedler keine Hindernisse in den Weg stellten. Auch wenn es den letzteren manchmal gelang, ihr Vorhaben heimlich durchzuführen, die

Wachsamkeit der Förster zu überlisten und am Rande der einsamen Wald- oder Moorgebiete Landparzellen zu bewirtschaften, für die sie volle Besitzansprüche geltend machten – so daß die bäuerlichen Allodien im 12. Jahrhundert nirgends so dicht beieinander lagen wie an den Ausläufern schlecht bewachter, unüberschaubar großer, verlassener Gebiete –, war die landwirtschaftliche Eroberung nicht ausschließlich ihre Angelegenheit. Sie war auch Sache der Reichen, da diesen alles unbebaute Land gehörte. Zu einer bestimmten Zeit gaben die geistlichen und, sicherlich in noch größerer Zahl, die weltlichen Herren dem Druck der Armen nach, die sich niederzulassen suchten. Sie genehmigten die Gründung von Kolonien und gewährten Neuankömmlingen, *hospites*, wie man damals sagte, »Gastfreundschaft«. Etwas später gingen sie sogar noch weiter; sie ermutigten die Pioniere, stürzten sich in Unkosten, um sie zu locken, ja, sie rissen sich geradezu um sie. Mit anderen Worten, der grundbesitzende Adel mußte sein überaltertes ökonomisches Gebaren Schritt um Schritt verändern. Tatsächlich entschlossen sich die Besitzer des unerschlossenen Landes, einige ihrer Vergnügungen, die die Waldgebiete, die Sümpfe und die Wildgehege ihnen als leidenschaftliche Jäger geboten hatten, zu opfern. Sie hatten gemerkt, daß die Besiedlung der noch verlassenen Weiten, auch wenn die ersten Impulse einiges kosten sollten, schließlich eine zusätzliche Einnahmequelle darstellten. Sie spürten die Notwendigkeit, ihren Reichtum zu vermehren, und wurden gewahr, daß eine Landschaftsveränderung eine entsprechende Gelegenheit bieten konnte. Wir können auch ganz schlicht sagen, daß sie mehr Feingefühl für das Profitdenken entwickelten. Inmitten einer Welt, deren Einstellung zu ökonomischen Problemen vollständig von der Verschwendungslust, der Opferbereitschaft und der Freigebigkeit beherrscht war, einer Haltung, die von allen Herren, ob geistlichen oder weltlichen, geteilt wurde, bekam das Wort »Gewinn« mit der Urbarmachung, den Bemühungen, den Anbau voranzutreiben und den Wert des Bodens zu erhöhen, zum ersten Mal einen Sinn. Das damalige Vokabular bestätigt dies. Hießen nicht die neuen Güter, die überall mitten im Wald entstanden, im Lothringen des 12. Jahrhunderts »gagnages« (*gainagia*)? Die Offenlegung dieser entscheidenden Veränderung im psychologischen Verhalten gehört sicherlich zu den aufschlußreichsten Kapiteln in der Geschichte der großen mittelalterlichen Landerschließungen. Doch leider bleibt die Chronologie dieser Geschichte sehr ungenau.

Die fehlende Präzision hat in erster Linie mit dem Mangel an expliziten Quellen zu tun. Verschärfend kommt jedoch hinzu, daß es mehrere Formen der Urbarmachung gab, die sich nicht im gleichen Rhythmus entwickelten.

1. Die erste und einfachste Form war eine zunehmende Ausweitung der dörflichen Lichtungen. Sie war gleichzeitig mit Abstand die verbreitetste und insgesamt gesehen die einzige, deren Spuren sich in zahlreichen Provinzen, wie etwa im Mâconnais oder im Périgord, wo alle landwirtschaftlichen Zellen noch aus der Römerzeit stammten, verfolgen lassen. Den Schätzungen zufolge verdankt die Picardie dieser Art der Urbarmachung fünf Sechstel ihres Bodenzugewinns. Dies allerdings ist das Ergebnis zahlloser individueller

Unternehmungen, die jahrein, jahraus mit dürftigen Mitteln betrieben wurden und daher in den schriftlichen Quellen kaum erwähnt werden. Ein genaues Bild gewinnt man nur dort, wo außergewöhnliche Umstände ins Spiel kamen. Ein Beispiel dafür ist die zähe Ausdauer der Zisterzienserabtei La Ferté-sur-Grosne, die ihr Patrimonium durch geduldige Kleinkäufe erweiterte. Anhand der erhaltenen Bestandteile eines Urkundenbuches lassen sich neue Felder und Weiden erkennen, die im Laufe des 12. Jahrhunderts einen burgundischen Wald von den Rändern her zersetzten und meistens die Namen der Bauern trugen, die das betreffende Stück Land hergerichtet hatten. Als weiteres Beispiel können wir die Mönche von Ramsey anführen, die größte Sorgfalt darauf verwandten, ihre Rechte schriftlich festzulegen. In diesem Zusammenhang erfahren wir, daß auf einem bestimmten Gut seit der zweiten Hälfte des 12. Jahrhunderts 140 Hektar gerodeten Bodens von 30 Bauern bestellt wurden. Kenntnisse vermittelt uns auch der Wunsch des Abtes Suger von Saint-Denis, seine Verwaltunsakte zu rechtfertigen, der ihn veranlaßte, alle von ihm eingeführten Verbesserungen innerhalb der Domänenverwaltung bis ins kleinste Detail zu beschreiben und insbesondere alle Siedler aufzuzählen, denen er auf bestimmten »Höfen« seine Gastfreundschaft anbot, um die dortige Bodenbearbeitung zu intensivieren. Meistens jedoch muß man auf andere, weniger sichere Hinweise vertrauen, die gewöhnlich schwer zu datieren sind; wie etwa Spuren, die die mühselige Arbeit der mittelalterlichen Bauern in den heutigen Gebietsstrukturen und den ländlichen Ortsnamen hinterlassen hat; Bemerkungen über spezifische Abgaben für neuerschlossene Lehen, wie in Frankreich der »champart« oder die »tâche«; oder auch die Konflikte, die bei der Eintreibung der sogenannten »novales« entstanden, der Zehnten für die vormals unproduktiven Weiten, die mittlerweile Ernten trugen. Außerdem können wir uns auf jenes Wissen stützen, das uns durch die Pflanzenrückstände, insbesondere die Pollen der Torfmoore, zuteil wird. Für einige günstig gelegene Stellen in Deutschland läßt sich eine Kurve nachzeichnen, die eine plötzliche Zunahme der Getreidekulturen um das Jahr 1100 bestätigt.

Allem Anschein nach kam die heftige Bewegung, unter deren Druck sich die Grenzen der kultivierten Gebiete allmählich erweiterten, schon sehr früh in Gang. War sie in Germanien nicht schon seit dem 7. Jahrhundert nur unterbrochen? In der Normandie, genauer gesagt im Wald von Cinglais, gehen ihre Anfänge vermutlich auf das 10. Jahrhundert zurück. Die ersten gerodeten Flächen, die in den Quellen des Mâconnais auftauchen, stammen aus der Zeit vor dem Jahr 1000. Dabei handelt es sich oft nur um eine Wiedereroberung, um die schlichte Wiederaufnahme der Bearbeitung verlassener Gelände; so etwa in Gâtine in der Grafschaft Poitou, wo sich die landwirtschaftliche Expansion im ganzen 11. Jahrhundert fast ausschließlich auf ehemalige, seit langem aufgegebene Siedlungsgebiete bezog. Gelegentlich haben wir es auch nur mit vorübergehenden Vorstößen zu tun, mit einem kurzen Versuch auf entmutigendem Boden. Eine etwa auf das Jahr 1075 zu datierende Schenkungsurkunde aus Berry beispielsweise erwähnt »ein Stück Land, wo sich einst die kultivierten

Böden einiger Bauern befunden hatten, und wo nun das Gestrüpp nur so wuchert«. Sicher ist auf jeden Fall, daß sich die ganze Bewegung in den letzten Jahrzehnten des 11. Jahrhunderts lebhaft beschleunigte, daß sie seit dieser Zeit überall in irgendeiner Form zum Ausdruck kam und sich, wie die für die Picardie erstellten Statistiken beweisen, im Laufe des gesamten 12. Jahrhunderts mit der gleichen Kraft weiterentwickelte. Ihr Höhepunkt liegt allem Anschein nach in der Zeit zwischen 1175 und 1180. Es ist außerordentlich schwierig, genaueres über die Zusammenhänge zwischen diesem Phänomen und dem in seiner Chronologie ebenso vagen demographischen Aufschwung zu ermitteln. Ein Versuch in dieser Richtung wurde für die ländlichen Gebiete der Picardie unternommen; er führte zu der Hypothese, daß die Ausweitung der Anbaugebiete erheblich früher stattgefunden haben muß als der große Bevölkerungszuwachs nach 1125. Auf jeden Fall waren die Bauernhaushalte die ersten, die von der hier beschriebenen spontanen, langsamen, unmerklich erfolgenden Urbarmachung profitierten, die eben auf Grund der benannten Eigenschaften nicht unmittelbar auf den Widerstand der Grundherren stieß. Fast überall war das neu erschlossene Land für die ersten Jahre der Grasproduktion vorbehalten. So erlaubte die Urbarmachung zunächst einmal die Weiterentwicklung der Viehzucht und damit eine Verstärkung der Pflugausrüstung. Danach wurde das Land eingesät und trat mit seinem völlig unverbrauchten Boden, auf dem das Korn prächtig gedieh, die Nachfolge der alten Felder des *in-field* an, mit anderen Worten, es lieferte den Menschen Nahrung. Aber neben den Bauern profitierten auch alle Grundherren, insbesondere die kleinen, die in den Dörfern lebten und ihre Landwirtschaft aus nächster Nähe leiteten. Auch sie beauftragten ihre Dienstmannen mit der Rodung ungenutzter Flächen, um das Herrenland durch junge Böden zu bereichern. Vor allem aber ließen sie der stückweisen Eroberung des unerschlossenen Raums ungestört ihren Lauf, bis es eines Tages ohne ihr besonderes Zutun unmerklich so weit gekommen war, daß sie Gewinn daraus ziehen konnten. Da sie die Bauern die ganze Zeit nicht aus den Augen gelassen hatten, verstanden sie es nun, reichliche Abgaben für jene Parzellen zu bekommen, die die Bauern in den unkultivierten Randgebieten hergerichtet hatten. Im allgemeinen verlangten sie einen Teil der Ernte. Da die gleichen Herren schließlich häufig auch die Zehnten der Pfarrei für sich behielten, konnten sie die Ernten des Neulandes ohne weitere Mühe zu einer neuen Einkommensquelle machen.

2. Die Urbarmachung nahm ganz andere Züge an, wo sie zur Gründung neuer Siedlungen führte, wo die Pionierarbeit inmitten des unkultivierten Raumes geleistet, wo dieser von innen angegriffen und Schritt für Schritt erschlossen wurde. In vielen Gegenden lagen zwischen den einzelnen Lichtungen nur schmale bewaldete oder sumpfige Landstriche. Die immer weitere Kreise ziehende Pflugarbeit nagte an ihnen, bis sie manchmal völlig verschwanden, bis die Grenzen der benachbarten Siedlungsgebiete aufeinanderstießen und zu einer weiten, kahlen Fläche verschmolzen. Daneben gab es unüberschaubar großes menschenleeres Dickicht, wo die Besiedlung erst nach dem Jahr 1000

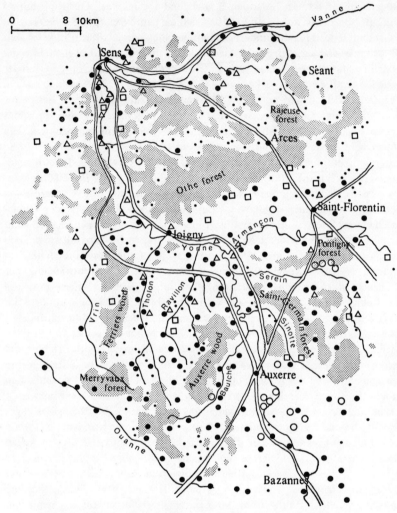

- •   Ortschaften, die in schriftlichen Quellen aus der Zeit vor dem 12. Jahrhundert erwähnt werden
- ○   Entsprechende Ortschaften, die heute verschwunden sind
- □   Heutige Ortsnamen, die aus der Zeit vor dem 12. Jahrhundert stammen
- △   Archäologische Fundstätten mit merowingischen oder karolingischen Überresten
- ·   Ortschaften, die nach dem 12. Jahrhundert erwähnt werden
- ▓   Wald   ══ Römische Straßen

Abb. 3: Besiedlung im mittleren Yonne-Tal im 11. Jahrhundert

begann. Diese Zonen wurden zuerst von solchen Menschen betreten, die kaum die Absicht hatten, sich dauerhaft niederzulassen. Manche durchstreiften den Wald, um sich die natürlichen Produkte anzueignen, deren Nachfrage im Zuge der allmählichen Perfektionierung der materiellen Zivilisation anstieg. So ist etwa in den Texten des 12. Jahrhunderts immer häufiger von Eisenfabrikanten oder Köhlern die Rede. Es kamen aber auch fromme Leute, die der Welt entfliehen wollten. Die Eremiten, die in den westlichen Ländern Frankreichs seit dem 11. Jahrhundert immer zahlreicher wurden, waren wohl die ersten, die um der eigenen Ernährung willen inmitten der verlassenen Wildnis neue Lichtungen schlugen. Etwas später ließen sich hier auch Untergruppen jener Ordensgemeinschaften nieder, deren Regeln strenge Isolierung vorschrieben, vorwiegend Zisterzienser, Kartäuser und reformierte Kanoniker. Nach dem Ende des 11. Jahrhunderts kamen schließlich in manchen gallischen Provinzen wie Anjou, Maine, Poitou und vielleicht auch der Ile-de-France Bauersfamilien, die sich in den zwischen Wäldern und Heideland verstreuten *bordae* oder *bordagia* einrichteten. Um 1175 kann man dann in den französischen Quellen die ersten Spuren großräumiger Güter entdecken, die die Reichen abseits von den bereits kultivierten Gebieten angelegt hatten. Auf diese Weise entstand in den Leerräumen, die die alten Dörfer voneinander trennten, eine Art Zwischenbesiedlung. Charakteristisch hierfür waren verstreute Siedlungsflekken, von denen jeder das Zentrum einer Ansammlung von gedrängt beieinanderliegenden Gärten, Feldern und Weiden bildete. Zum Schutz gegen Wildschäden waren solche Parzellen eingefriedet. Die ganze Landschaft war kreuz und quer von Hecken durchzogen, ein Bild, das man in Westfrankreich »bocage« zu nennen pflegte.

Diese Form der landwirtschaftlichen Eroberung, die sich um einiges später entwickelte als die zuerst beschriebene, scheint besonders in Gegenden wie der Maine um sich gegriffen zu haben, genauer gesagt in Gegenden, wo die *villa* des frühen Mittelalters nicht in einen festen Rahmen eingebettet und die Bodenbesiedlung stets recht schwach gewesen war. Gegen Ende des 12. Jahrhunderts zeigte sich allerdings eine zunehmende Verbreitung auch in allen anderen Regionen. Allem Anschein nach hatte dies zwei Ursachen. Zum einen erlaubte der Fortschritt der Ackerbauausrüstung den Landwirten, sich nun leichter von den Gemeinschaftsaufgaben loszusagen und auf die gegenseitige Dorfhilfe zu verzichten, sich allein in neue Abenteuer zu begeben und einen Hof zu gründen, der vergleichsweise unabhängig von den Zwängen der Nachbarschaftlichkeit bewirtschaftet werden konnte. So setzten die technischen Verbesserungen einen landwirtschaftlichen Individualismus frei, dem in den alten Anbaugebieten Fesseln angelegt waren, die sich mit der Intensivierung der Kulturen als immer zwingender erwiesen. Zum anderen waren diejenigen Güter, die mitten im Wald- und Weideland lagen, nicht unbedingt auf die Getreidewirtschaft ausgerichtet. Der Fortbestand von Bäumen und Gestrüpp reduzierte den Anteil der Kornfelder. Ihr Produktionssystem entsprach den neueren Tendenzen einer weniger kärglichen Konsumwirtschaft. In den letzten Jahrzehnten des 12.

Jahrhunderts verlangte ein immer größer werdender Teil der europäischen Gesellschaft weniger nach Brot und mehr nach Fleisch, Wolle, Holz und Leder. Es begann die Zeit einer systematischen Erschließung des Waldes, die Zeit des Wohlstands von Holzfällern und Viehzüchtern. Die Fortschritte der *bocage*-Besiedlung gingen Hand in Hand mit dieser Veränderung.

3. Schließlich kam der Vorstoß auf die unerschlossene Wildnis noch in einer dritten Form zum Ausdruck, nämlich in der Erschließung völlig neuer Lebensräume. Dieser Aspekt ist mit Abstand am klarsten dokumentiert, da solche Landnahmen häufig durch meist schriftliche Abmachungen vorbereitet wurden. Hier wird die Chronologie der Entwicklungsbewegung etwas genauer. Auch sie kam allem Anschein nach gegen Ende des 11. Jahrhunderts in Gang, und zwar zuerst in Flandern und Norditalien, wo damals bei Mantua und Verona sowie in Polesine umfangreiche Arbeiten in Angriff genommen wurden, um die Überschwemmungen des Po unter Kontrolle zu bringen, und wo gleichzeitig die fast vollständig brachliegenden *latifundia* in neue Lebensräume aufgeteilt wurden. Dann, einige Jahre später vielleicht, erreichte sie Südwestengland, die Normandie und die Gegend von Toulouse und schließlich auch Germanien und Brabant. In der Mitte des 12. Jahrhunderts erlebte diese Bewegung ihren Höhepunkt. Es kam vor – und zwar häufiger als aus den Quellen hervorgeht, die in diesem Punkte aus gutem Grund versagen –, daß neue Dörfer durch spontane Immigration aus benachbarten Gegenden entstanden. So bildete sich beispielsweise um 1100 in einer Zeitspanne von weniger als vierzig Jahren im *Weald* von Kent eine neue Siedlung, die 115 Bauernhäuser auf sich vereinigte. Die meisten bahnbrechenden Unternehmungen dieser Art indes wurden durch die Initiative der Herren ins Leben gerufen. Genauer gesagt durch die Initiative der Allermächtigsten, der Bannherren, die den Besitz der großen unbebauten Weiten von den Herrschern geerbt hatten. Sie faßten den Entschluß, diese Räume von der Wildnis zu befreien und sie zu Feldern zu machen. Sie zahlten den erforderlichen Preis, um auf diese Weise die Anzahl ihrer Untertanen zu vermehren. Dabei dachten sie weniger daran, Gewinne aus der Landwirtschaft selbst zu ziehen, als vielmehr, ihre Einkünfte durch Steuern und die Ausübung der Gerichtsbarkeit zu erhöhen. Außerdem wollten sie, um ihr Territorium fester in der Hand zu haben, Gemeinschaften etablieren, die sich notfalls an der Verteidigung des Landes beteiligen konnten. In ihrem Sinne handelte es sich also in erster Linie um steuerliche und politische Ziele.

Ökonomisch gesehen unterscheidet sich diese letzte Form der Urbarmachung erheblich von der zweiten und noch mehr von der ersten. Sie setzt zunächst einen formalen Beschluß des Herren voraus, der den Pionieren freie Bahn für ihren Weg in die Wälder, die Sümpfe und die verlandeten Meeresgebiete gibt. Hier geht es also offenbar um eine bewußte Entscheidung, eine bewußte Veranschlagung der Gewinne eines Unternehmens und der Opfer, die es zu bringen sich lohnt. Darüber hinaus ist sie enger als die beiden anderen mit der Geldwirtschaft verbunden, denn der Herr rechnet vor allem mit Denarzahlungen, die er den neuen Bewohnern seines Bodens als Steuer abverlangen will. Umgekehrt muß er meistens eine bestimmte Summe vorstrecken, um die letzteren herbeizuholen und einzurichten. Die Transformation einer menschenleeren Wildnis in ein Ackerbaugebiet erforderte manchmal Umsiedlungen über weite Entfernungen. So folgten beispielsweise aus Flandern stammende Bauern dem Aufruf der bischöflichen Herren zur Besiedlung der Marschländer in Nordwestdeutschland. Sie richteten dort zunächst Weidegründe und dann Kornfelder her. Ihre Umsiedlung in den ersten Jahren des 12. Jahrhunderts sollte nur die erste Welle einer umfassenden Kolonisationsbewegung sein. In deren Verlauf kamen während des Jahrhunderts mehr als 200 000 deutsche Kolonisten über die Elbe und die Saale, um sich auf den fruchtbaren Böden niederzulassen, von denen die slawischen Völker nur die leichtesten bearbeiteten. Dank ihres besseren Werkzeugs konnten die neuen Siedler das gesamte Land bewirtschaften. Um die Menschen anzulocken, mußte man ihnen Vorteile versprechen, man mußte einen von Kreuzen umringten Zufluchtsort, ein »Asyl«, schaffen, das sie vor allen Gewalttätigkeiten schützte, und ihnen in mündlicher Absprache oder besser noch in einer schriftlichen Urkunde die Gewähr bieten, daß sie in ihrer neuen Heimat von den schlimmsten Abgaben befreit und von den Herren weniger unterdrückt sein würden als an ihrem Herkunftsort. Die Vorteile, die der König von Frankreich im Jahre 1182 allen Bauern anbot, die bereit waren, in einem bestimmten seiner Wälder ein neues Dorf zu gründen, lauteten beispielsweise so:

»Die Bewohner sollen frei sein von der *tolta* und der *tallia* und jeder ungerechten Zwangsabgabe. Außer zu Kriegszeiten sollen sie keinen Militärdienst leisten, von dem sie nicht am gleichen Tage wieder heimkehren ... Bei Missetaten soll die Buße fünf *solidi* für solche Vergehen betragen, die unter einer Strafe von sechzig *solidi* stehen, und zwölf *denarii* für solche, die mit fünf *solidi* bestraft werden; und wer seine Schuld durch einen Schwur abtragen will, möge dies tun und nichts bezahlen.«[29]

Doch mit Vergünstigungen allein war es nicht getan, sie mußten auch bekannt gemacht und in den geeigneten Gebieten verbreitet werden, nämlich dort, wo sich die Übervölkerung als besonders unerträglich erwies und die grundherrlichen Lasten ungewöhnlich hart erschienen. Außerdem mußten den Emigranten die für ihre Umsiedlung und erste Einrichtung notwendigen beweglichen Güter zur Verfügung gestellt werden. Werbung und die Bereitstellung eines Einlagekapitals waren zwei unerläßliche Faktoren. Häufig geschah die Gründung neuer Siedlungsgebiete im Verbund mehrerer Herren, und zwar entweder, weil die Besitzer der unerschlossenen Weiten so hochgestellte Fürsten waren, daß sie sich nicht selbst für ein solches Unternehmen interessierten, oder aber, weil die einzelnen nicht genügend Münzgeld besaßen, um die Sache allein zu finanzieren. Gelegentlich schloß ein weltlicher Herr, der sich im Besitz unbebauten Bodens befand, auch ein Abkommen mit einer religiösen Einrichtung, deren weitrei-

---

[29] H. F. Delaborde (Hrsg.), *Recueil des actes de Philippe Auguste, roi de France*, Bd. 1, Paris 1916, Nr. 51, S. 69.

chende Beziehungen die Rekrutierung von Kolonisten erleichterte und die gleichzeitig mühelos genügend Bargeld aus ihren Schätzen aufbringen konnte. Solche Abkommen wurden in Form von Verträgen besiegelt, die man in Frankreich »pariages« (pariagia) zu nennen pflegte. Beide Partner erklärten sich einverstanden, die zu erwartenden Gewinne gleichmäßig zu teilen. Es gab auch Fälle, zumeist in Germanien, wo der hohe Herr sich mit einem *locator* zusammentat, einem echten Unternehmer, meist einem Mann der Kirche oder dem Sprößling einer Adelsfamilie, der das Geschäft in die Hand nahm und als Entgelt eine Niederlassung in dem neuen Dorf sowie den Anspruch auf einen Teil der herrschaftlichen Einkünfte erhielt. Die Bedingungen des Vertrages, den der Erzbischof von Magdeburg im Jahre 1159 mit einem seiner führenden Köpfe bei der landwirtschaftlichen Eroberung abschloß, lauteten beispielsweise folgendermaßen:

»Ich habe Heribert ein Dorf mit Namen Pechau mit allen daran sich anschließenden Feldern, Wiesen, Wäldern und Teichen gegeben, um es zu kultivieren und Frucht tragen zu lassen gemäß dem zwischen ihm und mir geschlossenen Abkommen. Für die Bewohner, die er selbst auf diesen Gütern ansiedeln wird, habe ich jene Rechtsprechung, die man das Burgrecht nennt, für alle Streitfälle und Prozesse eingesetzt. Heribert habe ich sechs *mansi* zum Lehen gegeben ... Derselbe Heribert, und nach ihm sein Erbe, wird in allen Prozessen Recht sprechen, die sie untereinander führen ... Von allen Gerichtseinnahmen werden zwei Drittel mir oder meinem Nachfolger übergeben, das andere Drittel bleibt Heribert oder seinem Erben.«[30]

Wir dürfen in der Tat nicht vergessen, daß diese kleine Gruppe von echten Unternehmern zu der Vorhut bei der Neulandgewinnung gehörte und in der ganzen Dynamik, die die Ökonomie des 12. Jahrhunderts ins Leben rief, einen wichtigen Platz einnahm. Diese Männer waren dem Boden sozusagen treu geblieben, verfügten gleichzeitig aber über die verschiedensten Mittel und waren voller Ambitionen. Sie verstanden sich darauf, die großen Herren, deren Interessen sie dienten, zu Teilhabern ihres eigenen Gewinndenkens zu machen, einem Denken, das damals auf dem Lande niemanden so beflügelte wie sie.

Nach dem heutigen Stand der Forschung scheint der Prozeß der Urbarmachung spätestens im 10. Jahrhundert, möglicherweise aber schon früher, langsam, fast unmerklich, in Gang gekommen zu sein. Seine Anfänge fallen also mit der Zeit zusammen, in der auch die Bevölkerung zu wachsen begann. Als die technischen Innovationen sich immer mehr durchsetzten und der demographische Druck sich verstärkte, nahm auch die Ausdehnung des Landes Schritt für Schritt größere Ausmaße an. Bald kamen als unmittelbare Antriebskraft noch die Beschlüsse der Herren und ihrer Hilfskräfte hinzu. Der Höhepunkt der Entwicklung läßt sich innerhalb der Zeitspanne, die Gegenstand der vorliegen-

---

[30] R. Kötzschke, *Quellen zur Geschichte der ostdeutschen Kolonisation im 12. bis 14. Jahrhundert*, Leipzig u. Berlin 1912, Nr. 15, S. 33f.

den Untersuchung ist, im 12. Jahrhundert, vielleicht sogar noch genauer, zwischen 1140 und 1170 ansiedeln. Ihre Auswirkungen waren mannigfaltig und komplex. Zunächst kam es zu tiefgreifenden Veränderungen im Landschaftsbild der bäuerlichen Welt, und zwar nicht nur, weil die großen Flächen menschenleerer Wildnis, die den europäischen Raum des frühen Mittelalters duchzogen und jegliche Kommunikation verhinderten, im Zuge der Urbarmachung aufgebrochen wurden, sondern auch, weil sich im gleichen Zusammenhang die Gestaltung der Nutzungsgebiete radikal zu verändern begann. Diese innere Transformation der landwirtschaftlichen Strukturen läßt sich nur schwer verfolgen. Sicherlich hatte sie je nach der Region hier und dort schon früher stattgefunden. Insgesamt aber kann man sagen, daß das 12. Jahrhundert nur den Anfang eines Prozesses markiert, der sich über lange Jahrzehnte hin entwickeln sollte und der auf jeden Fall einen entscheidenden Tatbestand in der Geschichte der ländlichen Ökonomie darstellt. Durch das Werk der Kolonisten vergrößerte sich der fast unscheinbare Nutzungsraum, von dem die einzelnen Bauernsiedlungen ihren Unterhalt bezogen. Zur gleichen Zeit aber bewirkte das demographische Wachstum eine Konzentration der Wohnhäuser im Zentrum jedes in Expansion befindlichen Gebietes. Und während sich die Grenzen dieser Gebiete allmählich immer weiter ausdehnten, während in den Randzonen neue Weiden entstanden, die genügend Futter lieferten, um mehr Rinder im Stall zu nähren und folglich auch mehr Dung zu erzeugen, entwickelten sich die zentral gelegenen Parzellen des landwirtschaftlichen Raums, die am frühesten bewirtschaftet worden waren und daher etwas überaltert schienen, die sich aber in nächster Nähe der Häuser, Scheunen und Wirtschaftshöfe befanden und deshalb am besten mit Kompost und Dung versehen waren, allmählich zum Standort einer weniger extensiven Kultur mit schnellerem Fruchtwechsel, bei der das Brachland nur einen unbedeutenden Platz einnahm. Dieser anspruchsvollere landwirtschaftliche Kern erweiterte sich Schritt für Schritt mit der Ausdehnung der gerodeten Flächen an der Peripherie, das heißt mit einer methodischeren Organisation der Rinderzucht. Am Ende des 12. Jahrhunderts blieb fast überall genügend Raum, um den Kranz des neu erschlossenen Landes noch weiter nach außen zu verschieben. Und so hatte denn auch das notwendige Zusammenspiel der im Kern des Siedlungsgebietes liegenden und durch die Intensivierung der Anbaumethoden von Auszehrung bedrohten »royes«, »soles« und »Gewannen« einerseits und den Neuländern am Rande, die weniger unter den kollektiven Zwängen litten und denen die Unverbrauchtheit eines jungfräulichen Bodens zugute kam, andererseits noch einige Zeit Bestand. Darüber hinaus boten sich auch weiterhin riesige Flächen an, um die überzähligen Menschen aufzunehmen und dem Druck der Bevölkerung überall Erleichterung zu verschaffen. Aus dieser Situation erklärt sich, weshalb die landwirtschaftlichen Erträge steigen konnten und die Hungersnöte, wenn sie auch nicht ganz verschwanden, im Laufe des 12. Jahrhunderts doch wenigstens ihren tragischen Charakter verloren. Die Urbarmachung begünstigte ein gleichgewichtiges Wachstum von Produktion und Bevölkerung.

Eine ähnliche Flexibilität schien dank der Landerschließungen auch in die bäuerlichen Lebensbedingungen einzudringen. Wahrscheinlich beschleunigte die Kolonisierung in erster Linie die Auflösung des alten Rahmens, in dem die grundherrliche Nutzung bislang erfolgt war. In der Pariser Gegend verschwanden die letzten *mansi* im Laufe des 12. Jahrhunderts. Unterdessen bildeten sich auf den neu kultivierten Flächen an den Grenzen der Nutzungsgebiete zwei neue Typen der Belehnung heraus, von denen der erste auf der Leistung eines Grundzinses und der zweite auf einer Teilhabe des Herrn am Ernteertrag beruhte. Im ersten Fall handelte es sich um einen festgelegten Jahresbetrag, im zweiten dagegen verhielt sich die Höhe der Leistungen proportional zur Ernte. Diese Methode war für jene Böden besonders geeignet, wo man vor der Abholzung des Gestrüpps noch gar nicht einschätzen konnte, wie viel sie einbringen würden. In beiden Fällen aber bezogen sich die Abgaben auf Parzellen, die ohne weiteres ihren Besitzer wechseln oder einem anderen Gut hinzugefügt bzw. von ihm abgetrennt werden konnten, und im großen und ganzen schlossen beide Formen Arbeitsdienste aus. Andererseits waren die Herren der alten Ländereien angesichts der neuerlichen Entwicklung gezwungen, die Fesseln zu lockern und ihre Ansprüche zu mäßigen. Den Anstoß dazu gab die Gründung von freien Orten und »Asylen« durch die Unternehmer der landwirtschaftlichen Eroberung, die Gründung von Stätten also, wo die Immigranten die Sicherheit hatten, daß ihnen klar definierte Privilegien zugute kamen, daß sie wie »Bürger« behandelt wurden – was nach dem Sinn dieses Wortes im zeitgenössischen Vokabular bedeutete, daß sie auf Grund des Standortes ihrer Ansiedlung in den Genuß von Steuererleichterungen kamen. Auf diese Art und Weise verbreitete sich allmählich in der gesamten bäuerlichen Welt eine Art Freiheit, die ihren Ausgangspunkt in den Vorposten der Erschließung hatte, wo denen, die die landwirtschaftliche Expansion in die Tat umsetzen sollten, große Versprechungen gemacht werden mußten. Man kann sich jedoch durchaus vorstellen, daß der mittellose Immigrant, der durch Hunger und den Wunsch nach einem eigenen Heim mit leeren Händen in die ungewisse Zukunft der Kolonisten getrieben wurde, dem jeweiligen Herrn, seinen Unternehmern und Bevollmächtigten, wehrlos ausgeliefert war. Es fehlt nicht an Beispielen, wo es zu einer erneuten Verschlimmerung der persönlichen Abhängigkeit kam. Dies gilt insbesondere für jene Landstriche, wo die Rodungsarbeiten damals rasche Fortschritte machten. Dennoch ist aus den Erkenntnissen zu schließen, daß der Angriff auf die Wildnis unter den Landarbeitern weniger hart ausgebeutete soziale Schichten entstehen ließ, etwa die »Königsfreien«, denen die deutschen Könige im 12. Jahrhundert zu Siedlungsplätzen in ihren hochherrlichen Wäldern verhalfen; oder die »Kolonisten« (*hospites*), die sich um die gleiche Zeit in den meisten französischen Agrargebieten rasch vermehrten. Diese letzteren bildeten in der Mitte des 11. Jahrhunderts, zu jener Zeit also, da sich die Ausdehnung des Kulturlandes noch in den ersten Anfängen befand, einen Stab von Arbeitskräften, die abgesondert von der einheimischen Dorfgemeinschaft lebten und deren Ansiedlung von den

Herren begünstigt wurde. Sie wurden weniger hart behandelt und waren von den Gemeinschaftsabgaben, die auf dem alten Leiheland lasteten, ausgenommen. Sie genossen größere Freiheiten. Wahrscheinlich gingen aus ihrem Rang die Müller und die Schmiede hervor. Ihre Anzahl stieg in dem Maße, wie der technische Fortschritt eine Erweiterung der Aufnahmekapazitäten der Grundherrlichkeit zuließ. Schließlich kam auch die Zeit, wo die ihnen vorbehaltenen Privilegien auf Grund der Gewohnheit auf die gesamte Dorfgemeinschaft übergingen. Allem Anschein nach hat der demographische Aufschwung, die Verbesserung der Ausrüstung und die Ausweitung des landwirtschaftlichen Raumes der Aristokratie ein solches Übermaß an Wohlstand verschafft, daß sie es am Ende des 12. Jahrhunderts endlich ertragen konnte, ihren ökonomischen Druck auf das Volk der Arbeiter eine Zeitlang etwas zu lockern, ohne unmittelbaren Schaden daran zu nehmen.

III. Die Herren

Für Europa war das 12. Jahrhundert das Zeitalter des erobernden Bauern. Die Forderungen seiner Herren trieben ihn voran. Um ihnen Genüge zu tun, säte er Weizen, pflanzte Weinstöcke und versuchte, durch den Verkauf seiner Arbeitskraft oder den Absatz seiner Bodenprodukte auf dem Markt *denarii* für die Abzahlung von Steuern und Bußgeldern aufzutreiben. Doch umgekehrt und dennoch komplementär dazu wurde er auch angeregt durch die Unabhängigkeit, die er allmählich gewann. Ob freiwillig oder unfreiwillig, die Herren reduzierten ihren Anspruch auf die Einkünfte ihrer Mannen tatsächlich. Dies war ihre Art zu investieren. Sie ließen den Arbeitern genügend Mittel, damit diese die Produktivkräfte ihres Haushalts entwickeln konnten, mehr Kinder großzogen, mehr Zugtiere nährten, dem Pflug die nötigen Zusatzteile hinzufügten und auf Kosten der unbebauten Zonen weiteren Boden eroberten. Zwischen 1075 und 1180 wurden Investitionen und Ersparnisse fast immer auf dem Weg der Entlastung von herrschaftlichen Pflichten getätigt. Diese Entspannung, die ganz ohne Zweifel als aktivste Triebkraft des Wachstums wirkte, kam besonders auf drei Ebenen zum Ausdruck.
1. Das kleine Allodium, das unabhängige Freigut der Bauern, war in fast allen ländlichen Gegenden des Westens eine häufige Erscheinung. In der Umgebung von Cluny erwarben die Mönche im Jahre 1090 Stück um Stück ein ganzes Gebiet. Unter den Verkäufern befanden sich fünfzehn Bauern. Sechs von ihnen waren Halbpächter und der Boden, den die anderen zum Kauf aussetzten, war völlig frei von jeder Grundherrschaft. Wahrscheinlich war der Besitz der Armen genau wie der der Reichen durch die Praxis der Erbteilungen und frommen Schenkungen bedroht, außerdem auch durch den Druck der benachbarten Großdomänen, die darauf aus waren, sich die kleinen Güter einzuverleiben. Trotzdem erneuerte sich der Bodenbesitz der Bauern laufend. Dies geschah entweder dank jener zahllosen Verträge, in denen dem Arbeiter die Hälfte des Herrenlandes, das er mit dem Auftrag der Weinbepflanzung erhielt, als Eigentum überschrieben wurde, oder durch heimliche Urbarmachung oder aber auch, was häufig vorkam, durch Hinterlist. Damit sind all die Fälle gemeint, in denen es dem Hintersassen gelang, sich solange um seine Verpflichtungen gegenüber dem Herrn zu drücken, bis das von ihm bewirtschaftete Gut auf Grund der Gewohnheit frei von jeglichen Abgaben schien. Man kann allerdings feststellen, daß kleine Allodien in bestimmten Gegenden im Laufe des 12. Jahrhunderts immer seltener in Schriftstücken erwähnt werden. Ihr Anteil am gesamten Grundbesitz, den wir aus den Dokumenten der Picardie kennen, verringert sich von 17 % im ersten Viertel des Jahrhunderts auf 4 % im zweiten und 2 % im dritten. Hinzu kommt, daß es ganze Regionen gab, wie etwa England, wo der Besitz von Allodien überhaupt unbekannt geblieben war. Doch überall dort, wo es die Allodien gar nicht gab oder wo sie an Boden verloren, fiel

ein anderes Phänomen ins Gewicht, nämlich eine wachsende Anzahl von Land-Leihen, die fast keine Pflichten gegenüber den Grundherren umfaßten, die also so wenig belastet waren, daß sich ihre ökonomische Situation kaum von der der Allodien unterschied. Tatsächlich ließen die Herren es zu, daß die Bauern ihre Inbesitznahme des Bodens festigten. Sie überließen ihnen fast den gesamten Gewinn aus ihrer Landwirtschaft. Doch wenn sie ihnen auf diese Weise Möglichkeiten der Bereicherung an die Hand gaben, so nur deshalb, weil sie selbst sich imstande wußten, sich auf anderen Wegen einen noch größeren Anteil der bäuerlichen Ersparnisse anzueignen.

2. Die Land-Leihe erfuhr noch eine weitere Veränderung, die sich ebenfalls entspannend auf die Beziehungen zwischen den Landarbeitern und ihren Herren auswirkte. Wie wir gesehen haben, waren die *mansi* zerfallen. Ihren alten Zusammenhalt konnten sie nur in den ländlichen Gegenden Südgalliens bewahren, die nicht allzu sehr durch den Elan des technischen Fortschritts aufgerüttelt schienen, sowie in einigen wenigen anderen Regionen, etwa im Nordwesten Germaniens, wo die alten Sitten eine Aufteilung des Leihelands unter die Erben unter ein strenges Verbot stellten. In allen anderen Gegenden verschwanden die *mansi*. Zu Ende des 12. Jahrhunderts war in der Normandie keine Spur mehr davon zu finden. In der Picardie trat eine neue Einheit an ihre Stelle, eine aus der Zergliederung des *mansus* entstandene kleinere Parzelle, die in den Texten als »curtilagium« bezeichnet wird. Um 1150 gab es in einer bestimmten Gegend von Burgund nur noch drei von neunzehn aus den Texten bekannten *mansi*, die noch nicht völlig zerfallen waren. Beschleunigt wurde die ganze Entwicklung durch das Bevölkerungswachstum, die Steigerung der Bodenerträge und schließlich die Ausweitung der kultivierten Oberfläche. Letztere erlaubte die Errichtung neuer Güter. Den Resten ehemaliger *mansi* wurden an der Peripherie eines Siedlungsraumes neu erschlossene Parzellen hinzugefügt. Wenn nun der Rahmen, in dem die Ausbeutung der bäuerlichen Arbeit durch die Herren zunächst stattgefunden hatte, zerfiel, so in erster Linie deshalb, weil er den neuen Bedingungen der dörflichen Ökonomie nicht mehr entsprach. Innerhalb der gesamten Bewegung, die den Hintergrund für diese Entwicklung abgab, genossen die Bauersfamilien den Vorteil, daß sie sich von den einengenden Fesseln, die ihre Entwicklung behinderten, freimachen konnten. Den Grundherren dagegen kam zugute, daß sie ihre Rechte nun nicht mehr auf die Haushalte, sondern auf jede einzelne der zahllosen Landparzellen bezogen, deren Flexibilität allein ihnen schon die Möglichkeit gab, ihre grundherrlichen Forderungen den realen Kapazitäten der Untergebenen mühelos anzupassen.

3. Schließlich und endlich gewannen die Bauern Schritt für Schritt, was damals Freiheit genannt wurde, das heißt Privilegien. Dazu kam es entweder dank eines Abkommens zwischen konkurrierenden Herren, die sich die Macht über die Bauern gegenseitig streitig machten, oder durch die Ausstellung einer sogenannten »Freiheitscharta« bzw. einer jener »Siedlungscharten«, die der Gründung neuer Dörfer vorausgingen, oder aber schlicht und einfach durch

»Rechtserklärungen«, die sogenannten *Weistümer,* mit deren Hilfe die Untertanen der deutschen und lothringischen Grundherrlichkeit sich in regelmäßigen Abständen auf ihre Gewohnheitsrechte beriefen. Der Willkür der Herren wurde ein Ende gesetzt, die alten Sitten wurden in Form von Gesetzen zusammengefaßt und niedergeschrieben. Anläßlich der Abfassung derartiger Schriftsätze wurden die mächtigsten Bande der Knechtschaft gelöst. Die Herren billigten all dies, da solche Konzessionen geeignet waren, die Anzahl der ihnen untergebenen ländlichen Familien zu erhöhen, und da sie zugleich alle Landbewohner in den Stand versetzten, mehr *denarii* anzusammeln. In den Freiheitsurkunden, die sich in der zweiten Hälfte des 12. Jahrhunderts in den französischen Landgegenden verbreiteten, nehmen die Klauseln zur Stimulation des kommerziellen Tausches im Dorf schon ihrer Neuheit wegen einen äußerst wichtigen Platz ein. All diese Zugeständnisse rührten im Grunde nicht an der Steuermacht der Herren. Im Gegenteil, sie kam in regelmäßige, geordnete Bahnen und wurde dadurch sogar noch wirksamer als zuvor.
Im Zuge des Wachstums gelang es den Arbeitern, ihre Fesseln tatsächlich zu lockern. Von einer Befreiung kann jedoch nicht die Rede sein, denn die Herren bemächtigten sich auch weiterhin der meisten Güter, die jene durch ihre Arbeit schufen. Sie bemächtigten sich ihrer auf eine neue und andere Art und Weise, und zwar mit einer Anpassungsfähigkeit, die die wachsende Lebhaftigkeit der Geldzirkulation mit Sicherheit entscheidend begünstigte. Alles, was sie sich zu eigen machten, benutzten sie, wie die Herren es seit eh und je getan hatten, um mehr auszugeben.

Das Beispiel der Klöster

Nichts vermittelt uns einen so tiefen Einblick in das ökonomische Denken der Herren wie eine Untersuchung der großen Benediktinerklöster. Sie stehen sozusagen im besten Licht. Die seit dem Ende des 11. Jahrhunderts entstehenden Bemühungen um eine Reform des religiösen Lebens hatten nämlich zur Folge, daß ihre Patrimonien besser verteidigt und besser verwaltet wurden, daß man sich gegen die Übergriffe der Laien zur Wehr setzte, daß man den Archivbestand, der die Rechte des Hauses dokumentierte, sorgfältig verwahrte, daß man die alten karolingischen Traditionen der Schrift wieder aufnahm und, wie der Abt Adalard von Corbie es im 9. Jahrhundert getan hatte, interne Regelungen erließ, daß man genaue grundherrliche Inventarien anlegte und *censarii* für die Erfassung der auf Grund und Boden lastenden Abgaben sowie *consuetudinarii* für das Verzeichnis der sich aus der Bannherrschaft ergebenden Leistungen einführte. All diese Dokumente erlauben uns, die ökonomische Analyse des grundherrlichen Organismus denkbar weit voranzutreiben.
In ihren Grundzügen bleibt diese Ökonomie stets eine Verschwendungsökonomie. All die, die sich damals um eine Regulierung bemühten, taten es im

Hinblick auf Bedürfnisse, die es zufriedenzustellen galt. Äußerst aufschlußreich ist in diesem Zusammenhang der Titel, mit dem der Abt von Cluny seinen um 1150 vorgelegten Vorschlag zur Planung der Hauswirtschaft überschrieben hat: *Constitutio expensae*. Die Frage ist in erster Linie die, was eine Klostergemeinschaft brauchte, um das ihr angemessene Leben führen zu können. Die Mönche sind weder Arbeiter noch Unternehmer. Sie stehen im Dienste Gottes und können ihre Schuldigkeit um so besser tun, je freier sie von weltlichen Sorgen sind. Das wichtigste ist folglich die Gewährleistung einer regelmäßigen Versorgung des Hauses mit Lebensmitteln und *denarii*. Damit es zu keinen Veränderungen im Lebensstil der Klosterfamilie kam, mußte der kollektive Besitz so verwaltet werden, daß der für das *victus* zuständige Kellermeister und der für das *vestitus* zuständige Kämmerer immer ausreichend mit Mitteln versorgt waren.

Im Blick auf diese vorrangige Sorge wurden die Methoden zur Verwaltung des Patrimoniums bestimmt. Letzteres war gewöhnlich in verschiedene Nutzungseinheiten unterteilt, für die jeweils einem Mönch die Verantwortung übertragen wurde. So war beispielsweise der herrschaftliche Grundbesitz von Sankt Emmeram in Regensburg um 1030 in 33 Domanialzentren aufgeteilt, und der der Abtei Cluny am Ende des 11. Jahrhunderts in rund 20. Abwechselnd mußte jedes einzelne dieser Zentren die Versorgung des Klosters für eine bestimmte Zeitspanne übernehmen. Es entstand ein Rotationssystem, das im zeitgenössischen Sprachgebrauch *mesaticum* genannt wurde. Zur Nahrungsversorgung der zur Kathedrale von Ely gehörigen Gemeinschaft waren die Dienste beispielsweise wochenweise auf die 33 Güter verteilt. Die Ordnung dagegen, nach der die einzelnen Ländereien des grundherrlichen Besitzes von Rochester »Pacht halten«, das heißt Nahrung liefern mußten, unterteilte das Jahr in gleichmäßige Zeitabschnitte von 28 Tagen. Sollte diese Methode wirksam arbeiten, war es natürlich notwendig, daß die Leistungen, die den einzelnen Domänen abverlangt wurden, ihren jeweiligen Mitteln entsprachen. Das wiederum erforderte eine periodische Neuanpassung der Verteilung. Allerdings lagen die Lasten jeder Domäne gewöhnlich unter ihrem Produktionsniveau. Über den Rest konnte der Verwalter nach Belieben verfügen. Meist bemühte er sich, durch den Verkauf der überschüssigen Ernte Münzgeld zu bekommen, um es dann dem Kämmerer zuzuführen. Derartige Verwaltungsprinzipien ließen den Mittelsmännern erheblichen Spielraum für Eigeninitiativen. Als man im Laufe der Entwicklung fast unmerklich von der Praxis des *mesaticum* zu der des Pachtgeldes überging, gewannen sie noch größere Autonomie. Dies war beispielsweise im England des 12. Jahrhunderts der Fall, wo die Klöster in ihrem Bestreben, sich von allen Sorgen zu befreien, ihre Domänen an die sogenannten *firmarii* überantworteten, die keine Delegierten der Gemeinschaft waren, sondern echte Unternehmer, denen durch einen lebenslänglichen Vertrag die volle grundherrliche Macht übertragen wurde. Die Höhe der »Pacht«, die sie jährlich abzuliefern hatten, durfte erhöht werden, sobald die Produktion der Domäne merkliche Fortschritte machte. So konnte etwa der Abt von Ramsey seinen Gewinn aus Pachtgeldern zwischen 1086 und 1140 verdoppeln. Allem Anschein nach bediente man sich dieses Verfahrens auch auf dem Kontinent, insbesondere im Rheinland und der Ile-de-France. Ein Beweis dafür ist die Tatsache, daß Suger, der Abt von Saint-Denis, es für besonders günstig hielt, manche Domänen nur unter der Bedingung zu verpachten, daß die Verträge jedes Jahr neu aufgesetzt wurden.

Um den Transfer der Güter zwischen den manchmal sehr weit entfernt liegenden Domänen und dem alleinigen Konsumzentrum, dem Kloster, sicherzustellen, konnte es nützlich sein, Münzgeld zu verwenden. Und eben dies, nämlich das tiefere Eindringen des Münzgeldes in die Mechanismen der Hauswirtschaft, scheint das entscheidende Moment gewesen zu sein, das im Laufe des 12. Jahrhunderts die einschneidendsten Veränderungen hervorbrachte und die schwierigsten Anpassungsprobleme aufwarf. Je flexibler sich der Markt der Landwirtschaftsprodukte entwickelte, um so günstiger schien es, den Überschuß an Ort und Stelle zu verkaufen und einen Beutel *denarii* zu verschicken. So konnte man sich die langen Fuhren sparen, die in der Karolingerzeit so schwer auf der Ökonomie der großen Domänen gelastet hatten. Es ist in der Tat anzunehmen, daß die Verwendung von *denarii* für die Verwaltung der Klosterbesitztümer nach und nach immer mehr Bedeutung gewann. Die Rolle des Kämmerers wurde immer wichtiger, während die des Kellermeisters an Bedeutung verlor. Nun ist aber in Wirklichkeit festzustellen, daß in den englischen Klöstern während der ersten Hälfte des 12. Jahrhunderts nicht das Münzgeld, sondern die Naturalienerhebungen an Boden gewannen. Zu dieser Zeit stieg dort nämlich die Anzahl der Mönche so sehr an, daß die Ernährung der Gemeinschaft und damit die Lebensmittelbeschaffung für die Refektorien zur allerdringlichsten Notwendigkeit wurde. Doch auch hier machte sich nach 1150 ein tendenzielles Überhandnehmen von Münzgeldeinkünften bemerkbar. Dabei kamen verschiedene Ursachen ins Spiel. In Canterbury war wahrscheinlich eine verringerte Konsumentenzahl ausschlaggebend für die Umwandlung der nicht mehr verwertbaren Naturalienabgaben in Geldzahlungen. In Ramsey dagegen kam die gleiche Entwicklung durch vermehrte Käufe und immer schwerer wiegende Schulden zustande, die die Beschaffung von Münzgeld dringend notwendig machten. Angesichts vergleichbarer Schwierigkeiten suchten die Verwalter der kluniazensischen Temporalien einen Ausweg in der Beschränkung der Ausgaben und der gleichzeitigen Vermehrung der Korn- und Weinvorräte. Wie wir sehen, gab es eine ganze Reihe von Lösungen, aber das Problem war überall das gleiche; es lag in der neuen Funktion des Geldes. Cluny ist in diesem Zusammenhang ein typischer und dokumentarisch vorzüglich ausgeleuchteter Fall, der nähere Betrachtung verdient, damit die grundherrlichen Reaktionen auf die ökonomische Entwicklung erkennbar werden.

Die von Cluny vertretene Interpretation der Regel des heiligen Benedikt lief geradewegs auf Verschwendung hinaus. Über allem anderen stand der

Imperativ, Gottes Ruhm zu preisen und folglich die Liturgie prächtiger zu gestalten, die Heiligtümer neu aufzubauen und mit glanzvollerem Dekor zu versehen, den Mönchen mehr Komfort zu bieten, damit sie sich voll und ganz auf den Gottesdienst konzentrieren konnten und ihre Erhabenheit über die verschiedenen »Stände« der Welt klar zutage trat. Man speiste sie mit reichlicher und erlesener Kost. Ihre Garderobe wurde jedes Jahr erneuert. Die von der benediktinischen Regel vorgeschriebene Handarbeit beschränkte sich auf rein symbolische Küchenaufgaben. Sie lebten als Herren. Wenn der Abt sich auf Reisen begab, zeigte er sich den Völkern wie ein Herrscher, eskortiert von einer riesigen Reiterschar. Allein der Erfolg Clunys vermehrte seine Reserven an Edelmetallen im Laufe des letzten Drittels des 11. Jahrhunderts erheblich. Das Kloster herrschte inzwischen über einen weitläufigen Klosterverband, dessen Tochtereinrichtungen dem Mutterhaus einen regelmäßigen Zins in Form von Münzgeld zukommen ließen. So verschafften etwa die 15 Prioreien der Provence dem Kämmerer jedes Jahr einen Wert von rund 50 *librae*. Das Kloster erhielt Almosen von den größten Fürsten der Christenheit. Da sein Einfluß sich zunächst auf den Süden, insbesondere auf Spanien ausgedehnt hatte, wo die Zirkulation der Edelmetalle in den von Kriegswirren beherrschten Grenzgebieten des Islam durch die militärischen Unternehmungen ständige Belebung erfuhr, bestanden die wohltätigen Gaben nicht nur aus Grund und Boden, sondern umfaßten auch Gold und Silber. So schenkte etwa der König von Kastilien der burgundischen Abtei im Jahre 1077 eine Jahresrente in Gold, die allein 400 *librae* in kluniazensischen *denarii* wert war, also weitaus mehr als der gesamte Münzgeldertrag aus der Grundherrschaft. Ein Teil dieser Reichtümer wurde von den Goldschmieden für die Verzierung des Gotteshauses benutzt. Ein anderer diente dem Bodenerwerb, wobei mit Vorliebe der Weg der Pfandleihe gewählt wurde. Partner dieses Geschäfts waren gewöhnlich benachbarte Ritter, die für den Aufbruch ins Heilige Land Münzgeld brauchten und ihren Boden als Pfand hinterließen. Auf jeden Fall wurde fast alles ausgegeben. Im Jahre 1088 begannen die Bauarbeiten an einer riesigen Basilika, die die größte der römischen Christenheit überhaupt werden sollte. Angesichts des Wohlstandes, dessen das Amt des Kämmerers sich erfreute, kamen die Verwalter des Klosters leicht in Versuchung, die Domäne zu vernachlässigen. Da sie in ihrer Arbeit kaum noch überwacht wurden, konnten die in den Dörfern angesiedelten Ministerialen ihren persönlichen Gewinn in den letzten Jahren des 11. Jahrhunderts maßlos und zum Nachteil der Herren vergrößern. Gleichwohl gab es Münzgeld im Überfluß. Für die Versorgung der Refektorien wurde immer mehr gekauft. Das war das bequemste. 1122 bezog Cluny nur noch ein Viertel seiner Subsistenzmittel aus seinem Bodenbesitz. Die Beschaffung von Brot und Wein verschlang ungeheure Summen. Auf diese Weise kamen in der Umgebung von Cluny jährlich fast 1000 *librae* bzw. 240 000 Geldstücke unter den dort ansässigen Produzenten und den beim Verkauf der Ernten behilflichen Mittelsmännern in Umlauf. Der riesige Bedarf der Abtei und die ungehemmte Weiterverfolgung der Verschwendungsökonomie versorgten alle

Ströme der Geldzirkulation an der Schwelle des 12. Jahrhunderts reichlich mit Substanz. Durch all die Lohngelder, die den Transportarbeitern, den Steinbrechern und den mit dem Bau der Kirche beschäftigten Stückarbeitertrupps gezahlt werden mußten, und andererseits durch den Kauf der Versorgungsgüter drang das Münzgeld nach und nach durch immer feinere Maschen bis in die tiefsten Tiefen des bäuerlichen Milieus ein. Es nimmt kaum Wunder, daß die Frondienste auf den Domänen des Klosters ohne weiteres in Geldabgaben umgewandelt werden konnten, denn der Herr löste sich zunehmend von seinem Boden, während die Bauern mühelos *denarii* verdienen konnten.

Indem sie aber ihre Verschwendungsökonomie ausschließlich auf die Verwendung von Münzgeld aufbaute, begab sich die Abtei unmerklich in Schwierigkeiten, die sie seit dem ersten Viertel des 12. Jahrhunderts schmerzlich zu spüren bekam. Während einige Geldquellen versiegten, führte die Belebung der Geldzirkulation zu einer allgemeinen Preissteigerung. Nun mußte aus den Reserven geschöpft werden. Der Schatz schmolz zusammen. Der Abt Petrus Venerabilis, der die ganze Last der Krise zu tragen hatte, beschuldigte seinen Vorgänger Pons de Melgueil, er habe den Schatz vergeudet. Mit dem Gewinn, den die Pachtgelder abwarfen, konnte der Kämmerer die Ausgaben, an die man sich in der Euphorie vom Ende des 11. Jahrhunderts gewöhnt hatte, nicht mehr decken. 25 Jahre lang bemühte sich der Abt von Cluny um eine Gesundung der wirtschaftlichen Lage. Zunächst versuchte er, die Geldausgaben einzuschränken. Trotz ihres Murrens verlangte er von den Brüdern, ihren Konsum ein wenig herunterzuschrauben. Doch auf dem Weg der Bescheidenheit war nicht viel zu erreichen. Denn das hätte bedeutet, dem Klosterberuf die herrschaftliche Ausstrahlung zu nehmen, die ihm durch die kluniazensische Tradition gerade zuteil geworden war. Es blieben zwei Mittel. Das erste war die Rückkehr zu einer rationelleren Bewirtschaftung der Domäne mit dem Ziel, den Wein- und Brotbedarf des Refektoriums wieder durch den eigenen Boden zu decken. Die Voraussetzung dafür war, daß wieder Ordnung in die Verwaltung gebracht wurde, daß die um das Jahr 1100 begonnenen Maßnahmen gegen die weltlichen Verwalter, die auf Kosten der klösterlichen Rechte ihre eigene parasitäre Grundherrschaft aufgebaut hatten, wieder aufgegriffen wurden, daß die Erträge der einzelnen Domänen durch minutiöse Untersuchungen genau berechnet, die Dienste des *mesaticum* gerechter verteilt und die Eintreibung der Abgaben beaufsichtigt wurden. Vor allem aber bedurfte die direkte Nutzung einer Weiterentwicklung. Jede Ländereie brauchte mehr Pflüge, um mehr Korn ernten zu können. Man mußte Geld für die Anlage neuer Weinberge investieren und außerdem einen Teil des Münzgeldeinkommens zur Anheuerung von Arbeitern für die Weinlese zurücklegen. So wurden die Verwalter der Abtei unter dem Einfluß der Schwierigkeiten gezwungen, ihre Aufmerksamkeit auf die Hauswirtschaft zu richten, zu rechnen, mit Zahlen zu kalkulieren, Gewinne und Verluste zu überschlagen, über Mittel der Weiterentwicklung nachzudenken, kurz, sie mußten sich auf die Gefahr hin, ihrer spezifischen Mission untreu zu werden, selbst in Landwirte verwandeln. Uns ist nicht bekannt, ob der von

Petrus Venerabilis ausgearbeitete Reorganisationsplan Früchte trug. Die Quellen zeigen nur, daß der Abt durch den Zwang der Umstände sofort den zweiten Weg einschlagen mußte, nämlich Geld zu borgen. Einer der unter seinem Schutz stehenden Gäste kam ihm zu Hilfe. Es handelte sich um den Bischof von Winchester, den Bruder des englischen Königs Stephan, der mitsamt dem ganzen Schatz seiner Kirche in Cluny Zuflucht gesucht hatte. Wahrscheinlich war es dieser Prälat, der die Kluniazenser zu den fortschrittlicheren englischen Methoden der grundherrlichen Administration anleitete. Er stellte ihnen, allerdings nicht ohne Vorsichtsmaßnahmen und Garantien, erhebliche Mengen Edelmetall zur Verfügung. Dieser Zusatz reichte jedoch nicht aus. Petrus Venerabilis mußte kostbare Gegenstände aus der Sakristei als Pfand aussetzen. Die Pfandleiher waren vorwiegend Juden (was möglicherweise den Antisemitismus, den der Abt in manchen seiner Schriften zum Ausdruck bringt, noch verschärfte). Unter ihnen gab es aber auch christliche Händler, die sich vorher, als die Abtei den größten Teil ihrer Versorgungsgüter zu kaufen pflegte, vor ihren Toren niedergelassen und dort ein Vermögen verdient hatten. Im Laufe des 12. Jahrhunderts wurde die Last der Schulden nach und nach immer schwerer. Gleichzeitig erschien es in zunehmendem Maße normal, die Wirtschaft des Klosters, das nicht ohne Münzgeld auskommen konnte, auf Kredite zu gründen.

Die Grundentscheidungen, die aus den von Cluny hinterlassenen reichen Quellen deutlich werden, scheinen keine Eigenheit dieses Hauses gewesen zu sein. Die vorherrschende Sorge um eine prächtigere Gestaltung des Gottesdienstes und die Bereitschaft, zu diesem Zwecke ungeachtet der Summen Geld auszugeben, das Bemühen um eine Steigerung der Einkünfte aus der Grundherrschaft, die Unbekümmertheit, mit der die im Laufe des 11. Jahrhunderts bei relativem Stillstand des Tausches in Form von Almosen gesammelten Reserven nun rasch ausgegeben wurden, und die zwanglose Zuhilfenahme von Krediten, all dies ist charakteristisch für das ökonomische Verhalten, das damals bei allen Führern der großen Benediktinerklöster der alten Regel üblich war. Beruhte die Tatsache, daß die normannischen Abteien sich in den letzten Jahren des 12. Jahrhunderts zunehmend weigerten, weltlichen Herren Geld vorzustrecken, wirklich auf einer Beachtung des kurz zuvor vom Papst erlassenen Verbots der Bodenverpfändung? Lag der Grund nicht vielmehr darin, daß die Schatzkammern sich geleert hatten? Die Aufmerksamkeit, die neuerdings auf die Rentabilität der Domänennutzung gerichtet wurde, nahm bei Suger, einem Zeitgenossen von Petrus Venerabilis, besonders ausgeprägte Züge an. Es ist bekannt, daß dieser Mann an nichts sparte, um aus der Basilika von Saint-Denis das glanzvollste Heiligtum seiner Zeit zu machen. Für ihre Ausstattung stürzte er sich in ungeheure Kosten. Seine erste Sorge war, auf diese Weise dem Ruhme Gottes zu dienen. Gleichwohl fügte er als Verfasser eines Buches, in dem er nicht ohne Stolz über seine Bau- und Dekorationsleistungen berichtet, seinem Werk eine Abhandlung unter dem Titel *De Rebus in Administratione sua Gestis* hinzu. In seinen Augen war dies eine notwendige Ergänzung. Das gesamte Werk des Kirchenbaus stützte sich in der Tat auf eine gesunde Verwaltung seines Patrimoniums. Die Intentionen, die aus seiner Darstellung hervorgehen, stimmen Punkt für Punkt mit denen des Abtes von Cluny überein. Sie laufen im wesentlichen darauf hinaus, die direkte Nutzung weiterzuentwickeln, um den Kauf von Subsistenzmitteln möglichst weitgehend zu reduzieren. In Saint-Lucien investierte Suger 20 *librae* für die Anlage eines neuen Weinberges, um nicht mehr so viel Wein kaufen zu müssen und nicht mehr in die Verlegenheit zu kommen, Ornamente des Gottesdienstes auf den Märkten von Lagny als Pfand aussetzen zu müssen. In Guillerval war damals der gesamte Boden an Pächter vergeben. Suger kam zu dem Schluß, daß dieses System, das auf einer festgelegten Grundrente beruhte, nicht genügend Gewinn brachte, da die Abtei keinen Anteil am Wachstum der bäuerlichen Einnahmen hatte. Er ersetzte den Zins durch den »champart«, ein Abgabesystem, bei dem sich die Zahlungen proportional zu den Ernteerträgen verhielten. Darüber hinaus erwarb er für teures Geld drei sogenannte »Pflugländer« (Hufen). Auf dem ersten siedelte er einen Ministerialen an, der den Auftrag hatte, »das Murren der Bauern und den Widerstand gegen die Veränderung der alten Sitten zu sänftigen«; die beiden anderen Stücke Ackerland fügte er zu einer »Domäne« zusammen. Auf diese Weise konnte der Ertrag von 4 auf 50 *modii* steigen. In Vaucresson »gründete er ein neues Dorf, baute eine Kirche und ein Haus und ließ den unbestellten Boden mit dem Pflug urbar machen«. Schon bald hatten sich dort 60 *hospites* niedergelassen, und viele andere bemühten sich um Aufnahme. In Rouvray verweigerte er die Unterzeichnung eines Abfindungsvertrages, den ihm der Herr der benachbarten Burg angeboten hatte. Er nahm die Bewirtschaftung der betroffenen Länderei wieder selbst in die Hand und erhöhte ihren Ertrag von 20 auf 100 *librae*. Die dazugewonnenen 80 *librae* wurden bis zur Fertigstellung jedes Jahr für den Aufbau der Basilika beiseite gelegt.

Unterdessen hatten sich mit dem Ende des 11. Jahrhunderts Stimmen der Kritik gegen den alten Stil des Klosterlebens, den Cluny zur Perfektion gebracht hatte, erhoben. Die Auseinandersetzung wurde im Namen der notwendigen asketischen Zurückhaltung und einer Rückkehr zu den Quellen, das heißt zu den ursprünglichen Texten der Regeln, geführt. Sie verurteilte die Exzesse der Verschwendung, nicht aber den Bodenbesitz oder die Verwendung von Münzgeld. Diese Stellungnahmen sollten neue ökonomische Positionen bestimmen, die sich ganz erheblich von denen der alten Benediktinerabteien unterschieden. Am besten läßt sich ihre Entwicklung beim Zisterzienserorden beobachten, der sich bald als der erfolgreichste Vertreter der neuen Regeln erwies.
Die Zisterzienser verwarfen das herrschaftliche Gebaren von Cluny. Sie weigerten sich, als Rentner von der Arbeit der anderen zu leben. Ihr einziger Besitz bestand in Grund und Boden. Sie besaßen weder persönliche Dienstmannen noch Pächter, noch Mühlen, noch Zehnten. Die Nutzung ihres Landes betrieben sie mit eigener Kraft. Folglich gründeten sie ihre Hauswirtschaft noch

radikaler als die Kluniazenser oder Suger auf die direkte Nutzung. Diese Entscheidung indes hatte zur Folge, daß sich die Situation der Mönche in Hinsicht auf die Produktion völlig veränderte, daß sie sich zumindest teilweise vom liturgischen Müßiggang entfernten und zu echten Arbeitern wurden. Eine umwälzende Revolution also? In Wirklichkeit blieb die Ackerbauarbeit für die Chormönche eine Randbeschäftigung, die nur in den Hochzeiten der landwirtschaftlichen Arbeit nennenswerte Ausmaße annahm. Außerdem wurde die körperliche Arbeit ganz im Sinne des heiligen Benedikt auch weiterhin als Instrument der fleischlichen Züchtigung angesehen. Allerdings räumten die Zisterziensergemeinschaften einer zweiten Kategorie von Klosterbrüdern einen Platz ein, nämlich den »Konversen«, den Laienbrüdern, die sich gewöhnlich aus dem Stand der Arbeiter rekrutierten. Für sie war die Teilnahme am Gebet äußerst beschränkt. Ihre entscheidende Rolle lag in der Erzeugung von Gütern. Die Bewirtschaftung des Grund- und Bodenpatrimoniums beruhte vorwiegend auf ihrer Arbeit, die sich größtenteils auf unkultivierte Böden richtete, da die Klöster nach dem Brauch der Zisterzienser in der »Einsamkeit«, also mitten in der Wildnis, liegen mußten. Auf Grund der Tatsache, daß Mönche und Laienbrüder aus verschiedenen gesellschaftlichen Bereichen rekrutiert wurden, und auf Grund der Verteilung der Aufgaben etablierte sich die in der weltlichen Gesellschaft schon bestehende tiefe Spaltung zwischen Spezialisten der Arbeit und allen anderen auch innerhalb der Klosterfamilie.

Die Beziehungen, die sich auf dieser Grundlage zwischen dem Boden und den Produktivkräften entwickelten, der Einsatz von hingebungsvollen, absolut dienstbaren und unter den asketischen Lebensbedingungen der Gemeinschaft billig zu unterhaltenden Arbeitskräften, die nur selten von einigen Lohnarbeitern unterstützt wurden, deren Anheuerung seit 1134 durch das Kapitel von Cîteaux sanktioniert war, – all diese Elemente bereiteten den Weg für einen bemerkenswerten ökonomischen Erfolg. Die Zisterzienserabteien hatten sich nämlich auf neuen, also fruchtbaren Böden niedergelassen. Schon bald konnten sie mehr Korn und Wein ernten als sie zum Leben brauchten. Auf dem noch nicht urbar gemachten Teil ihres Grundbesitzes betrieben sie Viehzucht und Holz- und Eisengewinnung im großen Stil. Nun aß aber die Klostergemeinschaft kein Fleisch, sie heizte nicht und verbrauchte nur unscheinbare Mengen Leder und Wolle. Mit so viel überschüssigen Waren ausgestattet, dauerte es nicht lange, bis die Mönche sich um ihren Verkauf bemühten. Die Brüder von Longpont hatten beispielsweise im Jahre 1145, 13 Jahre nach der Gründung ihrer Abtei, mit dem Weinanbau begonnen. Schon 2 Jahre später bemühten sie sich um eine Freistellung von den Wegezöllen, die an den Straßen zu weinimportierenden Ländern erhoben wurden. In der Stadt Noyon richteten sie einen Weinkeller ein. Sie sorgten für alles, was den Verkauf ihrer Trauben erleichtern konnte. Weiterhin ist uns bekannt, welch riesigen Anteil die englischen Zisterzienserabteien seit dem Ende des 12. Jahrhunderts am Wollhandel hatten. Da die Regel des heiligen Benedikt, deren Vorschriften sie wortgetreu befolgten, nichts gegen den Gebrauch von Münzgeld einzuwenden hatte, sammelten die Mönche von Cîteaux bedenkenlos *denarii*. Was machten sie damit? Sie kauften nichts für ihren eigenen Konsum. Ihre Sitten verboten sowohl das Horten als auch die Verzierung des Gotteshauses. Suger berichtet über das gute Geschäft, das er mit den Zisterziensern machte, als er ihnen eine ganze Sammlung edler Steine abkaufte, für die sie keine Verwendung wußten. Die asketische Tendenz begünstigte den ökonomischen Fortschritt also auch in dem Sinne, daß die Benediktinermönche der neuen Regel das Geld vorwiegend dazu benutzten, ihr Kapital zu vermehren. Sie trieben die technische Perfektionierung weiter voran als irgend jemand sonst. Es ist anzunehmen, daß sich die besten Gespanne, die besten Werkzeuge auf ihren Gütern befanden. Sie kauften auch Land, und ihre »Scheunen« (*grangia*), die Zweigstellen der Domänenzentren ihrer Abteien, sprossen in allen Himmelsrichtungen aus dem Boden. Hier gab es kein Defizit, keine Misere, keine Anleihen. Im Gegenteil, es verbreitete sich ein üppiger Wohlstand, der als brutaler Kontrast zu der individuellen Armut der Mitglieder der Gemeinschaft wirkte. Außerdem herrschte ein lebhafter Geschäftsgeist. Geldmittel waren in solchem Überfluß vorhanden, daß die Zisterzienser schließlich zu Ende des 12. Jahrhunderts das Mißtrauen der Weltlichen auf sich zogen. Diese bekamen die Mönche nämlich nur dann zu Gesicht, wenn sie aus ihrer Einsamkeit herauskamen, um Böden zu kaufen, die sie selbst schon lange begehrten, oder um Geldgespräche auf den Märkten zu führen.

Die aus den Klosterarchiven stammenden Dokumente bringen zwei vorherrschende ökonomische Haltungen ans Licht. Erstens war die Hauswirtschaft zutiefst im Prinzip der direkten Nutzung des Grund- und Bodenpatrimoniums verwurzelt. Und zweitens entwickelte sich ein Phänomen, das das gesamte 12. Jahrhundert zu charakterisieren scheint, nämlich die allgemeine Gewöhnung an das Kaufen, Verkaufen, Leihen und Schuldenmachen. Es entwickelte sich ein mehr oder weniger rasch voranschreitendes, mehr oder weniger ausgeprägtes Zusammenspiel zwischen einer im wesentlichen auf Grundbesitz beruhenden Wirtschaft und der Geldbewegung, die damals gerade genügend Kraft gewann, um die traditionellen Kreisläufe des Tausches von Gütern und Dienstleistungen empfindlich zu erschüttern. Allem Anschein nach hatten alle Herren des 12. Jahrhunderts Anteil an diesen Haltungen. Den Beweis dafür liefert uns eine Analyse der Einkünfte, die sie einerseits aus ihren Grundrechten und andererseits aus ihrer Macht über die Menschen bezogen.

Nutzung und Ausbeutung

Die Grundrente

Unter den Gewinnen, die sich die Grundherrschaft verschaffte, verloren die Einkünfte aus der Land-Leihe damals immer mehr an Bedeutung. Die Höhe der Abgaben war gewohnheitsrechtlich festgelegt, also im Prinzip unveränderbar.

Seit der Karolingerzeit scheint sie sich kaum verändert zu haben. Die Leistungen, die ein altes, noch unversehrtes Leiheland, das mehrere Arbeiterhaushalte beschäftigen und ernähren konnte, um das Jahr 1100 in Südburgund aufzubringen hatte, werden in einem Text beschrieben:

»Auf diesem *mansus* lebt Guichard ... der folgende Abgaben zu leisten hat: zu Ostern ein Lamm, zur Heuernte 6 Geldstücke, zur Getreideernte eine Mahlzeit (gemeinsam mit anderen Pächtern) und ein Maß Hafer, zur Weinernte 12 *denarii*, zu Weihnachten 12 *denarii*, 3 Brote und ein halbes Maß Wein, zur Fastnacht einen Kapaun, zur Mittfastenzeit 6 Geldstücke.«[31]

Eine geringe Last für die Landarbeiter und ein magerer Gewinn für die Grundbesitzer. Gegenüber den karolingischen Vorläufern weist der zitierte Text wohl nur einen einzigen neuen Zug auf, nämlich den größeren Raum, den die Münzgeldzahlungen einnehmen. Einige dieser Zahlungen, die zur Heu- oder Weinernte geleistet werden mußten, waren wahrscheinlich ein Ersatz für ehemalige Arbeitsdienste. In manchen Gegenden ist die zunehmende Rolle der *denarii* unter den Grund- und Bodenabgaben ganz offensichtlich. So etwa in der Picardie, wo die Lieferungen von Naturprodukten im 11. Jahrhundert fast vollständig verschwanden und wo eine Gruppe von nur 10 Hintersassen in der Priorei von Hesdin um das Jahr 1100 jährlich den Wert von 6 *librae* in ungeprägtem Silber aufbringen mußte. Auch in England scheint der Anteil des Geldzinses ausgesprochen hoch. Doch diese Bewegung war bei weitem nicht allgemein verbreitet. In Norditalien bemühten sich die Grundherren beispielsweise im 12. Jahrhundert um das genaue Gegenteil, nämlich den Geldzins durch Naturalien zu ersetzen. Hier hatten es die Herren, die in der Stadt lebten und reges Interesse an Geschäften zeigten, darauf abgesehen, sich die Kommerzialisierung des Überschusses aus den abhängigen Gütern vorzubehalten. Im großen und ganzen dürfte wohl der Ertrag aus dem Leiheland alter Art im 12. Jahrhundert in fast allen Gegenden Europas relativ gering geworden sein. Von ihnen bezog der Herr vorwiegend landwirtschaftliche Produkte, und dies auch nur in kleinen Mengen.

Die Tatsache, daß die Grundherrlichkeit ihre Macht über den bäuerlichen Boden kaum geltend machte, läßt sich erklären. Die Landerschließungen hatten den demographischen Druck gemäßigt. Den Landarbeitern stand reichlich Raum zur Verfügung. Der Wert des Bodens war gering. Und dennoch begünstigte genau dieser Prozeß, der auf eine langsame Strukturveränderung des Leihelands bei gleichzeitiger Verdrängung der Wildnis hinauslief, eine Steigerung der grundherrlichen Einnahmen. Die sogenannten »champarts« und »tâches«, alle Abgaben also, die sich proportional zur Ernte verhielten und für neu angelegte Felder und Weinberge galten, brachten den herrschaftlichen Kämmerern, sobald die jungen Parzellen volle Frucht trugen, und trotz der niedrigen Abgabenrate, weit mehr ein als das alte Leiheland. Doch schon in der

---

[31] M. C. Ragut (Hrsg.), *Cartulaire de Saint-Vincent de Mâcon*, Mâcon 1864, Nr. 511, S. 297f.

Mitte des 12. Jahrhunderts wurde dieses Verfahren innerhalb kürzester Zeit wieder zu einer Seltenheit, da Herren und Bauern übereinkamen, die Abgaben durch Pachtgelder zu ersetzen. Es ist zu beobachten, daß die Münzgeldbelastungen desto schwerer wurden, je später ein entsprechendes Abkommen zustande kam. Der gerodete Boden brachte den Herren mehr und mehr Geld.
Sie hatten aber noch eine zweite Möglichkeit, sich Gewinne zu verschaffen. Der Zerfall der alten *mansi*, die Aufsplitterung der Abgaben auf unzählige Parzellen und der Spielraum, der den Bauern gelassen wurde, wenn sie den Boden entäußern oder unter ihren Erben verteilen wollten, boten reichlich Gelegenheit, Mutationsgebühren einzustreichen, die sich mit der wachsenden Belebung des Grund- und Bodenmarktes als zunehmend gewinnträchtig erwiesen.
Doch wie alle überlieferten Angaben über Gewinne beweisen, stammten die reichsten Zinsgelder, deren die Grundherren sich erfreuten, aus der Nutzung von Brotöfen, Mühlen und den Zehntabgaben. Diese befanden sich zum größten Teil immer noch in den Händen weltlicher Herren. Im Laufe des 11. Jahrhunderts hatten sie fast alle den Besitz der von ihren Vorfahren gegründeten Kirchen an die Klöster und Kathedralkapitel zurückgegeben. Doch von den Zehnten ließen sie nicht ab, sie waren zu ergiebig. Ihr Ertrag nahm, genau wie der der Mühlen und der Brotöfen, mit dem Anwachsen der kultivierten Fläche und dem Fortschreiten des Brotkonsums sowie dem damit verbundenen Bevölkerungswachstum laufend zu. Wer über den Zehnten verfügte, hatte genug, um seine ganze Hausgemeinschaft reichlich mit Nahrung zu versorgen – und wer ihn darüber hinaus zur Pacht aussetzte, bekam noch Geld dazu. Die Weltlichen hielten als eine der sichersten Einkommensquellen daran fest, so daß Mühlen, Brotöfen und Zehntabgaben im 12. Jahrhundert zum Hauptgegenstand der Prozesse zwischen diesen weltlichen Herren und dem eigentlichen Kern der Grundherrlichkeit wurden: Der größte Teil der Einkünfte auf den kirchlichen Ländereien der Picardie stammte bis etwa 1080 aus traditionellen Grund- und Bodenabgaben, während etwas später die Zehnten und die Steuern, die von den Benutzern der Wälder, Mühlen und Brotöfen verlangt wurden, den ersten Platz einnahmen.
So haben der technische Fortschritt, die Landerschließungen und auch der Aufschwung der Weinkulturen den Wert der Grundrente während des ganzen 12. Jahrhunderts laufend in die Höhe getrieben. Daraus erklärt sich der anhaltende Wohlstand, in dem Ritter und Kirchenangehörige weiterhin lebten, obwohl sie im Zuge der Bewilligung von Lehensgütern, der Vermehrung ihrer Lignages und der Gründung religiöser Einrichtungen sehr viel zahlreicher geworden waren. An dieser Stelle sind nun allerdings drei Bemerkungen angebracht: 1. Die Lebenskraft der agrarischen Expansion war damals so stark, daß der besagte Anstieg der Einkünfte mit einer Erleichterung der Lasten einhergehen konnte, die die Grundherrlichkeit der Bauernschaft aufzubürden pflegte. 2. Bis 1180 war der Anteil des Geldes an der Grundrente noch sehr beschränkt. So bezog etwa die Kathedrale von Mâcon aus 72 Leiheländern, die sie in einem Dorf besaß, neben der für eine einzige Dienstmannenfamilie

ausreichenden Menge Brot und Wein jährlich kaum 40 *solidi*, das heißt den Wert eines schlechten Pferdes. 3. Die einträglichsten Einkünfte aus dem Grund und Boden, die durch Ernteabgaben und die Wahrnehmung von Gewohnheitsrechten zustande kamen, brachten nur dann einen wirklichen Gewinn, wenn der Herr in unmittelbarer Nähe weilte und besonders wachsam war. Sollten die Erträge aus den unüberschaubar großen und verstreut liegenden Ländereien sich nicht vor seinen eigenen Augen in Luft auflösen, so mußte er Bevollmächtigte einsetzen, die ihrerseits einen großen Teil für sich behielten.

Die direkte Nutzung

Aus den genannten Gründen bedeutete die Grundrente allen Grundherren dieser Zeit, außer vielleicht den allergrößten, vergleichsweise weniger als die direkte Nutzung. Ihre »Domäne«, der Boden, den sie von ihren Dienstmannen bestellen ließen und von dem sie alle Früchte ernteten, war die wichtigste Quelle ihres Einkommens. In den Texten dieser Zeit sind Anspielungen auf Verkleinerungen und Auflösungserscheinungen des Herrenlandes zu entdecken. Fromme Schenkungen, Erbteilungen und Lehensbildungen hatten die großen Güter häufig auseinandergerissen, so daß eine Parzellierung und Verpachtung oft das beste war, was sich aus den übrig bleibenden zerstreuten Landstücken machen ließ. Die Intensivierung der landwirtschaftlichen Arbeit und die gestiegene Produktivität des Bodens gestatteten im übrigen eine flächenmäßige Reduzierung des Herrenlandes, ohne daß dadurch ein Verlust entstand. Aber die Oberhäupter der aristokratischen Häuser waren, wie Suger oder Petrus Venerabilis, im 12. Jahrhundert meist dennoch darauf bedacht, es in seinem ursprünglichen Zustand zu erhalten, es wieder zusammenzufügen und sogar durch Urbarmachung oder neue Weinpflanzungen noch zu vergrößern. Überall gehörten die schönsten Einfriedungen und das beste Rodland zur Herrendomäne. In der Picardie begegnete man weltlichen Herren, deren Land sich wie zur Karolingerzeit über Hunderte Hektar hinzog. Im *Domesday Book* kommt kaum ein Herrensitz vor, zu dem nicht eine riesige Domäne gehörte, deren Umfang den der Lehen meist übertraf und die stets die fruchtbarsten und am besten durchgearbeiteten Böden umfaßte.

Die Herrenhäuser scheinen in der Tat reichlich mit Arbeitskräften ausgestattet gewesen zu sein. Für die täglich anfallenden Aufgaben stand stets eine ganze Dienerschar, eine Gruppe von etwa 20 bis 30 Personen unter der Leitung des »Ochsentreibers«, des Führers der Pflugschar, zur Verfügung. Diese Menschen »lebten vom Brot ihres Herrn«, wie es in den zeitgenössischen Texten heißt. Doch dem Brauch nach konnten sie diese »Pfründe« meist in einer eigenen, von einem Garten umgebenen Hütte nutzen, die ihnen in unmittelbarer Nähe des »Hofs« der Domäne überlassen wurde. Diese winzige Land-Leihe erlaubte ihnen, als Haushalt zu leben und Kinder aufzuziehen. Gleichzeitig sollte es sie zu einer Zeit, da die Menschen knapper waren als der Boden und die Mobilität der

Bauern groß war, fester mit dem Herrenhof verbinden. Die Bauern, die in den englischen Quellen als »bordars« oder »cottars« bezeichnet werden, befanden sich in einer ähnlichen Situation. Auch sie waren auf einer kleinen Erdscholle angesiedelt. Als Gegenleistung mußten sie kostenlos ein oder zwei Tage pro Woche auf dem Herrensitz arbeiten. Für alles übrige erhielten sie einen Lohn. Dennoch machte die ungleich über das Jahr verteilte Landarbeit, das Alternieren von toten Zeiten und Perioden fieberhafter Tätigkeit es erforderlich, den Vollbeschäftigten zeitweise Verstärkung hinzuzugesellen. Eine Hilfe in diesem Sinne wurde in erster Linie von den Fronpflichtigen verlangt. Noch war die kostenlose Zwangsarbeit in ganz Europa üblich; ihre ökonomische Bedeutung indes war nicht überall die gleiche.

1. Südlich der Loire und der Alpen waren Frondienste fast bedeutungslos. Die meisten Leiheländer waren vollständig von ihnen entbunden. Die Fron der anderen beschränkte sich auf einige Tage im Jahr. Von 35 Leiheländern verlangte etwa die Kathedrale von Mâcon jährlich insgesamt nicht mehr als 220 Tagwerke; das ist weniger als ein einziger *mansus* des Pariser Beckens auf den karolingischen Domänen hatte leisten müssen. Im Grunde erwarteten die Herren dieser Gegend in erster Linie eine Verstärkung der Pflugleistung, das heißt einen Zusatz von Gespannen. Sie verzichteten freiwillig auf die Dienste der Handarbeiter. Es kann allerdings sein, daß sie die Pflugbauern, sofern sie die Macht dazu hatten, im Zuge der technischen Innovationen und der immer bedeutender werdenden Rolle der Pflugarbeit zu neuen Frondiensten heranzogen. Offenbar hatte die Geringfügigkeit der Arbeitsfron in diesem Teil des Abendlandes eine lange Tradition. Im 12. Jarhundert wurde sie möglicherweise hier und dort etwas härter.

2. Im Norden des Kontinents hatte das karolingische System zu dieser Zeit immer noch festen Bestand: Die Lehen waren aufs engste mit der Nutzung des Herrenlandes verknüpft. Alle Beschreibungen grundherrlicher Ländereien bezeugen die Existenz von Parzellen, die vollständig von Fronpflichtigen bewirtschaftet werden mußten; sie berichten über Lieferungen von in Heimarbeit hergestellten Gegenständen und über zahlreiche regelmäßige Dienstleistungen. Allerdings scheint dieses System seit 1100 einem allmählichen Verfallsprozeß ausgesetzt gewesen zu sein. Zu Anfang des 12. Jahrhunderts beschloß beispielsweise der Abt von Maursmünster (Marmoutier) im Elsaß, das *servitium triduanum*, das Scharwerk, den Dienst von 3 Tagen pro Woche, zu dem das unfreie Leiheland in Germanien schon seit der Karolingerzeit verpflichtete, abzuschaffen. Zur gleichen Zeit wurden die mit Fronarbeit bewirtschafteten Parzellen fast überall in Pachtgüter mit Abgabepflichten umgewandelt. In Frankreich verzichteten die Herren ungefähr in der Mitte des 12. Jahrhunderts endgültig darauf, von ihren Abhängigen die Lieferung von Tuchen und bearbeitetem Holz zu verlangen. Durch die Steigerung der Produktivität erschien der Einsatz der Fronpflichtigen, die mit dem demographischen Aufschwung sehr zahlreich geworden waren, nicht mehr so notwendig wie zuvor; gleichzeitig erlaubte die langsame Verbreitung des Geldwesens, sich

ohne Schwierigkeiten handwerkliche Produkte besserer Qualität zu beschaffen und leistungswilligere Tagelöhner anzuheuern.

3. In der dritten Zone, in England, erscheint die Last der Frondienste vergleichsweise am härtesten. Das gilt zumindest für alle die Landstriche, die uns aus den Quellen bekannt sind, also für die großen Klosterdomänen. Die Auflagen waren nicht für alle Hintersassen gleich. Manche, die als Freie angesehen wurden, waren nur zu *boon-works*, also zu fest umrissenen Aufgaben verpflichtet. An erster Stelle standen dabei die Pflugarbeiten, die sich, genau wie auf den Domänen Nordfrankreichs oder Germaniens auf die Jahreszeiten verteilten. Die anderen dagegen, die »*vilani*« (Dörper) des *Domesday Book* und der etwas späteren Quellen, mußten neben ähnlichen Diensten und gelegentlich auch der Bewirtschaftung einer ganzen Scholle die sogenannten *week-works* verrichten. Jedes Leiheland verpflichtete dazu, wöchentlich einen Mann für drei Tage zur Verfügung des Herren zu stellen, der dem jeweils Betroffenen befehlen konnte, was ihm gerade in den Sinn kam. Im Grunde war der *vilanus*, genau wie der karolingische *servus*, ein Halbzeitknecht. Wie letzterer gesellte er sich alle zwei Tage zu den Hausdienern, arbeitete und aß mit ihnen. Wie der Sklave des 9. Jahrhunderts bezog er die Nahrung für sein Eheweib, seine Kinder und, soweit er seine Mahlzeiten zu Hause einnahm, für sich selbst aus dem Stück Land, das ihm überlassen war. Die englischen Herren konnten ihr unbedingtes Recht auf die Arbeit anderer während des ganzen 12. Jahrhunderts ungeschmälert wahren, ohne es jedoch voll auszuschöpfen. Viele zogen es vor, ihre Verfügungsgewalt für jeweils ein Jahr an ihre Untertanen zu »verkaufen«, so daß diese für einige *denarii* die freie Verfügung über ihre eigene Arbeitskraft und ihr Gespann erwerben konnten. Auf diese Weise gelang es den *vilani* eines zur Abtei von Shaftesbury gehörigen Herrensitzes, sich innerhalb von 40 Jahren von den *week-works* zu befreien; jeden einzelnen von ihnen kostete das einen Zins von 3 oder 4 *solidi*.

In England wie auf dem Kontinent fühlten sich die Herren durch ähnliche Umstände veranlaßt, die Produktionskapazitäten ihrer Pächter auf eine andere Art und Weise auszunutzen. Es empfahl sich, auf eine Arbeit, die durch die »Saumseligkeit, Nutzlosigkeit, Trägheit und Faulheit derer, die dienen«, wenig einbrachte und letzten Endes erhebliche Kosten verursachte, zu verzichten. Die Landarbeiter mußten verköstigt werden, und die Gewohnheit, die sich unter der Hand zugunsten der Bedürftigen entwickelte, schrieb einen zunehmend höheren Lebensstandard für sie vor. Es empfahl sich, eine solche Arbeit durch Geld zu ersetzen, das den Bauern inzwischen leichter als je zuvor zugänglich geworden war. So wurde die Fronarbeit, ohne daß sich die Ausmaße der Domäne wesentlich verkleinert hätten, immer unbedeutender und ging im Laufe des 12. Jahrhunderts überall, sogar in England, fast ganz zurück. Umgekehrt bekamen Lohnzahlungen zunehmendes Gewicht. Mit den Steuergeldern, die für die Befreiung von bestimmten Frondiensten bezahlt werden mußten, entlohnten die Mönche von Cluny die Arbeiter ihrer Weinberge. So ging man allmählich dazu über, die meisten Handarbeiten, die nicht von der

Hausdienerschaft erledigt werden konnten, von Tagelöhnern verrichten zu lassen. Die Zusatzleistungen der noch bestehenden Fron bezogen sich inzwischen weniger auf menschliche Arbeit als vielmehr auf Zugtiere und Werkzeug. Das Dorf leistete zur Bewirtschaftung des Herrenlandes nur drei Beiträge, deren ökonomischer Wert inzwischen vorrangig geworden war: Es lieferte nämlich erstens Pflüge, dann Tagelöhner, die in einer vorübergehenden Beschäftigung ein Zusatzeinkommen suchten, und schließlich Geld für den Sold der Stückarbeiter.

Dank dieser Beiträge, die mit der wachsenden Landbevölkerung, den technischen Verbesserungen ihrer Ausrüstung und dem Eintritt in die Geldzirkulation immer mehr Bedeutung gewannen, erlebten die großen Güter dieser Zeit eine Blüte. Die Ländereien waren endlich in der Lage, alle Herren, Diener und »Gäste« zu ernähren und darüber hinaus einen nicht gerade unscheinbaren Überschuß zu produzieren, der verkauft werden konnte. Auf diese Weise versorgte die Domäne die Herren auch noch mit *denarii*.

Die Ausbeutung der Menschen

Trotz alledem wurden die eigentlich wichtigen Geldeinkünfte nicht aus der Grundherrschaft bezogen, sondern aus der Macht über die Menschen. In erster Linie aus der Herrschaft über die *familia*. Nach und nach erkannten die Herren des 12. Jahrhunderts, daß die Ausbeutung ihrer Leibeigenen weitaus gewinnträchtiger war, wenn sie ihnen größere ökonomische Autonomie zugestanden. Wahrscheinlich rekrutierten sie die meisten ihrer Dienstmannen genau wie einst aus den Haushalten ihrer Untertanen. Doch es erschien ihnen günstiger, letzteren die Möglichkeit zu geben, ein eigenes Heim zu gründen und sich zu bereichern. Die Steuerorgane, deren Wirksamkeit damals beständig größer geworden zu sein scheint, gaben ihnen Gelegenheit, mit guten Gewinnen an dieser Bereicherung teilzuhaben. Zunächst einmal konnten sie, ähnlich wie die Frondienste, auch die Freiheit »verkaufen« und damit ansehnliche Erträge erzielen. Um 1185 beschloß beispielsweise der Abt von Ferrières-en-Gâtinais, seinen Mannen Freiheiten zu bewilligen. Er gab ihnen das Recht, zu kommen und zu gehen, wann es ihnen gefiel, und frei über ihre Güter zu verfügen: »Als Dank für diese Befreiung schuldete jeder Haushalt der Kirche jährlich fünf *solidi* Zins.« Die Befreiung der *familia* gegen einen Geldzins war zwar die bequemste, aber mit Abstand nicht die lukrativste Lösung. Es war besser, sich Mittel zu bewahren, die ein Anrecht auf einen Teil der Ersparnisse des Abhängigen gewährleisteten: etwa im Falle seines Todes. In Germanien durfte der Herr dann das *Buteil*, ein Drittel oder die Hälfte der beweglichen Güter aus dem Nachlaß, einbehalten; in Nordfrankreich bekam er das »Besthaupt«, das schönste Stück Vieh, bzw., sofern es sich um das Erbe einer Frau handelte, das kostbarste Kleidungsstück. Eine andere Möglichkeit zum Zugriff ergab sich, wenn ein Untertan die alten Sitten verletzte oder sich eines anderen Vergehens schuldig machte. Unter all den Rechten, die die Herren über andere Menschen hatten, war die Ausübung der Gerichtsbarkeit das einfachste Mittel, um den Arbeitern das mühselig verdiente Geld wieder wegzunehmen. Indes unterstand die Gerichtsbarkeit, zumindest ihre einträglichsten Bereiche, den wenigen Herren, die auch im Besitz der Bannmacht waren. Die französischen Quellen, die für diesen Aspekt der Wirtschaftsgeschichte wahrscheinlich die ergiebigsten sind, erlauben uns, die Fortschritte des Bannsteuerwesens genau zu verfolgen. Die ersten Anspielungen auf verschiedene »alte Sitten« (*consuetudines*) tauchen in der ersten Hälfte des 11. Jahrhunderts auf, zur gleichen Zeit also, als die Attribute der königlichen Hochgerichtsbarkeit in die Hände der Territorialmächte übergingen. Etwas später häufen sich solche Bemerkungen, namentlich im Zusammenhang mit dem sogenannten »Gastrecht« zugunsten des Territorialherren und seiner Bevollmächtigten, und im Zusammenhang mit der Einbehaltung von Heu und Hafer für die Reiterschaft der Burg. Erst in den 40 Jahren um das Jahr 1100 ist dann auch von der Existenz öffentlicher Frondienste die Rede, von Fuhr- oder Pflugarbeiten, die der »Sire« für die Bewirtschaftung seiner Domänen in Anspruch nahm. Zur gleichen Zeit maßte er sich verschiedene Rechte über den Handelsverkehr an. Er verlangte Wegesteuern, Handelsgebühren, die auf den Dorfmärkten erhoben wurden, und zu bestimmten Zeiten auch das Monopol auf den Weinverkauf. Die ersten Spuren der »talia« oder »tolta« – das heißt einer Besteuerung der Ersparnisse, die der Herr zu Lasten seiner Untertanen beanspruchen konnte, so oft er den Bedarf danach spürte – stammen aus der Zeit um 1090. Gegen 1150 erfuhr diese wegen ihres willkürlichen Charakters besonders unerträgliche Art der Steuer zwei Veränderungen, die nicht voneinander zu trennen sind. Erstens begann man, sie in Form von Münzgeld einzutreiben; und zweitens wurde sie »abonniert« (*abonata*), mit anderen Worten, sie nahm die Gestalt einer jährlichen Abgabe von festgelegter Höhe an. Dieses sind die Hauptetappen einer Evolution, die im gleichen Rhythmus voranschritt wie das landwirtschaftliche Wachstum und die Öffnung der ländlichen Welt gegenüber dem Tauschhandel. Im Laufe der Zeit konnten sich die Bannherren an den zahlreicher werdenden und weniger armen Bauern immer leichter bereichern. Kein einziges Dokument erlaubt uns, den Umfang ihrer Beute einzuschätzen oder sie gar mit den Einkünften aus der Grundherrschaft zu vergleichen. Auf jeden Fall scheint sie mit Abstand die wertvollste. So konnte etwa ein Herr aus Südburgund allein auf Grund der *talia* zu Anfang des 12. Jahrhunderts auf einen Schlag 40 *solidi* von einem einzigen Bauern, und von einem anderen sogar 100 verlangen. Ganz unabhängig von der Rolle, die die Familien- oder Dorfgemeinschaft bei der Eintreibung derart hoher Gebühren gespielt haben mag, geht aus solchen Fällen hervor, wie umfangreich die in Form von Münzgeld oder Vieh akkumulierten Ersparnise in den Arbeiterhaushalten gewesen sein müssen. Ein anderer Bannherr konnte um 1200 allein von einem kleinen Teil der Einwohner seiner Vogtei eine Summe im Werte von mehr als 300 Silbermark einziehen. Die Ausübung der Gerichtsbarkeit gestattete die Aneignung noch größerer Geldmengen. Vor dem Gericht von Lincoln verfügte das königliche englische Recht im Jahre 1202 Bußgelder im Wert von insgesamt 633 *librae* – im Durchschnitt 30 *solidi* für jeden Schuldigen –, und zwar zu einer Zeit, wo der Wert der Viehpacht in den Bauernhäusern gewöhnlich nicht mehr als 6 *solidi* ausmachte und ein Arbeitstag mit einem *denarius* bezahlt wurde. Als die Beauftragten des Grafen von Flandern im Jahre 1187 die als der »Grote Brief« bekannt gewordene Berechnung der Einkünfte ihres Herren vornahmen, sonderten sie die unmäßigen Summen aus den Bußgeldern wegen ihres Übergewichts ab.

Ein großer Anteil der Gewinne aus der Bannmacht diente natürlich der Bereicherung der Ministerialen, von denen im 12. Jahrhundert viele der Aristokratie angehörten. In der Picardie etwa lagen alle Meiereien der kirchlichen Grundherrlichkeit in den Händen eines lokalen Machthabers. Das Interesse der Ritter an solchen Funktionen läßt darauf schließen, daß sie ganz wesentliche Vorteile mit sich brachten, die den nichtadeligen Ministerialen erlaubten, die Stufenleiter der Wohlstandshierarchie trotz aller möglichen Verzögerungsversuche seitens der Herren rasch emporzuklettern. So entwickelte sich im Kreis der Dienstbeauftragten der Herren, die die befehlshabende und rechtsprechende Macht innehatten und die daraus sich ergebenden reichlichen Gewinne einstrichen, ein ganz spezifisches gesellschaftliches Milieu; das dynamischste Milieu dieser Zeit, das einzige, in dem der Aufstieg in die Herrenklasse für Leute niedriger Herkunft kein ungewöhnliches Abenteuer war. Diese Dynamik, die Hoffnung auf einen gesellschaftlichen Aufstieg, der weit führen konnte, wenn man nur etwas Unternehmungsgeist bewies, spielte wahrscheinlich eine wichtige Rolle in Hinsicht auf den zunehmenden Druck der Bannherrschaft. Die Ministerialen der Fürsten und großen Herren richteten nach eigenem Gutdünken ein Steuersystem ein, von dem sie selbst als erste profitieren konnten. Schon durch dieses Verhalten, durch ihre wachsenden Ansprüche, mit denen sie die ländliche Produktion stimulierten, erwiesen sie sich nicht nur als die aktivsten Agenten ihres eigenen Erfolgs, sondern auch als die aktivsten Agenten der gesamten ökonomischen Entwicklung.

Ich wäre geneigt, in der Bannherrschaft, ganz gleich, ob sie sich, wie in England, in der Hand des Königs konzentrierte oder sich, wie in Frankreich, auf zahlreiche Herren verteilte, den Hauptmotor des inneren Wachstums der europäischen Ökonomie zu sehen. Die Bannherren hatten in der Tat die Vorrechte der alten Herrscher übernommen, aber sie hatten sich auch ihre Pflichten zu eigen gemacht. Die wirtschaftliche Funktion, die der Hof Karls des Großen als Konzentrations- und und Redistributionspunkt des Reichtums erfüllt hatte, mußte nun vom Hofe jedes einzelnen »Herren« übernommen werden, und zwar gleichermaßen vom Hofe eines Herzogs der Normandie wie von den unscheinbar kleinen Höfen, die sich um die Oberhäupter der unabhängigen Festungen der Ile-de-France und des Mâconnais gebildet hatten. Jeder Hof mußte sich als Hort der Freigebigkeit darstellen. Er mußte den Kirchen seine Großzügigkeit beweisen und das allgemeine Wohl des Volkes bedenken. Er mußte die Armen und die ritterlichen Vasallen mit Geschenken erfreuen, wobei letztere in erster Linie Schmuck, Unterhaltung, Waffen und Pferde bekamen. Nun existierte aber eine große Anzahl solcher Höfe. Eine der Folgen des Feudalwesens war nämlich, daß sich mit ihm in Europa Hunderte von Karolingern und Hunderte von Häusern hervortaten, in deren Umkreis sich das komplexe Spiel von Gaben und Gegengaben entfaltete. Diese Vervielfältigung stellte in sich einen mächtigen Antriebsfaktor dar. Auf der anderen Seite zogen die großen Herren im Gegensatz zu den Königen des frühen Mittelalters kaum Gewinne aus der Kriegsführung, es sei denn, sie beteiligten sich in weiter Ferne an den Feldzügen gegen die Heiden – was übrigens fast jeder Bannherr der Christenheit im Zuge des 12. Jahrhunderts zu irgendeinem Zeitpunkt tat. Sie kämpften ohne Rast, und ihre Söhne übten sich bei den Turnieren spielerisch im Kampf. Doch diese Aktivitäten brachten weitaus mehr Kosten als Gewinne mit sich. Den Fürsten rannen die *denarii* nur so aus den Händen, um sich unter den kleinen Rittern, den Pferdezüchtern, den Rüstungsherstellern und all den Händlern und Spielleuten zu verbreiten, die sich von dem regen Treiben der Märkte, die jedes Turnier begleiteten, angezogen fühlten. Die wichtigste Funktion der Kriegsökonomie hatte sich in ihr genaues Gegenteil verkehrt. Sie diente der Aristokratie nicht mehr als Einkommensquelle, sondern veranlaßte sie zu noch größeren Ausgaben. Um ihre Munifizenz nicht verkümmern zu lassen, waren die Herren folglich gezwungen, ihre Rechte noch unerbittlicher zu nutzen und dem unterworfenen Volk alles abzunehmen, was es nur geben konnte. Das wiederum führte zu einer Produktionssteigerung auf der Ebene der landwirtschaftlichen Arbeit und – ob bewußt oder unbewußt – zu einer Vorwärtsentwicklung der Landerschließung, der Ausrüstung und der Bevölkerungsdichte. Ein jeder versuchte, so viel Münzgeld wie möglich in die Hände zu bekommen, so daß die Geldzirkulation in der bäuerlichen Welt, gewollt oder ungewollt, einen Auftrieb erfuhr. Die Machtbefugnisse und die Bedürfnisse der zahlreichen Erben der alten Könige bildeten den Drehpunkt aller ökonomischen Mechanismen dieser Zeit.

Wenn aber die Bannherren zunächst über weitaus mehr Geld verfügten als alle anderen, waren sie später auch die ersten, die in entsprechende finanzielle Schwierigkeiten kamen. Sie machten Schulden, genau wie der Abt von Cluny. Während die Leihgaben bei den kleineren Grundherren zwischen Eltern und Freunden in einem flexiblen Spiel hin und her wanderten, das keineswegs die Züge eines der ganzen gesellschaftlichen Gruppe gemeinsamen chronischen Geldmangels an sich hatte, verschuldeten sich die großen Herren immer tiefer. Das Ungleichgewicht von Einnahmen und Ausgaben machte sich zuerst in den oberen Schichten der Aristokratie bemerkbar. Wie so viele andere, kam auch dieses Phänomen in seiner ganzen Tragweite um das Jahr 1075 zum Ausdruck, zu jenem Zeitpunkt also, der unabweislich als entscheidender Wendepunkt in der Chronologie der europäischen Wirtschaftsgeschichte anzusehen ist.

Um sich die fehlenden Edelmetalle oder *denarii* zu verschaffen, wandten die großen Weltlichen sich zunächst an die Kirchen. Hier hatten sich im Laufe der Generation riesige Schätze angesammelt, die sich durch den Zufluß von

Almosen unablässig vermehrten. Die Reichen waren nämlich aus Sorge um den Zusammenhalt des Familienpatrimoniums sowie auf Grund der belebteren Geldzirkulation und der zunehmenden Mobilität der Güter seit der zweiten Hälfte des 11. Jahrhunderts dazu übergegangen, den Dienern Gottes weniger Boden und mehr Geld als Opfer darzubringen. Im Kloster von Saint-Trond beispielsweise war ein Mönch den ganzen Tag damit beschäftigt, die Goldstücke und Silberteilchen einzusammeln, die die Pilger Tag und Nacht am Reliquienschrein des Schutzheiligen niederlegten. Die Hilfsaktionen für Bedürftige während der Hungersnöte, der Geist der Bescheidenheit, unter dessen Einfluß die Zisterzienser alle ihnen zukommenden Edelsteine so schnell wie möglich wieder verkauften, und schließlich die Schwierigkeiten der Klosterwirtschaft selbst waren indes nicht die einzigen Faktoren, die eine Verflüssigung der Reserven in Gang brachten. Die klerikalen Würdenträger schöpften nämlich auch zum Zwecke der Pfandleihe reichlich aus den vorhandenen Schätzen. Im Austausch für das vorgestreckte Geld erhielt die religiöse Gemeinschaft das Nutzungsrecht für ein Stück Land, das sie bis zur Rückzahlung bewirtschaften durfte. Die daraus entstehenden Gewinne wurden als die Zinsen der Schuld betrachtet. Da aber der Eigentümer häufig nicht in der Lage war, das Geld zurückzuzahlen, ging das Pfand nach einer gewissen Zeit in den grundherrlichen Besitz über. Es handelte sich also um äußerst vorteilhafte Geschäfte, die nach 1075 gelegentlich auch in größerem Maßstab betrieben wurden. So erbot sich beispielsweise Godefrid von Bouillon, dem Bischof Otbert von Lüttich sein ganzes Allodium als Garantie für einen riesigen Vorschuß zu überlassen. Ein verführerisches Angebot mit einem vielversprechenden Pfand. Man machte sich also daran, das Ziergold vom Reliquienschrein des Heiligen Lambert aus der Kathedrale zu entfernen. Da die Menge des Edelmetalls aber immer noch nicht ausreichte, plünderte der Bischof auch die Schatzkammern der anderen Abteien seiner Diözese, ohne sich auch nur um den Protest der Mönche zu kümmern.

Im Laufe des 12. Jahrhunderts versiegte diese Kreditquelle allerdings allmählich, und zwar in erster Linie aus moralischen Gründen. Die geistigen Ansprüche der Gregorianischen Reform fanden unter den Mönchen immer mehr Anhänger und verschärften die Vorbehalte gegenüber zinstragenden Krediten, deren Praxis der Papst im Jahre 1163 offiziell verurteilte. Andererseits ist aber auch bekannt, daß die großen religiösen Einrichtungen sich selbst finanziellen Schwierigkeiten ausgesetzt sahen. Die von Cluny sind uns schon bekannt. In der zweiten Hälfte des 12. Jahrhunderts wurden sie dann schon von zahlreichen Äbten und fast allen Bischöfen geteilt, die ebenfalls über ihre Verhältnisse lebten. So fühlte sich der Erzbischof von Mainz derart von Geldsorgen geplagt, daß er seine Steuerforderungen maßlos erhöhte, bis sich seine Untertanen im Jahre 1160 gegen ihn erhoben und ihn umbrachten. Die großen Kirchenherren hatten die gleiche Vorliebe für Verschwendung wie die Weltlichen. Da aber die Edelmetalle und *denarii* einen zunehmend größeren Anteil der ihnen zugute kommenden frommen Schenkungen ausmachten, konnten sie eine echte Verschuldung entsprechend länger hinauszögern. Allerdings mußten sie hinfort darauf verzichten, selbst Geld zu verleihen. Die Weltlichen mußten sich andere Quellen suchen.

Im frühen Mittelalter waren die Juden im großen und ganzen die einzigen gewesen, die Edelmetalle und Münzgeld akkumuliert hatten, um beides an die Christen zu verleihen. Die kirchliche Verurteilung des Wuchers betraf sie nicht. So begünstigte der Erfolg der christlichen Wirtschaftsmoral ihre Spezialisierung auf das Kreditwesen. Es waren Juden, die der Gräfin von Carcassone zwischen 957 und 970 aus der Bedrängnis halfen, dann, im dritten Viertel des 11. Jahrhunderts, dem Erzbischof von Köln und schließlich noch einmal 50 Jahre später dem Abt Petrus von Cluny. Nach der Mitte des 12. Jahrhunderts trat der Wohlstand der israelitischen Gemeinschaften in Frankreich und England ganz klar zutage. Zahllose Herren, unter ihnen auch der König von England, Heinrich II., waren ihre Schuldner. Zu dieser Zeit allerdings äußerten sich zwei neue Tendenzen. Erstens befanden sich im Kreise derer, die Geld verliehen und Profite daraus schlugen, nun auch Christen. Dabei handelte es sich weder um Herren noch um Männer der Kirche, sondern vielmehr um Leute aus der Stadt, die mit Geschäften reich geworden waren. Zweitens hatte die Bedeutung von Kreditaufnahmen innerhalb der Wirtschaft der großen aristokratischen Häuser eine Wandlung erfahren. Sie stellte sich nämlich nicht mehr als gelegentliche Notlösung, sondern innerhalb der Haushaltsführung als ganz normal dar. Die kleine Welt der Bannherren hatte sich in weniger als einem Jahrhundert vollständig an das Kreditwesen gewöhnt. Die wichtige Rolle, die ihre Kreise für den ökonomischen Fortschritt spielten, wird durch diese Entwicklung noch einmal unterstrichen. Wenn diese Herren sich nämlich Geld borgten, bedeutet das, daß sie noch mehr ausgaben als sie dem Volk abnahmen, und daß sie – genau wie die Äbte von Cluny es seit dem letzten Drittel des 11. Jahrhunderts taten – reichlich Münzgeld in ihrer Umgebung verbreiteten. Es bedeutet aber auch, daß sich Leute in ihrer Reichweite befanden, die große Mengen Münzgeld besaßen und auf entsprechende Profite zählen konnten, wenn sie sich als Gläubiger zur Verfügung stellten. Das Geld, das den Herren geliehen wurde, war zum größten Teil dasselbe Geld, das sie eigenhändig mit ihrer Freigebigkeit und ihren Käufen erst kürzlich in Umlauf gebracht hatten und das auf dem gleichen Wege auch wieder für die Zirkulation freigegeben werden sollte.

Ausgeben und Verschwenden

Die Ausgaben der Fürsten und Burgherren des 12. Jahrhunderts waren ähnlich geartet wie die von Cluny. Die kluniazensischen Mönche opferten ihr Geld zum Ruhme Gottes und verwandten beträchtliche Summen darauf, ihren Gästen einen angemessenen Empfang zu bereiten und sie standesgemäß zu behandeln. Ihr herrschaftlicher Lebenswandel, ihr Bemühen, sich anders zu kleiden als das gewöhnliche Volk, zwang sie außerdem zu dauernden Verhandlungen mit den

Kaufleuten. Alle großen Herren, von den Königen bis hin zu den einfachen Burgherren, gaben alles Geld, das sie einnahmen oder liehen, gleichermaßen für zwei Dinge aus: für Opfer und Schmuck. Die vornehmste Pflicht aller Herren war, Gott zu dienen, und zwar ebenso zu ihrem eigenen Wohl wie zum Wohle des Volkes, das unter ihrem Schutz stand. Genau wie einst die Könige machten sie den Kirchen große Geschenke. So setzte beispielsweise Ludwig VII. mit der Unterstützung des Baus von Notre-Dame von Paris und der anderen Kathedralen der Ile-de-France das Werk Karls des Großen fort. Es gab keinen einigermaßen angesehenen Herren der hohen Gerichtsbarkeit, der damals nicht eine Stiftskirche gegründet oder mit seiner Freigebigkeit ein Kloster unterhalten hätte, auf daß dort für ihn und seine Vorfahren gebetet und den Mitgliedern seiner Lignage eine Grabstätte reserviert würde. Bei den Ausgaben standen genau wie früher fromme Schenkungen an der Spitze. Allerdings wollen wir hier noch einmal darauf hinweisen, daß diese sich ihrer Art nach im Laufe des 12. Jahrhunderts langsam veränderten, daß sie sich häufig in Geldspenden oder in die Aussetzung einer regelmäßigen Rente verwandelten. Die mit dem Aberglauben und der Furcht vor einem unheilvollen Tod zusammenhängenden Opferhandlungen konnten sich nicht länger in ihrer alten Form erhalten; es zeichneten sich Innovationen ab, die der Gesamttendenz der ökonomischen Evolution entsprachen und durch die wachsende Lebhaftigkeit der Geldzirkulation hervorgerufen wurden. Noch kürzlich hatte sich die Gott und seinen Dienern zugedachte Schenkung gewöhnlich in Form der schlichten Übertragung eines unbeweglichen, starren, leblosen Kapitals geäußert, das von einem Grundbesitz in einen anderen oder von einer Schatzkammer in eine andere überging. Neuerdings aber waren diese Gaben so beschaffen, daß sie sofort eine ganze Kette spezifischer Ausgaben verursachten, ob sie nun für den Bau eines Monuments oder die Versorgung einer religiösen Gemeinschaft verwendet wurden. Darüber hinaus stellte man die Reichtümer in zunehmendem Maße auf ganz anderen Wegen in den Dienst Gottes. In diesem Zusammenhang wären als erstes die Pilgerreisen in weite Fernen zu nennen. Auch sie bewirkten eine Mobilisierung der Reichtümer sowie eine Belebung der Geldzirkulation im Einzugsbereich der Straßen, auf denen die Pilger verkehrten. An zweiter Stelle stand die Fürsorge der Armen. In der alten Welt, inmitten des allgemeinen Elends und innerhalb einer festgefahrenen Gesellschaft, hatte die Armut kaum eine ökonomische Bedeutung gehabt. Im Sinne des karolingischen Vokabulars bezeichnete das Wort *pauper* vor allem die Unterwerfung unter die Macht; ihm wurde nicht *dives* entgegengesetzt, sondern *potens*. Und die ritualisierte Hilfe, die den Unglückseligen damals zugute kam, bedeutete kaum mehr als eine symbolische Geste im normalen Ablauf einer Liturgie. Noch zu Anfang des 11. Jahrhunderts spielte der König von Frankreich, Robert der Fromme, beim Austeilen der Almosen an die Bedürftigen die Rolle Christi. Er umgab sich mit einer ganz bestimmten Anzahl Armer, die ihn begleiten mußten. Sie waren wie Schauspieler mit festem Gehalt, wie Statisten, für die im Falle ihres Todes auf dem schnellsten Wege ein Nachfolger gefunden werden mußte. Das ökonomische Tauwetter des 12. Jahrhunderts brachte einige Verwirrung in dieses Zeremoniell. Der Arme, der den Grafen Thibaud der Champagne in den Zeiten der Hungersnot so sehr beschäftigte, erschien immer deutlicher als Opfer der wirtschaftlichen Bewegungen, dem um der Liebe Gottes willen geholfen werden mußte. Diese allmähliche Wandlung der religiösen Gefühle war sicher eine Folge der neuen Aufgeschlossenheit, die diese Zeit dem Evangelium entgegenbrachte. Ganz ohne Zweifel wurde sie aber durch die Fortschritte der Warenzirkulation beschleunigt. Im frühen Mittelalter konnte kein Großer seine Kornspeicher vor den Elenden verschließen. Diese notwendige Freigebigkeit bewirkte damals sicherlich eine umfassende Redistribution der Güter innerhalb der bäuerlichen Gesellschaft. Im 12. Jahrhundert bestand das Neue darin, daß sich die Barmherzigkeit institutionalisierte, daß die Armut zu einem Wert erhoben wurde, den man allen Reichen als heilbringendes Verhaltensmodell vor Augen führte. Nach und nach ließen sich immer mehr Leute davon überzeugen, daß die beste Verwendung des Geldes keineswegs in der Unterhaltung von Experten des Chorgesangs in einem Kloster oder einem Kapitel bestand und auch nicht im Aufbau einer Kathedrale, sondern vielmehr darin, es mit den Bedürftigen zu teilen. Ein wachsender Anteil der Ausgaben wurde für Zwecke der Barmherzigkeit verwandt, und so floß das Münzgeld auf direktem Wege bis in die tiefsten Schichten des gemeinen Volkes.

Genau wie einst verpflichtete Reichtum im 12. Jahrhundert nicht nur zu gottgeweihten Gaben, sondern auch zu Geschenken an die Freunde, denen in möglichst großer Anzahl Gastfreundschaft gewährt werden mußte, und zu einer großzügigen Gestaltung und kostbaren Ausschmückung des Hauses. Wie die großen Klöster waren die im Zentrum der Bannherrschaft liegenden Höfe gastliche Orte, die jedermann ihre Tore öffneten. Es war die größte Ehre des Herren, Freude an seinem Hof zu verbreiten, und mit seinen Freigebigkeiten gelang es ihm, die Freuden des Lebens an seine bleibenden oder vorübergehenden Gäste und an seine Dienerschaft weiterzugeben. Der Hof stellte den Höhepunkt der Konsumwirtschaft dar, er regte sie an und zwang sie zum Fortschritt. Denn die Ausstrahlung eines Hofes bemaß sich in erster Linie an seinem Luxus, das heißt am Überfluß des Erlesensten für Tisch, Körper und Geist. Es stand dem Herrn an, sich mit allen Raffinessen, die die abendländischen Ritter auf ihren Orientreisen kennengelernt hatten, zur Schau zu stellen, um sie dann an seine Umgebung weiterzuvermitteln. Der Hof stellte somit den Ausgangspunkt eines äußerst lebhaften Verallgemeinerungsprozesses dar, der in einer immer größer werdenden Konsumentengruppe neue Bedürfnisse weckte. Zugleich war er eine Stätte des Wettbewerbs, wo jeder mit jedem um die größte Verschwendung rivalisierte. Das ökonomische Wachstum machte die mondäne Gesellschaft des 12. Jahrhunderts immer anfälliger für Modeerscheinungen und die ständige Suche nach Neuem. Doch die Grundlage dieses Luxus war im eigentlichen Sinne eine »externe«; wir entlehnen an dieser Stelle ganz bewußt jenen Begriff den Klostersprache, der genau das bezeichnete, was nicht im Haus produziert wurde, sondern gekauft werden mußte. Die ununterbrochenen Festlichkeiten, um die sich hier der gesamte aristokratische Verhaltensstil drehte, hatte notwendigerweise die Zusammenarbeit mit Spezialisten zur Folge, die unbekannte, prächtige und aus weiter Ferne stammende Waren liefern konnten, kurz, die Zusammenarbeit mit Händlern.

Die im 12. Jahrhundert stattfindende Entwicklung der kommerziellen Aktivitäten im Innern Europas bediente sich also anderer Antriebskräfte als die, die 100 oder 150 Jahre vorher an den Grenzen der Christenheit stattgefunden hatte, wo die Abenteurer die Beute aus den Angriffsfeldzügen in Umlauf gebracht hatten, ohne auch nur ihre Waffen niederzulegen. Unter der Herrschaft jenes Friedens, der sich mit der Herausbildung des Feudalwesens etabliert hatte und der sich mit der zunehmenden Stärkung der großen territorialen Fürstentümer immer stärker festigen konnte, wurde die Entwicklung des Handels zu einer Antwort auf die Erweiterung der Bedürfnisse der großen Herrenhäuser, die dauernde Steigerung ihres Lebensstandards und den Wohlstand, der den Nutznießern des Bannrechts durch das konstante Wachstum der Einkünfte entstand, die ihrerseits auf der Expansion der bäuerlichen Produktion beruhten. Doch trotz ihres Ursprungs in der Landwirtschaft bewirkte eben diese Entwicklung eine Entfaltung der städtischen Aktivitäten. Der Aufschwung der Städte steht in engem Zusammenhang mit der Lebenskraft der mächtigsten Herrenhöfe, das heißt, er ist unmittelbar abhängig von der wachsenden Effizienz eines im Bannrecht verwurzelten Steuerwesens.

Abgesehen von einigen Treffpunkten, an denen die Händler zusammenkamen und ihre Waren lagerten, erfüllten die großen Siedlungen des frühen Mittelalters im wesentlichen zwei Funktionen, eine religiöse und eine militärische. Sie waren Sitz bedeutender Herrschaften, etwa des Bischofs, des Domkapitels und der Klöster, des Grafen, sofern dieser, wie es in der ganzen südlichen Hälfte der Christenheit üblich war, in der Stadt residierte, und schließlich der Kriegerfamilien, die über die Stadtfestungen wachten. Häufig besaßen auch die Herrscher einen städtischen Palast, in dem sie sich vorzugsweise aufzuhalten pflegten. In stattlichen Konvois wurden landwirtschaftliche Waren von allen großen Domänen in die Stadt transportiert. Schon lange vor dem Jahr 1000 wurde der Handel mit Bodenprodukten vorrangig auf dem städtischen Markt abgewickelt. Als die königlichen Machtbefugnisse mit dem Fortschreiten des Feudalwesens auseinanderfielen, rissen einige der in der Stadt ansässigen Herren, die Äbte, der Graf oder sein Beauftragter und manchmal auch der Bischof aus königlichen Gnaden, das Bannrecht an sich. Auf diese Weise wurde die Stadt zum Sammelpunkt eines Netzes von Abgaben, das sich weit über die ganze Umgebung erstreckte und der Stadt einen noch größeren Anteil der Überschüsse aus der ländlichen Produktion zuführte als zuvor, und zwar zunehmend in Form von Geld.

Die Bannherren benutzten alle diese Einkünfte, wie es ihnen geziemte: zum Bauen – so daß sich die größten kirchlichen oder weltlichen Bauunternehmungen allmählich auf die Städte konzentrierten – und zur Unterhaltung ihrer

Umgebung. Aus den damit zusammenhängenden Ausgaben erwuchs der Stadt eine neue Funktion, die bisher nur als Randphänomen in Erscheinung getreten war: die ökonomische Funktion von Handel und Gewerbe. Diese Entwicklung wiederum brachte die Expansion von einem oder mehreren Stadtvierteln mit sich, die in unmittelbarer Verbindung zur Zitadelle und den Siedlungen religiöser Einrichtungen standen und gewöhnlich »burgi« genannt wurden. Sie säumten den Lauf der verkehrsreichsten Straßen, die zum Markt, zum Hafen oder zu anderen kommunikationserleichternden Einrichtungen führten, die damals einen Aufschwung erfuhren. In den französischen Städten geht beispielsweise der Bau zahlreicher Steinbrücken auf das Ende des 11. Jahrhunderts zurück. Das Wachstum erwies sich insgesamt als um so lebhafter, als die in der Stadt residierenden Herren die mächtigsten und reichsten waren. Die erfolgreichsten Städte waren die, in denen die hochherrlichen Fürsten längere Aufenthalte verbrachten, wie etwa Toulouse, Arles oder Angers, Orléans oder Paris, Winchester oder Mainz. Auch Wien erlebte genau in dem Augenblick seinen großen Aufschwung, als Herzog Heinrich Jasomirgott es in der zweiten Hälfte des 12. Jahrhunderts zu seiner Residenz erwählte. Der Zusammenhang zwischen herrschaftlicher Macht und städtischer Vitalität liegt auf der Hand. Und wenn ein aktiver Hof seinen Sitz mitten auf dem Lande hatte, ließ die Entstehung einer städtischen Siedlung nicht auf sich warten. So bildete sich vor den Toren der Abtei von Cluny schon um das Jahr 1000 ein *burgus*, der zu Ende des 12. Jahrhunderts mit Sicherheit 2000 Einwohner umfaßte, die fast alle unmittelbar mit der Wirtschaft des riesigen und verschwenderischen Klosterhaushalts zu tun hatten. Ein anderes Beispiel ist Hagenau im Elsaß, das schon kurz nachdem Friedrich Barbarossa dort im Jahre 1164 einen Palast gegründet hatte, zu einer kleinen Stadt wurde.

Die vorrangige Aufgabe der *burgi* bestand darin, durch Gewerbe und Handel zur Versorgung des herrschaftlichen Hofes beizutragen. Ursprünglich gehörte der gesamte Bereich des Gewerbes zu den Pflichten der Dienstmannen. Seine Entwicklung vollzog sich in Form einer Überschußproduktion der Domänenwerkstätten, der Brotöfen, der Schmieden, der Gerbereien und der Webstuben der Frauen. Im Laufe der Zeit stellten diese Werkstätten mehr Produkte her als das Haus des Herren konsumieren konnte, und sie begannen, den Überschuß einer auswärtigen Kundschaft anzubieten. Die vornehmste Pflicht des Mannes, der zu Ende des 11. Jahrhunderts den Brotofen am Brückenaufgang von Mâcon gepachtet hatte, war die, den Tisch des Bischofs zu versorgen; aber er verkaufte auch Brot an Reisende. Im gleichen Maße, wie sich die Straße belebte, vergrößerten sich seine Geschäfte und damit seine ökonomische Unabhängigkeit. Die Höhe der Zollgebühren beweist, daß sich schon am Anfang des 11. Jahrhunderts klare Umrisse des städtischen Gewerbes außerhalb seines ursprünglichen Rahmens von Herrschaft und Dienstbarkeit abzeichneten. Aus dem Zollverzeichnis von Arras geht hervor, daß die meisten der von den städtischen Gewerbetreibenden verkauften Gegenstände zubereitete Nahrungsmittel waren. Die Wege der Expansion wurden allem Anschein nach

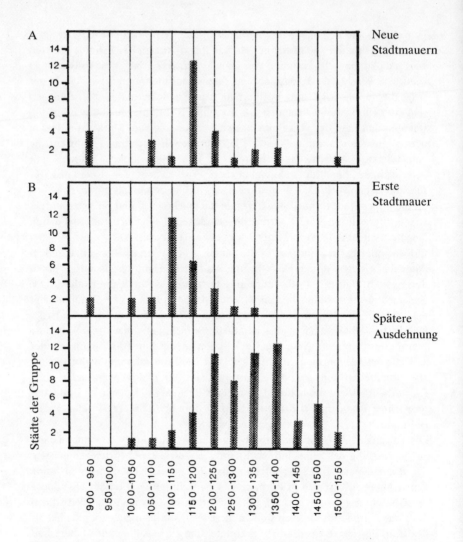

Gruppe A, 13 italienische Städte: Bologna, Brescia, Florenz, Genua, Lucca, Mantua, Mailand, Parma, Pavia, Piacenza, Pisa, Pistoia, Siena

Gruppe B, 28 Städte zwischen Loire und Rhein: Aachen, Amiens, Antwerpen, Basel, Brügge, Brüssel, Köln, Douai, Etampes, Gent, Le Mans, Lüttich, Löwen, Maastricht, Mechelen, Metz, Middelburg, Namur, Nijmegen, Orléans, Paris, Rouen, Straßburg, Tournai, Trier, Troyes, Utrecht, Ypern.

Abb. 4: Die Ausdehnung der europäischen Städte

durchaus von den Berufen gebahnt, die mit der Nahrungsmittelherstellung zu tun hatten, insbesondere den Bäckereien und Schlachtereien. Doch der gleiche Text erwähnt auch Wollstoffe und Metallgegenstände, die der Schmied auf einem Warentisch des Marktes verkaufte.

In der Geschichte des städtischen Gewerbes kam die Phase des eigentlichen und rapiden Aufschwungs, die Zeit, wo die Arbeiter sich völlig von der Dienstbarkeit gegenüber ihren Herren freimachten, etwas später, im Lauf des 12. Jahrhunderts. Im Jahre 1109 erteilte der Abt von Fritzlar den Mannen seiner *familia* die Erlaubnis, alles, was sie herstellten, auf dem Markt zu verkaufen. Und die 1170 in Straßburg erlassenen Bestimmungen besagten, daß »ein jeder aus der kirchlichen *familia*, der eigenhändig hergestellte Gegenstände in der Stadt verkauft, von der Steuer frei sein soll«. Zu dieser Zeit arbeiteten das Bäcker-, das Fleischer-, das Eisen- und das Ledergewerbe einer Ortschaft für den lokalen Markt, der seinen Aktionskreis im Zuge des Fortschritts der materiellen Zivilisation nach und nach auf die ländliche Umgebung ausweitete. Gleichzeitig entwickelten sich besondere Gewerbezweige, die auf die Bedürfnisse der Reichen ausgerichtet waren. Da sie sich auf die Herstellung von Luxusprodukten spezialisiert hatten, insbesondere auf die beiden wichtigsten Zierden des vornehmen Lebens, auf Wein und kostbare Stoffe, mußten sie über viel größere Entfernungen mit ihrer Kundschaft verkehren.

Schon seit dem frühesten Mittelalter pflegten die in den Städten ansässigen Großen, insbesondere die Bischöfe, überall dort, wo die klimatischen Bedingungen es irgendwie erlaubten, einen Gürtel von Weinstöcken um die Städte anzulegen. Mit der Steigerung der herrschaftlichen Einkünfte und der Vulgarisierung der fürstlichen Gewohnheiten verbreitete sich der Geschmack am Weingenuß sowohl in der gesamten Aristokratie als auch in den Bruderschaften der Kaufleute, die regelmäßig ihre Gelage abhielten. Die Nachfrage förderte nicht nur eine laufende Erhöhung der Quantität, sondern auch eine Verbesserung der Qualität. Die großen Herren setzten ihren ganzen Stolz darein, ihren Gästen den besten Trunk zu bieten. Am Hof des Kapetingerkönigs war das Amt des Mundschenks eines der wichtigsten überhaupt. Da dieser ganze Bedarf gedeckt werden wollte, nahm der Anbau in den für die Erzeugung von leicht und massenhaft exportierbaren Qualitätsweinen besonders geeigneten Gegenden laufend zu, insbesondere am mittleren Seinelauf und der Oise, an der Loire, am Rhein und an der Atlantikküste um La Rochelle. Der Aufschwung der Weinkultur stellt einen außerordentlich wichtigen Aspekt des ländlichen Wachstums im 12. Jahrhundert dar. Die Neuanlage von Weinbergen und die Zucht der Trauben gehören zu den aufsehenerregendsten Investitionen, die sich die Herren erlaubten. Dabei dachten sie in erster Linie an den Ruf ihrer Tafel, nicht zuletzt aber auch an die Profite, die der Verkauf des Mehrproduktes ihren Untertanen versprach. Sie zögerten nicht, große Mengen Geld und Boden zu opfern, und indem sie den Pionieren der Weinkultur stets die Hälfte der von ihnen angelegten Weingärten überließen, begünstigten sie gleichzeitig die Entstehung kleiner Bauernbesitztümer. In diesem Zusammenhang muß betont

werden, daß die Arbeit im Weinberg sich durch die erforderliche ständige
Pflege, die rein manuelle und immer anspruchsvoller werdende Technik, wie
auch durch die Dauerbepflanzung der Parzelle, deren Bodenqualität sich nach
dem Maß der darauf verwandten menschlichen Arbeit richtete, erheblich von
der Feldarbeit unterschied. Die Weinzucht war ein echtes Handwerk, das
überdies noch aufs engste mit der Stadt verbunden blieb. Überall, um Laon, um
Mainz, um Paris, um Orléans und später auch um Auxerre und zahlreiche kleine
Klosterortschaften wie Ferrières-en-Gâtinais, zogen sich die Weingärten wie ein
stetig wachsender Strahlenkranz um die Städte. Oft kamen sie so nahe an die
Häuser des *burgus* heran, daß dessen etwaige Vergrößerung es notwendig
machte, Weinstöcke auszureißen und in einiger Entfernung neue anzupflanzen.
Der Winzer war ein Einwohner des *burgus*, ein »Bourgeois«, wie man ungefähr
seit dem Jahr 1000 zu sagen pflegte. Dort hatte er seinen festen Wohnsitz, und
die gewissenhaften Aufgaben der Weinbereitung, die Transaktionen, die er
vornehmen mußte, um seine Ernte abzusetzen, wie auch die Geldstücke, die er
daraus bezog, entfernten ihn immer mehr von den Kornproduzenten und
rückten ihn eher in die Nähe der Tuchhändler oder Weber.

Die gute Herkunft im Unterschied zum gemeinen Volk ließ sich nicht nur am
Weintrinken ablesen, sondern auch an der Kleidung aus Wolltuch in ungewöhnlichen Farben, das fast so schön war wie die aus dem Orient mitgebrachten
Stoffe. Im 11. Jahrhundert gab es zwar in allen Ortschaften Webstuben, aber
das, was dort produziert wurde, konnte den Ansprüchen der großen Herren und
ihrer Umgebung gemeinhin genau so wenig gerecht werden wie die Produkte der
meisten Weinberge. Sie brauchten etwas Besseres. Der Wunsch, in ihrer Pracht
allen anderen überlegen zu sein, führte zu einer Spezialisierung bestimmter
Werkstätten. Vor dem Hintergrund einer um 1070 in Nordfrankreich verfaßten
Abhandlung mit dem Titel *Conflictus ovis et lini* (Der Streit zwischen dem Schaf
und dem Flachs) lassen sich ihre Standorte bestimmen. Wie der Text besagt,
kamen aus dem Rheinland und aus Schwaben schwarz und rot gefärbte Tuche,
die jedoch nicht von der allerbesten Qualität waren; denn an einer Stelle heißt
es: »Die Kleider, die den Herren anstehen, entsendest du, Flandern.« Und diese
waren grün, grau und tiefblau in der Farbe. In der Grafschaft Flandern und ihrer
Umgebung, genauer gesagt in jenen Siedlungen, die sich fast alle unabhängig
von den Höfen entwickelt hatten und deren Funktion im Umkreis des alten
portus von Anfang an eine rein ökonomische gewesen war, hatten sich in der Tat
all die Haushalte niedergelassen, die handwerkliche Aktivitäten betrieben und
dabei ähnlich wie die großen Weinpflanzungen des Pariser Beckens und der
Atlantikküste ausschließlich auf Export ausgerichtet waren. Dieser Export erstreckte sich rasch über weite Entfernungen. Das zeigt sich etwa an der Tatsache, daß man um 1100 die Gebühr für den Beitritt zur Bruderschaft der Kaufleute in Nowgorod im hinteren Baltikum mit einem Stück Tuch aus Ypern bezahlen mußte. Und diese Stadt war damals noch nicht mehr als fünfzig Jahre alt.

Um die Mitte des 11. Jahrhunderts hatte sich in Flandern eine entscheidende
Verbesserung in der Herstellung von Wolltüchern durchgesetzt (und wenn wir

einer Auslegung des Talmuds durch einen Rabbiner aus Troyes, die in diesem Zusammenhang direktere Auskünfte gibt als alle anderen Quellen, Glauben schenken wollen, gilt dies auch für die Champagne). Wie die ganze Geschichte der Technik ist auch diese Veränderung in undurchdringliche Dunkelheit gehüllt, der auch der Scharfsinn der Forscher nie auf den Grund kommen wird. Doch zumindest können wir vermuten, wie es zu dieser Entwicklung kam. Zunächst gab es den vertikalen Webstuhl, ein Frauengerät, das in allen »gynaecea«, die in den Inventarien der großen Domänen des 11. Jahrhunderts erwähnt werden, zu finden war und häufig auch in den Hütten der Sklavenpächter. Mit diesem Instrument ließen sich breite, kurze Tücher herstellen, etwa die *pallia*, die sogenannten »Friesenmäntel«, die als Gegenstand eines Abkommens zwischen Karl dem Großen und dem König von Mercia bekannt geworden sind. Dann wurde der vertikale Webstuhl durch den horizontalen Trittwebstuhl verdrängt. Auch er war schon seit langer Zeit in Gebrauch und brachte sehr viel längere, aber schmale Webstreifen hervor (die durchschnittliche Länge der *panni* bewegte sich zwischen 15 und 20 Metern, während die der *pallia* höchstens 3 betrug). Die Innovation bestand darin, dieses Gerät so zu verändern, daß es von zwei Personen bedient werden und nun Tuche produzieren konnte, die ebenso breit waren wie die *pallia*. Auf diese Weise wurde es zu einem Männergerät und, genau wie der Pflug, zu einem Werkzeug des Fachmanns, einem Werkzeug der Eroberung. Sein wesentlicher Vorteil bestand darin, die Produktivität der Arbeit zu verdreifachen oder gar zu verfünffachen. Außerdem eignete sich das neue Erzeugnis weit besser als seine Vorgänger, allen Ansprüchen der Mode gerecht zu werden und die Wandverkleidungen prächtiger zu gestalten. Das Produkt war homogen – genau wie das der Münzwerkstätten. Mit ihrem Reichtum und ihrer Regelmäßigkeit entsprach die Produktion dieser neuen Gewebe ganz und gar den Bedürfnissen des Handels und der steigenden Nachfrage, die aus dem herrschaftlichen Wohlstand entsprang. Doch damit war es nicht genug; denn das, was produziert wurde, sollte auch noch von besonders hochwertiger Qualität sein. So kam es, daß sich mit der Verbesserung des Webens auch andere Bearbeitungsmethoden entfalteten; insbesondere das Walken, ein Verfahren, das den Stoff dichter, weicher und schwerer machen sollte und das gleichzeitig und im gleichen Rhythmus erfolgend die Verbreitung der Walkmühlen mit sich brachte. Einen Aufschwung erlebte auch die Färberei, mit deren Hilfe das Tuch von dem Grauschimmer der gewöhnlichen Gewebe befreit wurde. Diese Zusatzverfahren, die sorgfältige Arbeit verlangten, wurden anderen Spezialisten anvertraut. Auf diese Weise entstand in der zweiten Hälfte des 11. Jahrhunderts im Nordwesten des französischen Königreichs und im Bereich der Konfektion von Luxustüchern ein neues Phänomen, das Europa bis dahin nicht gekannt hatte. Zum ersten Mal nämlich nahm ein handwerklicher Prozeß die Form eines komplexen Ganzen an, innerhalb dessen die Arbeit sich auf mehrere »Gewerbe« verteilte. Eine grundlegende Neuerung, denn von nun an hing der Wert des Produktes, das heißt der Erfolg, den es erzielen konnte und den es von einem Ende der

Christenheit zum anderen bei den reichsten und anspruchsvollsten Konsumenten tatsächlich erzielte, von dieser Verteilung ab. Sie wiederum setzte eine minutiös durchdachte Organisation voraus, genauer gesagt, Praktiken der Zusammenarbeit, eine kollektive Disziplin und die Versammlung aller Weber, Walker und Färber in einer echten »Gemeinde«, wo ein jeder sich denselben Regeln unterwarf, um den Ruf der Produktion und ihre Homogenität zu garantieren. Den Rahmen für derartige Erfordernisse konnten nur die Städte bieten, und zwar nur solche Städte, in denen die Macht eines Herren nicht allzu einengend wirkte. In dieser Situation befanden sich einerseits jene Siedlungen, die sich in Flandern und dem Artois an den Knotenpunkten der Flußschiffahrt gebildet hatten, und andererseits all die Städte, in denen, wie etwa in den flämischen *portus*, schon Fernhandelskaufleute verkehrten. Denn der Schlüssel des Erfolgs lag in den Händen der Kaufleute. Und in Wirklichkeit waren sie die eigentlich Verantwortlichen für die Organisation der neuen Tuchmacherei.

Während die meisten Handwerker damals ihre Erzeugnisse an Ort und Stelle, in der eigenen Werkstatt oder auf dem nächsten Markt an Kunden aus der unmittelbaren Nachbarschaft verkaufen konnten, mußten sich die Hersteller der Luxusgewebe, genau wie die Produzenten von Qualitätsweinen, an Mittelsmänner, an die *mercatores* genannten Handelsspezialisten wenden, um ihre Kundschaft zu erreichen. Die *mercatores* waren wie die Handwerker aus der Hausdienerschaft der Großen hervorgegangen. Ursprünglich lag ihre Funktion darin, den Hof mit fremden Waren zu versorgen, von denen manche, beispielsweise die Gewürze, die ebenfalls zur Zierde der vornehmen Häuser gehörten, aus weiter Ferne kamen. Sie mußten sich auf Reisen begeben, die gewünschten Produkte ausfindig machen und als Gegenleistung Geld oder Überschüsse aus der grundherrlichen Domanialproduktion anbieten. Genau wie das handwerkliche Gewerbe verlor auch die kommerzielle Funktion mit der Zeit ihren an das Herrenhaus gebundenen Charakter. Das geschah in dem Maße, in dem die Erweiterung der Konsumentenkreise den Kaufleuten Gelegenheit gab, die aus fernen Ländern mitgebrachten Produkte anderen Personen zum Kauf anzubieten als ihrem eigenen Herrn. Dennoch blieb der Handel ein abenteuerliches, gefährliches und gewinnträchtiges Unternehmen, wie es einst der Krieg gewesen war. Im 12. Jahrhundert bedeutete das Handeln noch eine saisongebundene Expedition, die zu mehreren durchgeführt wurde. Alle Händler, die in ein und derselben Stadt ansässig waren, pflegten sich damals zu einer Bande zusammenzuschließen, die sich als Gruppe genau so fest verbunden fühlte wie früher die Krieger, die zur Plünderung benachbarter Stämme auszogen, oder zur damaligen Zeit noch die um den Kastellan versammelten Trupps berittener Vasallen. Für die Dauer der Expedition bildeten sie eine Bruderschaft, eine *fraternicia*. Die Statuten von Valenciennes, deren wichtigste Passagen aus dem 11. Jahrhundert stammen, sprechen von der permanenten Gefahr auf dem Meer, auf den Gewässern und auf dem Land. Sie erwähnen Waffen, sie verbieten, sich nach Verlassen der Stadt von der

Karawane zu entfernen, verpflichten zur gegenseitigen Hilfe während der Reise und verlangen, daß im Todesfalle der Leichnam des Mitbruders zurückgebracht werden muß, sofern das Unglück sich vor Ablauf von drei Tagesmärschen ereignet. Die Handelsaktivitäten erlaubten einem jeden, in kürzester Zeit viel Geld anzuhäufen, aber sie verlangten Kraft und Mut. Diejenigen, die sich den Risiken aussetzten, die Entschlossensten und Reichsten, überflügelten alle anderen Einwohner des *burgus*. In der ersten Hälfte des 12. Jahrhunderts machten sie allem Anschein nach eine so gewichtige soziale Gruppe aus, daß die kirchlichen Intellektuellen, wie Gerhoh von Reichersberg oder Petrus Venerabilis, sie einem besonderen *ordo* zuordneten, einem zusätzlichen Stand, der die traditionelle soziologische Dreiteilung ergänzte.

Genau wie die handwerklichen und kommerziellen Aktivitäten innerhalb der Städte aus den dort angesiedelten Herrenhöfen entsprungen waren, ging auch die Bevölkerung des *burgus*, die »Bourgeoisie«, aus der *familia* hervor, aus jener Gruppe von Männern und Frauen, die unter dem Schutz des Herrn standen, die er nach Belieben benutzte und die ihm als Leibeigene gehörten. In dieser Lage befanden sich auch die Juden. Ihre Gemeinschaft, die einst unter der Schutzherrschaft des Königs gestanden hatte, stand nun unter der des Bannherren. Dieser verlangte ihnen spezielle Steuern ab, häufig auch Abgaben in Form von Gewürzen, da sie immer noch mit orientalischen Produkten handelten, und er entzog ihnen auf allen nur denkbaren Wegen das Geld, das sie am Wucher verdienten. Die ökonomische Situation der Handwerker und der christlichen Händler sah kaum anders aus. Im 11. Jahrhundert waren sie alle Ministerialen gewesen. Der Kreis der Ministerialen bildete damals den Kern der Stadtgemeinschaft, und alle Fremden, die sich um Zugehörigkeit bemühten, mußten sich zunächst dem Herren der Stadt »überantworten« (*commendare*), das heißt, sie mußten sich unter seine Schutzherrschaft begeben. Durch den Status der Einwohner, die die neuen Viertel bewohnten, erwies sich die Stadt vielleicht noch deutlicher als Anhängsel des Herrenhauses als durch die Funktionen, die sie erfüllte. Trotz alldem vergrößerten sich die städtischen Siedlungen laufend. Der Einfluß der vorwärtstreibenden ökonomischen Aktivitäten und die wachsende Bedeutung von Gewerbe und Tausch innerhalb einer Gesellschaft, deren Lebensstandard auf allen Ebenen der Wohlstandshierarchie immer anspruchsvoller wurde und die mehr und mehr konsumierte, führten unausweichlich zu einem Wachstum der Städte. Sie zogen Immigranten an, die sicher sein konnten, in der Stadt leichter Arbeit zu finden und ihren Lebensunterhalt müheloser zu verdienen als anderswo. Manche kamen aus weiter Ferne, wie beispielsweise »jene Wanderer, die gemeinhin die ›Staubigen‹ [*pulverei*] genannt wurden«; Wanderer, die von wer weiß woher und noch mit Straßenstaub bedeckt gegen Ende des 11. Jahrhunderts nach Mâcon kamen, um sich dort niederzulassen, und die sich einen neuen Schutzherren suchen mußten, jedoch nur die Wahl zwischen dem Bischof und dem Grafen hatten. Bezogen auf die Gesamtheit der Neuankömmlinge war die Anzahl solcher Abenteurer, solcher bindungsloser Entwurzelter unendlich geringer als die der Landleute aus der nächsten Umgebung. Der größte Teil der neuen Einwohner kam aus einem Umkreis von etwa zwanzig Kilometern in die Städte. Diese Menschen blieben durch Familienbande, durch Grundrechte, die sie beibehielten, oder gar durch die Abhängigkeit von einem Landherren mit ihrem Heimatdorf verbunden. Die in vollem Wachstum befindlichen ländlichen Gegenden des 12. Jahrhunderts haben den Aufschwung der Städte auf zwei Arten gefördert. Erstens ließen sie der Stadt auf dem Weg über das grundherrliche Steuerwesen all ihre Mehrprodukte zukommen, und zweitens gewährten sie ihr den Zustrom der überzähligen Landbewohner, die auch im Zuge der landwirtschaftlichen Eroberungen nicht alle hatten resorbiert werden können. Die Städte wurden zusehends reicher. Die Pacht des *burgus* von Lincoln, deren Betrag sich proportional zu den Steuern verhielt, die die Bewohner zahlten, also proportional zum Reichtum der letzteren, stieg von £ 30 im Jahre 1060 auf £ 100 im Jahre 1086, £ 140 im Jahre 1130 und £ 180 gegen Ende des 12. Jahrhunderts. Der Bau neuer Stadtmauern, die die neu hinzugekommenen Viertel mit einschlossen und die Reichtümer der Bürger schützen sollten, markiert eine entscheidende Etappe dieses Wachstums. Darüber hinaus sind diese Mauern für uns ein Anhaltspunkt, der sich ohne allzu große Unsicherheitsfaktoren datieren läßt. Nördlich der Alpen vollzog sich diese Entwicklung merklich später als in Italien. Doch die Hochzeit der Bauarbeiten an Festungsanlagen in Germanien und in Frankreich gibt allen Grund zu der Annahme, daß die intensivste Phase städtischen Wachstums im letzten Drittel des 12. Jahrhunderts anzusiedeln ist. Der Zustrom von Immigranten, der zunehmende Reichtum und die Vitalität der *burgi* begünstigten eine Auflockerung der Bindungen, die die Stadtbevölkerung in Abhängigkeit vom herrschaftlichen Haushalt hielt. Die in der Stadt angesiedelten Ministerialen unterschieden sich weder nach ihrem juristischen Status noch nach ihrer wirtschaftlichen Lage von denen, die auf dem Land arbeiteten. Genau wie manchen dörflichen Aufsehern gelang einigen jener Männer, die den städtischen Hof mit Lebensmitteln zu versorgen hatten, ein Aufstieg in der Wohlstandshierarchie, wahrscheinlich sogar ein schnellerer Aufstieg, da kein anderes Milieu im Sinne der sozialen Mobilität so beweglich und flexibel war wie die Stadt, in der das Geld aktiver zirkulierte als irgendwo sonst. Genau wie die höchsten Dienstmannen der großen Herren konnten einige von ihnen die Aufnahme in den Ritterstand erzwingen. Schon seit Anfang des 11. Jahrhunderts unterscheiden die Quellen zwischen der gemeinen Stadtbevölkerung und den *optimi civitatis*, den *primores* oder *meliores*; diese »Besten« waren allesamt Händler. Kaum hatten sie ihr Glück gemacht, versuchten diese Leute, sich von der »Familie« des Herren freizumachen. Für diejenigen, deren Erfolg unmittelbar an ihre Handlungsfreiheit gebunden war, erwies sich die Abhängigkeit in der Tat als besonders störend; die Rechtsverpflichtungen und all die willkürlichen und undefinierten Dienstleistungen, die der Herr von seinen Mannen verlangen konnte, blockierten ihnen den Weg. Die Händler wollten über ihr Kapital, ihre Zeit und ihre Transportmittel verfügen können, ohne ständig unvorhergesehene Forderungen des Herren fürchten zu müssen. Auf der anderen Seite brachte die

Zugehörigkeit zu seinem Hause, sofern er wirklich mächtig war, auch ernstzunehmende Vorteile mit sich. Zunächst einmal garantierte sie einen wirksamen Schutz. Wenn beispielsweise eine Händlerkarawane auf ihrem Weg von einem allzu unverschämten Zöllner angehalten wurde, mußte der Schutzherr seine Mannen gegen ihn verteidigen. Ein weiterer Vorteil lag in den Steuererlässen. Die freien Männer, die in Arras ihren Handel trieben, rissen sich im 11. Jahrhundert geradezu um ihre Aufnahme in die *familia* der Abtei von Saint-Vaast, deren Mitglieder nicht zollpflichtig waren. Der zuständige Graf, der die Zollgebühren erhob, mußte alles daran setzen, diesen Ansturm auf die Hörigkeit zu bremsen, um nicht um seinen ganzen Gewinn zu kommen. Der Wunsch der mächtigen Kaufleute lief also darauf hinaus, ihre Freiheit zu gewinnen, ohne gleichzeitig die Vorteile der Abhängigkeit zu verlieren. Um dieses Ziel zu erreichen, schlossen sie sich zusammen. In erster Linie organisierten sie sich im Rahmen der Lignage, jener von Natur aus Schutz bietenden Gruppe, die sich in der Rittergesellschaft wirksam durchsetzen konnte. Das städtische Patriziat entstand zu Anfang des 12. Jahrhunderts als die Vereinigung einiger großer Familien, die sich jeweils um ein Haus, ein Vermögen und unter einem kollektiven Zunamen versammelten. Ein anderes Refugium bot die Gilde, der Schwurverband, die künstlich hergestellte Bruderschaft, die den Zusammenhalt der Händlerkarawanen auf ihren abenteuerlichen Unternehmungen festigen sollte. Aneinandergeschweißt durch den alten Ritus des gemeinsamen Trinkens, zu dem etwa die Gilde von Saint-Omer ihre Mitglieder einmal im Jahr für sechs aufeinanderfolgende Tage versammelte, entstand eine gegenseitige Hifsbereitschaft, die ebenso verbindlich, ebenso verläßlich erschien wie innerhalb der Verwandtschaftsgruppe oder der *familia* eines mächtigen Herrn. In einer Genossenschaftscharta, die 1188 in Aire-sur-la-Lys abgefaßt wurde und ein mündliches Abkommen wiedergab, das einige Jahrzehnte zuvor getroffen worden war, heißt es:

»All die, die der ›amitié‹ [amicitiam] dieser Stadt angehören, haben in Eid und Pflicht genommen, daß ein jeder dem anderen wie ein Bruder helfen wird; ... Wenn einem das Haus abbrennt oder er in Gefangenschaft gerät und ein Lösegeld zahlen muß, das seine Mittel stark beansprucht, soll jeder der Freunde ein Geldstück geben, um dem verarmten Freund aus der Not zu helfen.«[32]

Das Prinzip einer derartigen, mit einem Schwur besiegelten gegenseitigen Hilfeleistung gewann in der Geschäftswelt zunehmend an Boden. Wenn beispielsweise in Saint-Omer ein Handel abgeschlossen war und der Käufer sich anschickte, die Waren zum vereinbarten Preis mitzunehmen, konnte jedes Mitglied der Gilde einen Teil der fraglichen Güter zum gleichen Preis erwerben. Eine solche »amitié« war eine organisierte Gang. Sie war die Hauptstütze im Kampf, den die Elite der »bürgerlichen« Gesellschaft gegen die Herren der

---

[32] *Ordonnances des rois de France*, Bd. 12, Paris 1777, S. 563f.

Stadt führte, um ihnen die gleichen Privilegien zu entreißen, die auch der Kreis der Ministerialen genoß.

Das vorrangige Ziel, um das die auf Blutsverwandtschaft oder Wahlbruderschaft beruhenden Vereinigungen kämpften, war die Abschaffung der persönlichen Abhängigkeit. Sie wollten ihre Freiheit, und der Ursprung der Kölner Unruhen von 1074 offenbart die ganze Kraft, die hinter dieser ihrer wichtigsten Forderung stand. In Köln hatte der Erzbischof veranlaßt, das Schiff eines reichen Händlers zu entladen, um sich seiner *in ministerium archiepiscopi* zu bedienen, das heißt, um das Schiff im Dienste des Haushalts für die Bedürfnisse des Herrenhauses zu verwenden. Der Kaufmann und sein Sohn indes erklärten, sie seien »frei«, mit anderen Worten, sie seien nicht länger bereit, sich als Ministerialen behandeln zu lassen. Sie gehörten einer Gilde an und riefen ihre Mitbrüder zu Hilfe. Unverzüglich machten sich 600 Kaufleute auf den Weg zum königlichen Hof, um harte Maßnahmen gegen den Mißbrauch der herrschaftlichen Willkür zu fordern. Genau wie die neu erschlossenen Gebiete zeigte auch der städtische Raum die Tendenz der Herausbildung einer privilegierten Zone, in der sich nach einer Übergangszeit, die den Sitten gemäß gewöhnlich ein Jahr dauerte, alle Bindungen an die herrschaftlichen Haushalte auflösten.

Doch der Kampf war auch ein Kampf gegen die Grundherrschaft. Der Grund und Boden des *burgus* war nicht herrenlos. Er war erst kürzlich mit Weinstöcken bepflanzt, in Gärten oder Getreideäcker verwandelt worden. Auf den nun mit Häusern bebauten Parzellen lasteten noch die Forderungen der Herren, von denen viele zu Abgaben in Form von Naturalien oder gar zu Frondiensten zwangen. Nun waren aber zahlreiche Bürger zwar immer noch Hintersassen, aber nicht mehr Landwirte. Sie verloren ihre Zeit bei sinnlosen Streitereien mit den Grundherren, die Wein, Korn oder Dienstleistungen von ihnen haben wollten. Alle vereint und vornan die »Besten«, das heißt die Reichsten, erzielten sie schließlich Vergleiche. Mancherorts wurden, wie etwa in Arras, alle Pachtverpflichtungen von der Stadtgemeinschaft zurückgekauft. Meistens aber waren es die Reichsten, die sich mit den bisherigen Herren arrangierten. Sie investierten ihr durch Handelsgeschäfte gewonnenes Geld in den Grund und Boden, erwarben den Besitz der bebauten Parzellen im Stadtgebiet und befreiten sie von den alten landwirtschaftlichen Abgaben, die noch auf ihnen lasteten. Doch von denen, die dort wohnten, verlangten sie in Zukunft Pachtgebühren in Form von Münzgeld. Ein Beispiel dafür liefert uns die Entwicklung der Stadt Gent zwischen 1038 und 1120.

Schließlich und endlich versuchten die Bürger, den Druck der Bannherrschaft zu mildern, »Freiheiten« zu gewinnen, das heißt ähnliche Zoll- und Steuererlässe wie die, die die Händler genossen hatten, solange sie Ministerialen des Herren gewesen waren. Sie verlangten die Abschaffung all jener unmäßigen Gebühren, die die Geschäftswelt am stärksten schädigten, eine Verringerung des Zolls sowie den Verzicht der Herren auf Handelsmonopole. Diese mußten nun mehr oder weniger widerwillig mit der »Kommune« verhandeln, das heißt mit einem Schwurverband, der nach dem Vorbild der Kaufmannsgilden organisiert war und die gesamte Stadtbevölkerung in einer Kampfgemeinschaft vereinigte. Von derartigen Verhandlungen ist kaum etwas überliefert. Die Geschichte hat uns vorwiegend die ungewöhnlichen und tragischen Aspekte der Kommunebewegung vermittelt, die sich allmählich in ganz Europa ausbreitete. Den Ausgangspunkt und die Vorhut des regen Auftriebs, den das Stadtleben damals erfuhr, bildeten diejenigen Gegenden in Italien und an der Nordseeküste, wo sich die Geldwirtschaft schon seit dem 10. Jahrhundert hatte durchsetzen können. In den meisten Fällen geschah die besagte Entwicklung ohne gewaltsamen Bruch, auf dem Weg allmählicher Verhandlungen und fortschreitender Anpassung alter Gewohnheiten, in kleinen Schritten also, bis sich die Bannherrschaft in der Wahrnehmung ihrer Rechte in allen Städten der westlichen Welt auf die neuen Bedingungen der städtischen Wirtschaft eingestellt hatte.

Doch damit nahm die Ausnutzung dieser Rechte noch lange kein Ende. Die Arbeiter, die sich auf städtischem Territorium niedergelassen hatten und die immer zahlreicher werdenden Zuwanderer blieben einer doppelten ökonomischen Herrschaft unterworfen. In erster Linie gerieten sie nun unter die neue Gewalt, die sich aus den Befugnissen der Magistratur ergab. Ganz gleich, ob der Herr die »Kommune« als solche anerkannt hatte oder nicht, er mußte der Gemeinschaft der Einwohner bestimmte Vorrechte abtreten, ihr eine gewisse juristische Autonomie zugestehen; er hatte sich damit abzufinden, daß die Stadt insbesondere zum Zweck von Bau und Abriß ihrer Festungsanlagen eigene Geldquellen brauchte, und mußte ihr folglich die Erhebung bestimmter Steuergelder überlassen. Die Vollmachten, die der Stadtgemeinschaft auf diese Weise zukamen, wurden von der Stadtverwaltung wahrgenommen. Letztere lag fast überall ausschließlich in den Händen der »Besten«, in den Händen derer, die den Kampf für die Freiheit geführt hatten und deren Macht vor dem Hintergrund ihrer Bluts- oder Berufsgenossenschaften noch zugenommen hatte. Die Führer der Kommunen, die Schöffen, die *nobiliores civium*, wie man sie 1118 in Basel zu nennen pflegte, stammten alle aus den höchsten Rängen der Ministerialen. Es waren entweder reich gewordene Händler oder aber Ritter aus dem Gefolge des Herren. Die Beteiligung der Militäraristokratie an der Stadtverwaltung war keineswegs eine Besonderheit des Südens. Sowohl beim Aufstand der Einwohner von Laon als auch in der Schöffenschaft von Arras spielten die Krieger zu Anfang des 12. Jahrhunderts eine hervorragende Rolle. Sie waren durch zahlreiche verwandtschaftliche oder eheliche Beziehungen und auf Grund wechselseitiger Interessen unmittelbar mit den rein bürgerlichen Lignages verbunden. Stets besaßen diese Reichen zumindest einen Teil des städtischen Grund und Bodens. Viele der Einwohner waren ihre Pächter. Die Reichen hatten auch alle weitergehenden juristischen, administrativen oder steuerlichen Vollmachten in der Hand, die der Herr an die Stadt abgetreten hatte. Den Ertrag aus den von ihnen verhängten Bußgeldern verwandten sie sicherlich genau wie die im Namen der Gemeinschaft eingezogenen Steuergelder für Zwecke, die dem allgemeinen Wohl dienten. Dennoch zeigte sich auch bei ihnen die heimliche Tendenz, die Kasse der Verwaltung mit ihrem eigenen

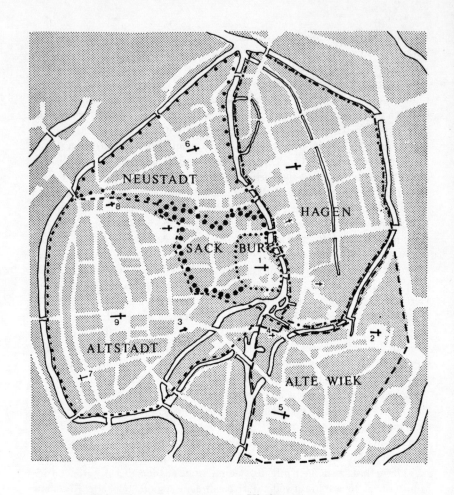

Stadtviertel		Kirchen
●●●●●	Burg Dankwarderode, 10. Jh.	1 Dom, St. Blasius, 1030
− − −	Alte Wiek, vor 1031	2 Magni-Kirche, 1031
- - - -	Altstadt, nach 1100	3 Ulrich-Kirche, vor 1038
—·—·—	Hagen, ca. 1160	4 Nikolai-Kirche spätestens 11. Jh.
● ● ●	Neustadt, spätes 12. Jh.	5 Ägidienkirche, 1115
●●●●	Sack, 1300	6 Andreas-Kirche, 1150
		7 Michaelis-Kirche, 1150
		8 Petri-Kirche, nach 1150
		9 Martini-Kirche, 1180–1190

Abb. 5: Braunschweig

Geldbeutel zu verwechseln und die Wirtschaftsbestimmungen, deren Erlaß in ihrer Macht lag, so zu drehen und zu wenden, daß sie im Sinne ihrer eigenen Interessen arbeiteten. Sie waren die eigentlichen Nutznießer der politischen Errungenschaften, der Früchte der städtischen Vitalität. So begann die »bürgerliche« Gesellschaft, sich in zwei Klassen zu spalten, von denen die eine, die herrschende, durch ihre tieferliegenden Wurzeln und ihre Herkunft aus dem Kreis der Ministerialen enger mit dem Herrenhof verbunden war. Dieses Patriziat, das sich immer noch stark im Handel engagierte, sich aber stabilisiert und auf einem Patrimonium niedergelassen hatte und in seinen Lebensgewohnheiten den Verhaltensstil der Adeligen nachzuahmen suchte – diese Gruppe der *meliores*, die ein in Soest verfaßter Text aus dem Jahre 1165 beschreibt als jene, »auf deren Autorität das Gedeihen der Stadt beruhte und die die wichtigsten Rechte und das Hauptvermögen auf sich konzentrierten«, hatte sich unter der Hand die gemeinen Attribute der Bannherrlichkeit angeeignet. Sie nutzte sie, so gut es ging; zwar weniger offen als es noch kürzlich die Herren oder ihre Ministerialen getan hatten, aber auf eine äußerst gewinnträchtige Art, die ihr in der zweiten Hälfte des 12. Jahrhunderts erlauben sollte, ihren Einfluß auf die städtische Ökonomie zu verstärken.

Dennoch blieben der wichtigste Teil des *bannum* und die daraus sich ergebenden Gewinne in den Händen der Herren. So wie die Eigentümer der unkultivierten Räume sich entschlossen hatten, in ihren Siedlungscharten auf einige ihrer eigenen Vorteile zu verzichten, um auf diese Weise Immigranten anzulocken und damit den Ertrag aus dem Steuerwesen zu erhöhen, wobei die Höhe der Forderungen im einzelnen herabgesetzt, die Kollekte aber regelmäßiger gestaltet wurde, genau so opferten auch Burgherren einige ihrer Rechte in der selten enttäuschten Hoffnung auf eine erhebliche Steigerung ihrer Einkünfte. Dabei bewahrten sie sich die Kontrolle über die handwerklichen Berufe und die Kaufmannsgilden, indem sie ihnen bestimmte Vergünstigungen gewährten, ihnen Monopole zugestanden und ihnen Vorteile bei ihren Freunden, den Herren der benachbarten Städte, verschafften. Sogar für die allerreichsten Handeltreibenden erwiesen sich die Herren als derart nützlich, daß sie ihnen ohne Murren Kredite gewährten. Durch Kopfsteuern oder Gastrechtsgebühren, die mittlerweile zwar eine festgelegte Höhe hatten, jedoch regelmäßiger eingetrieben wurden und sich um so gewinnträchtiger zeigten, als die Immigration die Anzahl der Haushalte laufend wachsen ließ; durch die Besteuerung aller Waren- und Geldbewegungen beim Überschreiten von Brücken oder auf dem Markt; durch die Hochgerichtsbarkeit, die sie sich meist hatten bewahren können, und die Schutzherrschaft, die sie den jüdischen Gemeinden und all den »Wanderern« gewährten, die von irgendwoher kamen und ihre Sicherheit teuer bezahlten, lieferte die Stadt den Bannherren weitaus mehr Geld als jeder ländliche Grundbesitz. Ganz gleich, wie groß das Ausmaß der Privilegien und Steuernachlässe war, die den städtischen Gemeinschaften zugestanden wurden, die mächtigsten und wohlhabendsten Herren des 12. Jahrhunderts waren unangefochten die, die über die Städte herrschten. Daraus erklärt sich auch der

Eifer, mit dem manche Fürsten die Gründung neuer Städte betrieben, der Eifer, den die Grafen von Flandern, Heinrich der Löwe in Sachsen und das Haus Zähringen in Schwaben bewiesen. Sie verfolgten dasselbe Ziel wie die Unternehmer der Urbarmachung: Sie wollten die allgemeine Wachstumsbewegung in eine für sie vorteilhafte Richtung lenken, Verteidigungsstützpunkte innerhalb ihrer Domäne errichten, neue Untertanen versammeln und deren Bereicherung in der Hoffnung auf eigenen Gewinn begünstigen. Daß die Bürger diese Ausbeutung über sich ergehen ließen und die Patrizier ihre Autonomieansprüche nicht über bestimmte Grenzen hinaus geltend machten, hat ein und denselben Grund: Der Herr der Stadt war der Garant des Friedens und der Frieden eine unerläßliche Voraussetzung für blühende Geschäfte.

Die Eide, die von den Mitbrüdern der Gilde oder des Freundschaftsverbandes abgelegt wurden, waren Friedenseide. Sie schlossen die Verpflichtung ein, »sich ins Getümmel zu begeben und mit ganzem Herzen Beistand zu leisten«, wie es in Aire-sur-la-Lys hieß – das bedeutet, alle Mitglieder mußten die Unruhestifter gemeinsam verfolgen und auf den städtischen Märkten und ihren Zufahrtsstraßen, an jenen Orten also, die den Keilereien und Streitigkeiten am stärksten ausgesetzt waren, für eine strenge Einhaltung der Ordnung sorgen. Die Schwurverbände nahmen tatsächlich die Formen und Intentionen der kollektiven Verpflichtungen des Gottesfrieden wieder auf. Dennoch waren sie nur eine Notlösung. Niemand konnte so weitgehende Sicherheiten in der Stadt und ihrer Umgebung gewährleisten wie der Bannherr, der von den Königen zum einen die Macht geerbt hatte, die Übeltäter zu bestrafen und zu verfolgen, und zum anderen die Pflicht, Gerechtigkeit herzustellen, der also für eine gleichmäßige Verteilung der Reichtümer zu sorgen hatte und im 12. Jahrhundert sicherlich noch, genau wie einst die Könige, als Herr über die magischen Kräfte der Fruchtbarkeit galt. Die Mission, die die karolingischen Herrscher ehemals hatten erfüllen wollen, die Reisenden zu schützen, den Frieden auf den Märkten sicherzustellen, günstige Bedingungen für den Tauschhandel zu erhalten und den Fortbestand der gottgewollten Ordnung, der notwendigen Grundlage ihrer fruchtbringenden Mission, zu gewährleisten, wurde nun von all den Großen und Kleinen übernommen, die die einzelnen Bruchstücke der königlichen Gewalt innehatten. Die Herren der Bannmacht trugen also nicht nur durch die Ausgaben ihres Hofes zum Aufschwung der Handels- und Geldzirkulation bei, sondern auch durch die Gewährleistung dieser Schutz- und Kontrollfunktion. Hier zeigt sich noch einmal der entscheidende Einfluß der politischen Strukturen auf die Wirtschaftsgeschichte.
Ähnlich wie die Karolinger waren auch die hohen Herren des 12. Jahrhunderts aus moralischen Gründen geneigt, sich um den Handel zu kümmern. Sie fühlten sich verantwortlich für das Wohl ihres Volkes. Sie waren die Garanten für Frieden und Gerechtigkeit. Ihre Interventionen galten der Aufrechterhaltung der Ordnung. In diesem Sinne sind auch die Handlungen des Grafen von Flandern, Karls des Guten, im Jahre 1123 zu verstehen. Die Hungersnot hatte

den Tauschhandel durcheinander gebracht. Opfer dieser Unordnung waren die »Armen«, denen nach den himmlischen Gesetzen die größte Fürsorge des Fürsten zuteil werden mußte. Der Graf tat nun genau das gleiche, was auch Karl der Große angesichts einer derartigen Situation getan hätte. Er erließ Verbote, die geeignet schienen, eine gerechte Verteilung der Bodenprodukte wiederherzustellen. Es sollte kein Bier mehr gemacht werden, sondern Haferbrote für die Bedürftigen. Darüber hinaus versuchte er die Werte zu stabilisieren. Er verfügte eine Preisgrenze im Weinhandel, »um die Kaufleute dazu zu bringen, auf den Einkauf und die Hortung von Wein zu verzichten und unter Berücksichtigung der Hungersnot mit anderen Waren zu handeln, mit denen die Armen leichter ernährt werden könnten«.[33] Und schließlich wachte er über das Maß der Dinge, insbesondere über das Gewicht des Münzgeldes.

Eines der vornehmsten königlichen Attribute, das Recht der Geldprägung, hatte schon sehr frühzeitig seinen Monopolcharakter verloren. Und da es sich hierbei um eine besonders lukrative Angelegenheit handelte, verstärkte sich diese Tendenz in zunehmendem Maße. Jeder Herr, der über eine Prägestätte verfügte, konnte einen Teil des Silbers, das zur Münzverarbeitung dorthin gebracht wurde, für sich behalten. Diese Steuer, »seignuragium« genannt, erwies sich als um so einträglicher, je mehr man sich an die Verwendung von Münzgeld als Zahlungsmittel gewöhnte. Wir dürfen nicht vergessen, daß das Geld zur Feudalzeit in erster Linie ein Werkzeug war, das der Herr den Benutzern genau wie eine Mühle oder einen Brotofen zur Verfügung stellte, um eine Gebühr erheben zu können. Die Vervielfachung der Unternehmen im Bereich der Geldprägung entsprach den gleichen Bedürfnissen und den gleichen Erwartungen wie die Vervielfachung der Mühlen. Die Streuung des Prägerechts erreichte nicht in allen Provinzen Europas die gleichen Ausmaße. Im Norden, wo die politische Macht weniger zersplittert war als anderswo, und wo sich die Territorialfürsten, wie beispielsweise der Herzog der Normandie, das Prägemonopol bewahrten, hielt sich die Streuung in engen Grenzen; ebenso im Süden, wo die Münzgeldzirkulation zweifellos lebendiger war und die ausgegebenen Münzen sich leicht über einen weiten Raum verbreiteten (vor dem Ende des 12. Jahrhunderts benutzte man in der ganzen Provence nur ausländische Geldstücke). Nirgends war die Streuung so ausgeprägt wie im französischen Königreich. In Berry gab es nicht weniger als 12 Werkstätten, die von einem Abt, einem Grafen, einem Vizegrafen und verschiedenen Burgherren genutzt wurden. So erwachte auch der Sinn für Kurse und den Wechsel unterschiedlicher Geldsorten in den französischen Ländern eher als anderswo.

Dennoch liegt das für die Feudalzeit charakteristische Moment der Geschichte des Geldwesens weniger in der Streuung der Herstellungszentren als vielmehr in der fortgesetzten Entwertung der *denarii*. Diese Entwicklung läßt sich sicherlich mit der Stagnation der Edelmetallvorräte erklären. Die Erschöpfung der

---

[33] Galbert von Brügge, in: J. P. Migne (Hrsg.), *Patrologia Latina*, Bd. 156, Paris 1854, Sp. 947.

Silberminen, insbesondere der von Rammelsberg, verursachte eine Verringerung der Produktion, so daß letztere zu Anfang des 12. Jahrhunderts kaum noch in der Lage gewesen sein dürfte, den Verschleiß der Münzen, die damals sehr dünn und folglich anfällig waren, zu kompensieren. Doch der tiefere Grund für die Entwertung lag ohne jeden Zweifel in dem ständig wachsenden Geldbedarf. Um diesem zu genügen und um gleichzeitig den Profit aus ihrem Recht auf das *seignuragium* zu steigern, verringerten die Prägeherren laufend Gewicht und Feingehalt der *denarii*, die sie in Umlauf brachten. Je mehr Münzen sie prägten, desto größer war ihr Gewinn, und je leichter die einzelnen Stücke, desto mehr konnten sie prägen. In der zweiten Hälfte des 12. Jahrhunderts wogen die Münzen aus Lucca und Pisa dreimal weniger als zur Zeit Karls des Großen. In Deutschland wurden die Münzen so dünn, daß sie nur noch einseitig geprägt werden konnten. Die Geldstücke, die der König von Frankreich in Umlauf brachte, wurden leichter und leichter – am Ende des 11. Jahrhunderts wogen sie 1,53 g, dreißig Jahre später 1,25 g und um 1200 nur noch 1,22 g –, während sich gleichzeitig der Silbergehalt der Legierung ständig verringerte. Doch obwohl sie immer dunkler und immer dünner erschienen, wurden die Münzen auf diesem Wege zu umgänglicheren Tauschinstrumenten, und dies um so mehr, als die Beschleunigung der Geldzirkulation ihren Wert als gesetzliches Zahlungsmittel zunehmend senkte. Das Geld konnte von nun an von den Ärmsten und zu den bescheidensten Zwecken benutzt werden. Zu Zeiten, in denen die Herren sich wirklich bemühten, die ihnen von Gott anvertraute Mission zu erfüllen, unternahmen sie ganz bewußte Schritte, um diese Flexibilität zu begünstigen. Während der Hungersnot von 1123 ließ Karl der Gute in Flandern Münzen von einem halben *denarius* »für die Armen« herstellen. Gelegentlich, unter dem Einfluß ihrer Sorge um das allgemeine Wohl, meist aber aus Habsucht – denn in ihren Händen war die Münzprägung das gewinnträchtigste Gewerbemonopol der Zeit – paßten die Inhaber der Staatsmacht das Geldwesen nach 1075 den Funktionen an, die es innerhalb einer in vollem Wachstum begriffenen bäuerlichen Welt erfüllen konnte. Die Entwertung der Münzen wirkte damals als kraftvoller Antrieb auf die ökonomische Vitalität.

Dennoch, unter dem Eindruck der sich erweiternden Handelshorizonte und der expandierenden Geschäfte, die die Kaufleute der großen Städte betrieben, machte sich nach der Mitte des 12. Jahrhunderts ein Mangel an stabileren und wertvolleren Zahlungsmitteln bemerkbar. Die mächtigen Händler, deren Aktivitäten über die Grenzen eines Bezirks hinausgingen, waren kaum geneigt, für ihre Transaktionen Massen von *denarii* zu verwenden, die, da sie mehr oder weniger abgenutzt erschienen und aus verschiedenen Werkstätten stammten, nicht einmal einen einheitlichen Wert besaßen. Sie bezogen sich daher auf andere Maßeinheiten und berechneten den Wert der Handelswaren nach dem Gewicht bestimmter seltener Produkte, manchmal dem des Pfeffers, meistens aber dem des ungeprägten Silbers. So wurde die »Mark« zu einer geläufigen Werteinheit für die Veranschlagung großer Zahlungen. Je besser das Münzgeld sich für die Zwecke der ländlichen Ökonomie eignete, desto weniger entsprach es den Bedürfnissen der fortschrittlichsten Bereiche der städtischen Ökonomie. Hier entwickelte sich ein immer wichtiger werdender Teil der Handelsbewegung, in dem das Münzgeld keinerlei Rolle spielte. Diese Evolution lief den Interessen der Herren, die über Prägewerkstätten verfügten, zuwider. Die mächtigsten unter ihnen setzten sich zur Wehr. Sie befleißigten sich, ein stabiles Geld mit hohem Feingehalt in Umlauf zu bringen, dessen Währung für einen weiten Raum maßgeblich und das den Fernhandelskaufleuten nützlich sein sollte. Dieses Ziel verfolgte auch der König Heinrich II. von England, als er beschloß, den *sterling* zu prägen, der sich im letzten Viertel des 12. Jahrhunderts als die stärkste Währung des westlichen Europas erwies.

Den weitsichtigsten Herren ging es nach 1150 in der Tat nicht mehr nur um die Aufrechterhaltung eines Staates, sondern auch um die Förderung des Fortschritts. In Hinsicht auf einen Fürsten wie etwa Philip vom Elsaß, der die Grafschaft Flandern von 1168 bis 1191 regierte, kann man sogar von einer echten wirtschaftlichen Entwicklungspolitik sprechen. Vorausgesetzt natürlich, wir verlieren nicht aus den Augen, daß auch seine Handlungsweise nicht so sehr von der Hoffnung auf größere Gewinne bestimmt wurde, sondern vielmehr von dem Bemühen, ein zutiefst religiöses und in manchen Dingen auch magisches Amt voll auszufüllen. In einem ähnlichen Geist, in dem er zuvor Almosen verteilt und Kirchen gegründet hatte, leistete Graf Philip den Kaufleuten seiner Grafschaft Waffenhilfe gegen die Steuererhebungen der holländischen Grafen auf dem Verkehrsweg nach Köln. Er ließ Kanäle im Küstengebiet Flanderns anlegen, um das Scheldetal mit dem Meer zu verbinden. Er schuf neue Häfen wie beispielsweise Gravelines, Nieuwport und Damme, die Schiffe mit größerer Tonnage aufnehmen konnten und begünstigte ihre Aktivitäten durch die Gewährung von Privilegien. Er verstand sich als Spender von Reichtum und Überfluß. Mit den gleichen Intentionen trugen sich die Bischöfe von Hamburg-Bremen, als sie in ihrem Gebiet die landwirtschaftliche Kolonisierung der Moorländer organisierten; ebenso die Staufer, als sie sich darum bemühten, ihre Domänen zu bevölkern und mit Geräten auszustatten. Und wiederum die gleichen Gründe veranlaßten den Grafen der Champagne, Thibaud den Großen, das »Geleit«, also den Schutz, den er den auf den Märkten der Grafschaft verkehrenden Kaufleuten gewährte, über die Grenzen seiner Grundherrlichkeit hinaus auszudehnen. Der Einfluß, den die Inhaber der Staatsmacht auf den ökonomischen Fortschritt nahmen, kam wahrscheinlich am wirksamsten in der fortschreitenden Erweiterung ihrer friedensstiftenden Funktion als Fürsten zum Ausdruck, mit anderen Worten, in der verstärkten Sicherheit auf den großen Handelswegen und den notwendigen Treffpunkten, den Märkten. Das Wiederentstehen starker Territorialfürstentümer, die sich selbst auf die Bereicherung der hohen Herren, das Wachstum der Städte und die Beschleunigung der Geldzirkulation stützen konnten, begünstigte die Einrichtung fester Zyklen von regelmäßigen Händlertreffen im Nordwesten Europas. So beruhte etwa der Wollhandel, der entscheidend zum Aufschwung der Tuchmacherei im Artois und in Flandern beitrug, auf einem doppelten Netz von

Messen: Winchester, Boston, Northampton, St. Ives und Stamford in England und Ypern, Lille, Brügge, Messine und Torhout in Flandern. Zur gleichen Zeit veränderte sich die Beschaffenheit der Pferde- und Viehmärkte, die schon seit langem in bestimmten Ortschaften der Champagne abgehalten wurden. Neuerdings fühlten sich auch die Tuchverkäufer und -käufer von diesen Märkten angezogen. Seit 1137 ließen sich Händler aus Arras und Flandern während der Messezeit in Provins nieder, und 1148 tauchten auch Geldwechsler aus Vézelay dort auf. Gleichzeitig bemühte sich die gräfliche Behörde, die Sicherheitsgarantien für die Besucher dieser Märkte zu erweitern und Schritt für Schritt eine wirksame Gerichtsbarkeit aufzubauen, um mit ihrer Hilfe an all den Orten, wo die Transaktionen abgewickelt wurden, sowie an allen Zufahrtswegen Frieden zu gewährleisten. Schon bald betrachteten die Kaufleute Italiens diese Märkte als die günstigsten Plätze, mit den Händlern der flämischen Tuchmacherei ins Geschäft zu kommen. Im Jahre 1172 kamen die ersten Kaufleute aus Mailand, um dort Stoffe zu kaufen. So entstand Schritt für Schritt vor dem Hintergrund der bewußten Aktion eines mächtigen Herren, der seine Geldeinkünfte vermehren wollte, sich aber über die Vorrangigkeit seines göttlichen Auftrags der Erhaltung des Friedens im klaren war, das Hauptzentrum aller Handels- und Finanzaktivitäten, das den westlichen Handel im 13. Jahrhundert beherrschen sollte.

Im Herzen der wieder erstarkten Fürstentümer übernahm die Stadt die Schlüsselposition innerhalb der politischen Strukturen, die im Laufe der Zeit aus dem Feudalwesen entsprungen waren, sich aber erst von ihm befreien mußten, ehe sie bald danach selbst die Herrschaft übernehmen konnten. Die Stadt war der Sitz der erneuerten Macht. Mit ihren Mauern, mit der Ritterschaft, die sich dauerhaft dort niedergelassen hatte, mit der Waffenhilfe eines bürgerlichen Volkes, das besser als die Bauern mit den Techniken vertraut und für den Kampf gerüstet war und auf das man im Notfall zählen konnte, bildete die Stadt einen militärischen Stützpunkt von erstrangiger Bedeutung. Zugleich war sie der Ort, an dem sich im Anschluß an den Palast die ursprünglichen Grundlagen der fürstlichen Administration herausbildeten. Inmitten der urbanen Gesellschaft wuchs in den letzten Jahren des 12. Jahrhunderts eine neue Gruppe heran, die sich kaum von den oberen Schichten des bürgerlichen Milieus unterschied, die aufs engste mit ihnen und, wie diese, mit dem fürstlichen Hof verbunden war; gemeint ist der Stab der Vertreter der Obrigkeit. Dieser weitaus flexiblere und offenere neue Kreis von Ministerialen versammelte nicht nur Männer aus den herkömmlichen hohen »Ständen«, nicht nur Geistliche und Ritter im Dienste des Fürsten, sondern auch Kaufleute, Mitglieder jenes neuen *ordo*, der sich im Laufe der Zeit von der Masse der Arbeiter abgelöst hatte. All diese Männer besaßen eine gemeinsame Kultur, eine bestimmte Einstellung zu den irdischen Werten. Sie konnten schreiben, lesen und vor allem zählen. Für sie äußerte sich Reichtum in Zahlen und einer präzisen Bezugnahme auf die Münzeinheiten. Sie gewöhnten sich daran, die Macht ihres Herren in *denarii* zu messen, in abstrakten Rechnungseinheiten wie *solidus* und *libra*. Das Geld hatte sich in der zweiten Hälfte des 12. Jahrhunderts zum wirksamsten Machtinstrument entwickelt. Wenn der Fürst treue Hilfskräfte an sich binden wollte, benutzte er in erster Linie Münzgeld. Seine Mannen wurden nicht mehr, wie es seit dem frühesten Mittelalter und noch bis vor kurzem üblich gewesen war, mit Landschenkungen entlohnt und auf diese Weise unwiderruflich im Boden verwurzelt, noch wurden sie durch die Bande der persönlichen Abhängigkeit an irgendeinen Herren gefesselt. Sie waren vielmehr Lohnarbeiter. Durch die Verwendung von Münzgeld und unter Ausnutzung der finanziellen Schwierigkeiten der »Barone« konnte der Fürst Stück um Stück die königlichen Rechte in der gesamten Provinz zurückgewinnen und alle Stränge der hochherrschaftlichen Gewalt als Grundlage eines strafferen Steuerwesens in seiner Hand vereinen. Unter Verwendung von Münzgeld gelangen dem Fürsten seine ersten Versuche, die Ritterschaft seinem Haushalt zu verpflichten, sie sich dienstbar zu machen, und mit dem gleichen Mittel konnte er auch Söldner gewinnen, die sich auf ein anderes Handwerk, die effektive Kriegsführung, spezialisiert hatten. Der Schatz stand bei diesen Herren noch ebenso im Mittelpunkt wie im frühen Mittelalter, doch seine Funktion hatte sich gewandelt. Der Vorrat an Edelmetallen war kein Schmuck mehr, sondern ein Werkzeug. Er bestand zum größten Teil aus Münzen, die gezählt und für neuen Gewinn verwendet werden konnten. Der Fürst wartete ab, bis die Bourgeoisie nach und nach *denarii* akkumuliert hatte. Dann nahm er ihr weg, so viel er nur konnte. Er verlangte Steuern und, sofern es sich um Juden handelte, bediente er sich einfach der Plünderung. Auch durch Kreditaufnahmen bekam er Geld – vielleicht sogar das meiste.

Die wichtigste Quelle der Geldreserven lag in der Stadt selbst. Der Herr einer großen Stadt war zwar stets sehr reich, aber er besaß im wesentlichen Rechte und Land, also unbewegliche Güter. Wenn er auch nur einen kleinen Teil davon mobilisieren wollte, mußte er seine Bürger bitten, ihm ihre Kassen zu öffnen. Die zunehmende Beweglichkeit der Geldmittel, die eine Festigung der Fürstentümer überhaupt ermöglicht hatte, beruhte in Wirklichkeit auf den Krediten der Bürger. Doch die Herren waren nicht die einzigen Schuldner der Kaufleute. Auch die immer lebhafter werdenden und immer weitläufigeren Geldströme, die nach und nach die ganze ländliche Ökonomie durchdringen sollten, kamen aus der Stadt. Aus der Stadt kamen auch fast all jene *denarii*, mit denen überall in den Dörfern die Frondienste aufgekauft, mit denen die Mutationsgebühren beglichen und die Erntekäufe bezahlt wurden. Die städtischen Ballungszentren forderten ihre ländliche Umgebung geradezu heraus, an sie zu verkaufen, und zwar nicht unbedingt diejenigen Produkte, die die Städter für ihre eigene Ernährung brauchten. Denn am Ende des 12. Jahrhunderts waren auch die reichsten Bürger gewöhnlich noch halbe Bauern. Ausnahmslos hatten sie irgendwelchen Landbesitz in der näheren Umgebung und in der Heimat ihrer Vorfahren. Diesen Boden bewirtschafteten sie selbst. Aus ihm bezogen sie die Güter für den eigenen Gebrauch und einen gut Teil der Waren, die sie an Reisende verkauften oder die in den Werkstätten der Handwerker bearbeitet wurden. Die Versorgung der städtischen Märkte war weniger auf den

Handel angewiesen als vielmehr auf diese enge Verbindung zwischen der urbanen Siedlung und den umliegenden Dörfern. Diese Verbindung hatte sich dank der ländlichen Stützpunkte der bürgerlichen Gesellschaft, dank der Macht über Grund und Boden, die alle in der Stadt ansässigen Herren immer noch innehatten, in dieser Unmittelbarkeit erhalten können. Alles Vieh dagegen, alles Leder, die Wolle, der Wein, ja sogar das Getreide und die Farbstoffpflanzen für die Tuchfärberei, die die Händler in weite Fernen exportierten, kamen weder aus dem eigenen Besitz der Städter noch aus dem der Herren, deren Reichtum sie verwalteten. Sie waren also darauf angewiesen, von den ländlichen Produzenten zu kaufen. Und während der Umfang der Geschäfte stetig zunahm, während die Männer aus der Stadt sich immer ausschließlicher auf ihre spezifischen Funktionen spezialisierten und sich Schritt für Schritt vom Boden lösten, wurde die bäuerliche Welt immer spürbarer und tiefer vom Geldwesen durchdrungen und gewöhnte sich an den Handel.

Im Zuge dieser Entwicklung schoben sich Verbindungsposten zwischen die große Stadt und die bäuerlichen Produzenten, jene kleinen Ortschaften, deren Entstehung begünstigt wurde durch die weitsichtige Tat eines Herren, der sich vorgenommen hatte, einem bestimmten Markt besondere Freiheiten und besonderen Schutz zu gewähren, und die allesamt wichtige Keimzellen des dynamischen Wachstums waren. Von allen Landarbeitern waren die, die in solchen privilegierten und kaum stärker bevölkerten Ortschaften wohnten, die ersten, die sich entschlossen an der Tauschwirtschaft beteiligten. An den Zusatzklauseln, die sie in die Freiheitsurkunden einbrachten, läßt sich ablesen, welches Interesse sie dem Handel und dem Geldwesen entgegenbrachten. Als Beispiel soll uns das in der Mitte des 12. Jahrhunderts niedergeschriebene Gewohnheitsrecht der Ortschaft La Chapelaude dienen, die nahe einer klösterlichen Priorei in Berry entstanden war. Hier verfügte der Herr noch über mächtige Handelsmonopole. So durfte beispielsweise niemand Wein verkaufen, ehe er seine Ernte abgesetzt hatte. Er hatte das Recht, im Dorf auf Kredit zu kaufen. Die Einwohner indes durften Maße und Gewichte zu Hause haben. Sie verkauften Brot und Fleisch an Ort und Stelle an Passanten. Den Wein brachten sie manchmal auf Eseln und Karren in ferne Gegenden, um dort einen höheren Preis herauszuschlagen. Es wurden Märkte abgehalten, für deren Dauer die grundherrlichen Monopole ruhten. An den Herren stellte man den Anspruch, daß er das Preisniveau stabilisierte und unmäßige Erhöhungen, die fremde Käufer hätten veranlassen können, sich anderswo zu versorgen, verhinderte. Außerdem erwartete man, daß er solche Münzen ausgab, die »ihm und den Einwohnern des *burgus* nützlich waren« und deren Währung auch für die umliegenden Ortschaften galt. Die ökonomischen Strukturen, die wir diesem Text entnehmen können, hatten sich ganz offensichtlich Ansprüchen geöffnet, die städtischen Ursprungs waren. Diese Ansprüche verstärkten die Effekte der herrschaftlichen Forderungen, und sie stimulierten die ländliche Produktion. Hier entwickelte sich in zunächst kaum sichtbaren Schritten, dann aber immer deutlicher erkennbar, ein rein externer Sektor, der weder der Versorgung des

Produzenten und seiner Familie diente, noch von den Steuerforderungen des Herren ausgezehrt wurde. Dieser Sektor war allein auf den Verkauf, das heißt auf die Stadt, ausgerichtet. Im Verhältnis zur gesamten Anbaufläche, die auch weiterhin in erster Linie der Produktion menschlicher Nahrung, also der Getreideproduktion diente, blieb er eine Randerscheinung. Er entfaltete sich in den umfriedeten Zonen des Gartenbaus, aus denen die Färbereipflanzen und die Weintrauben stammten, sowie auf den noch unkultivierten Weideflächen, von denen man Fleisch und Wolle bezog. Für die bäuerliche Hauswirtschaft repräsentierte er gewissermaßen das Reich der Abenteuer, das Reich des privaten Gewinns, die noch schmale Spalte, durch die das Profitdenken in das bäuerliche Bewußtsein drang, das Reich des Geldes, das unentbehrlich ist – nicht etwa wegen irgendwelcher Käufe, außer vielleicht, wenn es um Eisen für die Werkzeuge oder um Zugtiere ging, sondern um den Herren zu vergelten, was der Boden und die Menschen ihm schuldig waren. Doch wie dem auch sei, dieser Sektor blieb im 12. Jahrhundert sehr beschränkt, zu beschränkt, um auch nur den Bedarf an Münzgeld zu decken. Und so kam das Geld – dasselbe Geld, das die Herren den Bauern zunächst weggenommen und das sie dann in der Stadt wieder ausgegeben hatten – in Wirklichkeit weniger über den Handel als vielmehr über Kredite aus den Kassen der Bürger auf das Land zurück.

Trotz der kirchlichen Verbote betrieben auch die christlichen Händler des *burgus* zinstragende Kreditgeschäfte. Genau wie die Juden liehen sie den Landbewohnern, wo immer es diesen an Geld mangelte. Sie liehen es dem Grundherrn, der seine Tochter mit einer Mitgift ausstatten oder seinen Sohn zum Ritter rüsten wollte. Sie liehen es dem Junker, der sich auf ein Turnier vorbereitete, wo die ganze Provinz ihn paradieren sehen sollte, wo er, selbst, wenn er als Gewinner aus dem Spiel hervorging, an einem Tag hundertmal mehr *denarii* ausgeben mußte als er besaß. Und sie liehen es den ärmlichsten Pächtern, die gezwungen waren, einen kranken Ochsen zu ersetzen, oder von den Steuereintreibern bedrängt wurden. Die Männer der Kirche verurteilten diese »Wucherer«, diese »Armenschinder«, wie Guibert von Nogent sie nannte, die ihre Geldbeutel mit »verabscheuungswürdigen Gewinnen« füllten und »Berge« von Edelmetallen akkumulierten. Doch solange sie im blühenden Mannesalter standen, solange nicht der nahende Tod ihre Furcht vor Versündigung weckte, hatten die geschäftemachenden Abenteurer kaum Skrupel, die dazugewonnenen *denarii*, die sie nicht in den Warenhandel investierten, über Kredite wieder in Umlauf zu bringen. Die Geldstücke waren damals keine Werte, an die man sich persönlich hätte binden können. Sie galten nicht als Reserven von Reichtum. Sie waren für die Zirkulation gemacht. Je mehr sie zirkulierten, desto mehr brachten sie ein. Die weitsichtigsten Bürger merkten allmählich, daß die gesamte ökonomische Vitalität und damit auch der Erfolg ihrer eigenen Unternehmungen von der Lebhaftigkeit eines solchen Kreislaufs bestimmt wurde.

Hier berühren wir ganz ohne Zweifel jene Faktoren, die den eigentlichen Charakter des 12. Jahrhunderts geprägt haben. Während die Zivilisation noch ganz ländlich erschien und in jedem Punkt ihrer Entwicklung von den Eroberungen der Bauern bestimmt wurde, konnte sich das Geld, an dessen Verwendung die Menschen sich in einer ununterbrochenen Bewegung seit dem frühesten Mittelalter zunehmend gewöhnt hatten, einen immer wichtigeren Platz verschaffen und schließlich sogar in die Beziehungen zwischen den Landarbeitern und ihren Herren eindringen. Die allgemeine Verbreitung hatte den Wert der Münzen geschwächt. Da das Geld durch diesen Prozeß flexibel genug geworden war, um seine Bedeutung auch in den bescheidensten Geschäften, auf der untersten Ebene der ökonomischen Aktivitäten zu behaupten, konnte es sich unmerklich im Zentrum aller Wachstumsbewegungen verankern. Von dort aus wurde seine Funktion immer mächtiger und um 1180 schließlich vorrangig. Es eröffnete sich eine neue Phase. Denn von nun an sollten sich die treibenden Kräfte des Fortschritts auf dem ganzen europäischen Kontinent auf die Geldzirkulation stützen, wie sie es schon zwei Jahrhunderte vorher an den durch militärische Unternehmungen belebten Grenzen der Christenheit getan hatten.

Vierter Teil
Anbruch einer neuen Zeit

Trotz allem war es auch am Ende des 12. Jahrhunderts immer noch eine Seltenheit, das Geld für etwas anderes als ein Meßinstrument zu halten, das nur unter außergewöhnlichen, ja, fast anormalen Umständen benutzt wurde und auf jeden Fall für die tiefergreifenden ökonomischen Realitäten bedeutungslos blieb. Einer der wichtigsten Hemmfaktoren, die der Entwicklung im Wege standen, lag in dem zähen Widerstand bestimmter Geisteshaltungen und der ihnen zugrunde liegenden Kulturmodelle. Das solideste und faszinierendste dieser Modelle war im Dienste des herrschenden »Standes« der Feudalgesellschaft, der Ritterschaft, entstanden. Es erklärt eine ganz bestimmte Einstellung zum Reichtum als beispielhafte und einzige des vollkommenen Menschen würdige Haltung: nicht zu produzieren, sondern zu zerstören; als Herr vom Bodenbesitz und der Macht über die Menschen zu leben, von den beiden einzigen Einkunftsquellen also, die nicht als unwürdig galten; gedankenlos bei Festlichkeiten auszugeben, was nur auszugeben war. Während sich die finanziellen Schwierigkeiten der obersten Schichten der weltlichen Aristokratie in der zweiten Hälfte des 12. Jahrhunderts vertieften, während die großen Herren immer mehr Schulden bei den Bürgern machten und die Kunst, mit Geld zu regieren, die Fürsten veranlaßte, ihre besten Diener nicht mehr aus dem Adel zu rekrutieren, sondern sie unter den Söldnern und denjenigen Männern zu suchen, die mit Zahlen umgehen konnten, das heißt unter den Kaufleuten, nahm jenes Modell, die Ethik des ritterlichen Müßiggangs und der Verschwendung, im feudalen Europa noch rigidere Züge an. Es lieferte das Rüstzeug für das Klassenbewußtsein einer gesellschaftlichen Gruppe, die zum ersten Mal Aufstiegsmöglichkeiten in jenen Schichten wahrnehmen mußte, die sie bislang von oben herab beherrscht hatte, und die nun begann, um ihre ökonomische Überlegenheit zu fürchten. Eine eindrucksvolle Illustration dessen liefert uns eines der um das Jahr 1200 immer wiederkehrenden auf ein ritterliches Publikum ausgerichteten literarischen Themen, das Thema des »vilain parvenu«, des dörfischen Emporkömmlings, des Mannes bäuerlicher Herkunft, der Schritt für Schritt die soziale Stufenleiter erklimmt und dank seines Geldes den Platz der vornehmen Männer in der Ausübung herrschaftlicher Macht einnimmt, der sich eifrigst bemüht, ihre Manieren nachzuahmen, sich aber in Wirklichkeit nur lächerlich macht und durch die Usurpation, deren er schuldig ist, den Haß der anderen auf sich zieht; der Skandal des Neureichen, der sich nicht wie ein Adeliger uneigennützig verhält, der weder freigebig ist noch verschuldet. Während die Geldwirtschaft immer schnellere Fortschritte machte, verurteilte die Moral der Edelmänner das Profitdenken und den Geschmack am persönlichen Reichtum hartnäckiger denn je. Noch in der Mitte des 13. Jahrhunderts empfahlen die für die weltliche Aristokratie Englands geschriebenen Abhandlungen über praktische Agronomie, die Hauswirtschaft allein im Hinblick auf die Ausgaben zu organisieren, hierzu ein bestimmtes Produktionsniveau zu bestimmen und sich darum zu bemühen, es zu halten; und dies, obwohl es sich gerade bei den besagten Adressaten um ein gesellschaftliches Milieu handelte, das sich mehr als irgendein anderes um eine gute Verwaltung des grundherrlichen Bodens bemühte, da die königliche Gewalt ihnen in diesem Lande nur wenig Macht über die Menschen ließ. Nach Walter von Henley mußte man »die Rechnungen genau einsehen, um den Stand der Dinge zu kennen«, nicht etwa, um herauszufinden, was investiert werden könnte. Und wenn Überschüsse vorhanden waren, galt der Rat, sie für schlechtere Zeiten aufzubewahren oder sie für eine bequemere Ausstattung des Hauses zu verwenden; man dachte gar nicht daran, sie Früchte tragen zu lassen und auf diese Weise die künftigen Profite zu erhöhen.

Nun hatte aber das Verhalten der Adeligen um so tiefgreifendere Folgen, als einerseits die Grundherrlichkeit immer noch im Zentrum aller Wirtschaftsbewegungen stand und andererseits alle Unternehmer aus den besonders dynamischen gesellschaftlichen Kreisen, all die, die als die eigentlichen Schrittmacher der Entwicklung erschienen, in Wirklichkeit nur das eine Ziel verfolgten, in den Stand der Adeligen aufgenommen zu werden und sich wie Leute vornehmer Herkunft zu benehmen. Es war tatsächlich die Faszination der kulturellen Vorbilder der Aristokratie, die den ganzen Drang nach sozialem Aufstieg in Bewegung brachte, so daß die habgierigsten Männer ihr leidenschaftliches Gewinnstreben allein auf die Hoffnung setzten, all ihre Reichtümer eines Tages mit dem Gestus der königlichen Munifizenz als uneigennützige Schenkungen zu opfern. Der »dörfische Emporkömmling« der weltlichen Dichtung war keine mythische Figur. Alle Ministerialen träumten davon, ihren Eintritt in den Adel zu erzwingen, sie träumten von einem Leben im Müßiggang, umgeben von Untertanen und gestützt auf die Einkünfte der Grundherrlichkeit. Und alle Bürger, die es zu größerem Wohlstand brachten, bemühten sich, so schnell wie möglich Grundrechte zu erwerben, sich Grundrenten zu verschaffen, das Geld allenfalls noch mit den Fingerspitzen zu berühren und aus ihren Söhnen Ritter zu machen. Dieses Schicksal wurde u. a. Hucquedieu von Arras zu Anfang des 12. Jahrhunderts zuteil; und so erklärt sich auch die Erziehung des Franz von Assisi, der ein dreiviertel Jahrhundert später von seinem als Kaufmann arbeitenden Vater zum militärischen Abenteuer, zu lyrischem Gesang und grenzenloser Freigebigkeit erzogen wurde. Die Geschäftsleute standen übrigens mehr als alle anderen unter dem Zwang der Großzügigkeit, da sie ihre Seele in Gefahr wußten und sie durch Almosen retten wollten. Die Opferhandlungen, die man im frühen Mittelalter von den Königen und später, im 11. Jahrhundert, von allen Mitgliedern des »Kämpferstandes« gewohnt war, wurden im 12. Jahrhundert allmählich zur Sache der Bürger. Die frommen Schenkungen der Stadtbewohner gaben die Grundlage dafür ab, daß die Bauarbeiten an den gotischen Kathedralen fortgesetzt, daß zahlreiche Krankenhäuser vor den Toren der Vororte gegründet und eine ganze Reihe von Wohltätigkeitsinstitutionen wie etwa der Orden der Trinitarier oder die Bruderschaften vom Heiligen Geist in die Welt gesetzt werden konnten, Unternehmungen, die allesamt städtischen Charakter besaßen. Die *Gesta Episcoporum Cameracensium* (Taten der Bischöfe von Cambrai) erzählen die Geschichte eines Bürgers aus der Stadt, Werimbold, der um 1150 starb. Dieser Mann war ausgesprochen reich, trieb höchstwahrscheinlich Wucher und besaß ein großes Haus aus Stein und Holz, umgeben von Bädern, Vorratsgewölben und Viehställen. Seine Frau ernährte die Armen und zog sich schließlich mit ihren vier Kindern in ein Kloster zurück, während er seinen Lebensabend mittellos wie ein Mönch in den Dienst der Bedürftigen stellte, nachdem er zuvor der Abtei St. Hubert 25 »Siedler« (*hospites*) geschenkt, die Arbeiten zur Instandhaltung einer Brücke übernommen und das Hospital zum Heiligen Kreuz mit seinen Gaben bereichert hatte. Seinem Beispiel folgte 20 Jahre später der Lyoner Kaufmann Petrus Waldus, der sein ganzes Hab und Gut den Armen schenkte und ihr Leben teilen wollte, und noch einmal 50 Jahre später Franz von Assisi. Insgesamt kann man sagen, daß alles, was im Leben des Einzelnen einer Profitwirtschaft nahekam, in den meisten Fällen kurz vor dem Tod in eine Schenkungsökonomie mündete, die auf diese Weise erneut den Sieg davontrug.

Die herrschende Ideologie nährte sich noch vollständig von dem aus dem frühen Mittelalter überlieferten Geist der Freigebigkeit, dessen lebendiger Fortbestand nicht einmal durch den beschleunigten Rhythmus der ökonomischen Evolution getrübt werden konnte. Die Kirche war zugleich Träger, Ausdruck und Verkünder dieser Ideologie. Obwohl zahllose Kanoniker und Mönche damals ausschließlich damit beschäftigt waren, die Urbarmachung voranzutreiben, das aus den Almosen stammende Geld günstig zu plazieren und zum günstigsten Preis zu verkaufen, verdammte die Kirche weiterhin jeglichen Gewinn und verbot den Klöstern die Praxis der Pfandleihe, die sie als eine Form des Wuchers verurteilte. Sie blieb auch bei der Auffassung, daß die Arbeit ein Fluch sei und für den aus gutem Hause stammenden Menschen niemals etwas anderes sein könne als eine asketische Übung. So galten etwa in Citeaux alle manuellen Arbeiten als Übung zur fleischlichen Züchtigung, und die Waldenser selbst weigerten sich, mit ihren Händen zu arbeiten, um wirklich arm zu sein. Diese Ideologie bot den Reichen ein Ideal der Vollkommenheit, das die Armut, die Entbehrung und die Verachtung des Geldes, das schon die Häresiarchen und orthodoxen Prediger des 12. Jahrhunderts genau wie die Mönche des Jahres 1000 für einen Schandfleck der Seele gehalten hatten, an die erste Stelle setzte. Den Männern dieser Zeit erschienen die ökonomischen Realitäten genau wie ihren entfernten Vorfahren nur als Nebensächlichkeiten. Diese Haltung fiel ihnen um so leichter, als ihre materielle Situation es an nichts mangeln ließ. Die ökonomische Wirklichkeit galt als Randerscheinung; die wahren Strukturen waren geistiger Art und stammten aus dem Bereich der übernatürlichen Kräfte. Sie allein verdienten Aufmerksamkeit. Die Unterordnung des Ökonomischen unter das Ethische war ein Absolutum, und es sollte noch lange dabei bleiben. Am 5. Dezember 1360 ordnete der König von Frankreich in einem Dekret ähnliche Maßnahmen an, wie sie der Graf von Flandern schon 1123 für das Geldwesen getroffen hatte. In diesem Text wird das Geld in erster Linie immer noch als Mittel der Wohltätigkeit dargestellt. »Wir brauchen gutes und starkes Geld aus Gold und Silber sowie schwarzes Geld, *damit wir leichter Almosen an die Armen verteilen können.*« Die Macht dieser Moralvorstellungen war unumstritten das größte Hindernis, das einer langfristigen Kapitalakkumulation im Wege stand. All die Ersparnisse, die nicht von der Steuermaschine erfaßt wurden, erstarrten schließlich doch durch Investitionen in unbewegliche Güter, oder aber sie zerflossen in Schenkungen aller Art. In den großen Städten Frankreichs, Englands und Germaniens gab es zwar zu Ende des 12. Jahrhunderts Patrizierdynastien, doch auch sie hatten sich fast alle von den Geschäften zurückgezogen. Sie kümmerten sich in erster Linie darum, Kaplanspfründe zu gründen und die Einheirat ihrer Söhne in alte Aristokratenfamilien zu besorgen. Das Stimulans des ökonomischen Fortschritts dieser Zeit lag noch nicht in der Akkumulation von Geldkapital, sondern immer noch in der Akkumulation von Macht über den Boden und Macht über die Menschen; einer Macht, die die Expansion der ländlichen Produktion ausnutzte und deren Gewinne dazu dienten, einen immer aufwendigeren Lebensstil zu ermöglichen; einer Macht, die eben aus diesem Grunde wachsende Ausgaben und folglich auch ein reges kommerzielles Leben erzeugte.

Dennoch gab es auch innerhalb der römischen Christenheit Orte, wo sich die Geisteshaltungen erheblich von den soeben beschriebenen unterschieden, nämlich die italienischen Städte. Zwar herrschte auch hier die gleiche Moral, und die Faszination der aristokratischen Modelle war ebenso lebendig. Dafür liefert das ganze Schicksal des Franz von Assisi einen schlagenden Beweis. Das Gesamtklima indes war ein anderes, und zwar im wesentlichen aus zwei Gründen. Hier waren es nicht die Ministerialen, die den Aufschwung der städtischen Ökonomie in Gang gebracht hatten, sondern freie Bürger, Besitzer großer Ländereien, die zur Verwaltung ihrer Reichtümer schon sehr früh Geld benutzt hatten. Rechnen und Gewinne erzielen waren hier also keine Praktiken, die irgend jemand aus Sorge um seine Würde auf seine Untertanen hätte abwälzen müssen. In einer zum größten Teil urbanisierten Aristokratie fand der Begriff des Profits seinen Platz im Zentrum einer entsprechenden Ethik, der Ethik des Bürgersinns. Und zweitens blieb es den Küstenstädten, in Venedig, Pisa und Genua länger als irgendwo sonst schwierig, zwischen Handel und Krieg zu unterscheiden. Selbst der Unterschied zwischen Handel und einem nach seinem Selbstverständnis heiligen Krieg, also einer edlen Tat, war schwer auszumachen. Doch im Gegensatz zu den Wikingern verwendeten die italienischen Seeabenteurer des 12. Jahrhunderts die von den fernen Feldzügen mitgebrachten Edelmetalle nicht als Grabschmuck. Als die genuesische Flotte Caesarea eingenommen hatte, zweigte man von der Beute zwar einige Gegenstände für die Schatzkammer der Kathedrale und einige Geschenke für die Kapitäne ab, doch alles andere wurde gerecht verteilt; ein Sechstel bekamen die Eigentümer der Schiffe, und die 8000 Ruderer erhielten je 48 *solidi* in bar und zwei Pfund Pfeffer – das heißt das notwendige Kleinkapital, um sich selbst in Geschäfte zu stürzen. In den italienischen Städten war das Geld nicht nur eine Maßeinheit, sondern ein wirklich lebendiger Wert, von dem man Früchte erwarten konnte. Wir sollten nicht zögern, diese Einstellung zum Geld als kapitalistisch zu bezeichnen.

Das Geld wurde vorsichtig und in kleinen Mengen in verschiedene Handelsgesellschaften investiert. Die Bezeichnungen für diese *societates* unterschieden sich von Stadt zu Stadt, doch überall waren zwei Partner daran beteiligt, einer, der das Kapital einbrachte, und ein anderer, der irgendwo in der Ferne Gewinne damit erzielte. Gewöhnlich galt der zwischen den beiden abgeschlossene Vertrag für ein ganz bestimmtes Handelsunternehmen von kurzer Dauer. In einem venezianischen Text heißt es:

»Ich, Giovanni Lissado da Luprio, und meine Erben haben von dir, Sevasto Orefice, Sohn des Meisters Tridimundo, und deinen Erben in *colleganza* 200 *librae denarii* erhalten. Ich selbst habe 100 *librae denarii* eingebracht. Dafür bekommen wir zwei Drittel eines Schiffes, das von Kapitän Gosmiro da Molino befehligt wird. Ich verpflichte mich, auf dem besagten Schiff alles mit nach Theben zu nehmen. Der Gewinn soll uns beiden zu gleichen Teilen gehören.«[34]

Dieses Dokument stammt wie gesagt aus Venedig und ist sehr alt, es datiert von 1073. Doch in Genua und Pisa wurden unzählige ähnliche Verträge abgeschlossen. Nach der Mitte des 12. Jahrhunderts finden wir in den Notarsverzeichnissen große Mengen derartiger Texte. Den Glücklichsten konnten solche Verträge zu schnellem Reichtum verhelfen. Nehmen wir beispielsweise den bis in alle Einzelheiten erforschten Fall des Genuesen Ansaldo Baialardo. Im Jahre 1156 hatte der damals noch sehr junge Mann sich von seinem Vater losgesagt (die Abenteurer im Handelswesen traten stets als Individuen auf) und sich mit einem reichen Adeligen zusammengetan, der bereit war, 200 *librae* vorzustrecken. Er selbst besaß nichts. Mit dem Geld des Adeligen machte er sich auf die Reise und besuchte die Häfen der Provence, des Languedoc und Kataloniens. Bei seiner Rückkehr erhielt er seinen winzigen Anteil am Gewinn: 18 *librae*. In Wirklichkeit aber nahm er das Geld gar nicht, sondern im Verbund mit seinem Partner investierte er noch im gleichen Jahr das gesamte Kapital, das inzwischen 254 *librae* betrug, in eine zweite Reise. Dieses Mal erzielten sie einen Gewinn von 244 *librae*, also von fast 100 %. Davon bekam Ansaldo neben seinem persönlichen Einsatz noch 56 *librae*. Er war mit leeren Händen losgezogen und hatte in wenigen Wochen ein Kapital von 74 genuesischen *librae* akkumuliert. Zwei Jahre später organisierte er immer noch mit dem gleichen Partner ein komplexeres Unternehmen. Für eine Reise nach Ägypten, Palästina und Syrien trugen sie ein Kapital von fast 500 *librae* zusammen. Die Hälfte dieses Geldes wurde ihnen von verschiedenen Kreditgebern vorgestreckt. Ansaldo selbst setzte 64 *librae* aufs Spiel. Nach der Aufteilung der Gewinne am Ende dieser Expedition war er Herr über ein Kapital von 142 *librae*. Dieses Geld war der Preis für seine Mühe und seinen Mut. Es war der Preis, den ihm diejenigen, die sich wie sein Hauptverbündeter bereichert hatten und ihren Einsatz innerhalb

---

[34] R. Morozzo della Rocca, A. Lombardo (Hrsg.), *Documenti del commercio veneziano nei secoli XI–XIII*, Turin 1940, Bd. 1, Nr. 13, S. 12.

von drei Jahren verdreifachen konnten, ohne sich auch nur vom Fleck zu rühren, für all die Meeresgefahren, die Epidemien und Schlachten, die er auf sich genommen hatte, schuldig waren. Dieses Beispiel ist besonders aufschlußreich, es ist jedoch nicht außergewöhnlich. Es bestätigt den Kontrast zwischen dem Charakter der wirtschaftlichen Aktivitäten der südlichen Küstenstädte und dem des restlichen Europas.

In Wirklichkeit aber erstarrten auch diese durch Handelsexpeditionen gewonnenen Reichtümer letztlich zum großen Teil in Grund- und Bodenbesitz. Aus den Quellen kennen wir die Besitzverhältnisse des Sebastiano Ziani, der im Jahre 1172 Doge von Venedig war. Sein Eigentum bestand vor allem aus Domänen in der Lagune, im Po-Delta und in der Umgebung von Padua. Und als der Bischof Otto von Freising in der Mitte des 12. Jahrhunderts zum ersten Mal die Städte Italiens erblickte, erschien es ihm als Skandal, daß so viele Handwerker- und Händlersöhne in den Ritterstand aufgestiegen waren und sich mit einer Aura von Heldenmut und Freigebigkeit umgaben. In Italien wie überall erstrebten die Söhne der Reichen den Müßiggang der Adeligen. Doch hier behandelten sie die Verwaltung der ländlichen Güter wie ein Geschäft, in dem das Geld Gewinn bringen mußte. Von ihren Pächtern verlangten sie keine Grundrenten in Form von Bargeld, sondern Korn und Wein, Produkte, die sie selbst verkaufen konnten. Mit den Arbeitern der Dörfer schlossen sie sich in »Kompanien« zusammen, in *societates*, die nach dem gleichen Prinzip funktionierten wie die Handelsgesellschaften. Die Reichen stellten das Kapital und die Bauern investierten ihre Arbeit und ihre Fürsorge. Der Gewinn wurde geteilt. Auf diese Weise brachten die Verträge des *soccida* und *mezzadria* Münzgeld in die ländlichen Unternehmen, in die Pflanzungen, die Viehzucht und den Ackerbau. Im gleichen Zuge beschleunigte sich der Prozeß einer besseren Ausstattung der Bauernhaushalte. Im Umkreis der Dörfer entstanden neue landwirtschaftliche Gebiete von hoher Produktivität, und außer in den von der Malaria befallenen Küstenebenen machte sich ein kräftiger Wachstumsschub bemerkbar, von dem die städtische Ökonomie Italiens auf Grund ihrer engen Geldverbindungen zum Lande direkter profitieren konnte als die jenseits der Alpen.

Doch seit dem letzten Viertel des 11. Jahrhunderts passierte es immer häufiger, daß italienische Händler auf der Suche nach größeren Gewinnen die Alpen überquerten. Was mochten sie wohl über den Mont Cenis oder die anderen Pässe mitnehmen? In erster Linie Geld, einen Beutel mit jenen Münzen, die sich in den Häfen und Städten der Poebene im Überfluß akkumuliert hatten, in der neu zu erkundenden Welt jedoch noch äußerst seltene Wertgegenstände darstellten. Darüber hinaus brachten sie Techniken und Kenntnisse mit, die ihnen innerhalb der noch völlig bäuerlichen Ökonomie jenseits der Alpen die gleiche Überlegenheit verschafften, über die lange Zeit nur die Juden verfügt hatten. Sie verstanden sich nämlich auf den Gebrauch der Schrift, der Zahlen und den Umgang mit jenen Verträgen über Kapitalzusammenschlüsse, die an allen südlichen Küsten von Konstantinopel bis Bougie längst zur Gewohnheit geworden waren. Schließlich brachten sie auch noch eine andere ökonomische Geisteshaltung mit, eine Einstellung zu den Geldstücken, dem Wert und dem Profit, die sich stark von der der Bauern und der Grundherren unterschied. Vor dem Ende des 12. Jahrhunderts offenbaren die Quellen fast nichts von den Auswirkungen dieses ungewöhnlichen Verhaltens, von der Art und Weise, wie es sich in den Lebensstil einfügen und sich verbreiten konnte, von dem Erfolg der italienischen Unternehmungen und den Erschütterungen, die sie hervorriefen. Doch in den nun folgenden Jahren wird zumindest eines unabweisbar klar: Die Welt war im Begriff, sich rapide zu verändern.

In Ermangelung von statistischen Daten ist es äußerst schwierig, die einzelnen Phasen der Wachstumsbewegung zu bestimmen und die Bruchstellen auszumachen, an denen ihr Rhythmus sich verändert hat. Dennoch lassen die vermehrten Hinweise auf eine Veränderung in den beiden letzten Jahrzehnten des 12. Jahrhunderts darauf schließen, daß in dieser Zeit einer der wichtigsten Wendepunkte der europäischen Wirtschaftsgeschichte anzusiedeln ist. Zusammenfassend könnte man sagen, daß in diesem Augenblick die urbane Lebenskraft endgültig und überall, nicht nur in Italien, den Sieg über die ländlichen Gegenden davongetragen hat. Diese blieben von nun an in Hinsicht auf ihre ökonomische Entwicklung immer Nachzügler. Der Bauer mußte dem Bürger weichen und ihm die Rolle der vorwärts treibenden Kraft überlassen. Bald zerbrachen auch die aus den älteren Geisteshaltungen resultierenden Widerstände in allen Kreisen der Avantgarde. Damals traten zwei Merkmale der Entwicklung zutage: zum einen eine Beschleunigung der Fortschrittsbewegung und zum anderen die Entstehung eines gemeinschaftlichen Raumes, der die gesamte römische Christenheit zusammenfaßte und die drei geographischen Bereiche vereinte, die bislang durch tiefgreifende ökonomische Disparitäten voneinander getrennt gewesen waren. Dank der vielfältigen Handelsverbindungen und Verkehrswege konnte dieser Raum zu einer Einheit werden. Die Fortschritte der Geldzirkulation und des Tauschhandels hatten der Annäherung zwischen der südlichen Flanke, den unzivilisierten Zonen des Ostens und des Nordens und dem dicht besiedelten bäuerlichen Kernland, in dessen Zentrum das Pariser Becken lag, langsam den Weg bereitet. Sie war ein Ergebnis erfolgreicher Handelsabenteuer.
Im südlichen Teil Europas werden wir in diesem Zusammenhang keine Hinweise auf einen Wandlungsprozeß finden; denn hier bestanden die Strukturen, deren Einrichtung für die anderen Regionen des Westens den Anbruch einer neuen Zeit bedeuteten, schon sehr lange. Während in Kastilien die gewinnträchtigen militärischen Unternehmungen, die den Islam seiner Reichtümer beraubten und den christlichen König im Jahre 1173 zur Prägung von Goldmünzen veranlaßten, bruchlos fortgesetzt wurden, trieb man in Italien zu Ende des 12. Jahrhunderts ebenso bruchlos den Aufschwung der Geschäfte, die Perfektionierung der verschiedenen juristischen Formen der *societas*, des kapitalistischen Zusammenschlusses, voran. Die Kolonien, die die Händler der

Küstenstädte an allen wichtigen Treffpunkten auf muselmanischem Boden und in den byzantinischen Ländern gegründet hatten, vergrößerten sich laufend. Manche von ihnen erlebten damals schon ein derartiges Wachstum, daß sich die einheimische Bevölkerung allein durch ihre Gegenwart zu aggressiven, von Fremdenhaß gezeichneten Überfällen herausfordern ließ, etwa in Konstantinopel in den Jahren 1176 und 1182. Die Kreuzzugsgesinnung, die Triebfeder der ersten Meeresabenteuer und Rechtfertigung sowohl der ersten Profite als auch der ursprünglichen Akkumulation von Geldkapital, verschwand allmählich aus den Häfen des Adriatischen und des Tyrrhenischen Meeres. Hier war mittlerweile allen Händlern klar geworden, daß die Raubüberfälle mit erhobenen Waffen weniger einbrachten als friedliche Handelsoperationen mit den Heiden. Es ist kein Zufall, daß Franz von Assisi, der die Kreuzzüge durch Missionsarbeit ersetzen wollte, Sohn eines Kaufmanns war, eines Stammkunden der Märkte der Champagne. Die Kreuzfahrer, die sich zu dieser Zeit noch in den Küstenstädten aufhielten, kamen fast alle aus den jenseitigen Alpengebieten. Sie wurden wie Kunden behandelt. Bereitwillig lieh man ihnen *denarii* für die Überfahrt, doch gleichzeitig versuchte ein jeder, aus diesen naiven Schuldnern den größtmöglichen Profit zu schlagen. Für die Schiffskapitäne, die Geldwechsler, die Händler aller Art und die Notare, die die Verträge redigierten, waren auch die Expeditionen ins Heilige Land nichts anderes als ein Geschäft, und es war nur recht und billig, sie auch als solches zu behandeln. Als die italienischen Händler im späten 12. Jahrhundert nach England eindrangen, kamen sie, um die Schulden der Kreuzfahrer einzutreiben. Sie ließen sich die ausstehenden Beträge sackweise mit Wolle bezahlen, die sie anschließend an die flämischen Tuchmacher verkauften. Dann boten sie dem englischen König an, ihm Geld zu leihen, um auf diese Weise die Genehmigung für einen Daueraufenthalt zu bekommen und ihr glückliches Geschäft fortführen zu können. Auf diese Weise kam es mit einem Schlag zu einer bedeutsamen Expansion der bestehenden Geschäftsverbindungen, die sich von den Knotenpunkten der großen italienischen Städte aus wie ein weites Netz von Byzanz über das Morgenland und die Berberei erstreckten und seit kurzem auch mit den Märkten der Champagne in Berührung kamen. Dabei entstand ein direkter Kontakt zwischen der südlichen Welt und den Nordseegebieten, die damals unter dem Einfluß von Handelsströmen aus dem hinteren Baltikum einen ökonomischen Aufschwung erfuhren.

Während wir in den letzten Jahrzehnten des 12. Jahrhunderts an den ökonomischen Strukturen im südlichen Bereich der Christenheit keinerlei Veränderung feststellen können, zeichnet sich an den nördlichen und östlichen Flanken, in dem noch vor kurzem unzivilisierten Europa, ein deutlicher Wandel ab. Die ursprünglichen Züge des dortigen Wirtschaftslebens verschwinden im gleichen Maße, wie diese Region ihre Verspätung in der Entwicklung aufholt. Dennoch geht die Veränderung hier nur sehr allmählich voran. Sie zieht sich über eine lange Zeitspanne hin und entfaltet sich als integraler Bestandteil der auflebenden landwirtschaftlichen Expansion. Während des ganzen 12. Jahrhunderts haben die Fürsten der östlichen Ebenen, die eifrig bestrebt waren, den Ertrag ihres Bodens zu steigern, um genau so aufwendig leben zu können wie ihre westlichen Nachbarn, alles dafür getan, die Bauern aus Flandern und Germanien anzulocken und ihnen eine neue Heimat zu geben. Sie wußten, daß diese bessere Techniken beherrschten und in der Lage waren, die von den einheimischen Landwirten vernachlässigten Böden nutzbar zu machen. Umgeben von ihren Pfaffen und angeführt von Unternehmern, die überzeugt waren, mit der im Namen des Fürsten durchgeführten Organisation der Urbarmachung innerhalb kürzester Zeit reich zu werden, ließen sich Zehntausende von Siedlern östlich der Elbe und der Donau nieder. Sie führten geeignete Pfluggeräte ein, zogen lange, tiefe Furchen in die schweren Böden, verdrängten Moorland und Buschwerk und erweiterten die Kornfelder. Nach ihrem Vorbild kolonisierten auch die einheimischen Bauern die Randzonen ihrer Siedlungsgebiete und ersetzten Schritt für Schritt ihre alten Wanderkulturen durch regelmäßigen Fruchtwechsel auf festen Feldern. Der Zustrom vom Immigranten, deren Leiheland kaum mit Abgaben belastet und von Fronarbeiten befreit war, die den Bodenbesitzern aber dennoch lohnenden Gewinn zuführten, rief eine fortschreitende Auflösung der großen, auf Sklavenarbeit beruhenden Domänen sowie eine allgemeine Verbesserung der bäuerlichen Lebensbedingungen hervor. Auf dem Wege von Zehnten und Steuerabgaben häufte sich der Überschuß aus der Getreideproduktion in den Speichern der Fürsten und der *locatores*, der Leiter der Kolonisation. In der Mitte des 12. Jahrhunderts war der landwirtschaftliche Erfolg so weit fortgeschritten, daß es zu einer Blüte der Städte kam.

Nach 1150 lassen sich verschiedene Wandlungen in der Struktur der alten *castra*, der befestigten Siedlungen, die in unmittelbarer Nähe der fürstlichen Paläste und der Kathedralen errichtet worden waren, erkennen. Ihre am Krieg orientierte Einwohnerschaft wanderte allmählich ab. Das Kriegergefolge zerstreute sich, und die Ritter ließen sich, genau wie im Westen, auf ländlichen Domänen nieder. Zur gleichen Zeit erfolgte eine Umgestaltung der handwerklichen Produktion Böhmens. Sie verteilte sich nicht mehr auf Dörfer, die ausschließlich von den auf verschiedene Gewerbe spezialisierten Dienern bevölkert waren, sondern konzentrierte sich in zunehmendem Maße in den Vororten der Städte. Gewöhnlich entstand in einiger Entfernung vom *gorod*, dem Stadtkern, eine neue Häusergruppe, in deren Mittelpunkt der *rynek*, der Marktplatz lag. In diesem Viertel, das in Györ *vicus latinorum*, das »Römerviertel« genannt wurde, ließen sich vorwiegend Fremde nieder, die sich auf den Handel spezialisiert hatten. Genau wie im Westen Europas gewannen auch hier, in den alten *civitates*, die ökonomischen Funktionen unmerklich die Oberhand über alle anderen. Auch hier bildete sich ein ganzes Netz von Ortschaften, die als Mittler zwischen dem großen städtischen Markt und den bäuerlichen Produzenten fungierten. Und schließlich wurden auch hier neue Städte gegründet. Die wichtigste Neugründung war die von Lübeck. Seine Entstehung hing direkt mit den wirtschaftlichen Interessen eines Fürsten zusammen, der, ähnlich wie der

Graf von Flandern zur gleichen Zeit, seine Geldeinkünfte durch die Ausnutzung der Handelsaktivitäten steigern wollte. Schon 1138 hatten sich deutsche Händler im alten *emporium* von Haithabu niedergelassen, einem günstigen Ort für den Handel mit dem Baltikum und die Verdrängung der skandinavischen Kaufleute. Als dieser Platz in den Jahren 1156 und 1157 zerstört wurde, nahm der Herzog von Sachsen, Heinrich der Löwe, die gesamte Händlerkolonie auf und verlegte sie in eine Stadt namens Lübeck, die schon einige Jahre vorher vom Grafen von Holstein aufgebaut worden war, durch den Herzog aber nun eine echte Neugründung erfuhr. Dieser führte eine neue Geldsorte ein, errichtete einen Markt und eine Zollstation. Er »schickte Botschafter in die nördlichen Königreiche« und machte den russischen und skandinavischen Fürsten Friedensangebote, um ihren Kaufleuten »die Freiheit zu verschaffen, durch seine Stadt Lübeck zu reisen und sich dort aufzuhalten«. Er versprach den Händlern des Rheinlandes und Westfalens im Falle ihrer Übersiedlung ein ebenso günstiges Recht wie das von Köln. Der Handel mit dem Baltikum stand damals unter der Herrschaft der Bauern von der Insel Gotland, die im Seehandel eine zusätzliche Einkunftsquelle fanden. Auch dort hatten sich zwischen 1133 und 1136 Abenteurer deutscher Herkunft niedergelassen und in Visby, dem wichtigsten Hafen der Insel, eine Kolonie gegründet. Im Jahre 1161 nahm Heinrich der Löwe »die auf der Insel Gotland verkehrende Händlergemeinschaft aus dem römischen Imperium« unter seinen Schutz und half ihr, sich gemeinsam mit den Gotländern eine gesicherte Position auf dem Markt von Nowgorod zu verschaffen. In den achtziger Jahren des 12. Jahrhunderts brachten die sogenannten *coggae*, dickbäuchige Schiffe mit großen Ladeflächen, Honig, Pelze, Pech und Teer von den äußersten östlichen Ausläufern des Baltikums nach Lübeck; von dort aus wurden die Waren auf dem Landweg bis zur Nordsee transportiert, auf ähnliche Schiffe verladen und dann weiter nach Flandern und England verschifft. Die Schiffe aus dem Norden waren schon bis zum Atlantik vorgestoßen. Eigens für sie wurden zuerst an der flämischen Küste und bald danach auch in La Rochelle neue Häfen eingerichtet, die mit einem geeigneten Kai für Schiffe mit besonders großem Tiefgang ausgestattet waren. Mit Salz und Wein beladen kehrten diese in ihre Heimat zurück. Ihr Vorstoß in den Atlantik stimulierte die Aktivität der Salzsieder in der Bucht von Bourgneuf, und er aktivierte das Wachstum eines neuen großen auf Export ausgerichteten Weinanbaugebietes in Oléron und um La Rochelle. Vor allem aber entstand eine neue Verkehrsverbindung, die große Folgen haben sollte. Sie führte von den beiden äußersten Punkten des europäischen Wirtschaftsraums im Osten und Westen her zu einem neuen Wachstumsschub.

Die entscheidenden Knotenpunkte der Großhandelsströme indes bildeten sich in der dritten Zone, im Herzen des Abendlandes, in England und den alten fränkischen Ländern Galliens und Germaniens, wo sich auch die große Wende gegen Ende des 12. Jahrhunderts am deutlichsten abzeichnete. Hier nahm sie die Züge eines echten Aufbruchs an. Die vorliegende Untersuchung hat uns bisher zahlreiche Einzelmomente dieser Entwicklung vor Augen geführt. Nun ist der Augenblick gekommen, sie zusammenzufassen.

1. Die Geschichte der Technik ist in ihrer Chronologie besonders ungewiß. Dennoch bin ich geneigt, im letzten Viertel des 12. Jahrhunderts die Reifezeit einer ersten Phase der technologischen Entwicklung anzusiedeln. Während die flächenmäßige Ausdehnung des landwirtschaftlichen Raumes in dieser Periode zum Stillstand kommt und sich die Hinweise auf eine Verstärkung des demographischen Drucks häufen, ist meiner Ansicht nach recht deutlich zu erkennen, daß die Haushalte der Pflugbauern endlich ihre Ausrüstung vervollständigen konnten. Verfügten sie nicht zu diesem Zeitpunkt zum ersten Mal über genügend wirksame Pfluginstrumente und Zugpferde? Hatte sich nicht die Dreifelderwirtschaft durchgesetzt? Besaßen nicht die ländlichen Gegenden inzwischen die notwendigen Schmieden und Mühlen? Mit der Eroberung jungfräulicher Böden war ein erster Sprung nach vorn gelungen, der es möglich gemacht hatte, den Ertrag der landwirtschaftlichen Arbeit innerhalb weniger Jahrzehnte erheblich zu steigern. Die Getreidekultur schien damals eine gewisse Stabilität zu erreichen, und die deutlichsten Fortschritte der ländlichen Produktion machten sich seitdem nicht mehr im Bereich des Getreideanbaus, sondern entsprechend den dringlichsten Bedürfnissen der städtischen Ökonomie im Bereich der Weide- und Waldwirtschaft bemerkbar. Die Gesamtheit der technischen Verbesserungen brachte einen bedeutenden Aufschwung der Städte in Gang. Zu dieser Zeit ermöglichte beispielsweise die Verwendung des Spinnrades oder die Verbreitung der Walkmühle, die zur Bearbeitung von Stoffen, der Aufbereitung des Hanfs und der Eisenherstellung benutzt wurde, einen rascheren Fortschritt der handwerklichen Produktion, während der Einsatz von Schiffen mit größerer Ladungsfähigkeit den Transport schwerer Waren erleichterte. Schließlich und endlich datiert auch die Entdeckung der Silberminen von Freiberg in Sachsen aus der Zeit um 1170, eine Entdeckung, die nicht nur die erste große Phase der europäischen Bergbaugeschichte eingeleitet hat, sondern auch der Tauschwirtschaft liefern konnte, was sie damals am dringendsten brauchte, das Material, um mehr Münzen in Umlauf zu bringen.

2. Seit dieser Zeit kam auch die kommerzielle Expansion mehr in Schwung. Während italienische Händler ihr Glück in England versuchen, tauchen umgekehrt die ersten Kaufleute aus Arras in Genua auf. Im Jahre 1190 gestand der Herzog von Burgund den ligurischen Händlern die gleichen Privilegien zu, die die von Asti schon seit längerer Zeit genossen. Von nun an konnten auch sie die burgundischen Städte auf dem Weg zu den Märkten der Champagne mit nur geringfügigen Kosten durchqueren. Damals begannen die *denarii* aus Provins mit den Pariser Münzen um die Vorherrschaft unter den in Nordfrankreich zirkulierenden Geldsorten zu konkurrieren; denn der Mechanismus von regelmäßigen Händlertreffen und Finanzausgleich, der ein ganzes Jahrhundert lang überall in Europa das Sprungbrett für den Aufschwung des Fernhandels abgeben sollte, funktionierte inzwischen auch in Troyes, in Lagny, in Bar-sur-

Aube und in Provins. Zur gleichen Zeit kam es zu einer deutlichen Intensivierung des Wachstums der Städte. In Westfalen[35] zeigten sich die ersten Anfänge der Hauptperiode der Stadtentwicklung, die erst in der Mitte des 14. Jahrhunderts zu Ende gehen sollte, um 1180. Gleichzeitig läßt sich hier und dort für die handwerkliche Produktion eine Verengung des städtischen Marktes beobachten. Dabei handelt es sich offensichtlich um einen Wachstumseffekt, denn diese Kontraktion resultiert aus der Konkurrenz der Städte untereinander, aus der zahlenmäßigen Zunahme ländlicher Ortschaften und der Rückkehr bestimmter Tätigkeiten, wie etwa der des Schmiedes, aufs Land. Dies machte eine geschlossenere Organisation der Produktion notwendig und führte zu einer strengeren Regulierung der einzelnen Gewerbe. Die Herren der Stadt hatten bisher kaum Notiz von den Handwerkern genommen, außer wenn sie von ihnen als ehemaligen Hausdienern Steuern verlangten. Nun bemühten sie sich in Paris, London und Toulouse, sie in fester organisierten Handwerksständen zusammenzufassen. Ein letzter Beweis für die unwiderrufliche Aufwärtsbewegung des Handelslebens ist das Hochschnellen der Preise. Die ersten aus England stammenden Angaben einer regelmäßigen Buchführung über die Domänenwirtschaft belegen die Entwicklung des Kornpreises. Bezieht man sich auf die Anzahl der *denarii*, liegt der Kornpreis zwischen 1180 und 1199 um 40 % und zwischen 1200 und 1219 sogar um 130 % höher als zwischen 1160 und 1179; bezogen auf das Gewicht des Silberfeingehalts der gleichen Münzen, ergeben sich Vergleichswerte von 25 % und 50 %. Diese Zahlenangaben offenbaren eine fortschreitende Abwertung des Geldes bei gleichzeitiger Beschleunigung der Preissteigerungen. Beide Phänomene gehen auf die plötzliche Intensivierung des Tauschhandels zurück.

3. Im letzten Viertel des 12. Jahrhunderts machten sich schließlich auch Ansätze einer Zerrüttung der ursprünglichen ökonomischen Einstellungen bemerkbar. Dies geschah zur gleichen Zeit, als mit dem Aufstieg von Individuen niedriger Geburt in die Ritterschaft die ersten Anzeichen einer Erneuerung der unteren Aristokratenkreise sichtbar wurden – damit konkretisierte sich das Thema des Emporkömmlings, das sich damals in der ritterlichen Literatur verbreitete – und als die Neigung, immer mehr auszugeben, anfing, den kleinen Dorfherren permanente Finanzschwierigkeiten zu bereiten. Sie befanden sich nun in einer Lage, wie sie die Fürsten und Prälaten schon seit hundert Jahren kannten. Noch kurz zuvor hatten die kleinen Ritter stets Hilfe in Form von *denarii* bei ihren Verwandten oder adeligen Nachbarn gefunden. Jetzt konnten auch diese ihnen nicht mehr aus der Klemme helfen. Sie mußten sich das mangelnde Geld ebenfalls bei Bürgern leihen und ihnen bald sogar Teile ihrer Domänen verkaufen. Da sie die Unkosten der Festlichkeiten nicht mehr tragen konnten, verzichteten manche darauf, ihre Söhne mit der ritterlichen Rüstung auszustatten, klammerten sich dafür aber noch hartnäckiger an ihre Privilegien als Adelige. In England verbreiteten sich seit 1180 neue Verwaltungsmethoden in

---

[35] C. Haase, *Die Entstehung der westfälischen Städte*, Münster 1960, S. 39–74, 285 f.

der Domänenwirtschaft. Zum gleichen Zeitpunkt, als Richard Fitzneal in seinem *Dialogue de l'échiquier* zu erklären versuchte, weshalb die Naturalienabgaben auf den großen ländlichen Gütern durch Geldabgaben ersetzt wurden, beschlossen die großen Benediktinerklöster, ihre Ländereien nicht mehr zu verpachten. Sie nahmen die direkte Nutzung wieder selbst in die Hand. In diesem Zusammenhang führte das Streben der Herren nach höheren Bodenerträgen zu verschiedenen Innovationen. So kam es beispielsweise durch eine härtere Ausbeutung der Menschen zu einer Annäherung der Lebensbedingungen der *vilani* an die der früheren Sklaven. Und so wurde auch die Tätigkeit der ländlichen Verwalter von nun an strenger durch Zahlenspezialisten kontrolliert, die sich auf genaues Rechnen verstanden: eine für die Wirtschaftsgeschichte sehr bedeutsame Entscheidung, denn ihr ist es zu verdanken, daß im letzten Viertel des 12. Jahrhunderts auf den englischen Gütern erstmalig fortlaufend über die Domänen Buch geführt wurde, so daß eine erste numerische Einschätzung der ökonomischen Phänomene möglich wird. (Wir haben bereits gesehen, daß man seit dieser Zeit die Preisbewegungen der verschiedenen Getreidearten verfolgen kann.) Für Europa bedeutet dies den Anfang einer quantitativen Geschichte. Aber in dem Auftauchen dieser Quellen zur Buchführung kommt vor allem eine Verhaltensänderung zum Ausdruck; die neue Sorge nämlich, das Maß der Dinge genau zu kennen, eine Bilanz zu ziehen und den Gewinn einzuschätzen – also ein Fortschritt des Profitdenkens. Träger dieser neuen Geisteshaltung waren all die Finanztechniker, die die Fürsten in ihre Dienste nahmen, wie etwa Richard Fitzneal oder die Schreiber, die im Jahre 1181 die Einkünfte des Grafen von Flandern ausrechneten. Durch diese Männer wurden die Händlergewohnheiten der Städte allmählich in die Dörfer hineingetragen und Schritt für Schritt an alle kleineren Unternehmer, die Ministerialen, die Landwirte und die Leiter der Urbarmachung weitergegeben. Sie stachelten ihr Gewinnstreben an und drängten sie, eine aktive Rolle in der Verfolgung der ökonomischen Entwicklung zu übernehmen. Durch sie konnte das städtische Denken schon bald in die tiefsten Tiefen der ländlichen Gegenden eindringen.

Ich habe mich entschlossen, die vorliegende Untersuchung mit den achtziger Jahren des 12. Jahrhunderts abzuschließen, da dieser Zeitpunkt, wie mir scheint, einer entscheidenden Wende in der europäischen Wirtschaftsgeschichte entspricht. Das gleiche gilt für unseren ursprünglichen Ausgangspunkt, das 7. Jahrhundert, obwohl dieses wegen der Armut der Quellen weniger genau beschrieben werden konnte. Zu jener Zeit war eine erste Wachstumsbewegung in Gang gekommen. Sie stützte sich auf den Fortschritt der landwirtschaftlichen Produktion, und dieser Fortschritt entsprach den Erwartungen einer Militäraristokratie, die sich im Besitz des gesamten Bodens befand, die all diejenigen beherrschte, die ihn bearbeiteten und deren größte Sorge einer immer aufwendigeren Gestaltung ihrer prunkvollen Munifizenz galt. Dennoch hat die bäuerliche Arbeit bis zum 11. Jahrhundert nur bescheidene Erträge eingebracht; das damalige Wachstum war in erster Linie das Wachstum einer Kriegsökonomie auf der Basis von Sklavenhaltung und Plünderung. Doch dann, in der feudalen Friedenszeit, wurde die Bauernschaft allmählich zum Träger der entscheidenden Errungenschaften. Unter den grundherrlichen Zwängen gehalten, mehr und mehr zu produzieren, wurde die zahlenmäßig immer größer werdende Bauernschaft auch immer freier, ihre Arbeit nach ihrem eigenen Gutdünken zu betreiben und die Früchte ihrer Mühsal zu verkaufen. Die entscheidende Wandlung gegen Ende des 12. Jahrhunderts bezieht sich nicht auf den Rhythmus dieses landwirtschaftlichen Fortschritts. Sein Elan läßt nicht nach. Er dauert noch mehrere Jahrzehnte an. Was sich radikal verändert, ist seine Funktion. Während er vorher als Motor der gesamten Entwicklung gearbeitet hatte, bezog er nun eine untergeordnete Position. Als sich kurz vor dem Jahr 1200 die ersten Symptome eines Hungers nach Boden abzeichneten und als spätes Resultat des sich über fünf Jahrhunderte hinziehenden demographischen Aufschwungs ein Ansturm auf unerschlossene Gebiete einsetzte, der schon bald zu einer langfristigen Verschlechterung der bäuerlichen Lebensbedingungen führen sollte, wurde die ländliche Wirtschaft in eine zweitrangige Rolle abgedrängt. Von nun an sollte sie die Herrschaft der städtischen Ökonomie zu spüren bekommen, eine immer schwerer lastende Ausbeutung mit ihren Forderungen, Ansprüchen und Demütigungen. Um 1180 beginnt in ganz Europa das Zeitalter der Geschäftsleute. Nach 1180 drängt das Profitdenken den Geist der Freigebigkeit immer weiter in den Hintergrund. Die nostalgische Sehnsucht nach dieser Tugend lebt noch lange fort, doch sie verehrt nur noch mythische Helden, zugleich Symbol und Zuflucht jener Werte, die das Mittelalter lange Zeit als lebendige und höchste Werte gepriesen und gefeiert hatte: das erste Mittelalter, das der Bauern und ihrer Herren, der Krieger.

BIBLIOGRAPHISCHE HINWEISE

Diese Liste ist bewußt klein gehalten, da ich ein Essay und kein Handbuch geschrieben habe. Ich nenne einerseits solche Werke, die meine Überlegungen besonders vorangetrieben haben und andererseits diejenigen mit den nützlichsten und neuesten bibliographischen Angaben.

I. Allgemeine Darstellungen

Bloch, M., *La société féodale*, 2 Bd., Paris 1939–40.
Boutruche, R., *Seigneurie et féodalité*, 2 Bd., Paris 1959–70.
Caratteri del secolo VII in Occidente, 2 Bd. *(V Settimane di Studi del Centro italiano di Studi sull'alto medioevo)*, Spoleto 1958.
Cipolla, C. M., *Storia dell'economia italiana*, Bd. 1: Secolo settimo – diciassettesimo, Turin 1959.
Cipolla, C. M. (Hg.), *Europäische Wirtschaftsgeschichte*, Bd. 1, *Das Mittelalter*, dt. Ausg. hrsg. von K. Borchardt, Stuttgart 1978.
Deuxième conférence internationale d'histoire économique, Aix-en-Provence 1962, Paris 1965.
Doehaerd, R., *Le Haut Moyen Age occidental. Économies et sociétés*, Paris 1971.
Hensel, W., *Ur- und Frühgeschichte Polens*, Berlin 1974.
I problemi comuni dell'Europa post-carolingia (II Settimana di studi del Centro italiano di studi sull'alto medioevo), Spoleto 1955.
Kulischer, J. M., *Allgemeine Wirtschaftsgeschichte des Mittelalters und der Neuzeit*, Bd. 1 und 2, Berlin 1976 (5. unveränd. Auflage).
Lesne, E., *Histoire de la propriété ecclésiastique en France*, 6 Bd., Paris 1910–43.
Lopez, R. S., *The Commercial Revolution of the Middle Ages, 950–1350*, Englewood Cliffs 1971.
Luzzato, G., *Storia economica d'Italia*, Bd. 1: *L'antichità e il medioevo*, Rom 1949.
Musset, L., *Les Peuples scandinaves an Moyen Age*, Paris 1951.
Pirenne, H., *Sozial- und Wirtschaftsgeschichte Europas im Mittelalter*, (Histoire économique et sociale du Moyen Age, Paris 1933, überarbeitete Fass. von H. van Werveke, Paris 1963), München 1971 (2. Aufl.).
Salin, E., *La Civilisation mérovingienne d'apres les sépultures, les textes et le laboratoire*, 4 Bd., Paris 1950–59.
Vicens Vives, J., *Manual de Historia económica de España*, Barcelona 1964 (3. Aufl.).
Wolff, P. und Mauro, F, *L'âge de l'artisanat*, Bd. 2, Ve–XVIIIe siècle, *Histoire générale du travail*, Paris 1960.

II. Ökologie, Demographie und Technologie

Bautier, A. M., »Les plus anciennes mentions de moulins hydrauliques, industriels et de moulins à vent«, *Bulletin philologique et historique*, Bd. II (1960), S. 567–625.

Bloch, M., »Les inventions médiévales«, *Annales d'histoire économique et sociale*, VII (1935), S. 634–43.

Darby, H. C. (Hg.), *An Historical Geography of England before AD 1800*, Cambridge 1936.

Derry, T. K. und T. I. Williams, *A Short History of Technology from the Earliest Times to AD 1900*, Oxford 1960.

Fournier, G., *Le peuplement rural en Basse Auvergne durant le haut moyen âge*, Paris 1962.

Gille, B., »L'industrie métallurgique champenoise au moyen âge«, *Revue d'histoire de la sidérurgie*, I (1960), S. 13–20.

Jankuhn, H., »Die Entstehung der mittelalterlichen Agrarlandschaft in Angeln«, *Geografiska annaler*, XLIII (1961), S. 151–64.

Le Roy Ladurie, E., *Histoire du climat depuis l'an mil*, Paris 1967.

Russel, J. C., *British Medieval Population*, Albuquerque 1948.

Russel, J. C., *Late Ancient and Medieval Population*, Philadelphia 1958.

Schneider, J., »Fer et sidérurgie dans l'économie européenne du XIe au XVIIe siècle«, *Actes du colloque international: le fer à travers les âges, hommes et techniques*, Nancy 1956, S. 111–41.

Singer, C., Holmyard, E. J., Hall, A. R., Williams, T. T. (Hg.), *The Mediterranean Civilizations and the Middle Ages, A History of Technology*, Bd. II, Oxford 1956.

Sprandel, R., *Das Eisengewerbe im Mittelalter*, Stuttgart 1968.

Verhulst, A. E., *Histoire du paysage rural en Flandre de l'époque romaine au XVIIIe siècle*, Brussel 1966.

White, L., *Die mittelalterliche Technik und der Wandel der Gesellschaft*, München 1968, (Medieval Technology and Social Change, Oxford 1962).

III. Landwirtschaft

1. Allgemeine Darstellungen

Abel, W., *Geschichte der deutschen Landwirtschaft vom frühen Mittelalter bis zum 19. Jahrhundert* (2. neubearb. Aufl.), Stuttgart 1967.

Abel, W., »Von der Frühzeit bis zum Beginn des 18. Jahrhunderts«, in H. Aubin und W. Zorn (Hg.), Handbuch der deutschen Wirtschafts- und Sozialgeschichte, Bd. I, Stuttgart 1971.

Agricultura e monde rurale in Occidente nell'alto medioevo (XIII Settimana di studio del Centro italiano di studi sull'alto medioevo), Spoleto 1966.

Bloch, M., *Les caractère originaux de l'histoire rurale francaise*, 2 Bd., Paris 1968 (3. Aufl.).

Duby, G., *L'économie rurale et la vie des campagnes dans l'Occident médiéval*, 2 Bd., Paris 1962.

Franz, G., *Geschichte des deutschen Bauernstandes vom frühen Mittelalter bis zum 19. Jahrhundert*, Stuttgart 1970; G. Franz (Hg.) Deutsche Agrargeschichte, Bd. IV.

Jones, P. J., »Per la storia agraria italiana nel medioevo: lineamenti e problemi«, *Rivista storica italiana*, LXXVI (1964), S. 287–348.

Lütge, F., *Geschichte der deutschen Agrarverfassung vom frühen Mittelalter bis zum 19. Jahrhundert*, (2. verbess. u. stark erw. Aufl.), Stuttgart 1967; G. Franz (Hg.), Deutsche Agrargeschichte, Bd. III.

Poston, M. M. (Hg.), *The Agrarian Life of the Middle Ages*; The Cambridge Economic History of Europe, Bd. I, Cambridge 1966 (2. Aufl.).

Slicher van Bath, B. H., *The Agrarian History of Western Europe AD 500–1850*, London 1963.

2. Monographien

Déléage, A., *La vie rurale en Bourgogne jusqu'au début du XIe siècle*, 3 Bd., Paris 1940.

Despy, G., »Villes et campagnes aux IXe et Xe siècles: l'exemple du pays mosan«, *Revue du Nord*, 1 (1968), S. 145–68.

Dion, R., *Histoire de la vigne et du vin en France, des origines au XIXe siècle*, Paris 1959.

Dollinger, P., *L'évolution des classes rurales en Bavière depuis la fin de l'époque carolingienne jusqu'au milieu du XIIIe siècle*, Paris 1949.

Du Boulay, F. R. H., *The Lordship of Canterbury: an Essay on Medieval Society*, London 1966.

Duby, G., *La société aux XIe et XIIe siècles dans la région mâconnaise*, Paris 1953.

Finberg, H. P. R., *Tavistock Abbey: a Study in the Social and Economic History of Devon*, (2. Aufl.), Newton Abbot 1969.

Fossier, R., *La terre et les hommes en Picardie, jusqu'à la fin du XIIIIe siècle*, 2 Bd., Paris, Löwen 1968.

Herlihy, D., »*The Agrarian Revolution in Southern France and Italy 801–1150*«, Speculum, XXXIII (1958), S. 23–41.

Lennard, R., *Rural England 1086–1135: a Study of Social and Agrarian Conditions*, Oxford 1959.

Metz, W., »Die Agrarwirtschaft im karolingischen Reich«, in: H. Beumann (Hg.), *Karl der Große: Lebenswerk und Nachleben*, Bd. 1: Persönlichkeit und Geschichte, Düsseldorf 1965, S. 489–500.

Miller, E., *The Abbey and Bishopric of Ely: the Social History of an Ecclesiastical Estate from the Tenth Century to the Early Fourteenth Century*, Cambridge 1951.

Perrin, C. E., *Recherches sur la seigneurie rurale en Lorraine d'après les plus anciens censiers, IXe–XIIe siècle*, Paris 1935.

Perrin, C. E., »Observations sur le manse dans la région parisienne au début du IXe siècle«, *Annales d'histoire sociale*, IV (1945), Teil 2, S. 39–52.

Postan, M. M., *The Famulus: the Estate Labourer in the Twelfth and Thirteenth Centuries*, Cambridge 1954.

Raftis, J. A., *The Estates of Ramsey Abbey: a Study in Economic Growth and Organization*, Toronto 1957.

Verhulst, A. E., *De Sint-Baafsabdij te Gent en haar grondbezit, VIIe–XIVe eeuw*, Brüssel 1958.

Verlinden, C., *Wo, wann und warum gab es einen Großhandel mit Sklaven während des Mittelalters*, Köln 1970; (*L'Esclavage en Europe médiévale*, Brügge 1955).

IV. Geld, Städte und Kaufleute

1. Geld

Bloch, M., »Le problème de l'or au moyen âge«, *Annales d'histoire économique et sociale*, V (1933), S. 1–34.

Bloch, M., *Esquisse d'une histoire monètaire de l'Europe*, Paris 1954.

Cipolla, C. M., *Money, Prices and Civilization in the Mediterranean World, Fifth to Seventeenth Century*, Princeton 1956.

Cipolla, C. M., *Le aventure della lira*, Mailand 1958.

Doehaerd, R., »Les réformes monétaires carolingiennes«, *Annales – économies, sociétés, civilisations*, VII (1952), S. 13–20.

Duby, G., Economie domaniale et économie monétaire: le budget de l'abbaye de Cluny entre 1080 et 1155«, *Annales – économies, sociétés, civilisations*, VII (1952), S. 155–71.

Kiernowski, R., »Coins in the economic and political structure of states between the ninth and the eleventh centuries«, in: T. Manteuffel, A. Gieysztor (Hg.), *L'Europe aux IXe–XIe siècles: aux origines des états nationaux*, Warschau 1968, S. 453–60.

Lalik, T., »La circulation des métaux précieux en Pologne du Xe au XIIe siècle, *Acta Poloniae Historica*, XVIII (1968), S. 131–54.

Lopez, R. S., »An Aristocracy of Money in the Early Middle Ages«, *Speculum* XXVIII (1953), S. 1–43.

Moneta e scambi nell'alto medioevo (VIII Settimana di studio del Centro italiano di studi sull'alto medioevo), Spoleto 1961.

Sawyer, P. H., »The Wealth of England in the Eleventh Century«, *Transactions of the Royal Historical Society*, 5th series, XV (1965), S. 145–64.

Van Werveke, H., »Monnaies, lingots ou marchandises? Les instruments d'échange aux XIe et XIIe siècles«, *Annales d'histoire économique et sociale*, IV (1932), S. 452–68.

2. Städte und städtische Gesellschaft

Akkerman, J. B., »Het koopmansgilde van Tiel omstreeks het jaar 1000«, *Tijdschrift voor Rechstgeschiedenis*, XXX (1962), S. 409–71.

Bonnassie, P., »Une famille de la campagne barcelonaise et ses activités économiques aux alentours de l'an mil«, *Annales du Midi*, LXXVI (1964), S. 261–30K3.

Coornaert, E., »Des confréries carolingiennes aux gildes marchandes«, *Mélanges d'histoire sociale*, II (1942), S. 5–21.

Dollinger, P., *Die Hanse*, Stuttgart 1976 (La Hanse, Paris 1964).

Ennen, E., *Frühgeschichte der europäischen Stadt*, Bonn 1953.

La città nell'alto medioevo (VI Settimana di studio del Centro italiano di studi sull'alto medioevo), Spoleto 1959.

»L'Artisant et la vie urbaine en Pologne mediévale«, *Kwartalnik historij kultury materialnej*, X (1962), S. 279–571.

Leicht, P. S., *Operai, artigiani, agricoltori in Italia dal secolo VI al XVI*, Mailand 1946.

Les origines des villes polonaises (Congrès et Colloques de la VIe section de LÉcole pratique des Hautes Études, 2), Paris 1960.

Lestocquoy, J., *Aux origines de la bourgeoisie: les villes de Flandre et d'Italie sous le gouvernement des patriciens, XIe–XVe siècle*, Paris 1952.

Mundy, J. H., Riesenberg, P., *The Medieval Town*, Princeton 1958.

Planitz, H., *Die deutsche Stadt im Mittelalter: von der Römerzeit bis zu den Zunftkämpfen*, (4. Aufl.), Graz–Köln 1975.

Romero, J. L., *La revolución burgesa en el mundo feudal*, Buenos Aires 1967.

Sánchez-Albornoz, C., *Estampas de la vida en León durante el siglo X*, (3. Aufl.), Madrid 1934.

Vercauteren, F., *Études sur les ›civitates‹ de la Belgique seconde*, Brüssel 1934; Nachdruck Hildesheim–New York 1974.

Violante, C., *La società milanese nell'età precomunale*, Bari 1953.

3. Handel

Dhondt, J., »Les problèmes de Quentovic«, *Studi in ornore di Amintore Fanfani*, Bd. 1: *Antichità e alto medioevo*, Mailand 1962, S. 181–248.

Doehaerd, R., »Au temps de Charlemagne et des Normands: ce qu'on vendait et comment on le vendait dans le bassin parisien«, *Annales – économies, sociétés, civilisations*, II (1947), 266–80.

Endemann, T., *Markturkunde und Markt in Frankreich und Burgund vom 9. bis 11. Jahrhundert*, Konstanz 1964.

Grierson, P., »Commerce in the Dark Ages: a critique of the evidence«, *Transactions of the Royal Historical Society*, 5th series, IX (1959), S. 123–40.

Jankuhn, H., »Die frühmittelalterlichen Seehandelsplätze im Nord- und Ostseeraum«, in: T. Mayer (Hg.), *Studien zu den Anfängen des europäischen Städtewesens*, Konstanz 1958, S. 451–98.

Le Goff, J., *Marchands et banquiers du moyen âge*, (3. Aufl.), Paris 1966.

Lewis, A. R., *Naval Power and Trade in the Mediterranean, AD 500–1100*, Princeton 1951.

Lewis, A. R., »Le commerce et la navigation sur les côtes atlantiques de la Gaule du Ve au VIIIe siècle«, *Le Moyen Age*, LX (1953), S. 249–98.
Lopez, R. S., Raymond, I. W., *Medieval Trade in the Mediterranean World*, London 1955.
Postan, M. M. (Hg.), *Trade and Industry in the Middle Ages*, Cambridge 1952; *The Cambridge Economic History of Europe*, Bd. II.
Postan, M. M., Rich, E. E., Miller, E. (Hg.), *Economic Organizations and Policies in the Middle Ages*, Cambridge 1963; *The Cambridge Economic History of Europe*, Bd. III.
Recueils de la Société Jean Bodin, Bd. V, *La Foire*, Brüssel 1953.
Renouard, Y., *Les hommes d'affaires italiens du moyen âge*, 2 Bde., Paris 1949.
Warnke, C., *Die Anfänge des Fernhandels in Polen*, Würzburg 1964.

Register

Abel, Wilhelm 30
Abendland 71, 76, 92, 230, 239, 274
Acasádi 35
Abodriten 75, 128
Adalard, Abt von Corbie 22, 96, 218
Adam von Bremen 127
Ademar von Chabannes 161
Admonitio Generalis 101
Adriatisches Meer 106, 117, 148, 155, 156, 272
Aelfric Grammaticus, Gelehrter 23, 134
Aethelbert 69
Afrika 124
Agobard, Erzbischof von Lyon 113
Ägypten 269
Aire-sur-la-Lys 249
Aistulf, König der Langobarden 64
Alamannen, alamannisch 12, 43, 46
Aletsch-Gletscher 16
Alfred der Große, König von England 104, 105, 126, 135
Alkuin, Abt von St. Martin in Tours und Berater Karls des Großen 72, 89, 107, 157
Alpen 15, 16, 68, 106, 117, 120, 144, 149, 152, 154–158, 199, 230, 248, 270, 272
Alpert, Bischof von Metz 140
Altes Testament 101
Amalfi, Amalfitaner 148, 149, 150, 151, 156
Amiens 89, 105, 107
Angelsachsen, angelsächsisch 23, 47, 49, 50, 103, 107, 117, 120, 122, 126, 134, 135, 157
Angers 200, 241

Anjou 40, 209
Annapes, königl. Domäne 22, 31, 33, 87, 96, 202
Ansgar, Heiliger 107
Antibes 120
Antiochia 150, 181
Apenninen 151, 156
Apulien 142
Aquileja 157
Aquitanien 11, 61, 79, 81, 98, 144, 157
Araber, arabisch 53, 68, 130, 131, 144, 150
Aragonien 144, 146
Ardennen 16, 86
Arles 63, 241
Ärmelkanal 12, 71, 123
Arno 151
Arras 120, 140, 158, 241, 251, 258, 266, 275
Artois 21, 246, 257
Asien 126
Asti 158, 184, 275
Asturien 144, 145
Atlantischer Ozean, Atlantik 123, 124, 243, 244, 274
Augsburg 139
Aumale 142
Austrasien 23, 37, 81, 93, 106, 107
Autan 70
Auvergne 19, 26, 27, 44, 45, 79
Auxerre 70, 244
Awaren 54
Avignon 63

Baialardo, Ansaldo 269
Balearen 151
Baltikum, baltisch 126, 127, 130, 131, 136, 244, 272, 274

285

Barbaren, barbarisch 11, 12, 23–25, 29, 30, 36, 41, 47, 48, 53, 56, 60, 61, 65–69, 72, 79, 94, 102, 106, 127, 149
Barbastro 181
Barcelona 146, 147
Bard 157
Bari 150, 181
Bar-sur-Aube 175, 176
Basel 251
Basileus 56, 114
Basken 11, 144
Bastogne 141
Bayern 12, 33, 43, 45, 46, 75, 81, 109, 117, 131, 138
Bayeux 198
Beauvais 66, 199
Beda Venerabilis 40, 107
Belfort 18
Belgien 43
Bellinzona 157
Benediktiner 51, 109, 138, 169, 191, 218, 221, 223, 226, 277
Benedikt von Nursia, Heiliger 24, 25, 220, 225
Beowulf 53
Berberei 124, 272
Berry 206, 255, 260
Bibel 111
Birka 126, 130
Bobbio, Abtei 25, 153
Böhmen 127, 131, 133, 273
Boleslaw der Tapfere, König von Polen 132
Boleslaw der Kühne 132
Bonifazius 60
Bonnassie, P. 146
Bosporus 150
Boston 258
Bougie 270
Boulonnais 87
Bourgneuf 274
Bourgueil 192
Bozen 157

Brabant 210
Bratislaw von Böhmen 132
Bremen 20, 117, 137
Brenner 157
Brescia 34, 89, 91
Bretagne 25, 61
Britische Inseln, britisch 60, 157
Brügge 258
Burchard, Bischof von Worms 57
Burgund 12, 39, 40, 70, 81, 86, 93, 94, 108, 134, 190, 194, 206, 217, 221, 227, 233, 275
Byzanz, Byzantiner, byzantinisch 11, 19, 53, 56, 68, 69, 71, 72, 102, 103, 106–108, 124, 143, 148–151, 154, 157, 272

Caen 142
Caesar 68, 81, 102
Caesarea 268
Cambrai 140, 266
Campanien 117, 142
Canterbury 72, 109, 135, 220
Capitulare de Villis 22, 31, 51, 84, 92, 100
Carcassone 237
Cassiodorus 79
Chalon 63, 70
Champagne 84, 199, 239, 245, 257, 258, 272, 275
Chartres 62
Chiavenna 157
Chilperich, König der Franken 55, 56
Christen, Christenheit, christlich 11, 19, 25, 30, 37, 43, 45, 57–59, 64, 65, 76, 92, 101, 107, 111–117, 119, 122–133, 143–146, 148, 150, 151, 154–158, 161, 164, 166, 167–169, 181, 182, 184, 187, 221, 223, 235, 237, 240, 246, 247, 261, 262, 268, 271, 272
Chur 149
Cimiez 71

Cinglais 206
Cîteaux, Abtei 225, 226, 267
Cividale 157
Clermont 71
Cluny, Abtei (vgl. Kluniazenser) 93, 145, 184, 188, 194, 197, 200, 202, 203, 216, 219–224, 231, 235, 236, 237, 241
Colloquium 23, 134
Comacchio 51, 109, 148
Compiègne 50
Conflictus ovis et lini 244
Constanze 165
Corbie, Abtei 22, 25, 90, 96, 105, 191, 218
Cordoba 145, 147
Corvey, Abtei 136, 137
Cosmas von Prag 128, 132
Coutances 142
Crécy-en-Ponthieu 50
Crémona 149

Dagobert I., König der Franken 56, 64, 106
Dalmatien 149
Damme 257
Danelaw 135
Dänemark, Dänen, dänisch 116, 118, 119, 121, 124, 125, 126, 130, 131, 134, 135
Dauphiné 188
De Miraculis 199
De Rebus in Administratione sua Gestis, Abhandlung des Abtes Suger 224
Deutschland, Deutsche, deutsch 19, 29, 30, 138, 139, 143, 185, 206, 211, 218, 256, 274
Deventer 140
Devon 191
Dieppe 142
Dinant 105, 131, 140
Domesday Book 75, 134, 135, 185, 191, 229, 231

Domnolus, Bischof von Treson 43
Donau 13, 107, 109, 110, 124, 136, 273
Douai 140
Dreux 192
Duisburg 107
Dünkirchen 18
Durazzo 150
Durance 157
Durstede 104, 105, 107, 110, 126, 140

Ebro 146
Einhard, Abt von Seligenstadt, Geschichtsschreiber 60, 96
Elbe 107, 136, 211, 273
Elsaß 241, 257
Ely 219
England, Engländer, englisch 20, 23, 28, 29, 30, 40, 42, 54, 65, 71, 72, 74, 75, 92, 105, 107, 116, 119, 121–126, 130–143, 157, 166, 176, 185, 186, 188, 197, 198, 200, 216, 220, 227, 230, 231, 234, 237, 257, 258, 265, 268, 272, 274–276
Ermoldus Nigelus 23, 108
Ethelred, König von England 134, 135
Etsch 157
Europa, Europäer, europäisch 11–36, 44, 50, 52, 59–73, 79, 81, 94, 96, 102–107, 113, 118, 123–133, 142–149, 152, 161, 165–169, 176, 179, 181–185, 191–204, 210, 213, 216, 227, 234, 235, 240, 245, 251, 255, 257, 262, 265, 270–277
Evangelium 169

Falaise 142
Fécamp 142
Fernau 15
Ferrara 148
Ferrières-en-Gâtinais, Abtei 60, 89, 232, 244

Fitzneal, Richard 277
Flamen, flämisch 16, 33, 37, 92, 142, 246, 258, 272, 274
Flandern 21, 40, 82, 93, 135, 139, 194, 210, 211, 234, 244, 246, 254, 256–258, 267, 273, 274, 277
Florenz 156
Fontanelle, Abtei 42
Fortunatus, Dichter 61
Fos 25, 63, 106
Fosses 141
Franken, Frankenreich, fränkisch 31, 37, 50, 53–57, 65, 68, 70, 72, 81, 85, 92, 98, 101–106, 112, 114, 116, 118, 119, 122, 126, 135, 144, 146, 149, 157, 158, 209, 211, 212, 218, 244, 255, 256, 274, 275
Frankfurt 67, 103
Frankreich, Franzosen, französisch 7, 18, 123, 130, 135, 145, 162, 172, 189, 196, 206, 209, 214, 230–234, 237, 238, 241, 245, 248, 267, 268
Franz von Assisi 266, 267, 268, 272
Fraxinetum 117, 124
Fredegunde 55
Freiberg 275
Frejus 120
Friaul 157
Friedrich Barbarossa 241
Friesland, Friesen, friesisch 68, 71, 104, 105, 107, 109, 116, 119, 120, 124, 126, 130, 131, 137, 150, 245
Fritzlar, Abtei 243

Gaeta 156
Gagny 98
Galbert von Brügge 195, 255
Galicien 144
Gallien, Gallier, gallisch 19, 20, 23, 26–28, 31, 34, 39, 42, 43, 49, 57, 60–62, 64, 66, 67, 70, 72, 75, 81, 82, 86, 93, 102, 103, 106, 114, 116, 117, 120, 123–125, 130, 134, 144, 145, 157, 158, 161, 164, 166, 182, 185, 187, 188, 194, 209, 217, 274
Gallus Anonymus 132
Gâtines 206
Gent 14, 122, 139, 140, 250
Genua, Genuesen 106, 151, 152, 156, 268, 269, 275
Gerald von Aurillac 149, 155
Gerhoh von Reichersberg 147
Germanien, Germanen, germanisch 11, 16, 20, 23–30, 36, 38, 40–43, 48, 57, 62, 72, 79–84, 92–94, 105, 107, 110, 112, 114, 118, 124, 126, 135–139, 161, 166, 173, 177, 182, 188, 206, 210, 212, 214, 217, 230–232, 248, 268, 273, 274
Gesta Episcoporum 266
Gent 14, 122, 139, 140, 250
Glaber, Raoul 161–165
Gnesen 132
Godefrid von Bouillon 236
Goslar 136
Goten 55
Gotland 274
Gravelines 257
Gregor von Tours 19, 26, 34, 44, 55, 56, 82
Gregorianische Reform 174, 236
Grenoble 199
Griechenland, Griechen, griechisch 74, 127, 149, 151
Grierson, Ph. 52
Großbritannien 70
Großer St. Bernhard 157
Grote Brief 234
Guibert von Nogent 261
Guichard 227
Guillerval 224

Haase, C. 276
Hadrian I., Papst 60, 71
Hagenau 241
Haithabu 126, 127, 129, 136, 274

Hamburg 137
Hamburg-Bremen 257
Harûn-al-Rachid, Kalif 109
Harz 136
Heiden, heidnisch 30, 43, 57, 58, 107, 112, 114, 121, 129, 144, 145, 235
Heilige Schrift 111
Heiliges Land 150, 155, 181, 221, 272
Heinrich I., der Vogler, König von Deutschland 136
Heinrich II., König von England 237, 257
Heinrich der Löwe, Herzog von Sachsen 254, 274
Heinrich Jasomirgott, Herzog von Wien 241
Helgaud de Saint-Benoît-sur-Loire 165
Heribert 212
Hesdin, Priorei 199, 227
Hincmar, Erzbischof von Reims 141
Holstein 75, 274
Honoranciae Civitatis Paviae 156
Hubert 141
Hucquedieu von Arras 266
Hugo, Abt von Cluny 145
Huy 70, 105, 131, 135, 140

Iberische Halbinsel 144, 151
Ibn Rusta 53, 129
Jbn Jakub, Ibrahim 127, 129, 131
Ile-de-France 23, 33, 75, 184, 196, 209, 220, 234, 238
Ine, König von Wessex 29, 43, 45, 52
Irland, irisch 116
Irminon, Abt von Saint-Germain-des-Prés, Polyptychon von 82, 83, 85, 86, 93
Islam 11, 72, 106, 113, 117, 131, 143, 145, 146, 148-151, 271

Island 126
Israel, Israeliten, israelisch 64, 113, 237
Istrien 149
Italien, Italiener, italienisch 11, 18, 19, 20, 24–27, 37, 43, 45, 50, 51, 64, 66, 67, 70, 81, 95, 106, 117, 124, 131, 134, 137, 143, 144, 148, 151–158, 161, 164, 166, 174, 181, 182, 185, 189, 210, 227, 248, 251, 258, 268, 270–272, 275

Jean, Abt von Fécamp 142
Jerusalem 150, 162, 163, 186
Juden 64, 104, 106, 112, 129, 138, 143, 150, 151, 157, 223, 237, 247, 253, 259, 261, 270
Justinian 70

Kairo 150
Kanoniker, reformierte 170, 174, 181, 209, 267
Kapetinger 243
Karl der Große, röm. Kaiser 39, 54, 58, 60, 67, 81, 82, 96, 101–103, 107, 109, 114, 116, 118, 122, 136, 137, 155, 157, 193, 197, 234, 238, 245, 255, 256
Karl der Gute, Graf von Flandern 194, 254, 256
Karl II., der Kahle, König von Frankreich 99, 101, 102, 103, 119, 121, 123, 142
Karl Martell, Hausmeier 114
Karolinger, karolingisch 18, 21, 22, 31, 32, 34, 39, 42, 44, 48, 58, 71, 73–75, 80, 81, 84–86, 92, 96, 97, 100–111, 113, 116, 120, 121, 123, 125, 133, 135, 137, 141, 143, 144, 146, 148, 152, 153, 155, 161, 166, 177, 179, 190, 191, 196–198, 201, 202, 218, 227, 229, 230, 231, 235, 238, 254

Kartäuser 209
Kastilien 145
Katalonien 106, 185, 269
Katalonische Mark 146
Kent 68, 210
Kleinasien, kleinasiatisch 150
Kluniazenser 220, 222, 223, 225, 237
Knut der Große, König von Dänemark und England 134
Koblenz 61
Köln 61, 107, 109, 110, 138, 139, 237, 250, 257, 274
Kötzschke, R. 212
Konstantinopel 126, 148, 149, 181, 270, 272
Kontinent 108, 117, 120, 131, 134, 176, 184, 220, 230, 231, 262
Korsika, korsisch 151
Krakau 129

La Chapelaude 260
La Ferté-sur-Grosne, Abtei 206
Lagny 224, 275
Lambert, Heiliger 236
Lanfranc, Erzbischof 134
Languedoc 269
Langobarden, langobardisch 11, 19, 37, 43, 50, 53, 56, 64, 68–72, 105, 106, 151, 152
Langres 184
Laon 244, 251
Lappen 126
La Rochelle 243, 274
Latium 154
Le Mans 27, 31, 37, 44, 61, 110
Léon 144, 145, 146
Leovigild, König von Spanien 68
Leptines 57
Leunebold 61
Ligurien, ligurisch 275
Lille 258
Limagne 26
Limousin 145

Lincoln 234, 248
Lippe 28
Liri 117, 124
Liutprand, Bischof von Cremona 149
Liutprand, König der Langobarden 56, 64, 106
Lofoten 126
Loire 18, 81, 91, 121, 123, 230, 243
Lombardei, Lombarden, lombardisch 22, 34, 69, 81, 93, 102–104, 106, 107, 117, 149, 150, 153, 155–158
London 107, 109, 117, 135, 137, 140, 276
Longpont, Abtei 225
Lothar, röm. Kaiser 148
Lothringen 205, 218
Lübeck 273, 274
Lucca 24, 61, 66, 69, 95, 151, 153, 256
Ludwig I., der Fromme, röm. Kaiser 90, 101, 102, 104, 105, 109, 111, 113
Ludwig VII., König von Frankreich 238
Lukmanier Paß 157
Lund 125
Lüneburg 107
Lupus, Abt von Ferrières-en-Gâtinais 60
Lutetia 62
Lüttich 131, 135, 140
Lyon 18, 63, 71, 110, 113, 267

Maas 70, 100, 106, 109, 122, 131, 139, 140, 141, 143
Maastricht 70, 106, 107, 131, 140
Mâcon 70, 228, 230, 241, 247
Mâconnais 205, 206, 234
Magdeburg 131, 138, 212
Maghreb 150, 151
Magyaren 117, 119, 124

Mähren 23, 129
Mahdia 152
Mahndorf 20
Mailand 37, 69, 153, 155, 156, 258
Maine 43, 209
Mainz 107, 110, 138, 139, 236, 241, 244
Mälarsee 126
Mantua 210
Marseille 63, 70, 71, 106, 143
Martin, Heiliger 155
Marx, marxistisch 165
Maursmünster (Marmoutier) 230
Mauss, Marcel 54
Meaux 62
Mende 117
Mercia 60, 107, 245
Merowinger 37, 43, 44, 49, 50, 56, 72, 103
Messine 151, 258
Metz 140, 141, 199
Mieszko, Herzog von Polen 132
Mittelmeer 12, 14, 20, 23, 26, 45, 70, 73, 74, 117, 133, 148, 152, 157, 161, 181
Mont Cenis 158, 270
Monte Croce 157
Monte Genèvre 157
Mosel 40, 61
muselmanisch 106, 117, 123, 124, 130, 131, 144, 146, 148, 272

Namur 131, 140
Nantes 19, 117
Narbonne 20, 74, 143, 152
Navarra 144, 145
Neapel 149
Neustrien 66, 69, 70, 81, 93
Nicetius, Bischof von Trier 61, 62
Niederlande, niederländisch 23, 33
Niewport 257
Nivelles 135, 141
Nizza 71
Nordafrika 26, 117

Nordsee 20, 29, 30, 72, 104, 106, 120, 121, 123, 131, 133, 158, 173, 251, 272
Normandie 34, 42, 123, 141, 144, 151, 206, 210, 217, 234, 255
Normannen, normannisch 86, 92, 119, 121–124, 130, 134, 140, 142, 146, 150, 151, 152, 223
Northampton 258
Northumbria 79
Norwegen, Norweger, norwegisch 116, 118, 126
Norwich 135
Notker der Stammler, Mönch von St. Gallen 106, 107
Notre-Dame 238
Novalesa, Abtei 106, 120
Nowgorod 244, 274
Noyon 225

Ober-Engadin 150
Oder 127
Odilo, Abt von Cluny 145
Offa, König von Mercia 72, 107
Oise 243
Oléron 274
Orient, orientalisch 45, 64, 70, 107, 148, 149, 156, 182, 239, 244, 247
Orléans 60, 71, 110, 117, 165, 241, 244
Otbert, Bischof von Lüttich 236
Otranto 117
Ottar, Kaufmann 126
Otto I., der Große, röm. Kaiser 136, 137, 138, 149
Otto, Bischof von Freising 270

Padua 148, 270
Palästina 269
Palaiseau 82, 83, 85
Palermo 181
Pannonien 13, 117
Pantaleone, Kaufmann 150

Paris 33, 44, 56, 61, 62, 82, 83, 85, 88, 117, 142, 193, 214, 238, 241, 244, 275, 276
Pariser Becken 12, 13, 31, 33, 34, 40, 230, 244, 271
Pavia 51, 56, 61, 69, 106, 107, 149, 154, 156, 157
Pechau 212
Perigord 205
Petrus, Heiliger 165
Petrus Waldus 267
Petrus Vererabilis, Abt von Cluny 199, 222, 223, 229, 237, 247
Philipp I. 184
Philipp vom Elsaß, Graf von Flandern 256
Piacenza 61, 105, 156
Picardie 14, 22, 25, 75, 82, 91, 92, 119, 142, 143, 189, 191–193, 195, 198–201, 205, 207, 216, 217, 227–229, 234
Pippin III., der Kurze, König der Franken 101, 102, 114
Pirenne, Henri 108, 116
Pisa 151, 152, 256, 268, 269
Po 51, 106, 117, 149, 154, 156, 210, 270
Poitiers 61
Poitou 206, 209
Polen, Polaben, polnisch 34, 82, 128–133, 137
Polesine 210
Pommern 133
Pons de Melgueil, Abt von Cluny 222
Ponthieu 135
Prag 128, 129, 131, 132
Procopius, Historiker 19
Provence, provenzalisch 16, 19, 25, 79, 106, 117, 120, 124, 143, 157, 221, 255, 269
Provins 258, 275, 276
Prüm, Abtei 37, 86
Pyrenäen 62, 144–146, 199

Quentovic 70, 104, 105, 107, 120, 142

Raffelstetten 109, 136
Rammelsberg 136, 256
Ramsey, Abtei 197, 198, 206, 219, 220
Ravenna 72, 148
Regensburg 110, 131, 138, 139, 219
Reichenau 184
Reims 61, 62, 86, 110, 141
Rennes 18
Rhein 18, 19, 25, 65, 81, 91, 106–109, 131, 135–139, 220, 243, 244, 274
Rhône 26, 70, 106, 112, 143, 152
Ribe 125
Richer, Abt von Saint-Remi 62
Robert II., der Fromme, König von Frankreich 165, 238
Rochester 219
Rom, römisch 11, 12, 19, 22–27, 36, 41–50, 60–75, 79, 81, 87, 92, 94, 105, 107, 116, 117, 135–140, 143, 146, 148–151, 155–157, 187, 190, 191, 205
Roncevalles 144
Rorschach 137
Roskilde 125
Rothari, König der Langobarden 37, 42, 43, 44, 69
Rouen 107, 117, 120, 141
Rouvray 224

Saale 211
Sachsen, sächsisch 28, 37, 124, 131, 136, 146, 157, 254
Saint-Aubin, Abtei 184
Saint-Amand, Abtei 33
Saint-Bavon, Abtei 14, 122
Saint-Bertin, Abtei 37, 82, 87, 96

Saint-Denis, Abtei 63, 66, 105, 106, 107, 109, 142, 206, 220, 223
Saint-Germain-des-Prés, Abtei 13, 34, 48, 61, 82, 85, 88, 89, 94, 98, 100, 107, 188
Saint-Géry 140
Saint-Hubert, Abtei 267
Saint-Ives 258
Saint-Josse, Abtei 89
Saint-Lô 89, 142
Saint-Lucien 224
Saint-Martin, Abtei 89, 156
Saint-Médard, Abtei 61
Saint-Omer 120, 140, 249
Saint-Pierre-au-Mont-Blandin, Abtei 33
Saint-Remi 61, 62, 83, 86
Saint-Riquier 100, 110, 191
Saint-Trond 236
Saint-Vaast, Abtei 120, 140, 249
Saint-Vincent, Abtei 61
Sainte-Radegonde, Abtei 61
Salerno 150, 156
Salisches Gesetz 22, 28, 30, 103
Salzburg 139
Sankt Elegius, Goldschmied 56
Sankt Emmeram, Abtei 110, 219
Sankt Gallen, Abtei 93, 107
Sankt Michael 150
Sankt Moritz 138
Sankt Peter 157
San Michele della Chiusa, Abtei 157
Santa Giulia, Abtei 34, 89, 91
Santiago de Compostella 144, 147
Saône 70, 112, 188
Sarazenen, sarazenisch 117, 120, 121, 123, 124, 143, 145, 148, 151, 153, 156
Sardinien 151
Scarpe 143
Schelde 109, 120, 143, 257
Schleswig 204
Schwaben 244, 254
Schweden, schwedisch 107, 133

Sées 142
Seine 66, 119, 141, 142, 243
Seligenstadt 60
Selz 138
Sens 70
Septimanien 146
Shaftesbury, Abtei 231
Sidonius, Apollinaris 24, 26
Siena 156
Sizilien 151
Skandinavien, Skandinavier, skandinavisch 109, 118, 119, 122–124, 126–131, 134, 135, 138, 139, 274
Slawen, slawisch 11, 23, 37, 53, 74, 75, 107, 109, 112, 117, 123, 127, 129, 131, 133, 135, 136, 138, 149, 211
Soest 253
Soissons 56, 61
sokemen 121
Somain 87
Somme 143
Spanien, Spanier, spanisch 19, 68, 106, 112, 113, 117, 143, 144, 145, 151, 155, 157
Speyer 139
Staffelsee, Abtei 33
Stamford 258
Stephan, König von England 223
Straßburg 243
Suger, Abt von Saint-Denis 206, 220, 223, 224, 225, 226, 229
Susa 157
Sutton-Hoo 65
Syrakus 68
Syri 64
Syrien, Syrer 269

Tacitus 28, 30, 72
Talmud 245
Thibaud der Große, Graf der Champagne 239, 257
Thüringen, Thüringer 75, 79
Tiberius II., röm. Kaiser 56

293

Ticino 51
Tiel 137, 139, 141
Tirol 15
Titow 18
Toledo 56, 61, 89, 181
Tongern 139
Torhout 258
Toskana 156
Toul 139
Toulon 63, 120
Toulouse 117, 210, 241, 276
Tournai 105, 139, 140
Tours 19, 56, 89
Treson 43, 44
Treviso 69, 157
Trier 61, 139
Trinitarier 266
Troyes 89, 245, 275
Tübingen 28
Tyrrhenisches Meer 117, 120, 124, 148, 151

Ungarn, ungarisch 23, 35, 53, 74, 82, 117–121, 123, 124, 127, 129, 131, 136, 153
Utrecht 139

Valenciennes 105, 139, 140, 246
Valence 63
Valogne 142
Vaucresson 224
Venedig, Venezianer, venezianisch 106, 109, 148–150, 152, 155, 156, 268–270
Verdun 74, 105, 106, 112
Verona 61, 157, 210
Verrières 82, 83, 85
Vezelay 258
Via Aemilia 156
Vienne 63
Villeneuve-Saint-Georges 85
Visby 274

Visé 141
Vita Anskarii 126, 130

Waldard 44
Waldenser 267
Walter von Henley, Verfasser des Housebondrie-Buches 198, 202, 266
Waräger 126, 129
Wenden 126
Werden, Abtei 32
Werimbold 266
Wessex 52
Westfalen 33, 276
Widukind, Historiker 136
Wien 241
Wiesbaden 102
Wikinger 58, 80, 92, 117, 118, 120–123, 125–127, 130, 134, 136, 139, 141, 152, 268
Wilhelm I., der Eroberer, König von England 134, 142, 185
Winchester 109, 135, 223, 241, 258
Wollin 127
Worms 57, 107, 110, 137–139

Xanten 107

York 120, 135
Ypern 244, 258

Zähringen 254
Zentralasien 126
Zentralmassiv 199
Ziani, Sebastiano, Doge von Venedig 270
Zisterzienser 206, 209, 224, 225, 226, 236
Zuglio 157